Laura Medrow
Flow und Imaginative Bildung

Bildungsforschung | Band 14

Laura Medrow, geb. 1993, ist als Lehrerin in den Fächern Kunst und Englisch tätig. Zuvor hat sie Kunstpädagogik mit dem Schwerpunkt Imagination und Künstlerische Forschung an der Leuphana Universität Lüneburg gelehrt.

Laura Medrow
Flow und Imaginative Bildung
Kunstpädagogische Perspektiven zur Künstlerischen Forschung

[transcript]

Zgl.: Lüneburg, Universität, Dissertation, 2021
Gutachter*innen: Prof. Dr. Pierangelo Maset, Prof. Dr. Martin Lenz-Johanns, Prof. Dr. Bettina Uhlig

Bibliografische Information der Deutschen Nationalbibliothek
Die Deutsche Nationalbibliothek verzeichnet diese Publikation in der Deutschen Nationalbibliografie; detaillierte bibliografische Daten sind im Internet über http://dnb.d-nb.de abrufbar.

© 2022 transcript Verlag, Bielefeld

Alle Rechte vorbehalten. Die Verwertung der Texte und Bilder ist ohne Zustimmung des Verlages urheberrechtswidrig und strafbar. Das gilt auch für Vervielfältigungen, Übersetzungen, Mikroverfilmungen und für die Verarbeitung mit elektronischen Systemen.

Umschlaggestaltung: Maria Arndt, Bielefeld
Umschlagabbildung: Laura Medrow
Lektorat & Korrektorat: Dr. Matthias Warkus
Druck: Majuskel Medienproduktion GmbH, Wetzlar
Print-ISBN 978-3-8376-6093-7
PDF-ISBN 978-3-8394-6093-1
https://doi.org/10.14361/9783839460931
Buchreihen-ISSN: 2699-7681
Buchreihen-eISSN: 2747-3864

Gedruckt auf alterungsbeständigem Papier mit chlorfrei gebleichtem Zellstoff.
Besuchen Sie uns im Internet: *https://www.transcript-verlag.de*
Unsere aktuelle Vorschau finden Sie unter *www.transcript-verlag.de/vorschau-download*

Inhalt

Vorwort 7

1. Einleitung 9
1.1 Forschungsfrage 10
1.2 Zielsetzung 12
1.3 Methodische Herangehensweise 13

TEIL I

2. Positionen zur Bildung der Imagination 19
2.1 Der Imaginationsbegriff 20
2.2 Das Verhältnis von Wahrnehmung und Imagination 34
    2.2.1 Zum Wahrnehmungsbegriff 34
    2.2.2 Wahrnehmung und Imagination in Relation 37
    2.2.3 Bedeutung für eine *Imaginative Bildung* in der Kunstpädagogik ... 46

3. *Flow*-Erleben im Kunstunterricht 69
3.1 Das Phänomen des *Flow*-Erlebens 69
3.2 Hauptkomponenten des Erlebens von *Flow* 72
3.3 Physische und psychische Auswirkungen des *Flow*-Zustands 77
3.4 Die Verbindung von Kunstpädagogik und *Flow* 79
    3.4.1 Das reziproke Potenzial von Kunstpädagogik und *Flow* 79
    3.4.2 Imagination und *Flow* 87

4. Methoden 105
4.1 Künstlerische Forschung in der bildenden Kunst 105
    4.1.1 Das Verhältnis von Kunst und Wissenschaft 106
    4.1.2 Der Ursprung der Künstlerischen Forschung in der bildenden Kunst ... 109
    4.1.3 Künstlerische Praxis als Forschung 111
    4.1.4 Künstlerische Forschung in der Kunstpädagogik 123

4.2 Projektarbeit 132
4.3 Methodentriangulation 135
    4.3.1 Reflexionsbogen 138
    4.3.2 Bildhermeneutische Analyse 139

TEIL II

5. **Projekt I: Pseudo-Wissenschaftler*innen** 149
5.1 Durchführung 150
    5.1.1 Einführung mit Textformulierung in Einzelarbeit 150
    5.1.2 Skizzengestaltung in Zweier-Teams 154
    5.1.3 Generieren einer neuen Theorie und Plakatgestaltung in Gruppen 155
    5.1.4 Präsentationen auf der »Konferenz der Wissenschaften« 157
5.2 Theoretische und künstlerische Kontextualisierung 161
    5.2.1 Imagination und *Flow* 162
    5.2.2 Verlernen vermitteln: Sternfeld (2014) 177
    5.2.3 Künstlerbezug: Die Pseudo-Wissenschaft Boltanskis 180
5.3 Auswertung 181

6. **Projekt II: Zurück in die Zukunft** 185
6.1 Durchführung 186
    6.1.1 Einführung mit Textformulierung in Einzelarbeit 186
    6.1.2 Skizzengestaltung in Einzelarbeit – Reflexion in Zweier-Teams 190
    6.1.3 Generieren einer neuen Theorie und Plakatgestaltung in Gruppen 194
    6.1.4 Präsentationen im »Nachrichten-Interview« 195
6.2 Theoretische und künstlerische Kontextualisierung 198
    6.2.1 Imagination und *Flow* 198
    6.2.2 Bezüge zu Künstler*innen 205
6.3 Auswertung 208
    6.3.1 Reflexionsbogen 209
    6.3.2 Interviews mit bildhermeneutischen Analysen 215
6.4 Herleitung zentraler Merkmale für die Kunstvermittlung 235
    6.4.1 In Bezug auf Imaginative Bildung 235
    6.4.2 In Bezug auf das Erleben von *Flow* 236

7. **Schlusswort und Ausblick**
    Horizontbildung von Imaginativer Bildung und *Flow* 241

Literaturverzeichnis 247

Vorwort

Es handelt sich bei der vorliegenden Arbeit um die überarbeitete Fassung meiner Dissertation, eingereicht an der Fakultät Bildung der Leuphana Universität Lüneburg im Oktober 2020. Die Themen der 2017 begonnenen Studie haben gegenwärtig aufgrund der COVID-19-Pandemie eine zum Forschungszeitraum nicht absehbare Bedeutung gewonnen. In Anbetracht der derzeitigen gesellschaftlichen Entwicklungen soll diese Forschungsarbeit einen Beitrag gegen Fremdbestimmung und für Muße, *Flow*-Erleben und Imaginative Bildung leisten.

Ich möchte mich herzlich bei allen bedanken, die mich während meines Dissertationsprojektes unterstützt haben. Dieser Dank gilt meinem Doktorvater, Professor Dr. Pierangelo Maset, der mir mit seiner Expertise und kritischen Fragen stets aufs Neue wertvolle Hinweise gab. Er hat mich dazu gebracht, über den Tellerrand zu blicken. Ebenso danke ich Professor Dr. Martin Lenz-Johanns, der ausgiebig dabei half, weitere thematische Vernetzungen zu spannen. Durch sein umfangreiches Fachwissen unterstützte er mich immer wieder bei meinen Gedankengängen. Auch Professorin Dr. Bettina Uhlig möchte ich dafür danken, dass sie mir mit ihren aufschlussreichen Publikationen neue Sichtweisen eröffnete.

Vielen Dank auch an die Lehrkräfte, die mir ihre Unterrichtsstunden zur Verfügung gestellt haben und an alle Schüler*innen, durch die meine Projektideen erst in die Tat umgesetzt werden konnten. Auch danke ich allen Studierenden, die mir im Rahmen meiner ästhetisch-künstlerischen und kunstpädagogischen Seminare neue Diskussionsanreize und Denkanstöße gegeben haben.

Meiner Familie und meinen Freund*innen gebührt großer Dank, ohne deren fortwährenden Zuspruch dieses große Vorhaben gewiss nicht so gut umsetzbar gewesen wäre. Geduldig haben sie meine Arbeit gegengelesen und konnten immer wieder aufzeigen, an welchen Stellen weiterer Erklärungsbedarf bestand. Ich bin ihnen sehr dankbar, dass wir sowohl die schönen als auch die schwierigeren Phasen der Promotion gemeinsam durchlebt haben.

Nicht zuletzt danke ich Dr. Matthias Warkus für sein detailliertes Lektorat und Korrektorat.

1. Einleitung

Eine verstärkte tägliche Rezeption digitaler Bilder, beispielsweise in sozialen Netzwerken, ist in den letzten Jahren bei vielen Menschen vermehrt in den Alltag getreten (vgl. Bleckmann/Lankau 2019: 10f., vgl. Büsching 2019: 69f., vgl. MpFS 2019: 12f.).

Digitale Bilder haben zwar teilweise einen starken Wirkungsgehalt, der aufgrund ihres massenhaften Vorkommens jedoch relativiert wird. Während des Durchscrollens auf digitalen Plattformen vollziehen sich rasche Wechsel vom ersten zu den nachfolgenden Bildern. Die Geschwindigkeit und Masse der Rezeption kann eine kritisch-reflexive Verarbeitung der eingesehenen Bilder stark beeinträchtigen (vgl. Vries 2012: 18). Überdies reduziert das digitale Überangebot von Bildern potenziell die Schöpfung eigenständig generierter innerer Vorstellungsbilder (vgl. de Smit 2005: 22, vgl. Sowa 2012 e: 62). Nicht selten werden jene Bilder spezifisch beispielsweise für Manipulation, subliminale Wertsetzungen oder Kaufwünsche verwendet. Berechnend eingesetzte Bilder vermischen sich mit authentischen inneren Bildern, sind imstande, die Vorstellungskraft zu durchdringen, zu verändern und somit Verhaltensweisen in Personen hervorzubringen, die nicht ihrem Selbst entsprechen (vgl. Herzka 2003: 5f.). Heutzutage besteht demnach besonderer Bedarf, sich mit inneren Bildern auseinanderzusetzen. Auf welche Weise kann diesen Entwicklungen begegnet werden?

Es ist infrage zu stellen, inwiefern interne, eigens hervorgebrachte Imaginationen prinzipiell Beachtung finden. Ihre Reflexion ist erstrebenswert, da innere Bilder das menschliche Denken, Fühlen und Handeln beeinflussen (siehe Roth 2013, Beaty et al. 2015, Hüther 2015). Der Kunstunterricht bietet einen geeigneten Rahmen für jene Reflexion der Imagination, da er ohnehin bereits vielfach physische Bilder thematisiert. Zudem werden hierbei Schüler*innen[1] erreicht, die bereits in jungen Jahren die Fähigkeit entfalten können, ein Bewusstsein für ihre Vorstellungskraft und deren Reflexion zu entwickeln. Im Nachfolgenden werden die dies-

---

1   Zugunsten eines besseren Schreib- und Leseflusses wird in diesem Dokument der sogenannte *Genderstern* (beispielsweise Schüler*innen) verwendet, der alle Geschlechter mit einschließt.

bezügliche Forschungsfrage, die Ziele sowie die methodische Herangehensweise der vorliegenden Dissertation aufgezeigt.

1.1 Forschungsfrage

Insbesondere zu Beginn der 1980er Jahre und erneut am Anfang der 1990er Jahre wurde der Begriff der Fantasie intensiver im kunstpädagogischen Kontext behandelt (siehe Henckmann 1981, Schöpf 1981, Otto 1990 u.a.). Derzeitig wird sich der Imagination im kunstpädagogischen Diskurs vermehrt zugewandt. Eine konkretere terminologische Klärung der Begrifflichkeit *Imagination*, auch im Verhältnis zum Terminus *Fantasie*, erfolgt zu Beginn von Kapitel 2.

Es wird herausgearbeitet, welches Potenzial imaginativ ausgerichtete Bildung in einer schulischen Vermittlungssituation des Fachs Kunst und darüber hinaus im Alltag aufweist. Zudem steht die Forschungsfrage im Mittelpunkt, wie Schüler*innen ihre Imagination innerhalb kunstpädagogischer Projekte erleben und reflektieren. In diesem Zusammenhang wird der Begriff *Imaginative Bildung* im Rahmen eines neuen Konzepts für den Kunstunterricht vorgeschlagen, das die Imagination in künstlerischen Prozessen reflexiv fokussiert. Die Imaginative Bildung ist eine Form der Bildung, welche anstrebt, die Vorstellungskraft voll auszuschöpfen. Dieser Ansatz geht über die bisher weit verbreitete bildzentrierte »Imago-Denkweise« hinaus, indem er *alle* Formen von künstlerischen Verfahrensweisen für die Bildung der Imagination umfasst (nicht nur bildliche) und zudem einen vertiefenden Kunstbezug fordert.

Es ist anzunehmen, dass ein Zusammenhang zwischen inneren Erscheinungen und dem Erleben von *Flow* besteht. Bei letzterem handelt es sich um ein elementares Phänomen, das der Psychologe Csíkszentmihályi seit 1975 ausführlich untersucht hat. Wenn Menschen in einen *Flow* geraten, befinden sie sich in einem Zustand höchster Konzentration. Diese Vertiefung beinhaltet das restlose Aufgehen in einer bestimmten Tätigkeit, wodurch ein regelrechter Schaffensrausch ausgelöst werden kann (vgl. Csíkszentmihályi 2017: 73ff., mehr dazu in Kapitel 3: *Flow-Erleben im Kunstunterricht*). *Flow* ist ein emotional positiv aufgeladener, produktiver und potenziell schöpferischer Zustand, der sich u.a. in Situationen der Kunstvermittlung ereignen kann. *Flow* treibt das Selbstvertrauen in die Entwicklung von Fähigkeiten voran, sodass sich persönliches Wachstum vollziehen kann. Somit ermöglicht *Flow* überdies vorantreibende Beiträge für das Umfeld von Personen. Wie der Begriff *Flow* nahelegt, handelt es sich um einen imaginativen Fluss, in dem eine Person auf geistiger Ebene aktiv im *Flow* der Imagination ist. Man könnte dies als einen Imaginationsfluss oder auch Imaginations-*Flow* bezeichnen, bei dem eine Person innerhalb ihrer Imaginationen oder Fantasien in diesen besonderen Zustand gerät.

Bisher wurde das *Flow*-Erleben im Feld der Psychologie umfassend behandelt, im Kontext der Kunstvermittlung wurde es hingegen nur selten und flüchtig angerissen (vgl. Schulz 2006: 117ff., vgl. Schweighart-Wiesner 2014: 78f. u.a.). An dieser Stelle ergibt sich eine Forschungslücke, die im Rahmen dieser Dissertation zu füllen versucht wird. Untersucht wird hierbei die Verbindung zwischen Imagination, *Flow* und handlungsorientierter Kunstvermittlung, die in der vorliegenden Arbeit exemplarisch im Rahmen von kunstvermittelnder *Künstlerischer Forschung* auftritt. In der Literatur sind unterschiedliche Verständnisse von Künstlerischer Forschung vertreten. Einige fokussieren sich auf die Forschung als Kunst und untersuchen die künstlerischen Elemente der Forschung (siehe Klein 2011), während andere die Kunst als Forschung hinsichtlich ihrer forschenden Aspekte kunsthistorisch bzw. -wissenschaftlich oder institutionell diskutieren (siehe Busch 2016, Haarmann 2019, Ott 2019). In dieser Arbeit werden Vorgehensweisen der Künstlerischen Forschung innerhalb von Schulprojekten beispielhaft als diskursive Prozesse aufgefasst, die parallel zu den bereits etablierten wissenschaftlichen Methoden neue Erkenntnisse hervorbringen. Wissenschaft und Kunst gelten dabei nicht als gegensätzlich, vielmehr werden ihre Gemeinsamkeiten, wie etwa die Wissensvermehrung oder der Erkenntnisgewinn, hervorgehoben (vgl. Klein 2011: 2f., vertiefende definitorische Annäherungen folgen in Kapitel 4).

Die Relevanz und Aktualität der Thematik ergibt sich daraus, dass den Lernenden in der Schule viel theoretisches Wissen vermittelt wird und im Schulalltag ein ständiges Streben nach vermeintlich wissenschaftlich bewiesener »Wirklichkeit« herrscht. Auf Grundlage der aktuellen Kompetenzorientierung im Bildungssystem werden überwiegend starke Schwarz-Weiß-Differenzierungen zwischen *korrekt* und *inkorrekt* vorgenommen. Dazwischen bleibt allerdings eine missachtete Leerstelle. Ein Reiz liegt darin, dieser Gegebenheit der Institution Schule im Kunstunterricht auf imaginative Art und Weise, im Sinne der Autonomie der Kunst zu begegnen. Dabei sollen zwei wesentliche Faktoren von Bildung Berücksichtigung finden: das Imaginative und der autonome Schaffensfluss in Form von *Flow*. Im Fokus steht hierbei die Untersuchung der hypothetisch reziproken Bedingungen für die Entwicklung und Reflexion der Imagination und des vertieften Arbeitsflusses von Schüler*innen. Ziel ist es dementsprechend, folgende Kernfragen zu beantworten:

- Welches Potenzial weist die Imaginative Bildung in schulischen kunstpädagogischen Vermittlungssituationen auf?
- Wie erleben und reflektieren Schüler*innen ihre Imagination im Rahmen der kunstpädagogischen Projekte?
- Wie beschreiben einige Schüler*innen ihr Flow-Erleben innerhalb der kunstpädagogischen Projekte?

- Unter welchen Bedingungen kann ein Flow-Erleben im Kunstunterricht eintreten und gefördert werden?

1.2 Zielsetzung

Wie aus der Lektüre innerhalb des vielfältigen Publikationsfelds der Kunstvermittlung ersichtlich wird, offenbart sich die Verbindung von Kunst und Pädagogik nicht durch eine allgemein gültige Grundidee, sondern vielmehr durch eine hohe Diversität von Ansätzen. Diese beziehen sich aufeinander und auf die Historie des Fachs. Die Intention der vorliegenden Arbeit besteht darin, auf Basis themenrelevanter theoretischer Grundlagen aus den Disziplinen Kunstvermittlung, Philosophie, Psychologie sowie Neurophysiologie die daran anschließenden Praxisprojekte hinsichtlich Imaginativer Bildung und der *Flow*-Erfahrung zu durchdringen. Somit werden im ersten Teil an geeigneten Stellen ausgewählte, themenbezogene kunstpädagogische Positionen vorwiegend ab Ende der 1990er Jahre dargelegt, da ab diesem Zeitpunkt eine vermehrte Zuwendung zur handlungsorientierten und *Künstlerischen Kunstvermittlung* stattgefunden hat.

Im praktischen Teil werden zwei Schulprojekte mit dem Schwerpunkt auf imaginationsgeleiteter Welterschließung in verschiedenen Klassenstufen erforscht. Dabei werden die Konstruktion sowie die Reflexion der Imagination seitens der Schüler*innen analysiert. Zudem wird untersucht, worin, innerhalb der exemplarischen Projekte, Parallelen und Differenzen im Imaginationsverhalten von Kindern bzw. Heranwachsenden unterschiedlicher Entwicklungsstufen liegen.

Die Erfahrung von *Flow* ist insofern positiv, als sie eine starke Fokussierung und Konzentration im Rahmen eines produktiven, schöpferischen Schaffensrausches ermöglicht. Somit gilt es außerdem zu ermitteln, unter welchen Voraussetzungen Schüler*innen in ein *Flow*-Erleben geraten, auf welche Weise sie es erleben sowie reflektieren und wie sich daraus prinzipiell Bedingungen für den Kunstunterricht ableiten lassen, die einen solchen Zustand fördern.[2]

Eine Hypothese hierzu lautet, dass Personen innere Bilder oder Erscheinungen im Geiste durchlaufen, während sie *Flow* erleben. Man könnte dies auch als einen Imaginations-*Flow* bezeichnen. So kann der *Flow*-Zustand vermutlich die Imagination anregen. Die Imagination verhilft wiederum dazu, in den *Flow State of Mind* zu geraten, indem sie für ihn wesentliche Hauptkomponenten (mehr dazu ab Kapitel 3) vor dem inneren Auge visualisiert und in Handlungsimaginationen für eine ästhetisch-künstlerische Praxis transformiert.

---

2   Dieser Zustand ist gewiss nicht erzwingbar, allerdings können spezifische Umstände ihn tendenziell begünstigen.

Die These zu den Schulprojekten im zweiten Teil der Arbeit beinhaltet, dass insbesondere jüngere Schüler*innen vermutlich mit höherer Leichtigkeit einer imaginationsgeleiteten, spontanen sowie intuitiven Bearbeitung von offenen Aufgabenformaten nachgehen können. Die Annahme beruht darauf, dass sie nur wenige Jahre durch die normativen Abläufe der Einrichtung Schule geprägt sind und ungehemmt bezüglich möglicher »Falschaussagen« fantasieren können. Im Zuge der üblichen Korrektheit könnten sich ältere Schüler*innen einschneidender darin gehindert sehen, etwas originelles und ggf. abstruses Neues zu kreieren.

1.3 Methodische Herangehensweise

Im ersten Teil der Dissertation werden diskursanalytische Überlegungen zu den die Thematik betreffenden kunstpädagogischen, philosophischen, psychologischen und neurowissenschaftlichen Positionen hinsichtlich der Begriffe *Imagination* und *Flow* vorgenommen. Hierbei werden regelmäßige Muster im jeweiligen Diskurs, seine Art der Wirklichkeitskonstruktion sowie dessen gesellschaftlich-historische/r Ursprung bzw. Entwicklung untersucht. Die sozialwissenschaftliche Diskursanalyse bezieht sich dabei auf den sozialen oder institutionellen Kontext und die Struktur, in der Diskursaussagen auftreten (vgl. Keller 2004: 8f.).

Im zweiten, empirischen Teil der Dissertation wird zunächst erläutert, weswegen es sich bei dem exemplarischen Kunstunterricht für die vorliegenden Studien um Projektarbeit handelt. Anschließend werden im Rahmen einer Methodentriangulation Reflexionsbögen zu den Themenbereichen Imagination und *Flow*-Erleben sowie eine bildhermeneutische Methode in der Analyse von imaginativer Bildschöpfung (vgl. Sowa 2012 a. 163f.) einschließlich vorangehender kamera-ethnografischer Dokumentation (siehe Mohn 2016) sowie Interviews mit Schüler*innen herangezogen. Hierzu werden zuvor die Arbeitsprozesse und -präsentationen der Schüler*innen per Video- und Fotografie aufgezeichnet, sodass authentische Rückgriffe auf das Unterrichtsgeschehen möglich sind (vgl. Tuma/Schnettler et al. 2013: 20f.). Jeweils drei Klassenstufen mit einem Abstand von zwei Jahren sollen für einen Jahrgangsvergleich untersucht werden (4, 6 und 8). Hierbei wird ein Reflexionsbogen mit fünfstufigem Zustimmungsgrad in Form einer endpunktbenannten Intervallskala eingesetzt, der jeweils pro Klassenstufe einmal von allen Beteiligten ausgefüllt wird (vgl. Porst 2013: 80). Ergänzend zu dieser quantitativen Untersuchung werden drei Interviews mit Schüler*innen der jeweiligen Klassenstufe geführt.

Die Inhalte der Arbeit entsprechen überdies partiell den Prinzipien der bis heute diskutierten *Künstlerischen Forschung*. Zunächst wird dieser in Kapitel 4 *Methoden* weiter spezifizierend definitorisch nahegekommen, bevor das Verhältnis von Kunst und Wissenschaft aufgezeigt wird. Auch behandelt das Kapitel den Ursprung der Künstlerischen Forschung in der bildenden Kunst. Inwiefern die künstlerische Praxis Forschung sein kann, soll anhand methodologischer Bezüge sowie konkreter Arbeiten von Künstler*innen exemplifiziert werden. Daraus resultierend lassen sich Schlüsse für die Anwendung Künstlerischer Forschung in der Kunstpädagogik, in diesem Fall exemplarisch anhand der zwei Schulprojekte aufgezeigt, ziehen.

Anschließend werden die Durchführung, der theoretische bzw. künstlerische Hintergrund sowie die Auswertung der Schulprojekte in den Klassen der Primar- und Sekundarstufe mithilfe des Videomaterials bzw. der Reflexionsbögen jeweils jahrgangsabhängig vergleichend analysiert.

Es ist eine grundlegende Intention, Forschungsmethoden wie diskursanalytische Überlegungen, die kamera-ethnografische Dokumentation der Arbeitsprozesse, die quantitative Befragung sowie die bildhermeneutische Methode in der Analyse von imaginativer Bildschöpfung mit der Künstlerischen Forschung zu verbinden. Hiermit soll eine für die Kunstvermittlung (an Schulen) neue, ergänzende Perspektive generiert werden, welche das psychologische Phänomen *Flow* mit themenbezogenen Aspekten von aktuellen kunstpädagogischen, philosophischen und neurophysiologischen Ansätzen bezüglich der in Kapitel 2 vorgeschlagenen Imaginativen Bildung verbindet.

Im nachfolgenden Abschnitt wird der Aufbau der vorliegenden Arbeit dargelegt. Der erste Teil gliedert sich in die Kapitel 2-4 auf. Im zweiten Kapitel mit dem Titel »Positionen zur Bildung der Imagination« wird sich zunächst auf philosophischer und kunstpädagogischer Grundlage definitorisch dem Imaginationsbegriff angenähert, bevor die Entstehung innerer Bilder kurz im neurowissenschaftlichen Zusammenhang erläutert wird. Auch das Verhältnis von Wahrnehmung und Imagination wird u.a. in Bezug auf Kerncurricula bzw. Bildungspläne der Länder im Fach Kunst und hinsichtlich deren Bedeutung für die Kunstpädagogik im Allgemeinen, erörtert.

Das dritte Kapitel fokussiert das Phänomen des *Flow*-Erlebens mit seinen Hauptkomponenten sowie seinen physischen und geistigen Auswirkungen. Darauf aufbauend steht die Verbindung von Kunstpädagogik und *Flow* mit ihrem reziproken Potenzial im Mittelpunkt. Es wird untersucht, inwiefern Imagination und *Flow* konform gehen. Dies wird anhand der Beispiele Performativität und Zeichnung aufgezeigt.

Kapitel 4 umfasst die spezifischen Ausführungen zu den in dieser Arbeit verwendeten Methoden (siehe oberer Abschnitt 1.3 *Methodische Herangehensweise*).

Die beiden Schulprojekte sind für eine bessere Vergleichbarkeit ähnlich aufgebaut. Dementsprechend ist die Struktur des zweiten Teils dieser Dissertation in Kapitel 5 und 6 ebenfalls analog gegliedert. Zunächst wird jeweils knapp die Durchführung dargelegt, um einen Gesamteindruck bezüglich der Projekte zu vermitteln, bevor anschließend eine theoretische und künstlerische Kontextualisierung erfolgt. Im Anschluss findet die Auswertung der vorliegenden Prozesse und Resultate statt. In Kapitel 6 werden des Weiteren zentrale Merkmale für die Imaginative Bildung und das Erleben von *Flow* hinsichtlich Kunstvermittlung an Schulen hergeleitet, die in den Ausblick mit einer Horizontbildung in der Kunstpädagogik münden.

TEIL I

2. Positionen zur Bildung der Imagination

Das fachdidaktische Interesse an der Thematik *Imagination* in der Kunstpädagogik hat in der letzten Dekade zugenommen. Dies erklärt Bettina Uhlig (2012: 114) mit »einem Paradigmenwechsel der Kunstdidaktik hin zur Bilddidaktik«. Insbesondere im Bereich des Bildhaften wurde die Imagination bisweilen behandelt. Somit werden diejenigen Ansätze, die sich auf die Imagination im Zusammenhang mit Bildern beziehen, hier als Teil der »Imago-Gruppierung« bezeichnet. Zunächst werden einige Positionen der besagten Gruppe in Relation zur Dissertation kontextualisiert, bevor hier die Notwendigkeit einer Fokussierung der Imagination auf *alle* Formen von künstlerischen Verfahrensweisen sowie auf die Orientierung an der Kunst hervorgehoben wird.

Zur Imago-Gruppierung lassen sich u.a. die Ausführungen Uhligs einordnen. Imagination ist laut Uhlig eine mentale Repräsentation, ein inneres Bild dessen, was der Mensch bereits einmal gesehen hat oder aus dem Wahrgenommenen heraus innerlich sehen kann. Da die Wahrnehmung der Imagination vorausgehe, gebe es keine Imagination ohne diese. Allerdings wird auch die Wahrnehmung durch zuvor oder simultan ablaufende imaginative Prozesse geformt (siehe Subkapitel 2.2.2 *Wahrnehmung und Imagination in Relation*). Es lassen sich Uhligs Ansicht nach zwei Modi der Imagination ausmachen, wobei der Vorgang stets eine konstruktive, interpretative Leistung darstellt. Der erste Modus bezieht sich auf die Imagination, welche sich auf die unmittelbare Wahrnehmung beruft, während im zweiten Modus mittels der Vorstellungskraft darüber hinausgehend schöpferisch-aktiv Fiktionen erschaffen werden. Der erste Modus umfasst bereits bekannte Bilder und speist sich aus deren direkter Wahrnehmung. Dabei verarbeitet der Mensch beispielsweise zeichnerisch etwas aus der unmittelbaren Anschauung und wird währenddessen durch das äußerlich hinzugefügte Bild des abzuzeichnenden Objekts *stimuliert*. Im Modus der unbekannten Imagination hingegen entwerfen die Zeichnenden ein fiktives Bild, indem sie auf visuelles Wissen aus der indirekten Wahrnehmung zurückgreifen. Dieser Vorgang ist spontan und schöpferisch. Sie müssen sich dabei mehr vorstellen, weshalb die *simulierenden* Anteile höher sind (vgl. a.a.O.: 117f.).

Über die Orientierung der Imagination am Bild hinausgehend sollten alle künstlerischen Medien und Arbeitsweisen, wie auch z.b. räumliche oder performative Anteile, behandelt werden. Auch ist die Kunst innerhalb der Diskussionen um das Bild teilweise in den Hintergrund geraten, wobei diese zentraler Gegenstand von Kunstpädagogik und Kunstvermittlung sein sollte. Bevor darauf vertieft eingegangen wird, folgt jedoch zunächst ein definitorischer Annäherungsversuch an den Begriff der Imagination.

2.1 Der Imaginationsbegriff

Nachstehend werden zunächst das Auftreten und der Gebrauch des Imaginationsbegriffs untersucht. Da es sich dabei um einen Sammelbegriff für diverse geistige Aktivitäten handelt, der sich im Laufe der philosophischen Tradition entfaltet hat und sich aufgrund seiner vielfältigen Strukturen nur schwer erfassen und definieren lässt (vgl. Sowa 2012 e: 24), muss einer möglichen Erwartung einer eindeutigen Definition hier bereits entgegengehalten werden. Vielmehr wird der Versuch einer deutlicheren Abhebung und Veranschaulichung des Imaginationsbegriffs (einer Imagination von der Imagination) unternommen. Zudem wird aus Aspekten der Bildung der Vorstellungskraft in dieser Arbeit das Konzept und die Begrifflichkeit *Imaginative Bildung* abgeleitet, die in den Schulprojekten ab Kapitel 5 auf praktischer Ebene zum Einsatz kommt.

Es bietet sich an, interdisziplinäre Bezüge herzustellen, weil das Feld der Imaginationsbildung weitreichend ist. Darunter fallen neben der Kunstpädagogik auch Denkansätze aus der Philosophie wie beispielsweise Kant (1787), Husserl (1928/1930), Searle (1996) oder Ryle (1997). Aus der Kognitionspsychologie werden Bezüge zu Scheuerl (1997) und hinsichtlich der Neurowissenschaften zu Roth (2013), Damasio (2014) und Hüther (2015) gegeben. Bei Letzteren wird auf die neurophysiologische Entstehung innerer Bilder beim Menschen eingegangen, um den biologischen Ursprung von Vorstellungsleistungen sowie den fließenden Übergang zur soziokulturellen Konstruktion näher zu ergründen. Daran anknüpfend wird das Verhältnis von Wahrnehmung und Imagination untersucht, um ihre Wechselwirkungen und deren Bedeutsamkeit für die Kunstpädagogik herausarbeiten zu können. Dabei geht es um den »Spielraum zwischen der ›natürlichen‹[1] Imagination und jener ›gebildeten‹ Imagination, die unter dem Einfluss von Einsicht, Wollen und Sollen steht« (Sowa 2012 e: 39). Zudem wird ein Bezug

---

[1] Die »natürliche« Imagination umfasst die biologisch determinierten inneren Bilder zur Sicherung von Grundbedürfnissen. Allerdings ist schwer zu differenzieren, an welcher Stelle eine »natürliche« Imagination endet und eine »gebildete« Imagination beginnt.

zu den Kerncurricula bzw. Bildungsplänen der Länder für das Fach Kunst mit besonderem Fokus auf Niedersachsen[2] hergestellt.

Der Begriff *Imagination* lässt sich von dem lateinischen Wort *imago*, zu Deutsch *Bild*, herleiten. Ein anderer Ursprung kann aus dem lateinischen Adjektiv *imaginarius* abgeleitet werden, das sich mit »scheinbar« oder »eingebildet« übersetzen lässt (vgl. Klemm 2003: 29). Imagination kann daher auch als Einbildungs- oder Vorstellungskraft bezeichnet werden (vgl. Buschkühle 2017: 222).[3] Sie umfasst »ein Bündel verwandter mentaler Strukturen, Muster oder Denkhandlungen, die sich vielfältig differenzieren und ordnen lassen« (Sowa 2012 e: 35). Dabei gibt es diverse Imaginationstypen, die Perzeptionen auf unterschiedliche Weise verarbeiten, beispielshalber gegenständlich-bildhaft, plastisch-haptisch, bewegungsbezogen, handlungsbezogen, wertbezogen etc. Diese imaginativen Muster existieren nicht in reiner Form, sondern stehen stets in einem Wechselwirkungsverhältnis. Jeder Typus hat eine konkrete Funktion in der Bildung der zusammenhängenden oder differenten Wahrnehmung (vgl. a.a.O.: 35f.). Ein allen Typen gemeinsamer Aspekt ist, dass sie sich in beabsichtigte und unbeabsichtigte Imaginationen unterteilen lassen. Die intentionalen Vorstellungsbilder sind als Handeln zu verstehen, während die nicht beabsichtigten inneren Erscheinungen zu mentalen Prozessen gehören, die ideomotorisch ablaufen.

Kritisch zu betrachten ist Sowas Versuch einer Hierarchisierung jener Imaginationstypen. Seiner Ansicht nach lassen sich »niedere« und »höhere« Typen der Vorstellungskraft ausmachen. Zu den sogenannten niederen Typen zählen ihm zufolge z.B. Grundgegebenheiten wie die bewegungsbezogene oder gegenständlich-bildhafte Imagination, während sich bei den höheren Typen beispielsweise die begriffliche oder kategoriale Vorstellungsleistung einordnen lassen (vgl. a.a.O.: 36). Von einer derartigen Bewertung der Imaginationstypen wird sich hier distanziert, da *beide* Typen für den Menschen innerhalb seiner Denk- und Handlungsbewegungen gleichsam von Relevanz sind. Zudem ist fraglich, inwiefern der Übergang von niederen zu höheren Imaginationstypen konkret unterschieden werden kann, weil sie sich z.T. überschneiden.

Zu den natürlichen, sich selbstständig entwickelnden Imaginationsprozessen gehören z.B. »die spiegelneuronal verursachten Leistungen der Empathie und der Mimesis« (ebd., siehe Bauer 2016). Unter den geistigen Gesichtspunkten sind komplexe, durch Bildung hervorgerufene Denk- und Imaginationsstrukturen wie Analysen, Synthesen, Abwägungen und ethische Grundentscheidungen zu finden, um

---

2   Ein Schwerpunkt liegt auf Niedersachsen, weil die forschungsbezogenen Schulprojekte in diesem Bundesland stattgefunden haben.

3   Die Wörter *Einbildungskraft* und *Vorstellungskraft* werden in den vorliegenden Ausführungen der Alternation halber synonym zu *Imagination* verwendet.

nur einige wenige zu nennen. Zusätzlich zu den natürlichen Vorstellungsbildungen ist, die geistigen Imaginationsarbeiten begleitend, auch die soziokulturelle Bildung der Imagination zu berücksichtigen (vgl. Sowa 2012 e: 37). Im Gegensatz zu den biologisch determinierten Vorstellungsbildungen, die allenfalls durch medizinische Eingriffe modifiziert werden können, entstehen geistige und kulturelle Entwicklungen der Imagination im Umfeld eines Individuums durch aktive Bildungsprozesse und stehen somit im Zusammenhang mit der Verantwortung der Individuen für ihr späteres Handeln.

Laut Krautz sei es die Vorstellungskraft, die dem Menschen eine Ansicht des Selbst in Bezugnahme auf die Welt gestattet. Die Möglichkeit, sich gedanklich von der Welt zu distanzieren, Vergangenes sowie Zukünftiges in Form von inneren Bildern darzustellen und als Folge dessen vorausschauend Entscheidungen treffen zu können, trägt Krautz (2012: 76) als »personale Freiheit« zusammen. »Neben die reale physische Welt tritt noch eine andere Welt, die der Imagination« (Leder 1999: 348). Aus anthropologischer Perspektive sei jene Fähigkeit fundamental für die individuellen Auslegungen der jeweiligen Personen. Die Imagination sei u.a. durch ein bildhaftes Selbst- und Weltverhältnis geformt (vgl. Krautz 2012: 76). Mithilfe einer Auseinandersetzung mit der als solche begriffenen *objektiven, realen* Welt sowie der von Sowa (2012 e: 33) behandelten »Hier-Jetzt-Wahrnehmung« können Impulse aufgenommen werden und neue Imaginationen aufkommen. Zwar befähige die Einbildungskraft den Menschen, fiktive Welten zu erschaffen, jedoch greife sie stets auf leibliche Erlebnisse zurück und sei demzufolge durch eine Überlagerung von Sicht- und Unsichtbarem gekennzeichnet (vgl. Fuchs 2008: 32). Hierbei sollte berücksichtigt werden, dass die Vorstellungskraft auch synästhetisch[4] fungieren kann. Sie ist also nicht zwingend an ein *bild*haftes Selbst- und Weltverhältnis gebunden. Dieses kann sich auch in anderen Formen der Sinneswahrnehmung manifestieren (mehr dazu in Abschnitt 2.2.2 *Wahrnehmung und Imagination in Relation*). Demgemäß wird hier in Erweiterung von inneren Bildern die Bezeichnung innere *Erscheinungen* vorgeschlagen.

Nach Krautz (2012: 75) solle die Vorstellungskraft nicht als »primär selbstbezogene und weltferne Phantasie« aufgefasst werden, »sondern als spezifische Beziehung zur Welt«. Doch liegt nicht auch in der »weltfernen« Fantasie großes Potenzial für originelle Schöpfungen? Sollte nicht jene negativ konnotierte Fantasie Raum zur Entfaltung für die Herstellung neuer, innovativer Kontexte haben?

Über die Historie des Imaginationsbegriffs hinausgehend unterscheidet Sowa andersartige Typen der Vorstellung. Er differenziert diese durch die Verbindung, die sich jeweils in ihnen vollzieht. Es werden nachfolgend Beispiele gegeben, die veranschaulichen sollen, in welchen Formen die Einbildungskraft den Menschen

---

4   Siehe hierzu weiterführend auch Hallmanns Publikation »Synästhetische Strategien in der Kunstvermittlung: Dimensionen eines grundlegenden Wahrnehmungsphänomens« (2016).

im Alltag begleitet. Die Benennung aller von Sowa aufgeführten Typen würde den thematischen Rahmen überschreiten, da diese sehr ausführlich kategorisiert werden. Außerdem ähneln sich zahlreiche der Typen hinsichtlich ihrer Herkunft stark:

- *Narrative Imaginationen:* innere Vorstellungsbilder von Handlungsvorgängen, in denen bestimmte Personen im Mittelpunkt stehen
- *Räumliche Imaginationen:* raumbezogene Orientierungskenntnisse durch kartografische, perspektivische (usw.) innere Konstruktion von Raumerfahrungen
- *Bewegungs- und Vorgangsimaginationen:* Vorstellungsbilder zu Handlungsabläufen und ihren Umgestaltungen zwecks Aussichten auf Vergangenes und Zukünftiges
- *Sprachimaginationen:* Vorstellungsbilder zur semantischen Bedeutung komplex oder abstrahiert erscheinender Sprachausdrücke oder Begrifflichkeiten
- *Biografische Imaginationen:* Innere Bilder zu »Selbstkonzepten«, die Aspekte biografischer, sozialer und/oder körperlicher Selbstinterpretation aufweisen können
- *Personale bzw. wesenhafte Imaginationen:* Vorstellungen eines Lebewesens im Allgemeinen oder eines personalen Gegenübers, geformt durch das eigene innere Erfahrungsmuster (vgl. Sowa 2012 a: 152f.).

Jedem dieser Imaginationstypen liege ein eigenes Handlungsskript und infolgedessen eine spezifische Art »diskursiver Vergegenwärtigung« (a.a.O.: 153) zugrunde. Sie können als differente, beispielhafte Möglichkeiten oder »intrinsisch-mentale Handlungsskripte« (ebd.) verstanden werden, die unterschiedliche Zusammenhänge des Erfassens ermöglichen und situativ verschiedenartig auftreten. Außerdem können die Typen der Imagination als »Modelle der Sinndeutung« oder »mentaler Gestaltkonstruktion« (ebd.) aufgefasst werden. So stimme jeder Imaginationstypus innerhalb seiner darstellerischen Umsetzung (z.B. in ein physisches Bild) mit einer spezifischen Bildform überein (vgl. a.a.O.: 152f.). Hierbei ist infrage zu stellen, ob es sich lediglich um Bilder handeln muss, denn eine Performance wäre beispielsweise gleichermaßen eine leibliche Umsetzung von Handlungsimaginationen. Schließlich umfasst die Imagination überdies komplexe, teils fragmentarische, synästhetische Phänomene oder Eigenschaften von raschen Erscheinungsfolgen, die bewegter sind als ein starres Bild.

Eine weitere Art der Klassifizierung führt auf Goodman zurück, welcher die Typen der Imagination als »Weisen der Welterzeugung« bezeichnet. Er differenziert hierbei fünf Typen: »Komposition/Dekomposition, Gewichtung, Ordnung, Tilgung/Ergänzung und Deformation« (Goodman 1984: 20ff.). Bezüglich der eingangs angeführten Imaginationstypen Sowas schafft seine Klassifikation eine gröber unterteilte Ausgangslage.

Ungeachtet der Verschiedenheit der Imaginationstypen sei es die potenzielle Transformation bzw. Veräußerung, die alle Formen von inneren Bildern – hier erweitert um innere *Erscheinungen* – miteinander verknüpft.

»Die innere Verwandtschaft all dieser Handlungsformen besteht letztlich darin, dass sie sich, im Heraustreten aus der Handlung, in der Ausführung als ›Bild‹ darstellen und so anschaulich konkretisieren lassen *könnten* (*auch* als Bild, aber nicht *ausschließlich* als Bild).« (Sowa 2012 a: 151, Herv.i.O.)

Insbesondere letzterer Nebensatz bildet eine wesentliche Grundlage für diese Arbeit, die *alle* ästhetisch-künstlerischen Verfahrensweisen für die Veräußerung von Imagination und die Reflexion der Differenz zwischen dem Inneren und Äußeren fokussiert. Bevor sich ein solcher Transfer ereignet, ist die Imagination zunächst in das Handeln »eingewachsen« und wird in der Philosophie auch mit den Begriffen von »Handlungswissen« oder auch »intuitive[m]« bzw. »personale[m]« (ebd.) Wissen abgefasst (siehe Kant 1787, Sartre 1940). Die Imagination gilt bis zu jenem Moment als schieres Vollzugswissen, ist aber noch nicht veranschaulicht. Für die Übersetzung, die eine Beobachtung überhaupt erst zulässt, sind folgende Bedingungen entscheidend: Innehalten während des Handlungsvollzuges, Einnahme einer achtsamen Haltung, Konzentration und Abstandnahme. Die verschiedenen Bewusstseinsinhalte werden somit schrittweise angepeilt und verarbeitet.[5] »Die bildhafte Ausführung dieses internen Wissens ist eine aus dem Vollzug heraustretende Artikulation« (Polanyi 1974: 69ff.). Dabei geht es um einen Bruch in der Handlungsweise, weniger um einen Bruch im Gehalt des Vorstellungswissens. Mithilfe der Einhaltung der zuvor dargestellten Bedingungen nimmt der Inhalt eine andersartige, anschauliche und somit für Außenstehende beobachtbare Daseinsform an (vgl. Sowa 2012 a: 152).

Auch hier wird hinsichtlich der Ansätze der Imago-Gruppierung insgesamt deutlich, dass die Einbildungskraft bislang stark in Verbindung mit dem Bild thematisiert worden ist. Darüber hinaus sollten Kunstvermittler*innen und beteiligte Akteur*innen über alle weiteren Arbeitsweisen der ästhetisch-künstlerischen Praxis im Rahmen von Orientierung an der Kunst ihre Imagination nutzen und reflektieren. Hierzu werden die Ausführungen des Allgemeinpädagogen Fauser hinsichtlich ihrer wesentlichen Anhaltspunkte bezüglich eines Definitionsversuchs zum Imaginationsbegriff und der Anwendung der Imagination über das Bild hinaus herangezogen.

Fauser leitet seine 2014 publizierten Ausführungen mit dem Titel »Ohne Vorstellung geht nichts – Über den Zusammenhang von Imagination und Lernen und eine Theorie der Vorstellung« mit folgendem Zitat ein: »Die Einbildungskraft, sie

---

5   Ähnliche Inhalte sind auch für das Erleben von *Flow* von hoher Relevanz (mehr dazu in Kapitel 3: *Flow-Erleben im Kunstunterricht*).

ist unser letztes Heiligtum« (Mercier 2004, zitiert nach Fauser 2014: 61). Damit legt er seine grundlegende Einstellung dar, die vom potenziellen Wert der Imagination für Lernprozesse gekennzeichnet ist.

Er beanstandet, trotz der zuvor im Zusammenhang mit Uhlig erwähnten erhöhten Aufmerksamkeit der Vorstellungskraft in Bildungsprozessen, den nach wie vor geringen Stellenwert der Imagination in seinem heutigen pädagogischen Umfeld.[6] Prinzipiell schrieben die naheliegenden Bezugswissenschaften Neurobiologie und Philosophie ihr zwar eine maßgebliche Bedeutung zu, jedoch erhalte sie in der Lernwissenschaft und in der Pädagogik kaum Aufmerksamkeit (vgl. Fauser 2014: 63). Diese Paradoxie begründe sich darin, dass der Akt des »Sich-etwas-Vorstellens« fest mit der Selbstwahrnehmung des Menschen zusammenhinge und die Beschäftigung damit als eine beträchtliche Herausforderung wirke. Dies habe bei der Untersuchung der Einbildungskraft zur Konsequenz, »dass wir gerade deshalb bei dem Versuch einer Klärung auf ähnliche Schwierigkeiten stoßen wie bei anderen Grundkonzepten – wie Bewusstsein, Geist, Glaube, Evidenz oder Wirklichkeit« (ebd.).

Die Bezeichnung *Vorstellung* erläutert Fauser anhand eines Beispiels: Bei der Begutachtung dekorativer Steine auf einer Fensterbank sind alle Informationen, welche durch die eigenen Sinne verarbeitet und bestätigt sowie im Gehirn als äußere Realität wahrgenommen werden, neurophysiologisch betrachtet, lediglich eine Repräsentation der Steine im Gehirn der betroffenen Person. Simultan ablaufend, machen die Arbeitsprozesse des Gehirns der betrachtenden Person bewusst, dass die Vorlage der erstellten Repräsentation ein Teil der als solche bezeichneten objektiven Realität ist: »Der reale Stein liegt nicht in meinem Kopf, sondern in meinem Kopf wird eine Vorstellung des Steins als außerhalb von mir hergestellt« (a.a.O.: 66). Diese Annahme wird ferner dadurch gestützt, dass beispielsweise bei der reinen Vorstellung eines Stückes Obst die gleichen Hirnregionen aktiviert werden wie bei der sinnlichen Wahrnehmung ebenjener Frucht durch Tast-, Geschmacks-, Geruchs- oder Sehsinn (vgl. Roth 1995: 227ff./278ff.).

Fauser integriert den Aspekt der Zeit in seine Theorie. Beobachtet eine Person während einer Zugfahrt die draußen vorbeiziehende Landschaft, vollziehen sich, vereinfacht ausgedrückt, folgende neurobiologischen Abläufe: Von einem Objekt draußen werden Lichtstrahlen gebrochen, treffen auf die Netzhaut der Person und

---

6   Hierbei ist anzumerken, dass es sich zur Entstehungszeit seiner Ausführungen um das Jahr 2012 handelte und Imagination seitdem mehr Aufmerksamkeit zugekommen ist. Er spricht sich positiv gegenüber Sowas 2012 veröffentlichtem Sammelband mit dem Titel »Bildung der Imagination: Kunstpädagogische Theorie, Praxis und Forschung im Bereich einbildender Wahrnehmung und Darstellung« aus, der dem Kontext der Kunstpädagogik entspringt und bei dem es sich bezüglich seiner inhaltlichen Qualität, seines Umfanges sowie seiner Differenziertheit hinsichtlich der Imagination im gesamten Bildungskontext um eine besondere Ausnahme handle.

werden dort in elektrische Impulse transformiert. Diese Impulse geraten anschließend in die Hirnregion, die ein Vorstellungsbild generiert, das von der Person als äußere Realität wahrgenommen und realisiert wird. Da dieser Verarbeitungsprozess eine bestimmte Zeitspanne beansprucht, ist der vor dem Fenster betrachtete Gegenstand bereits vorübergezogen, wenn dessen inneres Bild im Gehirn erschaffen wird (vgl. Fauser 2014: 67). Es kann demnach ausgesagt werden, dass der Mensch gemeinsam mit seinesgleichen in der Vergangenheit lebt: »Was uns psychologisch als Gegenwart erscheint, ist neurophysiologisch Vergangenheit und entstammt dem Gedächtnis – eben eine durch die Vorstellungskraft vergegenwärtigte und aus dem Gedächtnis rekonstruierte Vergangenheit« (ebd.). Es handelt sich um »lebendige Gegenwart«, um es mit Husserls (1928: 411) Worten auszudrücken.

Für das Begriffsverständnis von Vorstellung sind diese Grundgedanken bedeutsam, weil dieser Terminus demgemäß nicht mehr nur das reine Imaginieren, sondern die Realität konstruktivistisch als Illusion umfassen würde (vgl. Fauser 2014: 68). Fauser nähert sich dem Begriff *Imagination* an und vermittelt, wie auch Kunstpädagog*innen, die sich mit dieser Thematik auseinandersetzen, dass er nicht eindeutig zu definieren ist.

> »Aus der Tatsache, dass unsere Vorstellungskraft aus dem chaotischen und ständig wechselnden Strom von Sinneseindrücken uns eine gegenständliche Welt von verlässlicher physischer Konsistenz bildet, kann man nämlich keineswegs erklären, wie es kommt, dass wir uns auch blaue Elefanten in Mausgröße vorstellen, nie gesehene und gemalte Bilder beschreiben, Maschinen erfinden, Gedichte verfassen oder Bewegungen ersinnen und vollführen können, die keinerlei wirklichkeits-funktionale Relevanz besitzen.« (A.a.O.: 70)

Die Imagination wird, wie auch in der vorliegenden Arbeit, in Abgrenzung von Krautz' anthropologiegewichtiger Perspektive, als etwas Schöpferisches verstanden, das eine innere Realität bildet, die sich von der gängigen Repräsentation der als solche bezeichneten objektiven Welt stark abhebt.[7]

Um die vorigen Ausführungen zu verdichten, wird im Folgenden Kants Erkenntnistheorie aus der »Kritik der reinen Vernunft« (1787) herangezogen. Diese beinhaltet drei Komponenten, welche die menschliche Erfahrung und Erkenntnis ausmachen. Dazu zählen die sinnliche Anschauung, die Einbildungskraft und die Apperzeption. Die sinnliche Anschauung umfasst die Wahrnehmung durch alle Sinne, die der Ausgangspunkt für sämtliche nachfolgende Denkprozesse ist. Hier wird die Vorstellungskraft aktiv, da sie aus den Daten der einzelnen Sinneswahrnehmungen vollständige innere Erscheinungen erschafft (vgl. Kant 1787: 152, vgl.

---

7   An dieser Stelle ist anzumerken, dass sich die »gängige« Repräsentation innerhalb von verschiedenen Kulturkreisen unterscheidet. Fauser geht in seinen Überlegungen von der Repräsentation in westlichen Industrienationen aus.

Gölz 2008: 16ff.). Sie agiert wie eine Brücke »zwischen den empirischen Sinnesdaten und den rationalen Begriffsbildungen von Verstand und Vernunft, indem sie für deren abstrakte Bezeichnungen kohärente Vorstellungen von ›ganzen‹ Objekten liefert« (Buschkühle 2017: 222). Die Apperzeption umfasst die Erkenntnis durch Verstand und Vernunft, welche die Funktionsweise des Begriffs miteinschließt (vgl. Kant 1787: 145).

Beispielsweise gäben die Sinne mit dem bloßen Ertasten einer Blume die grundlegenden haptischen Daten darüber preis (z.B. Stängel mit Stacheln, elliptisch geformte, mittelgroße Blätter mit kleinen Zacken am Rand, verwobener Blütenkopf mit vielen weichen Blütenblättern), worüber hinaus die Einbildungskraft, entsprechend der gegebenen Sinneseindrücke, bereits vorhandene Identifikationsmuster aktiviert und die Vorstellungen zu einer spezifischen Blume, der Rose, zusammensetzt. Sofern dieser Begriff mit dem Verstand gebildet wird, werden Funktion und Gebrauch je nach soziokulturellem Hintergrund mit einhergehen (Geschenk, Dekoration, Kosmetik, Symbol o.Ä.). Dieser Prozess der Verstandesnutzung bedarf allerdings erneut eines Einsatzes der Vorstellungskraft, damit aus der Erinnerung innere Bilder zur Funktion der Pflanze reaktiviert werden können.

Die Entstehung der Imagination ist allerdings nicht nur an Sinneseindrücke und Kognitionen[8] gekoppelt, sondern auch an Emotionen. Somit sind Erinnerungen und dabei auftretende mentale Vorstellungsbilder mit Gefühlen unterschiedlichster Art und Intensität assoziiert. Beispielsweise können beim Hervorrufen innerer Erscheinungen, je nach Antizipation der Geschehnisse, bestimmte Emotionen auftreten: wie die Vorfreude auf ein nahendes Treffen mit guten Freund*innen am See oder die Furcht vor einem zukunftsweisenden Auftritt vor einem großen, kritischen Publikum.

In der künstlerischen Tätigkeit ist die Vorstellungskraft zweifellos von wesentlicher Bedeutung. Für die Gestaltungsintention sind u.a. Gedächtnisinhalte und Empfindungen aus der Vergangenheit und/oder der Gegenwart relevant. Emotionale Regungen von Erwartungen der Zukunft können gleichermaßen für Entstehungsabläufe entscheidend sein. So entwickelt sich häufig auch eine zukünftige Vision davon, wie ein Kunstwerk fertig aussehen könnte, wenn zu Beginn auch häufig noch vage. Künstler*innen setzen ihre Vorstellungen in Handlungen um und beurteilen nach eigenem Maßstab, inwiefern die künstlerische Handlung einer adäquaten Umsetzung des Imaginierten entspricht. Die Emotionen spielen außerdem eine zentrale Rolle in Bezug auf die Motivation zur Weiterarbeit, zum

---

8   Die bisher nicht aufgeführten Bestandteile von Fausers Ausführungen sind recht kognitionsgewichtig und unternehmen den als diffizil einzuordnenden Versuch, die Imagination zu schematisieren. Dabei geraten Ganzheitlichkeit sowie Komplexität der Vorstellungskraft aus dem Blick.

Pausieren und Überarbeiten oder gar im Hinblick auf einen Abbruch der Gestaltungsarbeit, ob nur vorübergehend oder gänzlich. Abgesehen von dem Gefühl steht die Einbildungskraft auch in enger Beziehung mit der Volition und der Intention, die künstlerische Arbeit fortzuführen (vgl. Buschkühle 2017: 223). Jene Aspekte sind auch hinsichtlich einer Verbindung von Imagination und dem Erleben von Flow von äußerster Relevanz (siehe Abschnitt 3.4.2 *Imagination und Flow*).

Wie auch Uhlig (vgl. 2012: 117f.) herausgearbeitet hat, ist die Vorstellungskraft, basal betrachtet, eine geistige Fähigkeit mit synthetisierenden und projizierenden Eigenschaften. Damit geht einher, dass sie durch das Zusammenspiel verschiedener Gehirnareale hervorgerufen wird. Damasio (2014) drückt mit der Zusammensetzung diverser Hirnaktivitäten auf neurobiologischer Dimension das aus, was Kant (vgl. 1787: 180f.) aus philosophischer Perspektive bezüglich der vermittelnden Tätigkeit von Imagination zwischen Sinnesdaten, Verstand und Vernunft in seiner »Kritik der reinen Vernunft« umschrieben hatte. So, wie die Imagination Vergangenes reproduzieren kann, ist auch eine Projektion von Ereignissen in die Zukunft möglich, wodurch sich ihre Funktion als eine Handlungsgrundlage für das Erreichen von Zielen beweist (vgl. Buschkühle 2017: 223). Dadurch kann nie zuvor Dagewesenes entstehen:

> »Sie [die Imagination] kann aus der Kombination oder Assoziation von Elementen etwas Neues ersinnen, gleichsam in die Zukunft denken und sich Vorstellungen von künftigen Möglichkeiten oder Konsequenzen ›ausmalen‹. Aber auch hier kann sie nicht aus nichts etwas machen, auch Phantasien von Neuem beziehen sich auf erinnerte Vorstellungen und wandeln sie um, transformieren sie. Die ›Creatio ex nihilo‹, die Schöpfung aus dem Nichts, wäre, in theologischer Sicht, allein einem göttlichen Geist zuzuschreiben.« (Ebd.)

Allerdings ermöglicht der Rückgriff auf Bekanntes durch Neukombinationen durchaus Neuartiges und Originelles. In den vorigen Abschnitten wurde der Imaginationsbegriff aus unterschiedlichen Perspektiven heraus ausgeführt. Anlässlich der Nennung der »Phantasien von Neuem« im obigen Zitat wird im Folgenden nun auch der Fantasiebegriff eingehender beleuchtet und mit dem Terminus der Imagination in Beziehung gesetzt. Der theoretische Physiker Einstein (1929: Interviewaussage[9]) sagte einst: »Fantasie ist wichtiger als Wissen, denn Wissen ist begrenzt«. Wenn ein Mensch, der sein Leben der Wissenschaft gewidmet und bahnbrechende Erkenntnisse hervorgebracht hat, eine solche Aussage trifft, wird

---

9 Aufgrund eines Interviews in englischer Sprache im Original: »Imagination is more important than knowledge. For knowledge is limited«. *What Life Means to Einstein: An Interview with George Sylvester Viereck*, The Saturday Evening Post, 26. Oktober 1929: 110-117. Online verfügbar unter: https://www.saturdayeveningpost.com/wp-content/uploads/satevepost/what_life_means_to_einstein.pdf (zuletzt eingesehen: 1.8.2018).

erneut deutlich, welch eine bedeutungsvolle Rolle die Fantasie im Leben eines Menschen spielt. Selbstredend ist es von Wichtigkeit, sich in hohem Maße Wissen anzueignen, um als mündige*r Bürger*in aktiv die Gesellschaft mitzugestalten. Doch es ist auch Fantasie nötig, um neues Wissen überhaupt zu erlangen, beispielsweise, um Vorahnungen zu entwickeln, Behauptungen zu formulieren oder letztendlich Theorien aufzustellen. Zudem ist Wissen auf das begrenzt, was bisher als Erkenntnis gilt, wie Einstein erwähnt, doch die Fantasie vermag darüber hinauszugehen und die Gedanken an die Zukunft noch weiter zu formen. Sie bietet eine Grundlage für ein anderes und ungewöhnliches Denken.

Insbesondere zu Beginn der 1990er Jahre wurde der Begriff der Fantasie zuletzt etwas ausführlicher im kunstpädagogischen Kontext thematisiert (siehe Henckmann 1981, Schöpf 1981, Otto 1990 u.a.). In den nachfolgenden Dezennien fand der Begriff nur selten und eher beiläufig Bemerkung. Im Allgemeinen stellt es sich als schwierig heraus, eine eindeutige Definition für den Terminus *Fantasie* festzulegen, da es sich zum einen um ein schwer greifbares Konstrukt handelt und es zum anderen, je nach wissenschaftlicher Disziplin, unterschiedlich geprägt ist (z.B. Kunstpädagogik, Psychologie, Philosophie).

Der Duden bezeichnet die Fantasie als die »Fähigkeit, Gedächtnisinhalte zu neuen Vorstellungen zu verknüpfen, sich etwas in Gedanken auszumalen«. Zusätzlich wird das »Produkt der Fantasie, (nicht der Wirklichkeit entsprechende) Vorstellung«, angeführt (Duden Online 2019 a[10]). Bemerkenswert ist dabei, wie auch in den Ausführungen von Krautz, die implizit negativ konnotierte Haltung gegenüber dem eigentlichen Potenzial der Fantasie, da das Fantasieprodukt als wirklichkeitsfremd bezeichnet wird, obwohl es durchaus die Grundlage einer zukünftigen Realität sein könnte. Selbst wenn dies nicht der Fall ist, beinhaltet es allemal Innovatives, wie die Erschaffung neuer Kontexte. Demgemäß wäre eine Formulierung wie beispielsweise »nicht der aktuellen Wirklichkeit entsprechende Vorstellung« treffender gewesen. Der Imaginationsbegriff wird im Duden mit den Wörtern »Fantasie, Einbildungskraft, bildhaftes Denken« (Duden Online 2019 b[11]) erklärt, was im allgemeinen, alltäglichen Begriffsgebrauch eine synonyme Verwendung suggeriert, der sich hier allerdings nicht angeschlossen wird.

Im Sinne Gunter Ottos (1990: 44) steht die Fantasie »konkretisierend für ein Konzept von Entdecken, Erkennen und Lernen, das für eine plurale Rationalität eintritt, für das Erweitern der Lernformen und das Aufbrechen kognitiver Hierarchien«. Damit beschreibt er jene Aspekte der Fantasie, die im Zusammenhang mit Ästhetischer Erziehung relevant erscheinen. Es geht um die Erstellung eines

---

10   Duden Online (2019 a): *Fantasie*. Online verfügbar unter: https://www.duden.de/rechtschreibung/Fantasie_Einbildung_Traum_Musik (zuletzt eingesehen: 31.7.2019).

11   Duden Online (2019 b): *Imagination*. Online verfügbar unter: https://www.duden.de/rechtschreibung/Imagination (zuletzt eingesehen: 30.9.2019).

Geflechts von Wirkungszusammenhängen, das durch die Objekte, die Wirklichkeit und die subjektive Wahrnehmung geprägt wird und welches die Lernenden reflexiv durchdringen sollten. Zudem wird, wie in der vorliegenden Ausarbeitung, für neue Lernweisen und eine Veränderung bereits bestehender kognitiver Muster plädiert. »Ich gehe mit allen anderen – ausgenommen manche Schulverwaltungen – davon aus, daß es keine Dichotomie zwischen Phantasie und Ratio gibt« (ebd.). Mit dieser Formulierung spielt Otto darauf an, dass die Fantasie von der Institution Schule teilweise im Widerspruch zur Rationalität wahrgenommen wird. Er hebt in diesem Zuge jedoch treffend hervor, dass die Fantasietätigkeit und die Wissenschaft sich nicht ausschließen müssen. Sie können durchaus in direkter Verbindung stehen, insofern, als die Fantasie das Vorantreiben der Forschung bedingt (vgl. ebd.).

> »Bildung, die auf der Vermittlung und Reflexion von Wissen aufbaut, betont zumeist die kognitiven Leistungen des Verstandes und der Vernunft. Diese können sich ihrerseits aber ohne Beteiligung der Einbildungskraft nicht entfalten. Neben Sinnlichkeit, Gefühl und rationaler Kognition ist die Imagination eine der signifikanten geistigen Fähigkeiten, die in Denkprozessen agieren, zusammenwirken, sich aber auch widersprechen können.« (Buschkühle 2017: 222)

In diesem Zitat kommt, analog zu Ottos Ansichten, zum Ausdruck, dass vielerorts Bildung im Zusammenhang mit kognitivem Einsatz hinsichtlich Verstand und Rationalität, basierend auf Idealen der Aufklärung, begriffen wird. Ohne die Vorstellungskraft, die Verstand und Rationalität keinesfalls ausschließt, wären derartige kognitive Prozesse und letztendlich Bildung allerdings gar nicht erst möglich, weil die Imagination allem Denken vorausgeht, es durchdringt und formt.

In der Fantasie wird ein seit der Antike als ein solches bezeichnetes, produktives oder kreatives Moment erkennbar:

> »›Sich etwas einbilden‹ ist – worauf schon Aristoteles hinwies – ein *differentes* und ambivalentes Vermögen (ambivalent hinsichtlich der ›Wahrheit‹ und ›Unwahrheit‹), das immer wieder der kritischen Beurteilung bedarf – entweder durch korrigierenden Abgleich mit der Wahrnehmung oder durch praktische/poietische Verwirklichung des Vorgestellten im sozialen Handlungsraum.« (Sowa 2012 e: 33, Herv.i.O.)

Die Fantasie wurde häufig kritisch betrachtet, weil sie mit Irrtümern und Unwahrheiten assoziiert war. Im Laufe geisteswissenschaftlicher Entwicklungen wurde und wird dieses Bild jedoch aufgearbeitet und korrigiert (vgl. ebd.):

> »In der Pädagogik, und speziell in der Bildpädagogik […] wird die ›Phantasie‹ einerseits als ein allen Regeln der Wirklichkeit enthobener Freiheitsraum, als Refugium von Subjektivität, maßlos überschätzt, andererseits wird sie in der nüchternen Gestalt des *sensus communis* und der ›Vorstellungs- und Einbildungskraft‹ in

ihrer Funktion und Bedeutung für menschliches Leben und Lernen ebenso maßlos unterschätzt.« (A.a.O.: 13, Herv.i.O.)

Auffällig ist hier die offenbar zwiespältige Auffassung vom Fantasiebegriff innerhalb der (Bild-)Pädagogik, in der sie entweder in einer Art Regellosigkeit existiere, die in reiner Subjektivität münde und in ihren Freiheiten vermeintlich zu hoch gehalten werde oder innerhalb derer ihr in Prozessen des Lernens zu wenig Beachtung zukomme. Ein geeigneter Kompromiss dürfte die zwei scheinbar radikalen Extreme ausloten. Im Schulalltag findet eine auf Korrektheit beruhende, faktengeleitete Aneignung von Sachverhalten statt. Mit dem Fokus auf dem Potenzial einer imaginationsgeleiteten Welterschließung soll in der vorliegenden Arbeit eine Art Mittelweg mit einer Wertschätzung von Fantasie zum Ausdruck gebracht werden, sodass die Lernenden sich bei entsprechenden kunstpädagogischen Projekten die Gegebenheiten nach eigenen Maßstäben mittels individueller Gedankenkonstrukte aneignen können. Dabei bildet die Fantasie die Grundlage für alle daran anknüpfenden Denkprozesse der Schüler*innen bezüglich deren weiterer Welterschließung (siehe Schulprojekte in Kapitel 5 und 6).

Krautz (vgl. 2014: 124) verdeutlicht, dass *Imagination* in früheren Ausführungen nicht selten synonym mit dem Begriff *Fantasie* behandelt wurde und nimmt mit dem bewussten Gebrauch des Begriffs *Imagination* eine deutliche Abgrenzung zur Bezeichnung *Fantasie* vor. Er sieht in jenem Aspekt eine Differenz zum Fantasieren im fantastischen Sinne: Die Bildung der Imagination meine in diesem Sinne somit weniger die Anregung von vermeintlich »losen«, freien Fantasien als vielmehr ein gezieltes Einsetzen und Üben der Vorstellungskraft durch einen Bezug zur realen (Lebens-)Welt (vgl. ebd.). Ähnlich wie Krautz ist auch Glas (vgl. 2012: 99) der Auffassung, dass der Fantasiebegriff zwar grundsätzlich synonym mit dem Imaginationsbegriff verwendbar, jedoch durch die Kreativitätsforschung eher mit dem Verworrenen oder Phantastischen konnotiert sei. Dabei bieten auch die von Krautz als solche bezeichneten »losen« Fantasien über den lebensweltbezogenen Wirklichkeitssinn neuen Möglichkeitssinn mit großen Potenzialen für innovative Denkweisen und Erfahrungsfelder.

Aufgrund einiger Merkmalsübereinstimmungen zwischen den Begriffen *Imagination*[12] und *Fantasie* gebrauchen einige Autor*innen sie im gröberen Sinne synonym. Wenn genau differenziert werden soll, so ist der Fantasiebegriff, aus dem altgriechischen φαντασία (phantasía) mit der Bedeutung *Vorstellung, Erscheinung*

---

12 In der aktuellen kunstpädagogischen Literatur lässt sich eine Tendenz zum vermehrten Gebrauch des Worts *Imagination* im Vergleich zum Begriff *Fantasie* ausmachen. Sofern in dieser Arbeit der Terminus *Imagination* oder *Fantasie* behandelt wird, wird er der Abwechslung halber mit den Bezeichnungen *Vorstellungskraft* und *Einbildungskraft* synonym verwendet. *Innere Bilder* werden hier als Erzeugnisse der Imagination aufgefasst; die »Produkte« der Fantasie werden angesichts ihrer hohen Komplexität als *innere Erscheinungen* angeführt.

oder *Traumgesicht* weiter gefasst und kann sich auf Bildhaftes sowie abstraktere, logische Konstrukte, wie beispielsweise Lösungsideen, beziehen (vgl. Hartwig 2004: 20f.). Die Imagination ist dabei konkreter auf innere Bilder bezogen. Demzufolge werden die Termini *Imagination* und *Fantasie*, je nach Setzung des Fokus (Bild oder Erscheinung im weiteren Sinne), für die weitere Arbeit verwendet.

Zusätzlich wird der Begriff *Imaginative Bildung* im Rahmen eines neuen Konzepts für den Kunstunterricht vorgeschlagen, welches die Vorstellungskraft in künstlerischen Prozessen reflexiv fokussiert. Die Imaginative Bildung ist eine Form der Bildung, die anstrebt, das als biologische Grundgegebenheit[13] bedingte

---

13 Der Neurobiologe Hüther hat sich intensiv mit der Entwicklung und Auswirkung innerer Vorstellungsbilder beschäftigt. Er verwendet den Ausdruck des inneren Bilds »zur Beschreibung all dessen, was sich hinter den äußeren, sichtbaren und messbaren lebendigen Phänomenen verbirgt und die Reaktionen und Handlungen eines Lebewesens lenkt und steuert« (Hüther 2015: 17). Innere Bilder umfassen alle Vorstellungen, welche der Mensch in sich trägt. Wie wird das menschliche Gehirn durch Vorstellungen beeinflusst? Wie wird die Welt infolgedessen durch menschliche Aktionen gestaltet? Vorstellungsbilder bestimmen das menschliche Denken, Fühlen und letztendlich auch das Handeln. Dabei stimmt der Mensch den Ist-Zustand mit seinem persönlichen Idealbild ab und justiert sein Verhalten dementsprechend. Jede*r verfügt über im Gehirn abgespeicherte Muster, die dabei helfen, sich in der Welt zu orientieren. Sie sind maßgeblich dafür, wie und wofür die jeweiligen Gehirne genutzt werden (vgl. Singer 2004: 68). Diese Erkenntnisse sollten für (kunst-)pädagogische Prozesse hinsichtlich einer Durchbrechung und Erweiterung jener Muster genutzt werden. Jedes Individuum bildet, je nach Erfahrungen und Interessen, bestimmte Verschaltungsmuster im Gehirn, die beispielsweise beim Anblicken von Lebewesen oder Gegenständen reaktiviert werden und dabei sein Selbst- und Weltbild prägen. Auf Basis dieser im Laufe des Lebens gebildeten Anschauungsweisen werden bestimmte neuronale Verbindungen im Gehirn stabilisiert, angepasst oder gelöscht. Häufig vermischen sich die Grenzen zwischen inneren Bildern und Wirklichkeit, was die starke Wirkung des Imaginativen verdeutlicht, denn innere Erscheinungen können unsere Gedanken, Emotionen und Handlungen nicht nur beeinflussen, sondern sogar kontrollieren (vgl. Herzka 2003: 5, vgl. Klemm 2003: 73, vgl. Glaesner 2012: 23). Daher ist es von hoher Relevanz, sich mit inneren Bildern zu befassen, nicht zuletzt in kunstvermittelnden Situationen. Schließlich haben sich kulturelle Gegebenheiten, wie beispielsweise Leitbilder von künstlerischen Epochen, durch die Vielzahl sich multiplizierender Vorstellungen entwickelt, die sich in der Denkweise vieler Menschen widergespiegelt hatten. Es kann also zwischen individuellen und kollektiven Leitbildern unterschieden werden (vgl. Hüther 2015: 11). Wie die Bezeichnung bereits suggeriert, beinhalten individuelle Leitbilder jene Vorstellungen, die für Einzelne bedeutsam sind, während kollektive Grundsätze sich in den Vorstellungen vieler manifestieren. So lässt sich im Kunstunterricht diskutieren, wie sich die Übergänge von individuellen zu kollektiven Leitbildern oder wieder zurück vollziehen können. Was hat die Menschen dazu bewegt, die sehr schnelllebige Welt heutzutage so zu formen, wie sie ist? Wer hat die Vorlage dafür gebracht? Warum erscheint genau diese Art zu leben den jeweiligen Kollektiven derart erstrebens- und lebenswert? All diese Fragen eignen sich für eine kritische Auseinandersetzung mit aktuellen Umständen in kunstvermittelnden Situationen. Obwohl eindeutig zwischen verschiedensten Kulturen und Lebensformen differenziert werden muss, erscheint diese Art der Problematisierung insbesondere bezüglich

Potenzial der Einbildungskraft innerhalb soziokultureller Reflexionen voll auszuschöpfen. Dieser Ansatz geht über die in der Kunstpädagogik bisher weit verbreitete *bild*hafte Denkweise hinaus, indem er *alle* Formen von ästhetisch-künstlerischen Verfahrensweisen für die Bildung der Imagination sowie Fantasie umfasst und zudem einen vertiefenden Kunstbezug fordert. Dies kristallisiert sich insbesondere in der zweiten Hälfte der Dissertation hinsichtlich der Praxisprojekte heraus (siehe Kapitel 5 und 6).

---

der Entwicklungen in Industrienationen, so unterschiedlich diese auch wieder im Einzelnen sein mögen, vor dem Hintergrund der Akzeleration innerhalb der Globalisierung gerechtfertigt. Bei der Beantwortung dieser Fragen würden vermutlich verschiedenste Standpunkte kollidieren, was wiederum aufzeigt, dass bei Unstimmigkeiten zwischen Menschen oft deren Überzeugungen, hervorgerufen und bestärkt durch innere Bilder, Differenzen verursachen können (vgl. a.a.O.: 15). Menschen tätigen »Rückgriff[e] auf handlungsleitende und Orientierung bietende innere Muster« (a.a.O.: 16). Wenn Personen den Ursprung ihrer eigenen inneren Erscheinungen intensiv erkunden und infolgedessen verstehen, welche Kraft diese auf ihre Emotionen und letztendlich auf ihre Handlungen ausüben können, werden sie sich selbst mit diesem neu erworbenen Wissen besser verstehen lernen (vgl. Glaesner 2012: 23f.). Eine vermehrte Reflexion der Vorstellungskraft ist in künftigem Kunstunterricht unumgänglich. Imaginationen knüpfen stets an bereits vorhandene Erinnerungsbilder an. Ist eines der sinnlichen Erregungsmuster derart stark, dass es sich auf Hirnbereiche ausbreitet, die für die Bewertung der Eindrücke zuständig sind, wird ein neues Bild sogar bewusst als ein solches wahrgenommen. Es ist dabei irrelevant, ob innere Erscheinungen von ihren Erzeuger*innen als real bzw. wahr betrachtet werden. Vielmehr hängt es davon ab, für wie wichtig es von ihnen erachtet wird, denn ein neues sensorisches Erregungsmuster etabliert sich besonders stark, wenn es sich auf mehrere Hirnareale, mitunter auch die emotiven, ausbreiten und dort die bereits bestehenden Assoziationsmuster überlagern kann. Das geschieht v.a. dann, wenn die Erlebnisse sehr ungewohnt (z.B. Irritationen in der Kunst) bzw. ausschlaggebend sind oder das Gehirn besonders offen für Neues ist, beispielsweise in Antizipation auf positive Ereignisse in der nahen Zukunft. Ausgehend von der tatsächlichen Umsetzung innerer Bilder, welche die Grundlage für alle anschließenden Handlungen bilden, wird ihre Bedeutung erneut erkennbar. Die inneren Bilder, welche in Handlungsleitlinien umgesetzt wurden und werden, haben einen erheblichen Beitrag zur Bildung von Welt- und Menschenbildern innerhalb verschiedener Kulturen geleistet bzw. tun dies noch. Mit der Entwicklungsgeschichte des Menschen haben die inneren Bilder verstärkt an Komplexität zugenommen. Anfänglich waren innere Bilder für reine Überlebenshandlungen nützlich, doch darüber hinaus haben sich Visionen und deren Umsetzungen zur Ausgestaltung der Welt entfaltet (vgl. a.a.O.: 44f.). Alle Menschen produzieren aufgrund neurophysiologischer Gegebenheiten innere Erscheinungen. Es lässt sich festhalten, dass sie mit ihren oszillierenden Eigenschaften dynamische Gefüge formen. Diese lassen sich nicht vollständig in andere Medien übertragen und bieten daher, insbesondere hinsichtlich der Abweichungen zu ihrer veräußerlichenden Umsetzung, ein reiches Potenzial für diesbezügliche Reflexionsprozesse.

2.2 Das Verhältnis von Wahrnehmung und Imagination

Innerhalb der die Imagination behandelnden Literatur wird treffenderweise häufig auch die Wahrnehmung thematisiert. Nachdem zuvor der Versuch einer definitorischen Annäherung an den Imaginations- und Fantasiebegriff sowie eine Erläuterung der biologisch determinierten und soziokulturell konstruierten Eigenschaften innerer Erscheinungen unternommen wurde, soll nun zunächst der Wahrnehmungsbegriff erörtert werden, um daraufhin die Relation von Wahrnehmung und Imagination bzw. Fantasie untersuchen zu können.

2.2.1 Zum Wahrnehmungsbegriff

Ähnlich wie bei der Imagination bzw. Fantasie gibt es im Begriffsdiskurs keine eindeutige Übereinstimmung zum Terminus *Wahrnehmung* in den Kulturwissenschaften, in der phänomenologischen Philosophie oder der jüngeren Kognitionsforschung. Die Wahrnehmung wird als Phänomen von hoher kultureller Relevanz aufgefasst und fließt u.a. in künstlerische Prozesse ein. Wenn auch keine fest umrissene Definition ableitbar ist, lassen sich dennoch Tendenzen ausmachen, anhand derer der Begriff eingerahmt werden kann. *Wahrnehmung* leitet sich aus dem altgriechischen αἴσθησις (aísthēsis) ab und bedeutet auch *Gewahrwerden* oder *Empfindung*.

Je nach Wissenschaftsdisziplin, wie der Psychologie, Biologie oder Philosophie, wird der Terminus unterschiedlich fokussiert. Innerhalb der Psychologie liegt das Haupt-augenmerk auf der psychischen Verarbeitung sensorischer Informationen. In der Biologie wird die Wahrnehmung im engeren Sinne verstanden und umfasst daher primär die Fähigkeit der physischen Informationsverarbeitung eines Organismus. Philosophische Ansätze (siehe Merleau-Ponty 1974/1986, Searle 1996, Ryle 1997, Mersch 2002 u.a.) unterscheiden die Wahrnehmung deutlich von der Kognition, der gedanklichen Verarbeitung des Wahrgenommenen. Abhängig von der konkret angewandten Wahrnehmungstheorie wird dabei die sinnliche Repräsentation von Aspekten der äußeren Welt und den Relationen der erfassten Gegenstände im Zentralnervensystem von Individuen betrachtet. Wahrnehmung, die auch als Perzeption bezeichnet wird, umfasst im gröberen Sinne Prozess und Resultat der Gewinnung und Verarbeitung von Informationen, die aus Reizen der Umwelt und dem Körperinneren eines Individuums gegeben werden. Dies vollzieht sich durch (un)bewusstes Filtrieren und Fusionieren von Teilinformationen zu subjektiv bedeutungsvollen Gesamteindrücken (*Perzepten*). Fortlaufend werden die Perzepte mit bereits abgespeicherten Imaginationen bzw. Fantasien, wie z.B. Schemata und Konstrukten, abgeglichen. Inhalte und Erscheinungsformen von Wahrnehmungen können gelegentlich durch gezielte Aufmerksamkeitssteuerung sowie durch Wahrnehmungsstrategien verändert werden (vgl. Sowa 2012 e: 35f.).

2. Positionen zur Bildung der Imagination

Arnheim fasst die Wahrnehmung in seiner Ausarbeitung »Kunst und Sehen – Eine Psychologie des schöpferischen Auges« von 1974 als eine Form der Erkenntnis auf. Seiner Ansicht nach umfasst die Wahrnehmung mehr als das schiere Bewusstsein von der äußeren Welt: »Die mir gegebene Welt ist nur der Schauplatz, auf der die bezeichnendste Tätigkeit der Wahrnehmung vor sich geht« (Arnheim 1974: 25). Die Wahrnehmung selbst beinhaltet ihm zufolge Erkenntnisfunktionen des Denkens. Er spricht sich verständlicherweise deutlich dafür aus, das Denken innerhalb der Wahrnehmung zu verorten, weil keine Denkprozesse zu existieren scheinen, die nicht im Kern der Wahrnehmung ausfindig zu machen sind (vgl. a.a.O.: 24).

Merleau-Ponty hat die Idee einer bedeutsamen Verbindung von Aisthesis und Körperlichkeit sowie Überlegungen zu einem erheblich größeren Bezug der Sinn-Welt-Konstruktionen zur Leiblichkeit des Wahrnehmens ausgearbeitet. Seine »Phänomenologie der Wahrnehmung« liest sich zeitgleich auch als Phänomenologie des Leibes. Der nicht lediglich im Raum existierende Körper, sondern der dem Raum innewohnende Leib führt herbei, dass äußere Wahrnehmung sowie die Wahrnehmung des Leibes vernetzt sind, weil diese »nur zwei Seiten ein und desselben Aktes sind« (Merleau-Ponty 1974: 241). Überdies schreibt er eindringlich:

> »Die Theorie des Körperschemas ist *implicite* schon eine Theorie der Wahrnehmung [...], da der Leib, mit dem wir wahrnehmen, gleichsam ein natürliches Ich und selbst das Subjekt der Wahrnehmung ist.« (A.a.O.: 242f., Herv.i.O.)

Innerhalb seiner Publikation »Das Sichtbare und das Unsichtbare«, erschienen 1986, nähert er sich dem Leib anhand des Begriffs des Fleischs an:

> »Das Fleisch, von dem wir sprechen, ist nicht die Materie. Es ist das Einrollen des Sichtbaren in den sehenden Leib, des Berührbaren in den berührenden Leib, das sich vor allem dann bezeugt, wenn der Leib sich selbst sieht und sich berührt, während er gerade dabei ist, die Dinge zu sehen und zu berühren, sodass er gleichzeitig als berührbarer zu ihnen hinabsteigt und sie als berührender alle beherrscht und diesen Bezug wie auch jenen Doppelbezug durch Aufklaffen oder Spaltung seiner eigenen Masse aus sich selbst hervorholt.« (Merleau-Ponty 1986: 191)

Seine philosophische Ausrichtung sowie Zugrundelegung der Einsicht in die Eingebundenheit des Bewusstseins in die Sinnlichkeit und seine phänomenologische Entfaltung der bisherigen menschlichen Unwissenheit hinsichtlich dessen, was den Leib betrifft, brachte in späterer Zeit theoretische Arbeiten über Aisthesis hervor. Diese haben Folgendes gemein: einen intendierten Verzicht auf eine rein philosophisch-abstrakte Ergründung und eine Zuwendung zu einer *Aisthesis materialis* (siehe Dotzler/Müller 1995 u.a.). Somit ergaben sich eng am Material sowie an konkreten Fallbeispielen orientierte Untersuchungsformen von Wahrnehmungsfeldern, welche sowohl die Geschichtlichkeit der Wahrnehmung berücksichtigten als auch den Untersuchungsraum wieder zu öffnen versuchten, in dem Aisthesis nicht auf das System der Künste beschränkt werden kann.

Dennoch bieten die Kunst und ihre Vermittlung besondere Rahmen zur Behandlung von Wahrnehmungsphänomenen. Das Unsägliche der Kunst findet sich in Sabischs Ausarbeitung »Aufzeichnung und ästhetische Erfahrung« wieder. Darin setzt sie sich insbesondere mit dem Begriff der *Ästhetischen Erfahrung*[14] auseinander. Sabisch vertritt die plausible Ansicht, dass Ästhetische Erfahrungen im Kontext vielseitiger Sujets gesammelt werden können und nicht auf einen bestimmten Raum, spezielle Materialien oder die Kunst begrenzt sind (vgl. Sabisch 2009: 6). Sie definiert Ästhetische Erfahrung als einen »Platzhalter für etwas Unsagbares« (ebd.).[15]

Laut Mersch (2002: 31) umfasst das Wahrnehmen stets ein Urteil, setzt dieses voraus, damit etwas als etwas wahrgenommen werden kann: »Alle Grundlegung

---

14 Die *Ästhetische Erfahrung* wird hier als eigenständiges Konstrukt verstanden. Dementsprechend wird das Adjektiv *ästhetisch* im Gesamtbegriff groß geschrieben.

15 Bezogen auf kunstpädagogische Projekte oder Kunstunterricht im schulischen Kontext können Aufgabenstellungen und deren Bearbeitungen eine Widerfahrnis bergen. Hier müssen die Schüler*innen versuchen, sich von traditionellem Denken und Gestalten abzuwenden. Im Prozess der Auseinandersetzung entwickelt sich die Antwort im Rahmen des Produzierten. Die Schüler*innen unterziehen sich in den Projekten durch die Aufgabenstellung unbewusst diesem von Sabisch adressierten Prozess, da sie während der Bearbeitung versuchen sollen, sich von den Normen zu lösen und Bezüge zwischen dem ihnen bekannten und dem eher ungewohnten Denk- und Gestaltungsprozessen herzustellen. Zwischen Pathos und Response ereignet sich ein Bruch, der als innerer Differenzierungsprozess zu verstehen ist. Während dieses Prozesses versuchen die Schüler*innen, ihre Herausforderungen und Grenzen des Verstehens zu überschreiten. Durch anschließende Besprechungen setzen sich die Kinder gleichzeitig mit der Weise, in der die Kunst mit ihnen in Verbindung tritt, auseinander und reflektieren den Herstellungsprozess. Neben einer philosophischen oder kunstpädagogischen Annäherung an die Wahrnehmung soll hier auch die institutionelle Ebene der Schule betrachtet werden. Somit wird exemplarisch das Niedersächsische Kerncurriculum herangezogen. Der Terminus *Wahrnehmen* bzw. *Wahrnehmung* ist im inhaltsbezogenen Kompetenzbereich gemäß Kerncurriculum für die Grundschule verankert (vgl. Niedersächsisches Kultusministerium 2006: 11). Beispielsweise umfasst dieses Formulierungen wie: »Das Fach Kunst greift auf verschiedene Wahrnehmungsweisen zurück, z.B. auf visuelle, auditive oder haptische. In der Auseinandersetzung mit bildhaften Phänomenen nimmt die visuelle Wahrnehmung einen zentralen Stellenwert ein. Wahrnehmung erfordert Aufmerksamkeit und ein intensives Sich-Einlassen auf ein Phänomen [...]. Es wird die Individualität der Wahrnehmungsweisen bewusst gemacht. Verschiedene Sichtweisen, die sich aus unterschiedlichen Wahrnehmungen ergeben, werden verglichen und beurteilt« (a.a.O.: 12). Hier wird deutlich, welch vergleichsweise hohen Stellenwert die Wahrnehmung bereits im curricularen Kontext hat. Seit der Antike sind Versuche unternommen worden, Wahrnehmung auf die Verbindung mit den fünf Sinnen (visuell, olfaktorisch, akustisch, haptisch und gustatorisch) zurückzuführen. Insbesondere in Bezug auf Kunst, die häufig auf deren Irritation (z.B. durch Blendung oder Verdrehung) abzielt, erscheint eine solche Kategorisierung jedoch weniger sinnvoll.

der Wahrnehmung durch ein Wissen führt auf die Begründung des Wissens durch die Wahrnehmung [...]«. Grenzüberschreitungen und Bruchstellen der Wahrnehmung lassen sich im Sinne einer Ästhetik des Performativen nach Mersch in Bezug auf Vorstellungskraft weiterdenken.

> »Kunst kann nicht, wie schon Kant wusste, aus Vernunft erklärt werden. Es gibt folglich auch keine universelle Regel der *imaginatio*, der Einbildungskraft, weil zu ihr stets noch die Brechung dieser Regel gehören müsste.« (A.a.O.: 80, Herv.i.O.)

Insbesondere seine Überlegungen zur Undarstellbarkeit (vgl. a.a.O.: 17) werfen im Zusammenhang mit Imagination bzw. Fantasie neue Fragen auf: Können diese darstellbar sein? Wenn ja, wie lassen sich innere Erscheinungen ins Außen transformieren? Was geschieht während dieser Prozesse? In welchem Maße eignen sich beispielsweise performative Zugänge mit ihrer Singularität der Ereignisse? Diese Fragen werden in Abschnitt 2.2.3 *Bedeutung für die Imaginative Bildung in der Kunstpädagogik* zu beantworten versucht. Zuvor wird außerdem die Beziehung von Wahrnehmung und Imagination untersucht.

2.2.2 Wahrnehmung und Imagination in Relation

Bei der Betrachtung eines Gegenstands ist es möglich, dabei vor dem inneren Auge etwas gänzlich anderes zu sehen. Infolgedessen kann eine Person vom Sichtbaren abwesend und gleichzeitig beim Unsichtbaren anwesend sein (vgl. Sowa 2012 e: 23).

> »Imagination ist wesenhaft eine Form der nicht auf Wahrnehmung beschränkten, aber der Wahrnehmung ›assoziierten‹, von ihr angestoßenen und sich aus ihr nährenden geistigen Tätigkeit. Sie ist in einem wesentlichen und prinzipiellen Sinne *transzendent* zu den Wahrnehmungsakten, ist insofern ein Modus der *Abweichung* vom Wahrnehmen, gleichsam – als das Andere der Aisthesis und der sich in ihr herstellenden ›Präsenz‹ – ein Modus der *Absenz*, Variation, Transformation. Imagination ist immer *neben* dem Hier und Jetzt der Wahrnehmung.« (A.a.O.: 28, Herv.i.O.)

Die Vorstellungsleistung wird durch die Wahrnehmung gereizt und aktiviert, sie speist sich allerdings nicht lediglich dadurch. Darüber hinaus ist sie dazu parallel und im Zwischenbereich umformend tätig, weshalb ihr von Sowa berechtigterweise eine »transzendentale« Bedeutung in Bezug auf die Wahrnehmung zugeschrieben wird, was auch untermalt, weshalb die Imagination bzw. Fantasie neben der gegenwärtigen Wahrnehmung steht und über sie hinausreichen kann. Die Bandbreite der Einbildungskraft ist sehr hoch und variabel. Sie kann in der Zeit umherspringen, Räume verändern, Themen der Aufmerksamkeit variieren, Kontexte wechseln, neue Konzepte entwickeln, Erinnerungen oder Antizipationen erwecken usw. Die Vorstellungskraft hat zwar im momentanen Augenblick einen Ausgangspunkt, den sie aufgrund ihrer starken Flexibilität jedoch schnell erweitern oder gar verlassen kann (vgl. ebd.).

»Wahrnehmung ist eingebettet in den imaginierten Horizont, ist ermöglicht und präformiert durch ihn und erschließt sich nur aus ihm [...]. Imagination ist das ›Worinnen‹, in dem Wahrnehmung nur stattfinden kann. Sie ermöglicht und prästrukturiert Wahrnehmung, ohne sie doch ganz zu erzeugen. Was nicht imaginiert und dadurch antizipiert und vor-bedeutet wird, kann nicht oder doch wenigstens nicht sinnvoll wahrgenommen werden.« (A.a.O.: 28f.)

Mit dem voranstehenden Zitat soll das Verhältnis von Wahrnehmung und Imagination verdeutlicht werden. Ohne eine imaginative Grundlage erscheinen Phänomene nicht bewusst, gar nicht oder nicht sinnvoll wahrnehmbar. Somit ist die Fantasie bzw. Imagination eine wesentliche Grundvoraussetzung für Perzeptionsprozesse, die sie vorstrukturiert, jedoch nicht vollständig erschafft. Die Perzeption wird mit dem durchwoben, was sich vor dem inneren Auge ereignet. Dabei kann es analysiert und abgeglichen werden. Wahrnehmung und Vorstellungskraft befinden sich »in einem hermeneutischen Antwort- oder Resonanzverhältnis« (a.a.O.: 29), was bedeutet, dass sich die Perzeption in der Imagination oder Fantasie begründet. Die Einbildungskraft deutet daraufhin das Wahrgenommene (vgl. ebd.).

Die Vorstellungsleistung ist zugleich rezeptiv/reproduktiv und produktiv, was den dynamischen Charakter des Resonanzgeschehens zwischen Perzeption und Imagination unterstreicht. »In diesem Resonanzverhältnis werden aus diskursiv-perzeptiven Sinneseindrücken organisierte synthetische Komplexe, die in einem bestimmten Sinn bleibend sind« (a.a.O.: 32). Währenddessen werden innere Erscheinungen aktiviert sowie angepasst. Die Einbildungskraft hat innerhalb dieses Prozesses die Fähigkeit, zu stabilisieren und zu bewahren oder auch auf Basis bereits vorhandener Bilder Neues zu generieren. Manche Vorstellungen sind tendenziell beständiger (beispielsweise über einen längeren Zeitraum gebildetes Selbst- oder Weltbild), während andere, wie etwa über eine kürzere Zeitspanne entwickelte Anschauungen, weniger konstant sind (vgl. a.a.O.: 31).

»Imagination ist wahrnehmungsnah und manchmal wahrnehmungsverwandt bis zur Verwechselbarkeit und doch zugleich von wacher und präsenter Hier-Jetzt-Wahrnehmung unterschieden. Jedes Wahrnehmungsjetzt ruft einen ›Hof‹ von differenten Imaginationen hervor – gestaltbildend, Zusammenhänge bildend, zeitlich-räumlich-horizonthaft, bedeutungsbezogen, handlungs- und erinnerungsbezogen usw., und jede dieser Imaginationen öffnet erneut weitere Imaginationshorizonte, deren sich überlagernde Resonanzen sich im Unbestimmten verlieren, aber auch sich fokussieren und verstärken können, um Ketten, Reihen und Systeme zu bilden – und während sich dies ereignet, treten erneute Wahrnehmungen in diesen oszillierenden Resonanzraum der Imagination ein, geben neue Impulse usw.« (A.a.O.: 33)

Hier wird ersichtlich, wie die Imagination bzw. Fantasie, trotz ihrer Ähnlichkeit zur Wahrnehmung, über die schiere örtlich-zeitliche Gegenwart hinausgeht, indem sie bereits bestehende innere Erscheinungen jeglicher Art situativ hervorruft. Dadurch werden erneut Assoziationsketten ausgelöst, die entweder unbestimmt oder gerichtet sein können. Dieser Prozess beeinflusst wiederum die Wahrnehmung, wodurch sich weitere Sinneseindrücke im »Resonanzraum« von Imagination und Perzeption sammeln. Das Denken bewegt sich dabei zwischen intentionaler, fokussierter Vorstellungsbildung und einem »nichtintentionalen Sich-ereignen« (ebd.). Bezogen auf die fokussierte Einbildungskraft ist auch die Volition einer Person zu beachten, mit der Vorstellungsbilder eingewöhnt oder umstrukturiert werden können (vgl. a.a.O.: 35).

Unabhängig von ihrer Stabilität hat die Imagination bzw. Fantasie einen Handlungscharakter, was sich damit erklären lässt, dass die Vorstellungen sich im Handeln repräsentieren.[16] Es bilden sich Gewohnheiten und Handlungsmuster, die das Fantasieren und Handeln miteinander verknüpfen. Da die inneren Erscheinungen relational zu den Vorstellungsbildern anderer Menschen sein können, hat die Imagination auch eine soziale Facette (vgl. a.a.O.: 32). Sie belebt und stabilisiert zugleich das menschliche Sein. Zum einen können durch eingehende Impulse oder angestrengtes Nachdenken neue Wahrnehmungen entstehen, zum anderen reproduzieren sich weiterhin bestehende Bilder, die als Deutungsschemata für Perzeptionen dienen und Leitlinien für Handlungen geben. Die Rahmenbedingungen sind das Welt- und Selbstbild einer Person. Zudem ereignen sich noch zahlreiche weitere Konzepte und Strukturen, die, beabsichtigt oder unbeabsichtigt, Orientierung bieten, wie beispielsweise persönliche Begriffs-, Lebens- oder Raumkonzepte (vgl. a.a.O.: 35).

Glas[17] betrachtet, wie auch Uhlig, Phänomene des Zeichenprozesses. Er untersucht die Imagination in bildrezeptiven und -produktiven Handlungen. Hervorgehoben wird insbesondere die Kinderzeichnung, obgleich Glas die Zeichnung und ihren Entstehungsprozess per se als anthropologische Konstante auffasst. In den Ausführungen gerieten allerdings hochrelevante soziokulturspezifische Einflüsse in den Hintergrund.

---

16 In Bezug auf die exemplarischen kunstpädagogischen Projekte der vorliegenden Arbeit wird dementsprechend auf Performances zurückgegriffen (mehr in Kapitel 5 und 6).

17 Zu seinen Forschungsschwerpunkten zählen ästhetische Ausdrucksformen und anthropogene Voraussetzungen in der Kinder- und Jugendzeichnung sowie die Verhältnisse von Bild, Wort und Text als Paradigmen einer Erkenntnisform. Außerdem setzt Glas Forschungsprojekte zur Bildwahrnehmung von Kindern bzw. Jugendlichen und dem Verhältnis von bildlich-sprachlichem Verstehen um.

Er behandelt Zusammenhänge zwischen den Begriffen *Wahrnehmung, Imagination* und *Fantasie*. So lassen sich die Überlegungen Merleau-Pontys aufgreifen, denen zufolge das Imaginäre der Wahrnehmung immanent sei. In dieser Ansicht sind das *Imaginäre* und das (als solches objektiv begriffene) *Reale* innerhalb der Wahrnehmung des Menschen vereint; die Imagination werde somit letztlich zur »Fortsetzung der Wahrnehmung« (Glas 2012: 98). Zu unterstreichen ist hierbei die unbewusste Präsenz innerer Erscheinungen und deren Einflussnahme auf vornehmlich alltägliche Wahrnehmungs- und Denkprozesse. Innere Bilder »werden auch nicht erst durch die Sinneswahrnehmung aktiv, sondern bestimmen längst in einer sich ständig einjustierenden Proportionalität die Einschätzungen und Sinndeutungen unserer Wahrnehmungen« (ebd.).

Als Schlussfolgerung aus dem gewichtigen Einfluss von Vorstellungen auf das Denken und Handeln nimmt Glas (vgl. ebd.) ferner künstlerisches, produktives Handeln mit in seine Überlegungen auf und behandelt hierbei die mediale Eigenständigkeit eines Bilds als autonomes Phänomen neben der Sprache. In Ergänzung wird hier zudem die Bedeutung der Kunst mit ihren vielfältigen Facetten mitgedacht, nicht nur mit dem *Bild*haften.

Laut Glas zeigt sich die Relevanz der Auseinandersetzung mit Imagination in ihrer omnipräsenten Funktion hinsichtlich der Wahrnehmung. Auch Sowa fasst Imagination als transzendentale Bedingung von Wahrnehmung auf. Er unterteilt die Relation von Imagination und Wahrnehmung in eine protentionale Vorstellung als Antizipation der Wahrnehmung und in eine retentionale Vorstellung, welche als die Verlängerung des Wahrgenommenen verstanden werden kann (vgl. Sowa 2012e: 29). Die Ansichten beider Autoren zur Imagination und deren Einflussnahme auf das menschliche Denken und Handeln scheinen diesbezüglich Parallelen aufzuweisen, wobei Sowa die Imagination generell stärker philosophisch fundiert, während Glas ansonsten, teils in fragwürdiger Manier, kognitivistisch-schematisch vorgeht. In seinen weiteren Ausführungen fokussiert sich Glas auf den künstlerisch-produktiven Bereich menschlichen Handelns.

> »Verstandesmäßige Erkenntnisweisen sind kein bildfreier, abstrakter Denkraum. Gebunden an das Nacheinander folgerichtig formulierter Aussagen sind sie auf Vorstellungsbilder angewiesen.« (Zülch 2000: 4)

Mit der Wahrnehmung geht stets die Vorstellungskraft einher. Daraus resultierende Erkenntnisse basieren auf der Wechselwirkung beider. Diese Annahme deckt sich im gröberen Sinne mit den Erkenntnissen der Theorie der transzendentalen Ästhetik Kants, die er im Rahmen seiner fundamentalen Elementarlehre in der »Kritik der reinen Vernunft« ausführt. Dort nimmt er an, dass Wahrnehmungen nur dann entstehen, wenn ein Objekt das gesamte Spektrum geistiger Eindrücke eines Subjekts affiziert. Eben dieses Affizieren vollzieht sich dabei meist ohne konkrete Bewusstheit und kann dementsprechend als etwas Vorbewusstes in der Kognition eines Individuums verstanden werden. Aufgrund seines Vermögens zur Rezeptivität kann das Individuum aus diesen vorbewussten Affektionen Vorstellungsbilder generieren. Jene geistige Gegebenheit, bei der Reize, die nicht bewusst als solche wahrgenommen werden, über die Aufnahmefähigkeit des Menschen von Wahrnehmungen zu anschaulichen Vorstellungen werden, beschreibt Kant als Sinnlichkeit. Sie ist gleichzeitig Basis und Impuls aller menschlichen Anschauungen und somit auch aller Imaginationen, basierend auf Wahrnehmungen und Empfindungen. Um tiefgreifende Erkenntnisse hinsichtlich eines Objekts oder Themas zu erlangen, bedarf es nach Kant (vgl. 1787: 156ff.) neben der Wahrnehmung ebenfalls des Verstands eines Subjekts. Anzubringen ist, dass die Imagination der Mediator zwischen beiden sein kann, der anschaulich zwischen Wahrnehmung und Verstehen vermittelt (vgl. Krautz 2012: 78, vgl. Uhlig 2012: 118).

Die Wahrnehmung wird bei jeder Erkenntnis aufgenommen und mittels des bewussten Denkens abstrahiert oder rationalisiert. Zur Erkenntnis benötigt das Subjekt demnach beide Vermögen: die Wahrnehmung und den Verstand. Darüber hinaus ist die Fantasie mit ihrer vermittelnden Funktion anzuführen. Mithilfe »der Sinnlichkeit [...] werden uns Gegenstände gegeben, und sie allein liefert uns Anschauungen; durch den Verstand aber werden sie gedacht, und von ihm entspringen Begriffe« (Gölz 2008: 18).

Wird dem Subjekt ein Gegenstand durch Anschauung (Wahrnehmung) gegeben, verhält es sich rezeptiv bzw. empfangend. Es befindet sich somit in einem eher passiven Zustand. Die Fähigkeit, Vorstellungen selbst erzeugen zu können, obliegt dem Vermögen des Verstands und ist Kant zufolge ein aktiver Prozess, der als spontane oder intuitive Eigenschaft erschlossen wird. Hierbei differenziert Kant grundlegend zwischen zwei Formen von Anschauungen, die auf unterschiedliche Weise von einer Person geschaffen werden. So entsteht nicht jede anschauliche Erkenntnis durch die Kombination aus »passiver« Rezeption und aktiver Erschließung durch den Verstand. Anschauungen, bei denen die Dinge vom Subjekt auf Grundlage seiner Empfindungen betrachtet werden, bezeichnet Kant als empirische Anschauungen. Empfindungen ermöglichen eine Sichtweise auf die Materie eines Gegenstands, welche mit konkreten, präzisen Begriffen assoziiert werden kann. Mit dieser begrifflichen Abstraktion aller Empfindungen verbleibt eine reine Anschauung, die Perspektive auf die Beschaffenheit der Dinge.

In der herkömmlichen Begriffsverwendung wird Sinnlichkeit häufig ausschließlich mit dem Empfinden in Beziehung gesetzt. Die Sinnlichkeit, die Kant in seinem Werk als Erkenntnisvermögen beschreibt, meint die Fähigkeit zur empirischen und reinen Anschauung eines Subjekts. Jene Anschauung würde sich laut Kant demnach, rein theoretisch betrachtet, *a priori* ereignen. Dieser Begriff, der in der Philosophie und im Bildungssprachlichen existiert, wird hier in seiner erkenntnistheoretischen Bedeutung – »unabhängig von der jeweiligen Wahrnehmung oder Erfahrung aus Vernunftgründen durch logische Schlussfolgerungen erworben« – verwendet (Kant 1787: 38). Jene Erkenntnis eines Individuums fokussiert sich, hinsichtlich der reinen Anschauung, entgegen jeglicher Erfahrung, ausschließlich auf dessen Spektrum geistiger Eindrücke selbst. Sie hebt sich von empirischem sowie erfahrungsabhängigem Wissen ab, das auf eigenen Empfindungen beruht. Bei reinen Anschauungen a priori handelt es sich um erfahrungsunabhängige, von vornherein bestehende Erkenntnisse des Subjekts, die durch Gegenstände hervorgerufen werden.

In seiner Theorie weist Kant jedoch nach, dass reine Anschauungen ohne Zusatz von Sinneserfahrungen nicht möglich sind. Die Empfindung sowie der Intellekt einer Person verhindern deren objektive Sichtweise auf die Gegenstände ihres Umfelds oder führen zumindest dazu, dass sie kaum kontrollierbar sind. Gleiches ist im Hinblick auf die Fantasie anzuwenden. Das Individuum hat daher keine stichfeste Möglichkeit, die Ursache seiner Sinneserfahrungen zu durchschauen, weil es sich einzig über seinen Intellekt mögliche Ursachen herleiten kann. Der Intellekt, synonym auch als Verstand bezeichnet, ist dabei stets von den subjektiven Erfahrungen sowie Empfindungen abhängig und verhindert demzufolge eine vorurteilslose Rezeption (vgl. a.a.O.: 212ff.).[18]

Eine andere Untersuchung der Relation zwischen den Begriffen von Wahrnehmung und Einbildungskraft sowie zusätzlich des Bewusstseins findet sich in folgender These:

> »›Vorstellung‹ bzw. ›Imagination‹ kann [...] als Oberbegriff für die *Gesamtheit der kognitiven, d.h. gegenstandsbezogenen geistigen Zustände, Fähigkeiten, Prozesse* aufgefasst werden. Dies schließt ein, dass die Imagination gleichermaßen fundamental für unseren Wirklichkeitssinn wie für unseren Möglichkeitssinn ist.« (Fauser 2014: 63, Herv.i.O.)

Fauser hebt den hohen Abstraktionsgrad der Bezeichnung *Bewusstsein* hervor. Alle wüssten zwar, was sie ausdrückten, dennoch könnten nur wenige schildern, was exakt als Bewusstsein zu erfahren sei. Die Termini *Bewusstheit* und *Gewissheit* sind eng miteinander verbunden. Gewissheit geht beim Menschen allezeit mit dem Wachzustand einher, selbst wenn die Konzentration nicht darauf ausgerichtet ist. Dementsprechend ist der Mensch sich – unter gewöhnlichen Umständen – bei jeder Handlung gewiss, dass er selbst es ist, der die Handlung gerade ausführt. »[I]ch weiß, wer ›Ich‹ ist, und immer bleibt mir dabei das Gefühl einer präsenten Geistigkeit treu« (a.a.O.: 64). Fauser verbildlicht das Bewusstsein, indem er es mit einem gebündelten Sehstrahl gleichsetzt, der sich auf ein isoliertes Objekt ausrichtet. Außerdem wohne dem Bewusstsein stets das Gewahrsein inne, dass der

---

18 Siehe hierzu auch Bourdieus Positionierung zur Doxa in seinem »Entwurf einer Theorie der Praxis auf der ethnologischen Grundlage der kabylischen Gesellschaft« von 1979 (mehr dazu in Kapitel 4).

Mensch selbst temporär jenes Objekt von außen anblickt und dabei jederzeit die Handlungsmöglichkeit hat, sich diesem gegenüber ab- oder zuzuwenden. Infolgedessen vollziehe sich die Erfahrung »im Hier und Jetzt der *äußeren Welt*« (a.a.O.: 65, Herv.i.O.), womit eine Sinnesempfindung von Realität aufkomme. Außerdem sei die bewusste Wahrnehmung des Menschen – nachvollziehbarerweise – nur zu einem geringen Anteil das Resultat sinnlicher Impulse:

> »Der sensorische Input dient eigentlich wohl nur zur Ergänzung und Aktualisierung dessen, was die Vorstellungskraft schon vorab bereitstellt – er ist wie das zusätzliche Spotlight auf einer ausgeleuchteten Bühne.« (A.a.O.: 68)

Hiermit wird ausgedrückt, dass die Signale, welche die äußeren Reize weitergeben, stark von bereits bestehenden inneren Vorstellungsbildern durchdrungen werden.

Der nachfolgende Paragraph behandelt den Wirkungszusammenhang zwischen Wahrnehmung, Vorstellung und Bildung in Form von Lernen. Fauser greift Thesen des Hirnforschers Roth auf, um das mit den drei zuvor genannten Elementen des Wirkungszusammenhangs einhergehende Zusammenspiel aus Gedächtnis, Wahrnehmung und gerichteter Aufmerksamkeit in Verbindung mit Lernen erörtern zu können. Bei der Verarbeitung von Sinneseindrücken im Gehirn kommt Roth zufolge ein großer Teil der Informationen aus dem Gedächtnis hinzu. Dabei verbinden sich die Resultate früheren Handelns mit der Bewertung des gegenwärtigen Handelns. Bewusstsein ist demgemäß ein Zustand, in dem das Hirn neue synaptische Verzweigungen hervorbringt. Daraus lässt sich schlussfolgern, dass wie bei Vorstellungen u.a. die Absicht des Lernens darin besteht, angelegte Nervennetze um neue neuronale Verzweigungen zu ergänzen. Durch die Verbindung früherer Erlebnisse mit aktuellen Erfahrungen vergrößert sich der »Fundus routinierter Bewältigungsmuster« (a.a.O.: 74).[19] Dabei erweitert sich auch das Repertoire spezifischer Vorstellungen, weshalb sich Qualität und Quantität des Verarbeitungsrepertoires beim Lernen im Allgemeinen stets ausdehnen.

Den zuvor erwähnten Zusammenhang von Wahrnehmung, Imagination und Bewusstheit arbeitet Fauser (vgl. a.a.O.: 76) in einem fragwürdigen Strukturmodell zur Theorie der Vorstellung heraus. Dabei wird der Wahrnehmungsanteil in *hoch/gering*, die Imagination in *produktiv/reproduktiv* und die Bewusstheit in *hoch/gering* unterteilt. Im Tiefschlaf ist der Wahrnehmungsanteil z.B. gering, da der präfrontale Kortex abgeschaltet ist. Wenn eine Person in ihrer Tasche einen Gegenstand sucht, ist der Wahrnehmungsanteil hingegen sehr hoch. Produktive Imagination umfasst den Prozess des Neuschaffens, wohingegen bei der reproduktiven Imagination der erinnernde und wahrnehmungsgebundene Anteil hoch ist. Die

---

19   Diese Erkenntnisse sind kongruent mit den obigen Ausarbeitungen zur neurophysiologischen Basis innerer Erscheinungen in Kapitel 2.

Bewusstheit lässt sich als hoch einstufen, wenn eine Person sich stark konzentriert. Sie gilt als niedrig, wenn jemand träumt oder routinierte Alltagssituationen durchlebt. Die drei Dimensionen können in diversen Kombinationen zusammen operieren, weshalb das Modell wiederum in gewissem Maße hinfällig ist. Somit kann behauptet werden, dass das stark kognitivistisch geprägte Strukturmodell zur Theorie der Vorstellung einen Raum innerer Wirklichkeit nahezu schematisch zu repräsentieren versucht, was sich als problematisch erweist.

Als ausgeprägtes Beispiel für ein Zusammenwirken, bei dem die Bewusstheit hoch, der Wahrnehmungsanteil gering und die Imagination reproduktiv ist, dient der sogenannte Ohrwurm. Bei ihm handelt es sich um einen Zwangsgedanken abzüglich eines vorherigen aktiven Hervorrufens, der ohne direkt auf ihn gerichtete Aufmerksamkeit oder äußeren Sinneseindruck erscheint:

»So wie die ›Welt‹ als äußere Realität, so eröffnet uns auch die nach innen gestülpte Welt unserer ›inneren Wirklichkeit‹ unendlich viele und immer wieder neue Unterscheidungsmöglichkeiten.« (A.a.O.: 80)

Fauser stellt zudem sein Konzept des *Verständnisintensiven Lernens* vor, das sich mittels der Begriffe *Vorstellung*, *Erfahrung*, *Begreifen* sowie *Metakognition* mit dem Prozess des Lernens auseinandersetzt. Verdeutlicht wird das Konzept anhand eines Beispielprojekts, bei dem eine Gruppe von Kindern eine Seifenkiste bauen soll. Anfänglich sei es an den Kindern, ihre Imagination zu nutzen und sich zu überlegen, welche Art von Seifenkiste grundsätzlich erschaffen werden solle, welche Einzelteile gebraucht würden und welche besonderen Funktionen sie haben solle. Planung sei demnach eine Aufgabe der Imagination. Daran anschließend folgt ein Wechselspiel aus Vorstellung und Erfahrung. Dabei könnten beispielsweise nachstehende Fragen auftreten: Habe ich bereits Erfahrungen mit den Materialien? Wenn ja, welche? Wie können sie mir beim Bau der Seifenkiste weiterhelfen?

Zu diesem Wechselspiel käme schließlich zielbezogenes Denken hinzu. Dabei werden Fauser zufolge Beurteilungen vorgenommen, Verbindungen erschaffen und Auseinandersetzungen mit der physischen Realität getätigt. Wahrnehmungsanteil und Erfahrungsbezug zeichnen sich in dem Beispiel des Seifenkistenbaus durch Kinder im Laufe des Entwicklungsprozesses unterschiedlich ab. Somit spielt die Erfahrung innerhalb der Planung und Ideenfindung eine andere Rolle als in der Konstruktionsphase der Seifenkiste. Des Weiteren unterscheidet sich die Erfahrung von Kindern, die Seifenkisten noch nicht kennen, stark von jenen, die damit bereits gut vertraut sind, womit jeweils eine andere Ausgangsbasis genutzt werden kann. Beim Bau wird sich unmittelbar mit den vorhandenen Materialien befasst; »dabei wirken Erfahrung/Wahrnehmung und Planung/Vorstellungsbildung in einem technischen Herstellungsprozess in einem direkten, gegenseitig anregenden, korrigierenden, hemmenden und vorantreibenden Wechselspiel eng zusammen« (a.a.O.: 83).

Die Metakognition vollziehe sich während aller bisher genannten Phasen. Damit sei sie eine organisierende, übergeordnete Form der Aufmerksamkeit, die von außen auf das Projekt blicke, um optimieren und steuern zu können. Beim *Verständnisintensiven Lernen* sei das Lernen auf »Anwendbarkeit, Problemlösung, eigenständiges Denken und auf die Erweiterung des Wissens, des Vorstellungsvermögens, der Kompetenzen – und nicht auf bloße Informationsaufnahme und -wiedergabe angelegt« (a.a.O.: 82).[20]

Inwieweit sich Wahrnehmung und Imagination bedingen, lässt sich wie folgt festhalten: Die Imagination bzw. Fantasie ist zugleich rezeptiv/reproduktiv und produktiv. Wahrnehmung und Vorstellungskraft stehen in einem dynamischen Resonanzverhältnis, innerhalb dessen aus Sinneseindrücken strukturierte, zusammenhängende Muster entstehen, die aber ebenso verworfen werden können. Die Imagination kann, basierend auf Rückgriffen auf bereits Bestehendes, Neues und Innovatives in Form von noch nicht dagewesenen inneren Erscheinungen, Handlungsmustern etc. erschaffen.

---

20 *Verständnisintensives Lernen* ist eine Konzeption, die gemeinsames Lernen mit besonderen Eigenschaften innehat. Fauser (2014: 85) beschreibt daher drei miteinander verbundene Qualitäten, »die uns ermutigen und immer wieder dazu anregen, uns auf neue Fragen, Aufgaben, Herausforderungen aktiv und zuversichtlich einzulassen«. Die erste Qualität ist das Erleben der eigenen Fähigkeiten, was die Erfahrung beschreibt, »die Welt der Gegenstände und Aufgaben besser zu verstehen, in ihr handeln und die eigenen Grenzen erweitern zu können« (ebd.). Das Autonomieerleben ist die zweite und verweist auf die Erfahrung, »auf die Wirksamkeit des eigenen Denkens und Handelns vertrauen zu können« (ebd.). Die dritte Qualität ist die Eingebundenheit: »Das ist die Erfahrung, die Welt mit der Gemeinschaft anderer Menschen zu teilen und dieser Gemeinschaft anzugehören – andere zu verstehen und von ihnen verstanden zu werden« (a.a.O.: 85f.). Innerhalb von Lernprozessen sind Menschen u.a. auf die Erfahrung ausgerichtet, von anderen verstanden zu werden, weswegen das gesellschaftlich-soziale Leben sich auf Interaktion mit anderen Menschen stützt. Zwar könnte angenommen werden, der Mensch sei, geistig betrachtet, aufgrund der persönlichen Lern- und Entwicklungshistorie ein Individuum, nichtsdestoweniger ist diese Einzigartigkeit eine »Folge und Ausdruck der gesamten Interaktionsgeschichte, der permanenten koordinierenden Wechselwirkung – des Zusammenspiels und der Abgrenzung – mit anderen« (a.a.O.: 86). Mit der Absicht, diese theoretischen Postulate in den schulischen Kontext zu übertragen, sollten Lehrpersonen ein *Verstehen zweiter Ordnung* anwenden. Weil jedes Individuum seine eigene Form der Wahrnehmung hat, wird das Verständnis der Lehrkraft zum Verstehen zweiter Ordnung, ergo zum Verstehen des Verstehens der Schüler*innen. Dadurch entsteht »ein virtuoses, großenteils ohne bewusste Aufmerksamkeit ablaufendes Spiel von Vorstellungen« (a.a.O.: 87), was auch den Auffassungen Tomasellos (2010: 14) entspricht, der die menschliche Gemeinschaft als »kooperative Verständigungskultur« bezeichnet. In der Kunstpädagogik beschäftigen sich derzeit beispielsweise Krebber (2020) und Schmidt-Wetzel (2019) mit kollaborativem Handeln; in der Kunst z.B. Geppert (mehr dazu in Kapitel 6).

2.2.3 Bedeutung für eine *Imaginative Bildung* in der Kunstpädagogik

In rezeptiven und produktiven künstlerischen Bildungsprozessen spielt die Entwicklung der Fantasie, ob im Rahmen bildender Kunst oder in anderen ästhetischen Disziplinen, eine zentrale Rolle. Wenn Kunstwerke betrachtet oder gestaltet werden, geschieht dies immer im Zusammenhang mit Erinnerungsbildern, Verknüpfungen mit dem Gesehenen und einer zunächst fiktiven Antizipation des Möglichen, die allesamt durch die Vorstellungskraft hervorgerufen werden. Künstlerische Bildung geht über (vermeintlich) rein rational-kognitive Denkprozesse hinaus, denn sie richtet sich explizit auf eine Verbindung von Kognition und Imagination, die z.B. begriffliche Reflexionen mit der Einbildungskraft kombiniert. Da die Vorstellungskraft stark mit Emotionen und sinnlicher Wahrnehmung in Verbindung steht, eignen sich künstlerische Produktions- oder Rezeptionsprozesse gut, um die eigenen Gedanken und Gefühle zu reflektieren. Es lässt sich festhalten, dass die Einbildungskraft aufgrund ihrer geistigen Komplexität eine wesentliche Komponente kritischen Denkens ist und als Voraussetzung für das Handeln betrachtet werden kann.

Sowa (vgl. 2012 d: 21) ist der Überzeugung, dass sich die Imaginationsbildung und die damit einhergehenden Anpassungen der Unterrichtsinhalte auch auf andere Fächer übertragen lassen. Dem soll nicht widersprochen werden, allerdings wird sich hier auf die Aussichten und den Gewinn für das Fach Kunst ausgerichtet, um weder den Fokus zu verlieren noch den Schwerpunkt dieser Dissertation zu verlagern. Insbesondere die potenzielle Andersartigkeit, die Offenheit und die problematisierenden Facetten des Kunstunterrichts bieten den Schüler*innen die Möglichkeit, spielerisch ein kritisch-reflexives Verhältnis zur Umwelt zu entwickeln, indem sie mit in eigener Verantwortung gestalteten Arbeiten Position zu einem Thema beziehen. Ebenso kann die Betrachtung von Kunstwerken, abgesehen von der sinnlich-emotionalen Ebene, in Bezug auf relevante Zusammenhänge innerhalb deren Entstehung neue Erkenntnisse hervorbringen (vgl. Buschkühle 2017: 224). Der Kunst ist es u.a. ein Anliegen, Grenzen des bisherigen Denkens zu sprengen. Durch sie können bereits etablierte innere Erscheinungen aufgelockert oder gar erschüttert werden, wodurch sich neue Perspektiven eröffnen (vgl. Hüther 2015: 17).

Sowa (2012 c: 13) beschreibt treffend fünf maßgebliche »Fehleinschätzungen der Imagination im Rahmen der Pädagogik und der Fachdidaktiken«. Dazu zählen die Missachtung der Wichtigkeit von Imagination für Bildungsprozesse und ein verengter Imaginationsbegriff, der sich in den Bildungsaufgaben wiederfindet, ohne die Gesamtheit der Imaginationstypologie in Betracht zu ziehen. Hinzu kommt die in der Kapiteleinleitung diskutierte Trennung der Vorstellungskraft von der Rationalität sowie die Anthropologisierung der Imagination (z.B. in Krautz' Ansätzen ersichtlich), innerhalb derer die Einbildungskraft lediglich als natürliche Vorbedingung für Bildung verstanden und nicht auf historisch-soziokulturelle Aspekte hinsichtlich einer zu verantwortenden Bildungsaufgabe eingegangen wird. In diesem Zusammenhang wird die Vernachlässigung einer curricularen Didaktik der Vorstellungskraft kritisiert (vgl. a.a.O.: 14).

Da diese Fehlurteile bereits aktuelle Quellen pädagogischer Fehlkonzeptionen sein können, ist es ein Anliegen, innerhalb dieser Arbeit ergänzend zu bereits bestehenden Neubewertungen einen Ansatz für die Bildung der Imagination (hier synonym verwendet mit Imaginationsbildung) vorzunehmen. Ein wesentlicher Faktor dabei ist das Zusammenwirken des Geistes mit der Vorstellungskraft:

> »Die Bildung des Geistes und die Bildung der Einbildungskraft gehören [...] eng zusammen, enger, als das in manchen pädagogischen und kunstpädagogischen Theorien der letzten Jahrzehnte gesehen wurde.« (A.a.O.: 16)

Wenn dementsprechend die Imaginationsbildung in den Mittelpunkt kunstpädagogischen Interesses rückt, solle laut Sowa (vgl. ebd.) eine partielle Neuordnung fachdidaktischen Handelns folgen, die mitunter die Weiterbildung der den Schüler*innen bereits innewohnenden Wahrnehmungen, Denkweisen und Handlungsweisen mittels gebildeter Vorstellungskraft und verantwortungsbewusster Rationalität zum Ziel hat, was allerdings ein recht hoher Anspruch ist. Anzumerken ist, dass ein solcher pädagogischer Zugriff auf die inneren Prozesse, wie Sowa ihn vorschlägt, teilweise ans Übergriffige grenzt. Es handelt sich um eine Form von Transparenz, welche die Lehrenden nur durch Projektionen herstellen könnten. Warum sollten nicht die inneren Erscheinungen als intransparente Hervorbringungen betrachtet werden? Wichtig ist dabei das Verständnis von der Einbildungskraft als einer Vielzahl von sich entfaltenden geistigen Strukturen, nicht als einer einzigen, einheitlichen Gegebenheit. Zudem ist festzuhalten, dass Vorstellungen das jeweilige Subjekt im Ganzen durchziehen und dass sein Welt- und Selbstbild maßgeblich an der Vorstellungsbildung beteiligt ist. Unbewusste Imaginationsstrukturen und beabsichtigte geistige imaginative Leistungen sind nicht klar voneinander trennbar; vielmehr überschneiden und beeinflussen sich beide Bereiche.

Die Vorstellungskraft sollte vermehrt ins Blickfeld zukünftiger kunstpädagogischer Theorie- und Forschungsentwicklungen genommen werden. Dabei gibt es eine zentrale Relation zwischen ästhetischer und der hier vorgeschlagenen Imaginativen Bildung, denn die Aisthesis basiert, wie im vorigen Unterkapitel erläutert, auf der Durchdringung von entfalteter Imagination. Ein Beispiel hierfür ist, dass konzentriertes Wahrnehmen, Bewerten und Handeln durch gebildete Vorstellungskraft entsteht (vgl. a.a.O.: 25). In diesem Sinne wird in dieser Forschungsarbeit der Begriff der *Imaginativen Bildung* eingeführt. Dabei handelt es sich um ein neues Konzept für den Kunstunterricht, das die Imagination in künstlerischen Prozessen reflexiv fokussiert. Die Imaginative Bildung ist eine Form der Bildung, welche anstrebt, die Vorstellungskraft voll auszuschöpfen. Dieser Ansatz geht über die bisher weit verbreitete bildzentrierte »Imago-Denkweise« hinaus, indem er *alle* Formen von künstlerischen Verfahrensweisen für die Bildung der Imagination umfasst (nicht nur bildliche) und zudem einen vertiefenden Kunstbezug fordert.

Zu den Ausrichtungen einer Imaginativen Bildung gehören folgende Grundauffassungen: Vorstellungskraft ist transzendental, auf allen zeitlichen Ebenen vertreten und erschafft strukturierende Zusammenhänge zwischen Wahrnehmung und Denken. Überdies entwickelt sie Handlungsmuster und Sinndeutungen. Sie lässt sich zwar tendenziell in ›natürlich‹ und ›geistig‹ einteilen, jedoch sind beide Kategorien im Rahmen personaler Handlungen ineinander verwoben. Ein wesentlicher Aspekt ist, dass die Imagination bildungsbedürftig ist und sich, obwohl sie in verschiedene Typen aufgeteilt werden kann, in deren inneren Gesamtzusammenhängen fundiert ist (vgl. a.a.O.: 60). Gleichermaßen ist Bildung imaginationsbedürftig und sollte die Vorstellungskraft dementsprechend vermehrt in ihren Prozessen berücksichtigen und reflektieren.

Welche konstitutive Funktion imaginative Strukturen z.B. im Bereich des Wissens und Könnens haben, ist bis heute weitestgehend ungeklärt. Jedoch ist es einleuchtend, dass die schulischen Fächer nur auf Grundlage von Vorstellungsbildung erschlossen werden können. Wissen wird dort gebildet, wo die Vorstellung aktiv ist (vgl. a.a.O.: 61).

Heutzutage liegt in Bildungsprozessen ein starker Fokus auf der Kompetenzorientierung (vgl. Niedersächsisches Kultusministerium 2006: 5f., vgl. Niehoff 2008: 239ff., vgl. Maset 2012 b: 18). Hierbei ist kritisch anzumerken, dass in der Kompetenzorientierung Bildung als ein Stufenmodell, das kategorisch abzuarbeiten sei, verstanden und eingeordnet wird. Dass Bildung wesentlich ganzheitlicher und umfassender ist, wird dabei weitestgehend außer Acht gelassen. Doch selbst wenn sich auf das Stufenmodell bezogen werden möchte, ist festzuhalten, dass das kompetenzindizierende Wissen und Können an eine differenzierte, gefestigte Vorstellungsleistung gekoppelt ist.

> »Vorstellungen sind grundsätzlich nicht ausschließlich sachbezogen und genauso wenig bloß subjektiv-fiktional, wie es der radikale Konstruktivismus annimmt. Sie bilden sich genau in der Mitte, im Resonanzraum zwischen Sache und Selbst. Sie sind kohärent mit dem Selbstbild einer Person wie mit deren Weltbild.« (Sowa 2012 e: 61f.)

Innerhalb kunstpädagogischer Ereignisse ist allerdings infrage zu stellen, ob die Vorstellungen tatsächlich »kohärent« mit dem Selbst- und Weltbild eines Subjekts sind. Sind nicht gerade deren Erschütterungen inklusive ihrer Irritationen und Neuausrichtungen vorantreibend? Sowas Aussage ist zuweilen schematisch, denn der Resonanzraum muss nicht zwingend exakt zwischen der Sache und dem Selbst bzw. dem Sachbezogenen und dem Subjektiv-Fiktionalen sein. Vorstellungen müssen sich nicht prinzipiell in der Mitte beider Pole bilden. Können nicht subjektivfiktionale Imaginationen auch sachbezogene, in sich logisch-konsistente Elemente bergen? Kann nicht auch Sachbezogenes gerade aufgrund der Fähigkeit zum subjektiv-fiktionalen Fantasieren angereichert werden? Ist nicht auch eine sachbezogene Vorstellung stets mit Subjektivem verknüpft? Wenn diese Einsicht der schieren Sachbezogenheit als Grundlage der Betrachtung aktueller Praktiken der Bildanschauung und -verwendung gälte, so wären diese eindeutig kritisch zu diskutieren. In Anbetracht des maßgeblichen Einsatzes von medialen Repräsentationen für eine häufig flüchtige Rezeption (z. B. in sozialen Netzwerken), ist zu problematisieren, inwiefern den Schüler*innen noch Zeit für eigene Imaginationsentfaltungen bleibt und ob diese nicht durch das mediale Überangebot in ihrem eigentlichen Potenzial niedergedrückt, wenn nicht gar behindert werden. Schüler*innen sollten im (Kunst-)Unterricht – und darüber hinaus – auch die Möglichkeit haben, selbstständig Erscheinungen *aus der Vorstellung* zu entwickeln und auszugestalten (vgl. a.a.O.: 62).

Wenn folglich die Vermittlung des Fachs Kunst unter dem Leitkonzept der Imaginativen Bildung betrachtet wird, hat diese Auffassung Konsequenzen für die Erstellung von Aufgaben im Kunstunterricht – auch als *Erfahrungsmöglichkeiten* zu bezeichnen –, für die Einschätzung didaktischer Ansätze und letzten Endes auch für die Entwicklung der Kerncurricula bzw. Lehrpläne im Fach Kunst.

An dieser Stelle ist eine Lektüre jener Curricula des Fachs Kunst vorzunehmen. »Programmatisch wird dabei Vorstellungsbildung *in der Einheit von Wahrnehmung, Imagination und Darstellung* betrieben« (a.a.O.: 63, Herv.i.O.). Dieses Postulat ist an sich erhebend für die Imaginationsentfaltung, allerdings sind Verfahren innerhalb kunstpädagogischer Prozesse in den Vordergrund geraten, die eine Imaginationsbildung nur wenig oder gar nicht vorantreiben. Innerhalb kunstdidaktischer Settings kann das kunstpädagogische Feld als eine Linie zwischen den Polen der Wahrnehmung und der Imagination beschrieben werden, entlang derer sich jeweils sowohl rezeptive als auch produktive Prozesse ereignen können. Je nach Lernzielausrichtung, könnten sich die Absichten des Unterrichts auf dieser Linie zwischen den beiden Polen hin und her bewegen. Auf dem Wahrnehmungspol sind in Curricula Techniken zu finden, die tendenziell wenig Vorstellungskraft beanspruchen (vgl. ebd.). Auf Ebene der Rezeption wären dies beispielsweise beschreibende oder bezeichnende Ausführungen. Auf der Ebene der Produktion werden abbildorientierte Techniken adressiert, wie beispielsweise zeichnerische Verfahren.

Am Beispiel des Bundeslandes Niedersachsen, in dem auch die für diese Arbeit relevanten Praxisprojekte durchgeführt wurden, soll das bisweilen geringfügige Vorkommen der Imagination bzw. Fantasie im Kerncurriculum ausführlich aufgezeigt werden. Anschließend werden kurz die anderen 15 Länder herangezogen, um den Bedarf einer verstärkten Verankerung der Vorstellungskraft in den Lehrplänen bzw. Kerncurricula[21] hervorzuheben. »Ästhetisches Lernen [...] fördert die Vorstellungskraft und die Fantasie der Schülerinnen und Schüler« (Niedersächsisches Kultusministerium 2006: 7). Es ist zwar nachvollziehbar, Imagination oder Fantasie als integrativen Bestandteil von ästhetischen Lernprozessen zu betrachten, dennoch sollte ihr auch in einer einzelnen Rolle, im Zentrum des Kunstunterrichts, Aufmerksamkeit gebühren. Beispielsweise könnten die Bildungsziele des Kerncurriculums für Grundschulen[22] in Niedersachsen, die sich hinsichtlich musisch-kultureller und ästhetischer Bildung in die drei inhaltsbezogenen Bereiche Wahrnehmung, Gestaltung und Herstellen kulturhistorischer Kontexte gliedern (vgl. ebd.), um den Bereich der Imagination bzw. Fantasie neben der Wahrnehmung ergänzt werden. Im Unterkapitel des Kerncurriculums, das den Bildungsbeitrag des Fachs Kunst beschreibt, wird deutlich erkennbar, dass die Relevanz innerer Erscheinungen – oder im bisherigen Diskurs innerer Bilder – bereits insofern bekannt ist, als Kinder diese auf natürliche Weise umsetzen.

Die Bedeutung von Bildern als Medium zwischen der Welt und dem Selbst, bevor sprachliche Kenntnisse komplexere Beschreibungen ermöglichen, wird erklärt. »Sie [die Bilder] bilden die Grundlage für Erinnerungen und Vorstellungen. Sie sind Ausdruck der Auseinandersetzung mit Konzepten realer und imaginärer Wirklichkeit« (a.a.O.: 9). Es besteht ein Bewusstsein für die Bedeutung innerer Bilder. Trotzdem wird die Imagination bzw. Fantasie per se nicht als erwähnenswertes Bildungsziel erachtet oder zumindest nicht als solches ausgeführt, wenngleich sie die Wahrnehmung geeignet ergänzen würde. Formulierungen wie »Im Mittelpunkt des Unterrichts stehen subjektive Wahrnehmungs- und Gestaltungsprozesse« (a.a.O.: 10), sollten wie folgt ergänzt werden: »Im Mittelpunkt des Unterrichts stehen subjektive Wahrnehmungs-, Imaginations- und Gestaltungsprozesse«. So würde die Relevanz der Vorstellungskraft für Arbeits- und Reflexionsprozesse im Kunstunterricht vermehrt gewürdigt. Ebenso müsste die ausführlichere Beschreibung der Wahrnehmung um die Imagination bzw. Fantasie ergänzt und deren Resonanzverhältnis erwähnt werden. Die Tabelle mit *erwarteten Kompetenzen, Kenntnissen und Fertigkeiten* sowie deren *Überprüfungsmöglichkeiten* in Bezug auf Wahrnehmen sollte um die Begriffe *Imaginieren* und *Fantasieren* ergänzt werden. Zudem könnten Techniken wie z.B. das freie Assoziieren oder das freie Konstruieren nach Vorstellung Erwähnung in der Tabelle finden, zumal sie durch Reflexion auch anderen zugänglich gemacht werden und jene Fokussierungen des Differenten neue Bedeutungshorizonte aufwerfen können.

---

21   Um einen angemessenen Umfang dieses Exkurses zu wahren, wird sich hier auf die Bildungspläne bzw. Curricula der Primarstufe innerhalb der 16 Bundesländer fokussiert.

22   In diesem Fall beziehen sich die Aussagen auf Grundschulen, jedoch lassen sie sich prinzipiell, teils mit geringen Abweichungen, auch auf die Sekundar- und Oberstufe übertragen.

In den Lehrplänen der Bundesländer Baden-Württemberg (2016) und Nordrhein-Westfalen (2008) treten die Termini Fantasie, Vorstellungskraft oder Imagination bedenklicherweise nicht auf.

In acht Bundesländern (Bayern, Bremen, Hessen, Niedersachsen, Rheinland-Pfalz, Sachsen-Anhalt, Schleswig-Holstein und Thüringen) werden die Begriffe *Fantasie, Vorstellungskraft* oder *Imagination* zwar zur Einführung der Fachintentionen kurz erwähnt, jedoch nicht weiter vertieft und auch nicht anderweitig, beispielsweise in den Arbeitstechniken oder Themen, aufgegriffen.

Von insgesamt 16 Bundesländern werden *Fantasie, Vorstellungskraft, innere Bilder* oder *Imagination* in nur sechs Ländern (37,5 %) (Berlin, Brandenburg, Hamburg, Mecklenburg-Vorpommern[23], Saarland und Sachsen) behandelt. Über die Einleitung zu den Absichten und Zielen des Fachs Kunst hinaus werden sie auch auf Ebene der Verfahrensweisen am Beispiel von Berlin, Brandenburg und Mecklenburg-Vorpommern angeführt:

»Die über Sinnestätigkeit gewonnenen Eindrücke von Formen, Farben, Figuren, räumlichen Konstellationen, Tönen, Rhythmen, Gerüchen und Bewegungen verbinden sich mit den inneren Bildern der Schülerinnen und Schüler. In diesen Vernetzungen spiegelt sich die Vielfalt ihrer Beziehungen zur Welt.« (Rahmenlehrplan Kunst Grundschule Berlin, Brandenburg und Mecklenburg-Vorpommern 2004: 17)

»Ihr Vorstellungsvermögen [das der Schüler*innen] wird entwickelt, die Fantasietätigkeit angeregt und die ästhetische Erlebnis- und Urteilsfähigkeit weitergebildet.« (Ebd.)

»Der Kunstunterricht geht darauf ein, dass kindliche Vorstellungskraft heute in starkem Maße durch digital produzierte, in rascher Folge wechselnde und stereotype Bilder in den Medien und im Alltag geprägt wird.« (Ebd.)

Das letzte Zitat zeugt in besonderem Maße von hoher Aktualität und Relevanz. Im Bereich der Methoden wird überdies erwähnt, dass die Schüler*innen ihre Gedanken, Emotionen und Vorstellungen zum Ausdruck bringen sollen. Zudem wird herausgestellt, dass sie üben, mittels Fantasie und Empathie die Perspektiven ihrer Mitmenschen aufmerksam wahrzunehmen (vgl. a.a.O.: 18f.), wodurch auch eine soziale Komponente der Einbildungskraft berücksichtigt wird. Zu den basalen Erfahrungsbereichen zählen u.a. die »Vorstellungswelten: z.B. Träume, Fantasien,

---

23 Zu erwähnen ist, dass die Bundesländer Berlin, Brandenburg und Mecklenburg-Vorpommern über denselben Lehrplan verfügen, was die Gesamtzahl der Erwähnungen von Imagination/Fantasie und deren Synonymen innerhalb aller Lehrpläne bzw. Curricula wiederum relativiert.

Visionen[24]« (a.a.O.: 25). Außerdem zählt es zu den künstlerischen Strategien, Vorstellungen auszudrücken oder über Dinge bzw. Phänomene zu fantasieren (vgl. a.a.O.: 26). In den Inhalten hinsichtlich der Erfahrungsbereiche sind u.a. »die innere Welt subjektiver Wahrnehmungen, Gedanken, Empfindungen, Gefühle und Antriebe, Fantasien, Träume, Visionen« integriert (a.a.O.: 37).

Auch Hamburgs *Bildungsplan Grundschule – Bildende Kunst* berücksichtigt die Imagination treffend als ein Phänomen, das sich nicht lediglich am Rande künstlerischer Prozesse beiläufig ereignet, sondern zentral im Kunstunterricht behandelt werden sollte:

> »Kunstunterricht unterstützt Schülerinnen und Schüler dabei, ihre Wahrnehmungen, Vorstellungen und Empfindungen zu schärfen, zu klären und zu differenzieren.« (Bildungsplan Grundschule – Bildende Kunst Hamburg 2011: 13)

> »Wesentliches Ziel von Kunstunterricht ist es, sowohl die Freude am Experimentieren und Gestalten zu entwickeln und zu fördern als auch die gestalterische und soziale Fantasie anzuregen.« (A.a.O.: 10)

Dabei entsteht ein offener, spielerischer Raum für Spontaneität, freie Assoziationen und Fantasie. Im Zusammenhang mit der Auseinandersetzung mit Kunstwerken wird überdies betont, dass die individuellen Wünsche, Ängste und Vorstellungen der Schüler*innen mit in die Diskussionen einfließen können. Es soll im Kunstunterricht die Möglichkeit bestehen, eigene Vorstellungen zu entfalten. Die inneren Bilder sind dabei beispielsweise Ausgangspunkt für darauffolgende Arbeiten im Bereich der ästhetisch-künstlerischen Praxis (vgl. a.a.O.: 13f.).

Im *Kernlehrplan Bildende Kunst* in der Primarstufe des Saarlands spiegelt sich ein besonders stark ausgeprägtes Bewusstsein für die Imagination wider. So sind Begriffe wie Fantasie, Vorstellungsvermögen o.Ä. auf 15 Seiten des insgesamt 23-seitigen Lehrprogramms auffindbar.

> »Die Bildende Kunst ist zentraler Bestandteil ästhetischen Lernens und fördert in besonderer Weise Wahrnehmungsfähigkeit, Vorstellungsvermögen, Fantasietätigkeit und Kreativität des Kindes.« (Kernlehrplan Bildende Kunst Saarland 2011: 4)

---

24 Unter dem Motto »Vision & Praxis« fand im Mai 2018 die sechste kunstpädagogische Tagung der Reihe »Formate der Kunstvermittlung« an der Leuphana Universität Lüneburg mit Vorträgen von Künstler*innen, Kunstpädagog*innen und Philosoph*innen statt, innerhalb derer Fragen nach visionären Formen von Kunst und Praxis diskutiert wurden. Angesichts aktueller gesellschaftlicher, kultureller und bildungsbezogener Entwicklungen wurde die besondere Rolle der Kunst behandelt, denn sie behauptet noch immer eine Differenz zur (post-)faktischen Realität und bringt neu- sowie andersartige Handlungsweisen hervor, welche Visionäres umfassen können.

2. Positionen zur Bildung der Imagination   53

In Bezug auf die Ich- und Sozialfähigkeiten wird Folgendes erwähnt: »Die eigenen schöpferischen Kräfte – Fantasie und Kreativität – werden erkannt und Vertrauen in sie aufgebaut« (a.a.O.: 5). Fantasie soll entwickelt und dahingehend nutzbar gemacht werden, dass die Wahrnehmung geschärft werden kann (vgl. a.a.O.: 7). In allen künstlerischen Arbeitsbereichen tritt mindestens eine Einfachnennung des Fantasiebegriffs auf (vgl. a.a.O.: 8-26).

Überdies verfügt auch Sachsens Lehrplan bezüglich des Fachs Kunst in der Grundschule über eine ähnlich hohe Sensibilität gegenüber der Relevanz von Imagination im Kunstunterricht (wenn auch etwas geringer im Vergleich zu den zuvor genannten Bundesländern):

> »Die im Fach Kunst angeregten künstlerisch-ästhetischen Prozesse sind von elementarer Bedeutung für sinnliche, emotionale und kognitive Bereiche kindlicher Entwicklung. Es fördert die Ausprägung der Wahrnehmungs- und Erlebnisfähigkeit, entwickelt Fantasie und Vorstellungsvermögen.« (Lehrplan Grundschule Kunst Sachsen 2019: 2)

> »Sie [die Schüler*innen] machen Erfahrungen beim Arbeiten in ergebnisoffenen Prozessen. Dabei werden in besonderer Weise Fantasie und Kreativität sowie Lust und Freude am Erproben individueller Lösungswege gefördert, die Feinmotorik weiterentwickelt sowie Anstrengungsbereitschaft und Ausdauer gestärkt.« (A.a.O.: 5)

Im Lernbereich des aktionsbetonten Gestaltens wird beispielsweise die Darstellung von Wunsch- oder Fantasiefiguren konkret erwähnt (vgl. a.a.O.: 9).

Trotz der Tatsache, dass die Imagination bzw. Fantasie sich grundsätzlich in allen Verfahrensweisen und Themenbereichen des Kunstunterrichts subliminal widerspiegelt, ist es erforderlich, dass sich eine vertiefende und konkretere Auseinandersetzung mit ihrer Relevanz innerhalb der Lehrpläne bzw. Kerncurricula, insbesondere derer, die sie nur am Rande erwähnen, vollzieht. Die letztgenannten sechs Bundesländer schaffen diesbezüglich eine Vorreiterposition, während die *zehn* Länder, welche die Begriffe Fantasie, innere Bilder bzw. Erscheinungen, Vorstellungskraft oder Imagination bisweilen nicht oder nur kaum behandelt haben, sich dem zeitnah anschließen sollten.

Durch die Einbildungskraft ist der Mensch dazu fähig, Handlungen einzuschätzen, zukunftsbezogen zu denken und vernünftige Entscheidungen zu treffen. Hinsichtlich der gesellschaftlichen Dimension können Handlungsfolgen moralisch abgeschätzt und somit veränderte Formen des gesellschaftlichen Miteinanders imaginiert werden. Die Imagination kann demzufolge als eine lebenspraktische und unentbehrliche Eigenschaft bzw. Qualität des Menschen begriffen werden (vgl. Krautz 2012: 76).

Vorstellungen zu entwickeln, zusammenzutragen und prospektiv das eigene Leben zu entwerfen wird als menschliche Fähigkeit zur Ausübung von Vernunft verstanden. Die Vernunft ist demnach nicht »primär begrifflich, sondern vor allem imaginativ« (a.a.O.: 77) beschaffen, da sie es dem Menschen ermöglicht, nach z.B. ethisch richtig oder falsch zu fragen, Missstände aufzudecken und zweckmäßige sowie sinnvolle Entscheidungen zu treffen (vgl. ebd.).

Bei der Fertigkeit der Perspektivenübernahme, auch als *Empathie* bezeichnet, handelt es sich um eine weitere bedeutsame Dimension der Imagination. Die Beziehungsfähigkeit eines Menschen begründet sich grundlegend in seiner Vorstellungskraft, weil er durch diese andere Sichtweisen einnehmen und demnach seinen Mitmenschen empathisch entgegenkommen kann. Die Imagination sollte auch im Rahmen der Kunstvermittlung einen höheren Stellenwert erhalten, da Kunstwerke zu Perspektivenübernahmen und empathischen Erfahrungen anregen können (vgl. a.a.O.: 78).

Die Fähigkeit zur Innovation, neue Dinge zu erfinden, beruht auf bildhaften Verarbeitungsprozessen, die »reproduktiv Vorstellungen zu etwas Neuem synthetisieren und so produktiv über das Bestehende hinausgehen« (Kant 1787: 167).

So ist es die Aufgabe der (Kunst-)Pädagogik, die Imagination zu pflegen bzw. einzuordnen, was eine dringend zu realisierende Notwendigkeit für ganzheitliche Bildung schafft.

Auch die Rolle des Spiels soll angesichts der Nähe zur Einbildungskraft im Folgenden vertieft untersucht werden. »Mit dem freyen, selbstbewußten Wesen tritt zugleich eine ganze Welt – aus dem Nichts hervor – die einzig wahre und denkbare Schöpfung aus Nichts[25]« (Hegel 1986 [1796]: 234). Das freie Spiel der Fantasie offenbart sich innerhalb der Sprache und ist Hegels Ansicht nach Voraussetzung für fantasievolle Akte wie Dichten oder auch Philosophieren.

Das Spiel ist eine Form des freien, assoziativen Selbst- und Weltzugangs außerhalb üblicher Zeit- und Raumgegebenheiten. Beim Spiel nehmen Schüler*innen neue Rollen an und erleben interaktiv Situationen, die ihnen neue Denkweisen und Problemlösestrategien eröffnen können.

Hinsichtlich zeitgenössischer Künstler*innen lässt sich Feldmann mit seinen humoristisch-spielerischen Verarbeitungen des Alltagslebens heranziehen. Durch Sinnverschiebungen, den Einsatz plakativer Titel und die Inszenierung des Alltäglichen gelingt ihm eine spielerische Befragung von Routine und Medialität (vgl. Lippert 1989: 14/27).

Auch auf kunstpädagogischer Ebene wurde das Spiel in der ästhetischen Bildung behandelt. So befragt Wetzel (vgl. 2005: 7f.) die Möglichkeiten einer geregel-

---

25 Auf Basis vorheriger Ausführungen zur Strukturierung und Vernetzung innerer Erscheinungen erscheint jene »Schöpfung aus dem Nichts« insofern zweifelhaft, als das Gehirn stets auf bereits Vorhandenes zurückgreift, um Neues überhaupt schöpfen zu können.

ten Grenzüberschreitung, die sich im Balanceakt zwischen Ordnungsstrukturen und der Offenheit des Ästhetischen befindet. Wie viel Offenheit vertragen Regeln? Wie viele Regeln verträgt Offenheit? Das Spiel definiert Wetzel wie folgt:

>»Unter Spiel wird das lustvolle Ausprobieren von Möglichkeiten verstanden, wodurch Wirklichkeit virtualisiert und als wunschbesetzte Vorstellungswelt umgestaltet werden kann.« (A.a.O.: 8)

Hier sei die Bedeutung der Fantasie im Spiel hervorgehoben. Das Reale lässt sich im Zuge des Spiels in ein simultanes Imaginäres umdeuten. Krautz führt ein hierzu passendes Beispiel für einen spielerisch-imaginativen Zugang an. Bloß durch das Wissen, wie ein Haus oder ein Vogel aussieht, kann ein Kind einen Pappkarton zu einem Haus oder zu einem Vogel umdeuten und damit spielen (vgl. Krautz 2012: 81).

Imaginative Bildung benötigt allerdings auch stets eine Beschäftigung mit der sichtbaren Welt und sollte fortwährend geübt werden. Beispielsweise ist die Übung von Ausdrucksmöglichkeiten in Disziplinen wie Tanz, Musik oder Theater gang und gäbe. Die Entfaltung der Imagination benötigt ebenfalls eine kontinuierliche Übung (vgl. a.a.O.: 84), wofür sich die Kunstvermittlung gut anbietet. Beispielsweise tritt, hinsichtlich der ab Kapitel 5 vertretenen Schulprojekte, zunächst freies Imaginieren bzw. Fantasieren auf, woraufhin erst im Anschluss eine Reflexion mit Weltbezug folgt. Dies soll verdeutlichen, dass eine vorteilhafte Kombination beider Aspekte möglich ist, die ein ausgewogenes Verhältnis von freiem Fantasieren mit sich bringt, das sich mit personaler Rationalität bzw. Verantwortung misst.

Die Bildung der Imagination sollte demnach einerseits zur Anreicherung und Anregung (Vermehrung von Vorstellungsmöglichkeiten), andererseits zur Klärung und Reduktion (Vertiefung und Präzisierung von Vorstellungsinhalten) führen. Nicht nur der Rahmen künstlerischer Produktionen bietet der Imaginationsentfaltung viel Raum, auch die häufig vernachlässigte Rezeption von Kunstwerken ermöglicht Imaginationsbildung. Letztendlich sind sowohl die rezeptive als auch die produktive Einbildungskraft für die menschliche Kreativität und künstlerische Innovationsfähigkeit von hohem Wert (vgl. a.a.O.: 85f.).

Krautz stellt konkrete Übungswege zur Förderung, Präzisierung und Anreicherung der Imagination vor. Dabei wird der Frage nachgegangen, inwiefern die Imaginationsfähigkeit von Schüler*innen innerhalb der künstlerischen Produktion und Rezeption gefördert werden kann:

Der erste Übungsweg adressiert hinsichtlich der künstlerischen Produktion exemplarisch das Zeichnen und Gestalten nach sichtbaren Wirklichkeiten wie beispielsweise gegenständliche Zeichnungen und wird als *Vorstellungsklärung* bezeichnet. Krautz plädiert für deren Förderung, obwohl in den kunstpädagogischen Entwicklungen der letzten Dekade eine generelle »Abwertung gegenständlichen Zeichnens« (a.a.O.: 86) zu vernehmen sei. Das Naturstudium lasse eine Beschäftigung mit greifbaren Objekten zu, wodurch sich ein für das Imaginieren notwendiger Realitätsbezug vollziehe. Hinsichtlich der Rezeption geben Unterrichtsphasen der eingehenden Betrachtung, Formanalyse und Verbalisierung ebenfalls eine Gelegenheit für die Entfaltung der Imagination. Mithilfe eben dieser Übungsphasen erlernen Schüler*innen die intensive Beschäftigung mit der sichtbaren Welt, woraufhin tiefer greifende und vernetzende innere Erscheinungen entstehen können (vgl. a.a.O.: 86f.).

Die *Vorstellungsanreicherung* erschafft neben der *Vorstellungsklärung* eine experimentelle sowie assoziative Ver- bzw. Erarbeitung von Kunst. Dabei geht es überwiegend um die Neu- oder Weitergestaltung von aleatorisch entstandenen Formen bzw. Abstraktionen. Beispiele hierfür sind sogenannte Abklatschbilder, Frottagen oder Drippings. Im Hinblick auf die Rezeption ist eine Perzeptorientierung an den Leerstellen des Bilds, die mit der Vorstellungskraft zu füllen versucht werden, passend (siehe Otto/Otto 1987). Dabei sind beispielsweise spielerische Zugänge zur Kunst ergiebig, weil diese mentale Bilder und Assoziationen fördern können (vgl. Krautz 2012: 87).

Die *Vorstellungsübung* umfasst Übungsmöglichkeiten mit imaginativen Bilddiktaten, Spiegelungen, Drehungen oder narrativen Bildprojekten wie beispielsweise Foto-Stories. Rezeptiv können z.B. imaginative Spaziergänge durch Kunstwerke oder Umgestaltungen in den Gedanken der Schüler*innen zu ungewöhnlichen Blickwinkeln und gleichzeitig zu erneuerten bzw. erweiterten inneren Erscheinungen verhelfen. Zu diesem Gebiet möglicher Übungswege für die Entfaltung der Vorstellungskraft gehören des Weiteren das Einnehmen neuer Betrachtungsweisen und das Üben empathischer Fähigkeiten. Es ist zu unterstreichen, dass hier, wie auch bei anderen Autor*innen der Imago-Gruppierung, stark das Bild fokussiert wird. Dabei sind *alle* künstlerischen Medien sowie Verfahrensweisen für die Durchdringung der Fantasie geeignet.

Eine weitere Option, mit der Schüler*innen ihre Imaginationsfertigkeiten üben können, ist die *Vorstellungsreduktion*. Entscheidend ist dabei der bewusste Umgang mit der Imagination innerhalb des Gestaltungsprozesses. Im künstlerischen Arbeitsgeschehen soll die Aufmerksamkeit auf die Imagination per se gerichtet werden. Dies kann beispielsweise durch ein möglichst lang andauerndes »Offenhalten« von künstlerischen Arbeiten erfolgen. Somit soll beobachtet werden, was den Schüler*innen aus ihren Werken entgegen kommt, um aus dem Sichtbaren heraus auf imaginativer Ebene ergänzend neue künstlerische Prozesse und Ergebnisse entstehen zu lassen. Dies kann bei der Rezeption auch durch eine bewusst gerichtete Rücknahme subjektiver Reaktionen auftreten, indem der Fokus auf bestimmte Sinne gerichtet wird (vgl. a.a.O.: 89f.).

Beim fünften und letzten Übungsweg, der *Vorstellungswahrnehmung*, verhält es sich ähnlich. Hier sollen Schüler*innen sich des Wirkungsvermögens ihrer Imagination bewusst werden. Im Rahmen einer künstlerischen Produktion kann sich dies durch eine Ausrichtung der Konzentration auf singuläre »›Submodalitäten‹ der Wahrnehmung« (a.a.O.: 91) vollziehen (z.b. Schwerpunkte auf einzelnen Sinnen, Einschränkung der Bewegungen, gezielte Beobachtungsübungen etc.). Hinsichtlich der Rezeption von Werken können Fragen wie beispielsweise »Woher habe ich dieses Werk?« oder »Wie nehme ich Werke wahr?« tiefgründige Reflexionen in der Lerngruppe anregen (vgl. a.a.O.: 91f.).

Durch die zuvor vorgestellten Übungswege kann die Fantasie bzw. Imagination – auch über die Bildebene hinaus – z.B. in der Inszenierung oder im räumlichen Arbeiten, weiter ausgebildet bzw. vernetzt, irritiert oder gar revidiert werden. Letztendlich ist das Imaginieren nicht nur eine zentrale Komponente künstlerischer Prozesse, sondern befähigt den Menschen, eine freie und selbstbestimmte Lebensweise zu entwickeln (vgl. a.a.O.: 74-97).

Laut Searle (vgl. 1996: 96-101) sind innere Bilder intrinsische Akte des Denkens, die partiell intentional gerichtete Eigenschaften umfassen. Außerdem werden sie »zur Beschreibung all dessen genutzt, was sich hinter den äußeren, sichtbaren und messbaren lebendigen Phänomenen verbirgt und die Reaktionen und Handlungen eines Lebewesens lenkt und steuert« (Hüther 2015: 9). Hier kommt allerdings die Frage auf, inwieweit die intrinsische Gegebenheit innerer Erscheinungen einen Zugriff gestattet, der sie extern observier- und beschreibbar macht. Eine weitere Frage wäre, ob dies überhaupt geschehen muss. Oder sind nicht gerade jene Transformationsprozesse und die Reflexion derselben von Interesse? Die intuitive Introspektion gilt als einziger, eher vager Beleg, welcher die nach innen, auf das eigene Bewusstsein, Erfahren und Handeln fokussierte Anschauung impliziert. Diese kann beispielsweise in einer Form der Selbsterkenntnis münden (siehe Schmidt/Schischkoff 1991; Raab/Eder 2015). Innerhalb der kunstdidaktischen und kunstpädagogischen Forschung sind bisweilen, der Imago-Denkweise entsprechend, verschiedene Studien bezüglich des *bildlichen* Imaginationsverhaltens von Kindern und Jugendlichen zu finden.

In seinem 2012 publizierten Beitrag »Darstellbarkeit und Verständlichkeit innerer Bilder« untersucht Sowa so z.B. die Verständlichkeit zwischen der Differenz von innerem Bild und dessen ausgestalteter Repräsentation in Form von Bild und Wort. Mitunter ergibt sich dabei die Paradoxie, dass selbst die eingangs erwähnte Introspektion lediglich mit einem Abgleich zu äußerlich Observier- und Verbalisierbarem behandelt werden kann. Hinsichtlich dieser diskrepanten Relation von internen und externen Bildern ist es fraglich, ob die darin jeweilig eingeschlossene Wesensform per se einen Vergleich von inneren und äußeren Bildschöpfungen gestattet. Im Weiteren werden zielführende Anhaltspunkte zur Übersetzbarkeit innerer Erscheinungen in Verbindung mit Hüthers Theorie bezüglich der Auswirkungen innerer Bilder untersucht.

Das Ziel von Sowas Ausführung liegt in der Analyse von zu physischen Bildern »gewordenen« Imaginationen als Ausdruck der subjektiven Introspektion. Außerdem werden in seinem Ansatz imaginierte Bilder qualitativ eingefasst, dargestellt, eingeordnet und beurteilt. Die Ergründung möglicher formaler und inhaltlicher Realisierungen hinsichtlich Übersetzungen innerer Bilder ins Externe bildet ebenfalls eine zentrale Absicht Sowas, die allerdings aufgrund einer ohnehin unmöglichen ausnahmslos unmittelbaren Übertragung[26] fraglich ist. In diesem Kontext ist aufzuklären, von welchem Belang der Ausdruck innerer Bilder für ihre Autor*innen und Außenstehende ist. Vorerst wird das Verhältnis zwischen innerem und äußerem Bild veranschaulicht, um eine Basis für nachfolgend auftretende Schwierigkeiten auszumachen (vgl. Sowa 2012 a: 154f.).

»Der mentale Komplex, den wir ›Imagination‹ nennen, kann in der zeichnerischen Ausführung/Darstellung bildhafte Gestalt annehmen und zum Gegenstand der Betrachtung werden« (a.a.O.: 148). Es ist anzumerken, dass sich diese Aussage nicht nur auf das Exempel der Zeichenpraktiken, sondern auch auf vielfältige andere künstlerisch-praktische Verfahren anwenden lässt.

Das Reziproke ist ein wesentliches Merkmal des Verhältnisses mentaler und veräußerlichter Erscheinungen. Es handelt sich dabei um eine sich bedingende Wechselwirkung zwischen Präsenz und Absenz. Imagination und Wahrnehmung münden mit ihrer jeweiligen Präsenz in einer Abschwächung der entsprechend anderen Komponente. Nach Ansicht Husserls lässt sich diese Begebenheit mit zwei Bewusstseinseinstellungen gleichsetzen, die allerdings mitnichten als vollkommen voneinander isoliert zu verstehen sind (siehe Husserl 2006 [1901]). Sie laufen vielmehr stetig nebeneinander, einander abwechselnd und sich gegenseitig durchdringend ab. Außerdem sind Imagination und Wahrnehmung, trotz ihrer vermeintlich dualistischen Differenz, in die Kontinuität und in die sie organisierenden Akte des Denkens eingespeist (vgl. Sowa 2012 a: 148, siehe Abschnitt 2.2 *Das Verhältnis von Wahrnehmung und Imagination*).

Vorstellungsbilder repräsentieren äußere als innere Realität. Der Repräsentationsbegriff wird an dieser Stelle als »antwortender Wechselbezug« oder »Entsprechung« aufgefasst (Wittgenstein 1971: 159). Folgendes Beispiel soll dies verbildlichen: Zehn Personen befinden sich im selben Raum und betrachten allesamt das gleiche Kunstwerk. Obwohl alle dasselbe Artefakt rezipieren, erscheinen aufgrund individueller Assoziationen unterschiedliche innere Bilder in den Köpfen der Anwesenden. Dementsprechend bestehen zehn andersartige Realitäten, wenngleich die externe Realität aller Personen in dem besagten Raum zu dem spezifischen Zeitpunkt dieselbe ist. Ursachen dafür liegen in den sich voneinander abgrenzenden Erfahrungen und Erinnerungen, die jede*r zuvor gesammelt hatte. Alle zehn

---

26 Eine äußerst seltene Ausnahme bilden hierbei wohl nur Menschen mit eidetischem Gedächtnis, wie beispielsweise Stephen Wiltshire, der dazu in der Lage ist, sehr authentische Stadtansichten nach Helikopterflügen aus dem Gedächtnis zeichnerisch anzufertigen.

Individuen verarbeiten das Gesehene gedanklich, emotional und mit ihren Folgehandlungen unterschiedlich.

Für eine vertiefende Behandlung des Wechselbezugs innerer und äußerer Bilder wird Ryle mit seinen Ausführungen zum eingängigen »Konzept des Geistes« herangezogen. Er legt dar, dass es wenig sinnvoll ist, Körper und Geist abgeschieden voneinander zu behandeln (Weiteres zu diesem Thema in Kapitel 3.3 *Physische und psychische Auswirkungen des Flow-Zustands*). Es ergebe in Anbetracht des beobachtbaren Systems menschlichen Sprechens und Handelns wenig Sinn, ein davon abgeschiedenes Konstrukt von »Geist« zu vorauszusetzen, das wie ein Phantom im System lebt (vgl. Ryle 1997: 107). Der Geist ist unzertrennlich mit dem vielschichtigen beobachtbaren Handeln von Personen verwoben (vgl. a.a.O.: 39). Supplementär lassen sich die sprachphilosophischen Überlegungen Searles (vgl. 1996: 99f.) heranziehen, die zwar nicht den Bestand intrinsischer Intentionalität infrage stellen, dagegen allerdings die sprachlichen, sozialen und praktischen Eigenschaften des Geistes als einzig sinnvolle Deutungsebenen festhalten. Sowa (vgl. 2012 a: 149) fokussiert sich angesichts dieser Tatsache auf den Prozess der Umformung innerer Bilder in die (vermeintlich) weniger zweifelhaften Darstellungen physischer Bilder und nicht ausschließlich auf die fragile, ephemere Realität der Imagination als solche.

Lediglich durch die ästhetisch-künstlerisch Praktizierenden *selbst* ist der Unterschied zwischen Imaginiertem und seiner Veräußerung ermittelbar. Inwiefern die visualisierten Darstellungen die inneren Vorstellungsbilder repräsentieren, können höchstens die Involvierten selbst einschätzen. Es liegt ein grundsätzlicher Unterschied zwischen dem intrinsisch intendierten Bild und dem extern sichtbar werdenden, physischen Bild vor. Eine Paradoxie der Ausführung tritt hervor, die sich durch die eigenen Ansprüche an eine vollkommene Darstellung auszeichnet. Sie tritt auf, sofern die Gestaltung die Grundidee und das Begehren einer vollkommenen Ausführung eines vorschwebenden inneren Vorstellungsbilds umfasst. Eine derartig perfektionistische Veräußerung anzustreben, impliziert den Anspruch einer angemessenen Darstellung des Imaginativen, der nur schwer nachzukommen ist. Dies sollte in kunstpädagogischen Situationen diskutiert werden, denn ein tatsächliches, reines »Abbild« der Imagination ist aufgrund ihrer Beschaffenheit und ihrer Wechselwirkung mit der Wahrnehmung kaum möglich. Sollte es das sein? Oder liegt gerade in diesem »Dazwischen« Raum für Diskussionen?

Die Realität wird beim vagen »Meinen« komprimiert und dabei zu einer sinnhaft verdichteten inneren Erscheinung, die zugleich eine sinnbildliche Abstraktion der ursprünglichen Ansicht ist. In zahlreichen alltäglichen Situationen reichen solche Abstraktionen aus, wie z.B. knappe skizzenartige Aufzeichnungen, um einen Weg besser beschreiben zu können. Ungenügend wäre eine derartige Reduktion jedoch, um dem inneren Bild nach ein Abbild darzustellen, das der Wahrnehmung entsprechen soll. Hier gilt es zu berücksichtigen, dass das innere Vorstellungsbild nicht bloß visuell-gestalthafte Komponenten wie beispielsweise Menschen oder Objekte beinhaltet. Teil der Imaginationen sind zudem stets auch Bewegungen, Umgebungen, Lebewesen, Beziehungen, synästhetische Überlagerungen oder Ellipsen und zahlreiche weitere Aspekte, welche diese situieren und prägen. Es handelt sich um gedankliche Verbindungen bzw. Assoziationen, die über das rein visuell Darstellbare hinausgehen. Jenes Phänomen wird auch als »imaginativer Überschuss[27]« (a.a.O.: 156), der über das reine Bild hinausgeht, angeführt. Zwar prägt dieser die bildhafte Schöpfung, jedoch kann er nicht gänzlich adäquat veranschaulicht werden (vgl. ebd.).

Husserl fasst in seinen Ausführungen das reine Vorstellungsbild als *signitive*, d.h. eine gleichsam allein andeutende Absicht auf, die zwar einen realen Gehalt hat, der es jedoch an Vollkommenheit der Visualisierung mangelt. Sie sei ausdruckslos sowie leer und dementsprechend nach Fülle strebend. Erst im Laufe des Ausführungsprozesses gewinnt das Vorstellungsbild sukzessive konkretere Inhalte. Bei der Darstellung von inneren Bildern differenziert Husserl (vgl. 2009 [1930]: 251f.) zwischen angedeutetem Meinen und erfüllendem Ausdruck.

Zur Differenz hinsichtlich des Imaginativen in Relation zur technischen Ausführung äußert sich Deleuze wie folgt:

»Daher ist die Wiederholung in ihrem Wesen imaginär, da einzig die Einbildungskraft hier das ›Moment‹ der *vis repetitiva* unter dem Gesichtspunkt der Konstitution bildet und demjenigen Existenz verschafft, was sie als Wiederholungselemente oder -fälle kontrahiert.« (Deleuze 1992: 106, Herv.i.O.)

Das Subjekt formt den Zusammenhalt der verschiedenen Wiederholungsmöglichkeiten innerhalb der Imagination. Ohne solch eine Instanz vollzöge sich keine Form der Wiederholung, sondern eine schiere Aneinanderreihung von Einzelfällen. Nur die einzelne Person schafft den Zusammenhang der Repetitionen innerhalb ihrer Einbildungskraft (vgl. Maset 2012 a: 163).

In dieser Differenz, die im Verlauf der Darstellung auftritt, gründet sich potenziell eine Problematik der Enttäuschung oder Frustration, die nicht lediglich bei perfektionistisch ausgerichteten Menschen hervortritt, sondern als eine grundsätzliche Erfahrung auftreten kann. Eindrücke der äußeren Darstellung verdrängen die vorschwebende, vage innere Erscheinung im Moment der Darstellung und offenbaren ihre Verschiedenheit. Die intensiv wahrgenommene und aus einer intrinsischen Absicht hervorgegangene Imagination kann in ihrer externen Reprä-

---

27 Die Bezeichnung *imaginativer Überschuss* wirkt, als wäre jener Rest überflüssig, und impliziert somit eine negative Konnotation. Dabei ist gerade dieser *Überschuss* äußerst reichhaltig. Daher wäre ein anderer Ausdruck, wie beispielsweise *imaginatives Sediment*, im Sinne eines fruchtbaren Bodensatzes, geeigneter.

sentation nie über ein vages Umschreiben und Andeuten hinausgehen. »Es [das innere Bild] steht zwischen allen anderen Bildern, misst sich an ihnen, und erscheint ihnen gegenüber als eine abgeschwächte Form abbildlicher Fülle« (Sowa 2012 a: 156).

Obgleich ein gestalterischer Ausdruck dem inneren Vorstellungsbild nicht gänzlich entspricht, kann mithilfe von Gestaltmerkmalen die Anschaulichkeit sukzessive verstärkt werden, sofern dies das Ziel der Werkautor*innen ist. Diese darstellerische Annäherung an das innere Bild nennt Husserl (1984 [1913]: 614) »Gradation der Fülle«. Hierbei differenziert er zwischen drei Anhaltspunkten:

1. dem »Umfang oder Reichtum an Fülle«, der die Vollkommenheit des zur Darstellung gebrachten Inhalts eines Gegenstands adressiert;
2. der »Lebendigkeit der Fülle«, welche die Reichweite der Angleichung primitiver Ähnlichkeiten der Darstellung an die entsprechenden Inhaltsmomente des Gegenstands ausdrückt;
3. sowie dem »Realitätsgehalt der Fülle«. Dieser schließt das Maß an zu repräsentierenden Inhalten ein (vgl. ebd.).

Husserl (ebd.) verweist auf »Abstufungen der Bildlichkeit« und differenziert innerhalb des Darstellungsprozesses zwischen anspielendem, vagem Annehmen und dem konkreteren, ausweisenden Ausdruck. Nur unter Rücksichtnahme auf die schrittweise Steigerung der drei Aspekte innerhalb des Gestaltungsprozesses könne sich das imaginativ Gemeinte manifestieren (vgl. Husserl 1980 [1921]: 75ff.), sofern dies denn die Intention ist. In Bezug auf diese Relationen gilt eine adäquate Wahrnehmung, die mit einem Höchstmaß an Gehalt, Lebendigkeit und Realität einherginge, als ideale Gegebenheit. Solide Vorstellungsbilder verbinden Stabilität von Gestalten mit morphologischer Dehnbarkeit sowie situativer Differenziertheit und integrieren leibliche und raumbezogene Vorstellungsleistungen (vgl. ebd.: 83). Die während der bloßen visuellen Verarbeitung erfolgende imaginative Erschließung eines Gegenstands in 3D-Perspektive bietet ein neurologisch begründetes Beispiel hierfür. Das menschliche Gehirn vervollständigt fehlende Strukturen, sofern der Mensch aufgrund früherer Erfahrungen auf innere Bilder zu jenem Objekt zurückgreifen kann (vgl. Hüther 2015: 108).

Eine Gradation der Ausführung ist bei Kindern häufig in der Vernachlässigung des Bildformats oder im Fehlen von Details zu erkennen, was sich in der intentionalen Wahrnehmung begründet. In diesem Kontext ist es hilfreich, das Zentrum und die Peripherie der Aufmerksamkeit zu reflektieren (vgl. Sowa 2012 a: 158).

Die bildliche Vorstellung zielt auf einen wesentlichen Imaginationsinhalt ab (vgl. a.a.O.: 159).

»Das ›Was‹ des Vorstellens hat [...] die Eigenheit, dass intentional Gemeintes und peripher Mitgemeintes sich in gradueller Abschwächung als eine fokussierte Kernzone mit einem horizonthaft verfassten Umfeld zeigen.« (Ebd.)

Demzufolge bestehen ein Zentrum der Aufmerksamkeit und eine das Zentrum umgebende Peripherie hinsichtlich des Imaginierens. Letztere verkörpert den zeitlichen und räumlichen Kontext einer jeden Vorstellung. Mit dem Zentrum der Aufmerksamkeit ist die inhaltliche Fokussierung auf ein inneres Bild gemeint, das jedoch stets fluktuierend und vage bleibt. Folglich geht Husserl von der sie umgebenden Peripherie der von Zeit und Raum abhängenden, oszillierenden und somit stets (leicht) veränderten Imagination aus (vgl. 1928: 452ff., vgl. Held 1966: 30). Die Erforschung dieser Unschärferelation stellt sich als eine essentielle Entdeckung der Theorie der Einbildungskraft heraus. Mit ihr wird die Seherfahrung hinsichtlich der Differenz zwischen Deutlichem und Vagem geöffnet (siehe Boehm 2006).

Außerdem sind zahlreiche prägende Komponenten wie beispielsweise kultureller Hintergrund, Wertevorstellungen und Erfahrungen in die Periphere der Aufmerksamkeit vom betroffenen Subjekt implementiert. Sie umläuft das Zentrum der Fokussierung nicht nur, sondern prägt überdies, auf welche Weise es wahrgenommen wird. Begleitumstände und Hintergrund sind innerhalb der Peripherie der Aufmerksamkeit Teil jeder Imagination, wenn auch nicht gänzlich detailliert, sondern eher uneindeutig. Auch Hüther (2015: 13) zufolge ist es, wie er adäquat formuliert, in der Welt unserer inneren Vorstellungsbilder stetig dunkler geworden, »je greller wir die äußere Welt beleuchtet haben«. Die Unschärferelation fasst die Seherfahrung bezüglich zentraler Klarheit einerseits und schwindender räumlich-zeitlicher Peripherie andererseits neu auf:

»Jeder gemeinte Inhalt erscheint in einem räumlich-zeitlichen Umfeld, im ›Horizont‹, der zwar mit dazu gehört und ›da‹ ist, aber von abgeschwächter Bedeutung und Realitätsfülle ist. Und so bleibt ›Sehen‹ immer in dieser wesenhaften Differenz des Klaren und des Vagen.« (Sowa 2012 a: 159)

Unter den Bedingungen des technischen Sehens verschiebt sich diese Differenz allerdings. Das vermeintlich »Klare« wird immer schärfer, wie beispielsweise bei 4K-Bildern. *Was* gesehen wird, ist jedoch vager. Mit dieser Perspektive, die sich mit dem aufgeführten Zitat Sowas im Rückbezug zu Husserls Überlegungen eröffnet, tritt der Kern der Übersetzbarkeitsproblematik innerer Vorstellungsbilder auf. Er begründet sich in der Umformung des Peripheren hin zum Fass- und Rahmbaren. Was letztendlich aus der ausgedehnten Peripherie in die veranschaulichende Darstellung mit einfließt, entscheiden die Ausführenden. Bisweilen bestehen drei Ansätze für den Umgang mit der Unerreichbarkeit einer lückenlosen Übertragung.

1. »[D]as unbestimmte Schweben des zentralen Bildmotivs in einem undefinierten, leeren Umfeld« (a.a.O.: 160). Dabei besteht der Hintergrund beispielhaft nur aus schwarzer Farbe, worin das Bildmotiv zu schweben scheint. Der niederländische Künstler Rembrandt van Rijn, bekannt unter seinem Vornamen, malte zahlreiche Bilder dieser Art.
2. »[D]ie unklare Andeutung eines Hintergrundes« (ebd.). Hierbei lassen verschwommene Bildelemente einen Hintergrund erahnen, allerdings ist dieser nicht recht greifbar. Diese Herangehensweise ähnelt inneren Bildern bzw. Erscheinungen vermutlich am meisten. Auch in diesem Fall stellen Werke Rembrandts ein Beispiel dar.
3. Die vollständige Ausführung aller Bildteile läuft eher dem Wesen des Imaginären entgegen und vermittelt den Betrachter*innen einen gewissen Eindruck von Naivität hinsichtlich der Bildausführung; typisch hierfür sind Werke Henri Rousseaus. So ist das Übersehen der sich bis zum Bildrand erstreckenden Hintergrundsegmente ein typisches Phänomen für den Darstellungsversuch von Imaginationen durch Kinder (vgl. ebd.).

Zur Kunsttheorie des »Clair-Obscur« lässt sich zudem, abgesehen von kontrastreichen Helldunkel-Malereien, Böhringers »Attention im Clair-obscur: Die Avantgarde« von 1990 heranziehen. Ein Aspekt, in den die Imagination mit hineinspielt, ist die Kritik der Avantgardist*innen am System des Kunstmarkts. Feste Vorstellungen von Kunst sind im Hinblick auf die Erwartungshaltungen an sie als soziales System zu lockern:

»Je mehr die Idee zu einer klar umrissenen Vorstellung wird, einer Vorzeichnung, die den Erfahrungsgrund eines grundsätzlichen Nichtwissens, eines je ne sais quoi verloren hat, desto mehr muß sich der concepto zum Scharfsinn zuspitzen, der als Witz, Paradox oder Sentenz den Ausschluß der Komplexität reflektiert und als Anspielungs- und Beziehungsreichtum der Artikulation wiederaufbaut.« (Böhringer 1990: 28)

Um erneut auf die Transformation von inneren Erscheinungen nach außen zurückzukommen: Die sogenannte *Dopplung von Aufmerksamkeit* bildet eine weitere Schwierigkeit bei der Umformung von internen Bildern in externe. Auch in diesem Fall existieren Wechselwirkungsmechanismen der reziproken Abschwächung. Bei der Fokussierung auf das Vorstellungsbild müssen simultan handwerkliche Schritte sowie Farb- und Formatwahl bedacht werden. Währenddessen können sich ursprüngliche Absichten überlagern, gegenseitig ersetzen, verschwimmen oder gar dahinschwinden: »Ich will etwas zeigen – aber ich verirre mich in den Schwierigkeiten der aufzeigenden/aufzeichnenden Sprache selbst« (Sowa 2012 a: 161).

Mit der Umformungsproblematik, wenn sie denn überhaupt als eine Problemlage verstanden werden soll, wird von Kulturkreis zu Kulturkreis unterschiedlich verfahren. So gleicht beispielsweise ein traditionelles, chinesisches Bild mit seiner offen gehaltenen Bildform eher dem Wesen innerer Erscheinungen als der Typus des europäischen, gerahmten Bildfensters mit der Eigenart des horizonthaften Wahrnehmungsfelds. Ein anderes Beispiel bietet die Kunst von Surrealisten, welche durch die Vermischung von Zeitlich-Räumlichem mit lose Vorschwebendem charakterisiert sind und das Traumhafte sowie Fantastische in ihren Bildern darzustellen beabsichtigen (vgl. a.a.O.: 161f.).

»Die Ausformulierung innerer Bilder ist ein Prozess der sukzessiven Konstruktion eines Innenbildes im sichtbaren Außen und zugleich seine Transformation in kulturell gültige und intersubjektiv funktionierende Bildsprachen.« (A.a.O.: 163)

In diesem Zitat wird eingängig der kulturelle Einfluss von Bildern, die eine bedeutungsvolle Rolle für den Umgang mit Imagination spielen, behandelt. Im Zuge der Beschäftigung mit Darstellbarkeit und Verständlichkeit innerer Erscheinungen für andere Mitmenschen zeigt sich auch das Kommunikationsmittel der Sprache als ein wesentlicher Aspekt. Bezeichnungen wie *Sprachlichkeit, Bildsprache, formulieren, übersetzen* und weitere mit Sprache verknüpfte Begrifflichkeiten ziehen sich wie ein metaphorisch adaptiertes Leitkonzept durch Sowas Untersuchungen. Dies erklärt sich daraus, dass das *Verstehen* an sich häufig im Gebiet der Sprache verortet ist (siehe Obert et al. 2006). Die Metapher der Bildsprache scheint nachvollziehbar, weil interne Erscheinungen nur durch externe Ausführungen u.a. der Verbalisierung mittels Sprache oder durch künstlerische Darstellung in vielfältiger Form, ausgedrückt und damit für andere zugänglich gemacht werden können.

Innere Vorstellungsbilder werden mit Termini des externen Sprachfelds beschrieben, wie beispielsweise als unscharf, eindeutig oder nebelhaft (vgl. Sowa 2012a: 170f.). Der Mensch versucht also Unsichtbares mit Begriffen zu fassen, die erst durch das Erfassen von Sichtbarem entstehen konnten. Der Mensch unternimmt den Versuch, eigentlich Un-Greifbares mit Be-griffen in Greifbares umzuwandeln. In künstlerischen Prozessen verhält es sich ähnlich.

Die Bedeutsamkeit der Sprache kann abermals hervorgehoben werden, indem die Verbildlichung von Imagination als ein »quasi-dialogisches Resonanzverhältnis« (a.a.O.: 164) aufgefasst wird. »Bildausführung und innere Vorstellung klären sich wechselweise und sukzessive auf« (ebd.). Imaginationen und deren Darstellungen bereichern sich demnach in einer Antwortbeziehung, zusammen in der Resonanz mit der Welt. Der Mensch ist nicht derjenige, der sich seine inneren Erscheinungen aus dem Nichts, *ex nihilo* erdenkt, sondern sie *bild-en* (basierend auf dem Wort »Bild«) sich im Resonanzraum zwischen dem Menschen, seinen bereits vorhandenen, stetig oszillierenden inneren Erscheinungen und der Welt. Eigene Reaktionen und jene der Außenstehenden initiieren eine reflexive Selbstvergewisserung. Auf diese Weise vollzieht sich beispielsweise bereits die Entfaltung eines Selbstbilds beim Kind und ebenso verlaufen Verstehensprozesse in Bezug auf die Imagination oder Fantasie. Im Laufe des Darstellungsprozesses eigener Vorstellungen versteht man häufig erst, wie das imaginierte Bild gemeint ist (vgl. a.a.O.: 164f.). Allerdings wandelt es sich währenddessen stetig, von daher ergeben sich ohnehin immer wieder neue Verstehensschwerpunkte. Das Begreifen wirkt sich auf die Imagination aus und vice versa. Hiermit wird der Einfluss unterstrichen, den Imaginationen auf den Menschen haben. Dieser sollte sich mit seinen Vorstellungsbildern befassen und sie befragen, um den Bezug zu ihnen (evtl. zunächst einmal herzustellen oder) zu bewahren. Wenn solche Prozesse nicht stattfinden, können u.U. diejenigen neuronalen Netzwerke im menschlichen Gehirn, die über einen längeren Zeitraum selten bis gar nicht aktiviert worden sind, ansonsten allmählich verfallen (vgl. Hüther 2015: 13). Demnach ist es von hoher Relevanz, kontinuierlich daran zu arbeiten, dass scheinbar getrennte neuronale Verbindungen immer wieder neue Anreize erhalten und folglich miteinander in Verbindung treten (vgl. a.a.O.: 16).

Hinsichtlich voriger Überlegungen lässt sich ein doppelter Verstehensprozess herleiten. Dieser wiederum ist in vier aufeinander aufbauende Schritte einteilbar, die im Prozess der Umwandlung innerer in äußere Bilder auftreten (Sowa 2012 a: 165), wobei sich die ersten beiden Aussagen auf die gestaltende Person beziehen, während die letzten die Perspektive der Betrachter*innen widerspiegeln:

1. Die gestaltende Person veranschaulicht ihre Vorstellungsbilder und begreift dabei verstärkt das »Ich«.
2. Sie adaptiert die Darstellung hinsichtlich des Verstehenshorizontes ihres antizipierten Gegenübers, formuliert ihr externes Bild für andere möglichst verständlich[28] und vollzieht dabei einen Perspektivwechsel.
3. Die außenstehenden Betrachtenden unternehmen den Versuch, mittels Empathie die Darstellung der gestaltenden Person zu verstehen und gleichen den imaginativen Gehalt des fremden Bilds mit persönlichen Erlebnissen ab.
4. Hierbei befassen sie sich auch mit sich selbst und beginnen folglich einen Selbstverstehensprozess (vgl. a.a.O.: 171).

Beispielsweise lässt sich ein doppelter Verstehensprozess auch bei Autor*innen ausmachen. Diese überliefern ihre Erlebnisse, je nach Genre auch häufig mit Fiktivem angereichert, an ihre Leser*innen und versuchen dabei, ebenso wie bildende Künstler*innen, neue Vorstellungen zu schaffen. Ihre Absicht liegt darin, dass sich die Perspektiven derer, die ihre Literatur rezipieren, erweitern, sodass die gängigen

---

28   Dies ist situativ abhängig, je nachdem, ob es die Intention eines kunstpädagogischen Settings ist oder ob der Fokus eher auf subjektiven Erfahrungen liegt.

inneren Erscheinungen der Leser*innen und Betrachter*innen offener werden, wie auch in der bildenden Kunst (vgl. Hüther 2015: 17).

Um den zuvor ausgeführten Herausforderungen im Kunstunterricht entgegenzukommen, gilt es einen Ausgleich verschiedener Aspekte zu berücksichtigen: Im Fach Kunst sollte Entlastung von Ängsten und Leistungsdruck einerseits und auch der Erhalt von Ernst und Hingabe der Schüler*innen andererseits Berücksichtigung finden, um zwar von Zwängen zu befreien, aber dennoch Mühe zu beanspruchen. Zudem ist es Angelegenheit der Lehrkräfte, eine Balance zwischen mimetischen und kreativen Handlungen im Kunstunterricht zu schaffen, indem Veranschaulichung von bzw. Hilfestellungen zu künstlerischen Handlungen und Forderung sowie Förderung von Kreativität zielgerichtet kombiniert werden. Der Ausgleich von Impulsgebung und eigenständigem Schaffen geht damit einher. Sollten die Schüler*innen sich in ihrem Arbeitsprozess blockiert fühlen, ist es von Bedeutung, dass sie durch die Lehrperson oder auch die Mitschüler*innen unterstützt werden und sich ihnen somit neue Perspektiven offenbaren. Einen anschließenden Transfer dieser Sichtweisen hin zum künstlerischen Arbeiten sollten sie allerdings selbstständig initiieren (vgl. Sowa 2012 a: 171f.). Grundsätzlich ist überdies die Aufrechterhaltung von Freude am Lernen hervorzuheben, welche die Basis allen Lernens bildet, unabhängig von Kontext und Fach (vgl. Hüther 2016: 24).

Die Konsequenz einer Unausgeglichenheit von Entlastung und Forderung im (Kunst-)Unterricht könnte der Verlust von Mühe und Anstrengung sein, wenn diese beispielsweise zu selten gefordert werden. Zu geringe Hilfestellung oder einseitige Leistungsforderung können wiederum Ängste und Blockaden verursachen. Die Lehrkräfte sollten ein Gleichgewicht zwischen altem Vorwissen und neu Gelerntem bilden, weil erstmalig auftretende innere Erscheinungen vorerst stets an bereits bestehende Imaginationen anknüpfen (vgl. Hüther 2015: 26).

Die Herausforderung, die beim Versuch der Darstellung innerer Erscheinungen für Außenstehende auftritt, sollte betont werden, denn es handelt sich um eine Transformation, die in sich bereits stetig reziprok hinsichtlich der Imagination und dem Versuch ihrer Veräußerlichung wandelbar ist. Allgemein handelt es sich dabei um eine Gegebenheit im Kunstunterricht, mit der sich jede Lehrperson auseinandersetzen muss. Insbesondere hinsichtlich unaufhebbarer Differenzen zwischen Innerem und Dargestelltem seitens der Schüler*innen besteht die Frage, wie mit dieser Situation verfahren werden soll. Wenn die Schüler*innen die Andersartigkeit ihrer externen Darstellung gegenüber ihren inneren Erscheinungen akzeptieren u.a. auch, weil diese sich bereits in ihrem Ursprung unterscheiden (imaginativ vs. künstlerisch-verfahrenstechnisch), wirkt dies auch bezüglich möglicher Enttäuschungen entschärfend. Dementsprechend können die Schüler*innen beispielsweise innerhalb von Reflexionsgesprächen ein Bewusstsein dafür erlangen, inwieweit sie das Enttäuschungsmoment als generelle Erfahrung zulassen oder auch eine andere Sichtweise auf die gegebenen Differenzen einnehmen.

Warum sollten nicht die inneren Erscheinungen als intransparente Hervorbringungen betrachtet werden? Diese Akzeptanzhaltung sollte den Schüler*innen nahegelegt bzw. auch mit ihnen gemeinsam erarbeitet werden. Nicht selten fühlen sie sich einem Leistungsdruck ausgesetzt und stellen ihre Arbeiten einem Original von Künstler*innen gegenüber oder richten sich an einem (anderen) vermeintlichen Ideal aus. Sofern das Abzugleichende ihre innere Erscheinung ist, sollte hervorgehoben werden, dass es vollkommen natürlich ist, dass deren äußere Umsetzung eine andere Gestalt annimmt und insbesondere dieser Fakt eine wertvolle Grundlage für Gespräche oder weitere künstlerische Auseinandersetzungen bildet.

Im nachfolgenden Kapitel wird das Verhältnis von Imagination und *Flow* im Kunstunterricht erörtert. Zuvor erfolgt allerdings zunächst eine Einführung in das Phänomen des *Flow*-Erlebens mit seinen Hauptkomponenten sowie seinen physischen bzw. psychischen Auswirkungen. Auch eine Verbindung von Kunstpädagogik und *Flow* wird dabei verdeutlicht.

3. *Flow*-Erleben im Kunstunterricht

>»*Flow* ist wichtig, weil er den Moment der Gegenwart erfreulicher macht und weil er das Selbstvertrauen stärkt, das uns ermöglicht, Fähigkeiten zu entwickeln und bedeutsame Beiträge für die Menschheit zu leisten.« (Csíkszentmihályi 2017: 77)

Das Erfahren von *Flow* trägt insofern zum geistigen Wachstum eines Individuums bei, als dieses sich ein aktuelles Geschehen vergegenwärtigt. Währenddessen erlebt es sich als selbstwirksam, indem es neue Fertigkeiten entfaltet, die es in seine Umwelt tragen kann.

Das folgende Kapitel umfasst das Erleben von *Flow* (auch *optimale Erfahrung*[1] genannt) zunächst im Allgemeinen, bevor auf die Hauptkomponenten jener Erfahrung eingegangen wird. Im Anschluss wird die Relation von Geist und Körper im *Flow*-Zustand behandelt. Nach diesen einführenden Informationen liegt der Fokus auf dem Potenzial des Unterrichtsfachs Kunst für das Erleben von *Flow* und vice versa. Dabei steht die Verbindung von Kunstpädagogik mit *Flow* im Mittelpunkt. Überdies wird der *flow*-begünstigende Charakter der Imagination bzw. Fantasie exemplarisch anhand von Performativität und Zeichnung dargelegt.

3.1 Das Phänomen des *Flow*-Erlebens

Der Psychologe Csíkszentmihályi hat sich seit 1975 ausführlich mit dem Erleben von *Flow* beschäftigt. Im Kontext der Kunstvermittlung wurde das Phänomen hingegen nur selten und flüchtig angerissen (siehe Schulz 2006, Boysen-Stern 2006, Griebel 2006, Schweighart-Wiesner 2014 u.a.). Aufgrund der jeweiligen Schwerpunktsetzungen in den Publikationen erstreckte sich die Abhandlung allerdings jeweils nur auf einzelne Seiten (vgl. Boysen-Stern 2006: 91f., Griebel

---

[1] Die Bezeichnungen *Flow* und *optimale Erfahrung* werden in Csíkszentmihályis Ausführungen synonym verwendet, wovon sich hier allerdings abgewandt wird, da *optimale Erfahrung* alle anderen Erfahrungen tendenziell abwertet und dies nicht Intention der vorliegenden Arbeit ist. Somit wird ausschließlich der Begriff *Flow* übernommen und im Sinne eines hervorzuhebenden Alleinstellungsmerkmals dieser Dissertation durchgehend kursiv dargestellt.

2006: 37; Schweighart-Wiesner 2014: 78f.) oder auf ein Subkapitel (vgl. Schulz 2006: 117ff.). Bei der Arbeit von Schweighart-Wiesner zum kunstpädagogischen Handeln im Zeitalter der Neuen Medien oder in Boysen-Sterns Ausführungen zum multisensuellen Kunstunterricht unter Einbeziehung der Computertechnik wird das Phänomen jeweils nur auf zwei Seiten beiläufig erwähnt. Auf ausführlichste Weise hat sich bislang Schulz mit dem *Flow*-Phänomen im Hinblick auf Kunstvermittlung auseinandergesetzt. So hat sie im Rahmen ihrer Studie zum zeichnerischen Talent am Ende der Kindheit einige Messungen zum Erleben von *Flow* in den Fächern Kunst, Musik, Sport und Mathematik vorgenommen. Hierbei kommt dem Phänomen, im Verhältnis zum restlichen Teil, der sich intensiv mit der Kinderzeichnung befasst, jedoch nur wenig Aufmerksamkeit zu. Zentrale Aussagen sind, dass sich zwischen den vier (den zuvor genannten Fächern entsprechenden) *Flow*-Skalen nur geringe Zusammenhänge finden lassen. Demgemäß handelt es sich um eher unabhängige Skalen, was bedeutet, dass das *Flow*-Erleben in den jeweiligen Fächern in unterschiedlichen Intensitäten erlebt wird. Wie zu vermuten, zeigen die »klassischen« *Flow*-Aktivitäten – wie beispielsweise ästhetisch-künstlerische Praxis oder sportliche Betätigung – höhere Zusammenhänge als das Rechnen im Fach Mathematik auf, das wiederum abstrakt-naturwissenschaftliche Merkmale aufweist. Eine wesentliche Erkenntnis ist, dass die Unterrichtsbeurteilung im Fach Kunst wenig mit dem individuell empfundenen *Flow*-Erleben korreliert. Somit verheißen sehr gute Noten in Kunst nicht automatisch tiefgreifende *Flow*-Erlebnisse. Andersherum können nach äußeren Maßstäben eher als mangelhaft beurteilte Arbeiten von Schüler*innen durchaus innerhalb intensiver *Flow*-Erfahrungen entstanden worden sein (vgl. Schulz 2006: 205). Zudem konnte Schulz feststellen, dass das *Flow*-Erleben beim Malen in Verbindung mit dem Selbstkonzept der Schüler*innen hinsichtlich der eigenen künstlerischen Fertigkeiten steht. Dementsprechend wäre anzunehmen, dass Schüler*innen eher einen *Flow*-Zustand erleben würden, wenn sie der Meinung sind, sie besäßen gute künstlerische Fertigkeiten. Zwei weitere wesentliche Faktoren sind laut den eingesetzten Fragebögen die Freude am Malen sowie die Übungsintensität (vgl. a.a.O.: 202).

Insgesamt betrachtet wurde dem *Flow*-Phänomen im Rahmen der Kunstvermittlung jedoch nicht ausreichend viel Beachtung entgegengebracht. Dies liegt vermutlich mitunter daran, dass dieses Phänomen, ähnlich der Imagination, eher schwer greifbar ist. Zum einen wird es individuell unterschiedlich erlebt, zum anderen kann es bei den verschiedensten Tätigkeiten, in der Freizeit oder im Unterricht, auftreten. Letztendlich ist es nicht allzu leicht verbalisierbar (vgl. Csíkszentmihályi 1995: 66f.). Grundsätzlich scheint es so, als würden Wissenschaftsdomänen eher leicht messbare Neuentwicklungen akzeptieren und in die eigenen Reihen aufnehmen als andere Ideen, denen zwar eine wesentliche Bedeutung zukommt, mit denen jedoch eine schwierigere Bestimmung oder Messbarkeit einhergeht.

Dennoch ist es mittels Fragebögen (für eine erste Tendenzfeststellung) oder Interviews möglich, eine Verbalisierungsform des Erlebens von *Flow* – und auch (der Verbindung mit) Vorstellungskraft – zu analysieren.

An der Stelle des Erfahrens von *Flow* im Kunstunterricht lässt sich nach vorangegangenen Ausführungen eine Forschungslücke ausmachen, die im Rahmen dieser Dissertation behandelt wird. Es soll insbesondere das Potenzial der Verbindung von imaginativer Kunstvermittlung mit dem Erleben von *Flow* untersucht werden. Dabei wird der Frage nachgegangen, unter welchen Bedingungen in kunstpädagogischen Prozessen ein *Flow*-Erleben entstehen und begünstigt werden kann.

Wenn Menschen in einen *Flow* geraten, befinden sie sich in einem Zustand höchster Konzentration, der potenziell mit allen Sinnen erfahrbar ist. Diese Vertiefung beinhaltet das restlose Aufgehen in einer bestimmten Tätigkeit, wodurch temporär ein regelrechter Tatendrang oder Schaffensrausch ausgelöst wird (vgl. Csíkszentmihályi 2017: 73f.). *Flow* kann in den verschiedensten Situationen auftreten (vgl. Csíkszentmihályi 1995: 105), beispielsweise beim Arbeiten, Malen, Tanzen, Bergsteigen oder Segeln, um nur einige zu nennen. Ein Bezug zur bildenden Kunst ist hinsichtlich ihres Reichtums an Facetten in Relation zur Vielfalt der individuellen *Flow*-Zugänge auszumachen. Im Vergleich zu anderen Aktivitäten, während derer *Flow* auftreten kann, liegt eine Eigentümlichkeit der Kunst in der Überwindung möglicher anfänglicher Hemmungen oder Startschwierigkeiten, da im ästhetisch-künstlerischen Schaffen keine klaren Ziele im Vorhinein feststehen müssen. Insbesondere die Neuheit und Unvorhersehbarkeit während des künstlerischen Arbeitens ermöglicht eine erhöhte Aufmerksamkeit und Konzentration. Innerhalb kunstpädagogischer Prozesse, die *Flow*-Zustände ermöglichen möchten, sollten zudem Gegebenheiten zur zirkulären Selbstreflexion geschaffen werden, denn die *Flow*-Erfahrung als solche ist wichtiger als aufkommende Arbeitsresultate.

Der *Flow*-Zustand scheint erstrebenswert, da er mit viel Zufriedenheit und Produktivität im Rahmen von Entwicklungen der Fähigkeiten im Sinne persönlichen Wachstums sowie potenziell bedeutsamen Beiträgen für das Umfeld einhergeht. Insbesondere zu einer Zeit, in der digitale Medien vermehrt die Aufmerksamkeit des Menschen erhalten und dabei die Konzentrationsfähigkeit reduzieren, ist ein Zustand vollkommener Versunkenheit ersehnenswert. Es bleibt zu betonen, dass es sich beim *Flow* nicht um eine konkret erlernbare Technik handelt, sondern um eine geistige Verfassung. Diese kann durch bestimmte Faktoren begünstigt werden. Ein *Flow*-Erleben ist zwar nicht erzwingbar, jedoch lassen sich fördernde Rahmenbedingungen schaffen, um dieses hervorzurufen.

3.2 Hauptkomponenten des Erlebens von *Flow*

»Manchmal wird von Erfahrungen maßloser Freude oder gar Ekstase ohne ersichtlichen Grund berichtet, ausgelöst etwa durch ein paar Takte Musik, eine wunderbare Aussicht oder noch weniger; dies ruft ein spontanes Gefühl von Wohlbefinden hervor. Doch die bei Weitem größte Anzahl optimaler Erfahrungen erfolgt den Angaben nach bei Aktivitäten, für die man psychische Energie freisetzen muss und die ohne entsprechende Fähigkeiten nicht ausgeführt werden können.« (Csíkszentmihályi 2017: 87)

Hiermit wird deutlich, dass laut Csíkszentmihályis Interviewergebnissen, abgesehen von flüchtig erfreulichen Momenten, eine tiefergreifende, nachhaltigere Erfüllung in einer sinnvollen und herausfordernden Tätigkeit liegt. Diese setzt bestimmte Fähigkeiten voraus, die nicht jede*r wie selbstverständlich mit sich bringt. Im Folgenden werden acht Hauptkomponenten der Freude beschrieben, für die im Vorhinein psychische Energie aufgewendet werden muss. Diese können teilweise oder gänzlich beim Erleben von *Flow* auftreten:

1. Beschäftigung mit einer Aufgabe, der man sich gewachsen fühlt (vgl. ebd.)
2. Konzentrationsfähigkeit (vgl. a.a.O.: 100)
3. deutliche Zielsetzungen in der Aufgabe (vgl. a.a.O.: 95)
4. unmittelbare Rückmeldungen während des Bearbeitens (vgl. ebd.)
5. Handeln mit tiefer, müheloser Hingabe ohne Gedanken an Frustrationen des Alltags (vgl. a.a.O.: 94)
6. Gefühl von Kontrolle über die Tätigkeit (vgl. a.a.O.: 102)
7. Sorgen um das Selbst verschwinden; gleichzeitig verstärktes Auftauchen des Selbstgefühls[2] (vgl. a.a.O.: 107)
8. veränderte Wahrnehmung von Zeitabläufen (vgl. a.a.O.: 112)

Die erstgenannte Schlüsselkomponente für das *Flow*-Erleben ist die passende Übereinstimmung von Anforderungen und Fähigkeiten. Sind die Anforderungen einer Tätigkeit zu hoch, kann Überforderung die Folge sein. Bei zu hohen Fertigkeiten im Verhältnis zu den Anforderungen einer Aufgabe könnte hingegen Unterforderung auftreten. *Flow* bewegt sich teils schwankend im Mittelbereich zwischen Über- und Unterforderung. Hierbei geht jedoch stets ein Gefühl von Kontrolle über die Tätigkeit sowie eine nahezu als solche empfundene Mühelosigkeit einher (vgl. a.a.O.: 103):

---

2 Der Begriff *Selbstgefühl* bezieht sich hier nicht auf das Konzept des Selbstwertgefühls, sondern auf ein Gefühl für das innere Selbst als ein präsentes Dasein.

Die jeweilige *Flow*-Situation ist im Mittelmaß zwischen Angst und dem damit verbundenen Stress sowie Langeweile mit annähernder oder tatsächlicher Apathie einzuordnen. Wenn die Fähigkeiten den Handlungsgelegenheiten bzw. -anforderungen entsprechen, so kann dieser besondere Zustand auftreten. *Flow* hat dementsprechend herausfordernde Elemente, die Person fühlt sich dabei jedoch dazu in der Lage, die spezifische Herausforderung zu meistern. Dabei ist eine positive Form von Stress durchaus begünstigend für die Initiierung von *Flow*. So betrachtet, ist ein gewisses Maß an Stress lediglich Stimulation. Ein Beispiel hierfür ist die Überwindung von Hürden, wie etwa eine anfängliche Ideenlosigkeit aufgrund der hohen Möglichkeitsfülle zu Beginn künstlerischer Schaffensprozesse. Überdies haben Noe und Ellingson einen Zusammenhang zwischen dem erlebten Maß an Freude und dem erfahrenen Grad an Autonomie, Verantwortung, Initiative sowie Kreativität entdeckt (siehe Kotler 2015, Noe/Ellingson 2017).

Eine weitere begünstigende Komponente für das Hervorrufen von *Flow* ist die Eliminierung von ablenkenden Störelementen, welche die Konzentration hemmen könnten. Zudem sollte im Falle von im Vorhinein auftretenden Erfolgserwartungen eine Loslösung von diesen geschehen. Schließlich sollten die Beteiligten frei von Sorge um sich selbst sein, um sich gänzlich auf das Erfahren von *Flow* einzulassen. Dabei vollzieht sich ein Verlust des Egos:

> »Eine Aktivität, die das Verschmelzen von Tätigkeit und Bewußtheit fördert sowie die Aufmerksamkeit gezielt auf ein begrenztes Reizfeld richtet, führt unweigerlich zum Verlust des Ich-Konstrukts, zum Verlust der Bewußtheit hinsichtlich des ›Ich‹ als *Handelnden*.« (Csíkszentmihályi 1995: 244, Herv.i.O.)

Während des *Flow*-Zustands wird die Person, deren Konzentration vollständig auf ein Stimulusfeld fokussiert ist, eins mit ihrer Handlung, wobei kein Raum für Gedanken bezüglich des Egos bleibt. Somit vollzieht sich eine Transzendenz von Ego-Grenzen. Ein Verlust von äußerlichen Identitätskomponenten, wie beispielsweise Status bzw. Rang hinsichtlich des materiellen Besitztums oder der sozialen Schicht, tritt ein (vgl. Csíkszentmihályi 2005: 116f.). Ein anderer Aspekt ist die eindeutige Zielsetzung, bei der die Konzentration zentriert auf die Bearbeitung der Aufgabe gerichtet wird (vgl. Csíkszentmihályi 2017: 23). Weitere Faktoren umfassen eine positive Grundstimmung, eine als angenehm empfundene Umgebung, das Können sowie Komplexitätswachstum hinsichtlich der eigenen Person. Außerdem sollte in der Ausübung der Aktivität selbst ein Reiz liegen (vgl. Nolting/Paulus 2012: 58f.).

Als Ausnahme, die dem häufigen Vorkommen eines eindeutigen Ziels widerspricht, kann beispielhaft die abstrakte Malerei genannt werden. Eine künstlerische Aktivität kann auch trotz oder gerade angesichts von Unvorhersehbarkeit oder Unberechenbarkeit mit offenem Ausgang *Flow* auslösen. Abgesehen von zuvor überdachten Konzepten kann bei intuitiveren Arbeiten insbesondere die *nicht* zuvor festgelegte, spontan entstehende (Zwischen-)Zielsetzung bezüglich des (Anti-)Motivs *Flow* auslösen, sobald Künstler*innen sich dem Malprozess hingeben. Dies liegt mitunter daran, dass die Kunstschaffenden eigene, »innere« Maßstäbe haben, die ihnen im Vergleich zu einer konkreten Zielsetzung im Gröberen aufzeigen, ob sie mit den bisher erzielten Resultaten zufrieden sind oder nicht (vgl. Csíkszentmihályi 2017: 97). Csíkszentmihályi hatte Mitte der 60er Jahre Künstler*innen während ihrer Schaffensprozesse beobachtet und anschließend interviewt. Besonders auffällig war, dass sie beinahe fanatisch bei ihrer Arbeit waren und die Belohnung für sie weniger in ihrem finanziellen Erwerb als in der Freude an der künstlerischen Aktivität selbst lag. Die wenigsten waren allerdings an der Kunst anderer interessiert. Die schöpferische Tätigkeit mit der Bearbeitung der selbst auferlegten Fragestellungen und Probleme erfüllte sie am meisten (vgl. Csíkszentmihályi 2005: 14). Sobald ein Werk vollendet war, stellten es viele der Künstler*innen in die Ecke und beachteten es danach nicht mehr. Dies zeigt auf, welch hohen Stellenwert der *Flow*-Prozess im Schaffen, verglichen mit dem Resultat, hat (vgl. Csíkszentmihályi 2015: 113).

Diese Erkenntnisse sind für die Übertragung der *Flow*-Theorie auf kunstpädagogische Prozesse von hoher Relevanz. Es finden sich Parallelen zur produktionsästhetischen Wende, innerhalb derer nicht mehr die Resultate, sondern vielmehr die Prozesse während der ästhetischen Praxis für die Künstler*innen von Interesse waren. Ein Beispiel hierfür ist die Ausrichtung auf das Ephemere in konzeptueller Performancekunst ab den 60er Jahren (Beispiele hierzu folgen in Kapitel 4).

Beispielsweise ist Meese (2012: Interviewaussage[3]) ein zeitgenössischer Künstler, der u.a. Fantasie und *Flow* als wesentliche Prozesselemente seiner Arbeiten benennt. Auch Zeisel gibt an, sich innerhalb ihrer plastischen Arbeiten trotz oder wegen der Risiken des Unvorhersehbaren in der Kunst nicht selten im *Flow* wiederzufinden (vgl. Csíkszentmihályi 2015: 108ff.).

Die Kunstpädagogik kann aus jenen Erkenntnissen insofern Rückschlüsse ziehen, als sich Handlungsrahmen für das Erleben von *Flow* ableiten lassen. Hierzu eignet sich, abgesehen von eigenen Studien (siehe Kapitel 5 und 6), zunächst die Betrachtung bereits bestehender kunstpädagogischer Positionen, die ohnehin Offenheit sowie Potenzial für das Erleben von *Flow* in sich bergen. Diese werden in Kapitel 3.4 hinsichtlich der *Flow*-Erfahrung untersucht und z.T. ergänzt.

Flow ist sowohl einzeln als auch in Gruppen erlebbar. Der *Flow*-Zugang und das Erlebnis an sich sind individuell unterschiedlich. Es lassen sich verschiedene Merkmale der *Flow*-Erfahrung ausmachen. Dazu zählt, dass ein überschaubares Handlungsfeld gegeben ist und dass das Individuum sich den Anforderungen gewachsen

---

3   Vgl. Meese im Interview mit Mischke (2012): *Werdet Soldaten der Kunst!* Online verfügbar unter: https://www.abendblatt.de/kultur-live/article107727334/Jonathan-Meese-Werdet-Soldaten-der-Kunst.html (zuletzt eingesehen: 15.6.2020).

fühlt. Dadurch wird Ordnung im Bewusstsein empfunden (vgl. Csíkszentmihályi 2017: 22). Damit ist gemeint, dass die strukturierten Ansprüche der *Flow*-Aktivität geordnete Strukturen im Geist herstellen. Zugleich üben sie einen hemmenden Einfluss auf Entropie im Bewusstsein aus (vgl. a.a.O.: 101), die beispielsweise in Form von Angst, Langeweile, Apathie oder Verwirrung dessen Effizienz mindert. Um dissonante Informationen zu verarbeiten, wird in derselben Zeit Aufmerksamkeit von anderen Prozessen abgezogen (vgl. Csíkszentmihályi 1995: 36).

Im Gegensatz dazu wird während des *Flow*-Erlebens ein Fokus im Bewusstsein hergestellt. Zudem verschmelzen Handeln und Bewusstsein, es geschieht ein volles Aufgehen in einer Tätigkeit.

Vor den Untersuchungen Csíkszentmihályis waren Eigenschaften des *Flow*-Phänomens bereits seit den 50er Jahren in der Spielwissenschaft durch Scheuerl erkundet worden (siehe Scheuerl 1990/1997). Das Spielerische, das sich in der vorliegenden Arbeit aufgrund zahlreicher Parallelen u.a. als Schnittmenge von Imagination bzw. Fantasie und *Flow*-Erleben betrachtet werden kann, zeigt sich im freien Ausdruck der Spielenden und trägt das charakteristische Merkmal, dass sie dem aktuellen Tagesgeschehen während des Spielprozesses entrückt sind und vollkommen in der momentanen Tätigkeit aufgehen. Die Spielenden verharren im Zustand des glücklichen »Unendlichkeitsgefühls« im Sinne einer temporären Zeitvergessenheit (vgl. Scheuerl 1990: 75/95). Je nach Tiefe des *Flow*-Empfindens kann sich gleichermaßen eine »Weltvergessenheit« ohne jegliche Gedanken an Sorgen oder Zeit ereignen. In Untersuchungen von Individuen, die ein vertieftes *Flow*-Erlebnis hatten, wurde angegeben, dass die Zeit gefühlt anders in Relation zum tatsächlichen Lauf der Uhrzeit verstreicht (vgl. Csíkszentmihályi 2017: 112f.). Das Zeitgefühl verändert sich insofern, als chronologische Zeit sich nicht mit der psychologischen Zeit deckt (vgl. a.a.O.: 87).

Auch Montessori beobachtete den *Flow*-Zustand, ohne ihn als solchen zu benennen, bereits Anfang des letzten Jahrhunderts bei Kindern. Sie bezeichnete diese Erfahrung als »Polarisation der Aufmerksamkeit« (siehe Montessori 1962). Ferner wurde dieser Begriff als Montessori-Phänomen innerhalb des allgemeinpädagogischen Diskurses angewandt (vgl. Heiland 1991: 72). Csíkszentmihályi (siehe 2004) betrachtet darüber hinaus das Möglichkeitsspektrum von *Flow* nicht als auf den Freizeitbereich – wie in diesem Fall vorwiegend durch Spielmaterialien induzierte Erfahrungen – begrenzt, sondern erkennt *Flow* ebenso als Verhaltensmerkmal innerhalb des Lern- und Arbeitsumfelds. Die Freizeit muss hinsichtlich möglicher Fusionen mit Lern- und Arbeitsprozessen letztere allerdings nicht ausschließen.

Eine Tätigkeit, bei der *Flow* entsteht, ist häufig final intrinsisch motiviert und autotelisch, wodurch sie sich selbst Lohn genug ist. Es müssen demnach keine Folgeanreize gegeben sein, um ein Individuum zur Aktivität zu motivieren. *Flow* kann somit als eine Art Prototyp autonomer Motivation verstanden werden, da er um der Erfahrung selbst willen und unabhängig von erzielten Ergebnissen initiiert wird (vgl. Csíkszentmihályi 1997: 117, vgl. zur Autonomie auch Nolting/Paulus 2012: 93).

Das *Flow*-Erleben lässt sich als Belohnung der Natur für evolutionär sinnvolles Explorationsverhalten betrachten (vgl. Csíkszentmihályi 2015: 24). Alle Menschen haben evolutionär bedingt bewahrende sowie erkundende Strukturen. Die bewahrenden Tendenzen dienen der Selbsterhaltung und bringen energiesparende Maßnahmen mit sich. Die erkundenden Strukturen basieren auf Neugier, Risikobereitschaft sowie Entdeckungsfreude und sind kreativitätsfördernd, jedoch unter der Bedingung, dass die bewahrenden Maßnahmen (wie beispielsweise Nahrungsaufnahme oder Temperaturregulation) nicht zu viel Energie beanspruchen (vgl. Csíkszentmihályi 1997: 11). Während die bewahrenden Tendenzen grundlegend zum Überleben und somit stets aktiviert sind, können die erkundenden Strukturen bei Nicht-Förderung verkommen. In Ergänzung zu den biologisch-deterministisch ausgerichteten Ansätzen[4] Csíkszentmihályis ist unbedingt die soziokulturelle Komponente des Erlebens von *Flow* zu berücksichtigen, die sich u.a. innerhalb von Gesellschaft, Kultur und Bildung vollzieht.

Aufgrund dieser Argumentation bilden Stundenkürzungen in einem Schulfach wie Kunst oder bei außercurricularen Aktivitäten einen außerordentlich negativen Einschnitt im Schulsystem. »Wenn die nächste Generation den künftigen Herausforderungen mit Tatkraft und Selbstvertrauen beggenen soll, müssen wir ihr schöpferisches Potential genauso fördern wie ihr Fachwissen« (Csíkszentmihályi 2015: 25). Schüler*innen sollten sich nicht dahingehend bilden, sich bloß leicht in gesellschaftliche Strukturen eingliedern zu lassen, sondern dazu, diese zu verbessern. Imagination und *Flow* können diesbezüglich äußerst hilfreich sein.

Ein *Flow*-Ereignis bleibt biologisch bedingt (mehr dazu in Abschnitt 3.3 *Physische und psychische Auswirkungen des Flow-Zustands*) stets positiv in Erinnerung. Es verhält sich wie mit einer förderlichen Abhängigkeit. An dieser Stelle könnte die Frage aufkommen, ob *Flow* nicht u.U. Suchtpotenzial hätte oder Schäden verursachen könnte, doch bei aufkommender *Über*anstrengung träte das Individuum bereits automatisch wieder aus dem *Flow*-Modus aus. Es handelt sich um einen natürlichen und nahezu selbstregulativen Zustand des Organismus. Er beginnt, wenn ein Mensch in eine Tätigkeit hineingezogen wird oder eine Aktivität von sich

---

4   Aufgrund biologischer Grundgegebenheiten kann geschlussfolgert werden, dass über zahlreiche Kulturen hinweg ähnliche Grundmuster für das potenzielle Erleben von *Flow* gegeben sind (vgl. Csíkszentmihályi 1995: 65/77). Unabhängig von den unterschiedlichen kulturellen Hintergründen und den damit einhergehenden unterschiedlichen Lebensweisen ist der besondere Bewusstseinszustand des *Flow*-Erlebens etwas, das sich für alle im Zusammenhang mit alltäglichen, produktiven und schöpferischen Aktivitäten anzustreben lohnt (vgl. a.a.O.: 232). Dennoch können Personen aus differenten Kulturkreisen, abgesehen von ohnehin hochindividuellen Unterschieden im Erleben, tendenziell verschiedene Aktivitäten als *flow*-initiierend einordnen.

aus aufnimmt, die mit den von ihm herausgebildeten Fertigkeiten optimal übereinstimmt.

Csíkszentmihályi hatte 1975 die Auswirkungen des bewussten Entzuges von *Flow* untersucht, indem ausgewählte Teilnehmer*innen absichtlich *Flow*-Zustände umgingen.[5] Dazu sollte erwähnt werden, dass die Resultate durch die geringe Zahl an Teilnehmenden, die relative Homogenität der Testgruppe und mögliche Selbsttäuschungen der Partizipierenden verzerrt wurden (vgl. Csíkszentmihályi 2005: 183). Trotzdem zeigen die Ergebnisse einige beinahe signifikante Erkenntnisse auf: Es trat bei der Vielzahl der Befragten eine vermehrte Verschlechterung ihres körperlichen Befindens auf, die sich v.a. durch Müdigkeit, Schläfrigkeit und Kopfschmerzen äußerte. Zudem stuften sie sich, verglichen mit zuvor abgehaltenen Sitzungen, als angespannter und kränklicher ein (vgl. a.a.O.: 186). Das Erleben von *Flow* erweist sich als erstrebenswert und risikolos, sofern es nicht im Zusammenhang mit z.B. lebensgefährlichen Extremsituationen oder massivem Missbrauch äußerlich verabreichter Substanzen zusammenhängt. Auch eine Entzugssituation hinsichtlich des *Flow*-Erlebnisses ist unbedenklich, da Menschen im Gegensatz zum Entzugsexperiment unter normalen, natürlichen Umständen keinen Verzicht auf *Flow* initiieren, sondern in möglichst vielen Bereichen des Alltags jenen Zustand anstreben würden.

3.3 Physische und psychische Auswirkungen des *Flow*-Zustands

Wie bereits in Kapitel 2 in Bezug auf die Imaginative Bildung erwähnt, ist diese auch in Verbindung mit der Bildung des Geistes essentiell, da beide in einem engeren Zusammenhang stehen, als bisher in (kunst-)pädagogischen Theorien wahrgenommen wurde (vgl. Sowa 2012 c: 16). Auch stellte sich heraus, dass es wenig sinnvoll ist, den Geist als vom Menschen abgeschiedenes Phantom aufzufassen, denn er ist mit dem Handeln von Personen verwoben (vgl. Ryle 1997: 107). Ebenso wird im nachfolgenden Subkapitel das *Flow*-Erlebnis ganzheitlich zwischen Körper und Geist betrachtet.

Die meisten Menschen sind sich heutzutage der Bedeutsamkeit von Bewegung für ihre Gesundheit bewusst. Trotzdem werden die Funktionen einzelner Organe nicht unbedingt voll ausgeschöpft. Somit bleibt die Kapazität des Körpers, *Flow*

---

5   Heutzutage lässt sich ein bislang kaum erforschter Trend, das Dopamin-Fasten, ausmachen, der eine andere Richtung einschlägt: Dabei wird sich von denjenigen Aktivitäten distanziert, die zwar unmittelbare Belohnungseffekte hervorrufen, allerdings eher als hemmend für das Erleben von *Flow* betrachtet werden können (z.B. Prüfen von möglichen Mitteilungseingängen, das Schauen von TV oder der Aufenthalt auf Unterhaltungsplattformen wie sozialen Netzwerken). Nach solch einer »Fastenkur« fühlen sich die Personen laut Berichten meist weitaus konzentrationsfähiger und auch kreativer (siehe Esche 2020).

freizusetzen, geschmälert. Jedoch können Menschen die eigene Lebensqualität verbessern, indem sie die Beherrschung ihres Körpers und ihrer Sinne zunächst erlernen und darauf aufbauend verfeinern. Sofern es einem Individuum gelingt, mehr Kontrolle über die körperlichen Tätigkeiten zu erlangen und die eigenen Gefühle zu ordnen, kann sich mentale Entropie hin zu *Flow* im Geiste und folglich im Körper entwickeln. Dadurch wird deutlich, dass es sich stets um ein Zusammenspiel von Geist und Körper handelt (vgl. Csíkszentmihályi 2017: 153ff.).[6]

Auch die einfachsten Aktivitäten können einen *Flow*-Charakter erhalten, wenn sie eine rituelle Facette bekommen. Durch festgelegte Kriterien, um ein Ritual einwandfrei zu vollführen, entstehen komplexe Rückmeldungen, welche das Selbstbewusstsein der Ausführenden festigen. Dabei kann jedes Sinnesorgan soweit kultiviert werden, dass es *Flow*-Erlebnisse ermöglicht (vgl. a.a.O.: 155). Folgende zentrale Aspekte lassen sich bei diesem Prozess ausmachen:

»a) sich ein Gesamtziel zu setzen und so viele Unterziele wie realistischerweise möglich sind, b) Methoden zur Messung des Fortschritts im Hinblick auf das gesetzte Ziel zu finden, c) sich auf das zu konzentrieren, was man tut, und die mit der Tätigkeit verbundenen Herausforderungen immer feiner zu differenzieren, d) die notwendigen Fähigkeiten für die zur Verfügung stehenden Gelegenheiten zu entwickeln und e) die Messlatte höher zu setzen, wenn die Aktivität langweilig wird.« (A.a.O.: 157)

Durch Einhaltung dieser selbstgesetzten Maßstäbe können die einfachsten Alltagsaktivitäten in eine *Flow*-Erfahrung transformiert werden, innerhalb von deren Kriterien sich das Individuum stets erneut herausfordern kann. Durch kontinuierliche Abstimmungen der (Fein-)Ziele auf die angestrebten Fertigkeiten und die Erweiterung des Maßstabs bei bereits gut gelingendem Handeln wird eine ständige Weiterentwicklung der Fähigkeiten gefördert.

So lässt sich beispielsweise auch das Potenzial der Sehfähigkeit kultivieren. Geschieht dies, so eröffnen sich dem Individuum neue Erfahrungen durch eine intensive Schärfung der visuellen Fähigkeiten. Csíkszentmihályi nennt in diesem Zusammenhang die bildende Kunst als ein hochgradig geeignetes Feld zum Ausbau dieser Fertigkeiten. Dabei muss viel psychische Energie für die Betrachtung von Kunst aufgewendet werden, um tiefergehende Erkenntnisse daraus zu ziehen.

---

6   Während des Erlebens von *Flow* verändern sich nicht nur das Bewusstsein, sondern auch andere körperliche Zustände. Zu den Wirkungen gehören folgende Abweichungen, die zu positiven physiologischen Erregungen zählen: Die Herzschlagfrequenz erhöht sich. Der Sauerstoffverbrauch steigt an. Der auch in Ruhe aufrechterhaltene Grundspannungszustand eines Muskels verstärkt sich und die Fokussierung des Blicks nimmt zu. Kognitiv betrachtet, erhöhen sich die Konzentration und die vollständige Kontrolle über die eigenen Denkprozesse (vgl. Csíkszentmihályi 1995: 179).

Da das Sehen im Vergleich zu anderen *Flow*-Aktivitäten bei einem gesunden Körper stets unmittelbar zugänglich ist, wäre seine Vernachlässigung besonders bedauerlich (vgl. a.a.O.: 172f.). Anzumerken ist, dass (zeitgenössische) Kunst darüber hinaus durchaus *alle* Sinneskanäle sowie die Wahrnehmung und die Imagination aktivieren kann. Schließlich umfasst die Kunst zahlreiche vielfältige ästhetisch-praktische Arbeitsweisen sowie mediale Träger, welche die Imagination und die Wahrnehmung hinsichtlich aller möglichen Sinneskanäle (meist überlagernd) in hohem Maße anregen können.

3.4 Die Verbindung von Kunstpädagogik und *Flow*

Nachdem im vorigen Teil die theoretischen Grundlagen zum *Flow*-Phänomen dargelegt wurden, erfolgt in diesem Abschnitt der Transfer zur Kunstpädagogik. Anhand der Bedeutung der Einflussfaktoren von *Flow* für den Kunstunterricht – und umgekehrt – werden Handlungsmöglichkeiten für die Kunstvermittlung erarbeitet.

3.4.1 Das reziproke Potenzial von Kunstpädagogik und *Flow*

Im Rahmen dieser Dissertation rücken das *Flow*-Phänomen und die Bedingungen für den Kunstunterricht, die dieses Erleben ermöglichen können, ins Zentrum der Aufmerksamkeit. Csíkszentmihályi entwickelte, von der Beobachtung und Befragung einzelner Persönlichkeiten von Künstler*innen ausgehend, ein ganzheitliches Konzept des Erlebens von *Flow* bei allen Menschen. Hier wird untersucht, unter welchen Umständen Schüler*innen eine *Flow*-Erfahrung im Kunstunterricht erlangen können. Dabei wäre anzunehmen, dass diejenigen, die sich per se mehr für das Fach Kunst interessieren und/oder sich als besonders selbstwirksam empfinden bzw. ein positives Selbstkonzept bezüglich ihrer künstlerischen Fähigkeiten haben, vermutlich schneller *Flow*-Erfahrungen machen. *Flow* tritt unabhängig von der Leistung auf (vgl. Schulz 2006: 205). Grundsätzlich ist anzumerken, dass sich *Flow*, den vorigen Merkmalsausführungen nach, nicht erzwingen lässt. Jedoch werden Handlungsstrategien und Bedingungen für den Kunstunterricht abgeleitet, welche diese Erfahrung für eine möglichst große Anzahl von Schüler*innen (leichter) zugänglich machen können.

Das Wissen um das *Flow*-Konzept kann nicht nur dem einzelnen Menschen zu einem verstärkt reflektierten Leben verhelfen, sondern auch ein Vorbild für öffentliche Handlungen sein. Die *Flow*-Theorie ist auch als Grundidee zu verstehen, auf deren Basis Institutionen, wie beispielsweise Schulen, innoviert werden können, indem sie ihr Bewusstsein für *Flow*-Erfahrungen schärfen. Zur Zweckmäßigkeit der Schule ist ein Aspekt in besonderem Maße bedeutsam:

»Der Wert einer Schule beruht nicht auf ihrem Prestige oder ihrer Fähigkeit, Studenten auf die Notwendigkeiten des Lebens vorzubereiten, sondern eher auf dem Grad der Freude an lebenslangem Lernen, die sie vermitteln kann.« (Csíkszentmihályi 2017: 295)

Die Begeisterung für das lebenslange Lernen lässt sich besonders durch *Flow*-Erlebnisse während des hochkonzentrierten, fokussierten Erfahrens und Lernens fördern, weil in diesem freudigen Zustand erworbene Fertigkeiten oder Inhalte besonders gut in Erinnerung bleiben. Insbesondere das Schulfach Kunst birgt großes Potenzial für das Erleben von *Flow*, da es im Vergleich zu anderen Fächern äußerst zugänglich für Imaginations- und Wahrnehmungsphänomene sowie subjektive Schwerpunktsetzungen und Interessenlagen ist. Des Weiteren geht das Fach mit Kunst als Bildungswert einher, der sich mittels intensiver Auseinandersetzung mit und Reflexion von Kunst bzw. künstlerischen Prozessen vollzieht. Auch sind Sinn(es)bildung hinsichtlich Imagination und Wahrnehmung sowie Handlungsorientierung und Performativität Argumente für einen Kunstunterricht, der *Flow* behandelt. Im Sinne der Kreativität soll »Fluktualität als Einfalls- und Denkflüssigkeit« (Peez 2007: 3) gewährleistet werden.

Hierbei ist hypothetisch ein Imaginations-*Flow* zu nennen, bei dem eine Person während des Imaginierens oder Fantasierens in einen *Flow*-Zustand gerät. Andererseits kann auch das Erfahren des *Flow* aufgrund der veränderten Wahrnehmung und ihrer starken Wechselwirkung mit der Imagination potenziell andersartige, außergewöhnliche Vorstellungen hervorrufen. Auch hinsichtlich Ästhetischer Erfahrungen sind »Versunkensein und emotionales Involviertsein im Augenblick« (a.a.O.: 4) im Sinne von *Flow* denkbar. Wie zuvor erwähnt, handelt es sich beim *Flow*-Erleben nicht um eine konkret erlernbare Technik, sondern um einen potenziell mit allen Sinnen erfahrbaren geistigen Zustand. Dieser kann durch bestimmte Faktoren, wie u.a. die Verbindung mit der Vorstellungskraft, initiiert und gefördert werden (mehr dazu in Kapitel 3.4.2 *Imagination und Flow*).

Im Folgenden wird auf die Grundbedingungen eingegangen, die gegeben sein sollten, um *Flow* für möglichst viele Schüler*innen im Kunstunterricht erfahrbar zu machen. Studien ergaben, dass hinsichtlich der Alltagserfahrungen von Schüler*innen die Kategorien *Kunst und Hobbies* (47,2 %), *Umgang mit anderen* (32,2 %) sowie *Sport und Spiel* (26,3 %) die Spitze der *Flow*-Aktivitäten bilden. Die Kunst sowie kunstpädagogische Prozesse bergen die Möglichkeit, ästhetisch-künstlerische Praxis mit Eigeninteressen, sozialer Interaktion, körperlicher Aktivität und spielerischen Elementen zu vereinbaren. Nach *Lesen* (24,6 %) reiht sich auch bereits *Arbeit in der Schule* ein (23,8 %), dicht gefolgt von (eigenständigem) *Lernen* (23,7 %) (vgl. Csíkszentmihályi 1995: 304). Die restlichen Prozente verteilen sich auf weitere Alltagsaktivitäten, die offensichtlich zu weniger großen Anteilen *Flow* hervorzurufen scheinen, wie beispielsweise *Hin- und Herfahren*, *häusliche Arbeiten*, *Erledigungen* etc.

Die Studienergebnisse weisen darauf hin, dass die Schule, v.a. das Fach Kunst, einen besonders angemessenen Rahmen für die achtsame Behandlung von *Flow* bietet.

Die Beteiligten sollten sich mit einer Aufgabe beschäftigen, der sie sich gewachsen fühlen. Somit müssten die Aufgabenstellung mit deren Offenheit im Kunstunterricht dem Alter und Wissensstand der Lerngruppe entsprechend angepasst sein, damit weder Langeweile als Folge von Unterforderung noch Anspannung oder gar Angst aufgrund zu hoher Anforderungen auftritt. Um die Konzentrationsfähigkeit während der Aktivität zu unterstützen, muss sichergestellt sein, dass ablenkende Störfaktoren, wie beispielsweise Straßenlärm durch geöffnete Fenster, herumliegende Privatgegenstände der Schüler*innen o.Ä., beseitigt worden sind. Zudem müsste im Falle von aufkommenden Erfolgserwartungen seitens der Schüler*innen eine Absonderung von diesen geschehen, denn sie sollten frei von Bedenken um ihr Ansehen sein, um sich gänzlich auf den *Flow* einlassen zu können.

Deutliche Zielsetzungen in der Aufgabe sollten sich insofern entwickeln, als die Beteiligten vor Augen haben sollten, wie sie während ihrer ästhetisch-künstlerischen Praxis vorgehen möchten, wobei die Resultate nicht im Voraus feststehen müssen. Wie eingangs am Beispiel der abstrakten Malerei erläutert, kann das Unvorhergesehene, insbesondere in der Kunst, *Flow* auslösen, wenn sich nach anfänglichem Zögern und Ringen mit bzw. Überwinden von Hemmnissen schließlich sukzessive Ideen aufbauen, die nach einem inneren Maßstab für adäquat oder unpassend gehalten und entsprechend umgesetzt oder verworfen werden. Durch jene Einschätzung geben sich die Schüler*innen selbst unmittelbare Rückmeldungen während ihres Schaffensprozesses.

Je intensiver das künstlerische Handeln mit tiefer, müheloser Hingabe ohne Sorgen wegen Frustrationen des Alltags o.Ä. ist, desto wahrscheinlicher ist das Auftreten von *Flow*. Zudem werden die Alltagssorgen ohnehin ausgeblendet, sind die Beteiligten erst einmal in den schöpferischen Akt vertieft. Da das Empfinden von *Flow* mit einer veränderten Wahrnehmung für Zeitabläufe einhergeht, sind minutiöse Stundenverlaufspläne für einen Unterricht mit dem Grobziel des Erlebens von *Flow* seitens der Schüler*innen ungeeignet. Es sollte allen das Maß an Zeit für die Arbeitsschritte gegeben werden, das sie benötigen. Für besonders zügig Arbeitende könnten, je nach Thematik, auch quantitativ, jedoch insbesondere qualitativ differenzierende, weiterführende Aufgaben angeboten werden. Diese beziehen sich auch auf eine detaillierte Weiterarbeit an ihrem aktuellen Vorhaben.

Im *Flow*-Zustand erleben die Schüler*innen ein Gefühl von Kontrolle über ihre Tätigkeit, das, v.a. im Kunstunterricht, seitens aller Schüler*innen verhältnismäßig schnell erreicht werden kann, sofern die Aufgabenformate sich auf ihre subjektive Imagination bzw. Fantasie und Wahrnehmung beziehen und sie kaum Gefahr laufen, »Fehler« zu machen. Aufgrund von Vorgaben in Curricula oder Bildungsplänen und der bis heute gültigen (scheinbaren) Notwendigkeit der Benotung im

Kunstunterricht könnten künstlerische Techniken erlernt werden, die auf Basis vorher gesetzter Maßstäbe und Kriterien als mehr oder weniger jenen Merkmalen entsprechend beurteilt werden. Wenn anstelle der Kompetenzstufen allerdings Imaginative Bildung und das Erleben von *Flow* in den Vordergrund treten, so kann nicht von Bewertung der Erlebnisse die Rede sein. Der Gewinn liegt in der Erfahrung selbst. Daraufhin folgen Reflexionen, woraufhin innere Erscheinungen und *Flow* ggf. häufiger, auch im Alltag der Schüler*innen, als solche wahrgenommen werden können. Hierbei handelt es sich um einen Ansatz, bei dem der Kunstunterricht, unabhängig von Kompetenzmodellen, als ein die Schüler*innen nach eigenen Interessen erfahrungstechnisch prägendes Ereignis ins Blickfeld genommen wird. Dementsprechend eignen sich die *flow*-fördernden Unterrichtsideen als nicht benotete Projekte. Vielmehr handelt es sich um eine Art des Unterrichts, bei dem die Beteiligten, ohne mögliche Einschränkungen durch Notengebung, ihren Erfahrungshorizont auf gesammelte Erfahrungen rückbeziehen, mit ihnen vernetzen oder auch durchbrechen und erweitern können.

Ein für den Kunstunterricht erstrebenswertes Ziel ist es, die mehr oder minder stark ausgeprägten autotelischen Persönlichkeitsmerkmale von Schüler*innen für ein lebenslanges Lernen zu bekräftigen. Der Begriff *Autotelie* setzt sich aus den zwei griechischen Worten αὐτο (*auto* – selbst) und τέλος (*telos* – Ziel) zusammen (vgl. Csíkszentmihályi 2005: 30). Es beschreibt im Kontext der philosophischen Handlungstheorie (siehe Quante 2019) die Selbstzweckhaftigkeit einer Tätigkeit und kann ebenso hinsichtlich der selbstauferlegten Ziele eines Individuums innerhalb bestimmter Aktivitäten ausgelegt werden. Die Handlungen werden um ihrer selbst willen ausgeführt und sind somit final intrinsisch motiviert.[7]

An dieser Stelle könnte kritisiert werden, dass der Kunstunterricht den Schüler*innen durch die Lehrkraft auferlegt wird und das Handeln der Lernenden demnach im Grundsatz nicht autotelisch ist. Bei einer derartigen Kritik könnte dann allerdings auch darüber hinausgehend im gröberen Sinne nach dem Spannungsverhältnis von Autonomie zum eigenständigen Lernen im Elternhaus und der staatlichen Schulpflicht gefragt werden, was den Rahmen der Thematik sprengen würde. Ausgehend davon, dass alle Kinder in der Bundesrepublik Deutschland die Schule besuchen und somit auch am Kunstunterricht partizipieren müssen bzw. dürfen, wird sich hier bereits bestehenden, ausgewählten kunstpädagogischen Ansätzen angeschlossen, die eine starke Autonomie seitens der Lernenden im Rahmen der unterrichtlichen Grundgegebenheiten ermöglichen. Aufgabenformate mit einer Offenheit für die Interessen der einzelnen Schüler*innen können bereits einen erheblichen Beitrag zu einer autotelischen Erarbeitung von Sachverhalten leisten.

---

7   Das Gegenteil von *Autotelie* ist *Heterotelie*, die eine Unterordnung von Handlungen unter fremde Anweisungen oder Zwecke beschreibt. Die Aktivitäten werden dabei durch äußere Anreize getätigt und sind demnach extrinsisch motiviert (vgl. Csíkszentmihályi 1997: 117).

Zu den Merkmalen des autotelischen Selbst gehört das Setzen von konkreten Zielen, was die Entscheidungsfreudigkeit bezüglich nachfolgender Handlungsschritte verbessert, da sich an einem mentalen Maßstab orientiert und abgearbeitet werden kann. Dabei ist die Auswahl des Vorsatzes von der Wahrnehmung der Aufgabenschwierigkeit abhängig. Sofern das Ziel und seine Anforderungen einen Handlungsrahmen schaffen, bedarf es anschließend der nötigen Fähigkeiten, um es zu erreichen. Ein weiteres Merkmal von autotelischen Persönlichkeiten ist es, sich in die vorgenommene Handlung gänzlich zu vertiefen. Damit dies gelingt, ist es notwendig, realistische Ansprüche an sich selbst zu entwickeln und seine Handlungsmöglichkeiten sowie die verfügbaren Fertigkeiten aufeinander abzustimmen (vgl. Csíkszentmihályi 2017: 322f.).

»Das autotelische Individuum wächst über die Grenzen der Individualität hinaus, indem es psychische Energie in einem System einsetzt, an dem es Anteil hat. Aufgrund dieser Vereinigung der Person mit dem System geht das Selbst mit höherer Komplexität daraus hervor.« (A.a.O.: 326)

Personen mit hoher Autotelie können konzentriert ihre Aufmerksamkeit auf ein Geschehen richten und sie über einen längeren Zeitraum aufrechterhalten. Die Bezeichnung *System* bezieht sich im voranstehenden Zitat auf die durch Reflexion der eigenen Fähigkeiten abgewogenen Handlungsmöglichkeiten eines Individuums. Ein hinderliches Gefühl der Befangenheit oder eine konkrete Wahrnehmung des Selbst bleiben dabei aus, denn die Konzentration wird vollkommen auf das Ziel innerhalb der Tätigkeit ausgerichtet (vgl. a.a.O.: 325), wodurch sich im Rahmen einer autotelischen Erfahrung ein Wachstum der Persönlichkeit ereignen kann.

Niemand ist vollkommen autotelisch, denn es treten stets Handlungsmuster auf, die durch extrinsische Anreize motiviert sind. Dennoch gibt es Abstufungen zwischen Menschen, die beinahe niemals den Eindruck haben, etwas für die Sache selbst tun zu wollen, und wiederum jenen, die in nahezu jeder Handlung einen Sinn für die Sache selbst ausmachen. Letztere können als autotelische Persönlichkeiten bezeichnet werden. Sie sind unabhängiger von äußeren Belohnungen und lassen sich dementsprechend weniger leicht manipulieren (vgl. Csíkszentmihályi 1997: 117).

Im Folgenden richtet sich die Aufmerksamkeit exemplarisch auf kunstpädagogische Ansätze, die bereits Potenzial für die *Flow*-Erfahrung bergen. Anknüpfend an die Förderung des autotelischen Selbst und des Erlebens von *Flow* im Kunstunterricht wird im Folgenden die *Ästhetische Forschung* nach Kämpf-Jansen vorgestellt:

»Ästhetische Forschung zielt darauf ab, die Selbstlernstrategien und -kompetenzen von Kindern und Jugendlichen zu fördern. Sie bietet Anregungen und Anlässe, gewohnte Pfade zu verlassen, und legt einen starken Fokus auf eine kreative und innovative Verknüpfung von Strategien und vorhandenem Wissen.« (Leuschner/Riesling-Schärfe 2012: 12)

Die *Ästhetische Forschung* ist ein prozessorientiertes Konzept der Kunstvermittlung, bei dem die Beteiligten einer Lerngruppe ein Thema individuell forschend und ästhetisch-praktisch durchdringen. Wesentlich ist dabei die »Vernetzung vorwissenschaftlicher, an Alltagserfahrungen orientierter Verfahren, künstlerischer Strategien und wissenschaftlicher Methoden« (Kämpf-Jansen 2001: 274). Zu Beginn der *Ästhetischen Forschung* bringen die Schüler*innen eine Fragestellung hervor, die anschließend im Spannungsfeld der vier Forschungsbereiche *Alltagserfahrung, Kunst, Wissenschaft* und *Ästhetische Praxis* bearbeitet wird. Dabei stellen die Lernenden sich die Fragen, was sie an dem vorgegebenen Thema interessiert, was es mit ihnen zu tun hat und inwieweit sie bereits in Kontakt damit getreten sind. Mit ihren Fragen begeben sie sich in verschiedene Räume, wie die Schule, das private Umfeld, unterschiedliche Kulturinstitutionen (z.B. Museen, Kunsthallen) und den Stadtraum, um dort themenspezifische Informationen zu sammeln.[8] Im Laufe der Nachforschungen können die Ergebnisse mit Anregungen durch (lokale) Künstler*innen in eine ästhetisch-praktische Arbeit übertragen werden. Daran anknüpfend werden die Resultate den Mitschüler*innen präsentiert und gemeinsam reflektiert (vgl. Blohm/Heil et al. 2012: 8f.).

Das Konzept der *Ästhetischen Forschung* birgt Potenzial, das Erleben von *Flow* zu ermöglichen, weil die Schüler*innen eine eigens konzipierte Fragestellung bearbeiten, die demnach mit hoher Wahrscheinlichkeit im eigenen Interessengebiet verwurzelt ist. Die Selbstständigkeit wird über die Findungsphase bezüglich der Forschungsfrage hinaus aufrechterhalten, da die Schüler*innen weitestgehend alleine am Thema arbeiten, indem sie Materialien und Informationen an verschiedenen Orten sammeln und lediglich aufgrund gelegentlicher Kommentare durch die Künstler*innen, die Lehrperson oder die Mitschüler*innen von ihren eigenständig erarbeiteten Ausfertigungen abweichen. Wie *Flow* in allen möglichen Situationen entstehen kann, ob im Privaten oder Schulischen, so durchdringt die *Ästhetische Forschung* auch mehrere Lebensbereiche der Schüler*innen: ihre Alltagserfahrung, ihre künstlerischen Strategien (von der Kunst aus sowie die eigene ästhetische Praxis) und ihr wissenschaftliches Arbeiten. Auch die Fragen, was die Schüler*innen an dem grob vorgegebenen Thema interessiert und inwiefern sie sich bereits damit auseinandergesetzt haben, sind stark auf das Individuum ausgerichtet, sodass eine

---

8   In Bezug auf Imagination bzw. Fantasie wäre eine solche Recherche allerdings eher wenig förderlich, da sie sich zu sehr an faktischem Sachwissen orientiert, was zu einer nahezu automatisierten Übernahme des »Korrekten« verleiten würde. Dadurch würde die Entstehung neuer, origineller Kontextualisierungen im Sinne eines Unlearning eher behindert (mehr dazu ab Kapitel 5).

selbstständige Bearbeitung mit Interesse am Sujet recht wahrscheinlich ist. Dennoch könnten äußere Anreize wie beispielsweise Lob durch Lehrkraft, Künstler*in oder Mitschüler*in oder die Aussicht auf eine gute Benotung (sofern gegeben) die Handlungen der Schüler*innen beeinflussen. Um die Erfahrung des *Flow*-Erlebens optimal nutzen zu können, wäre es ratsam, die Schüler*innen ihre künstlerischen Arbeitsprozesse und -ergebnisse nach eigenen Maßstäben einschätzen zu lassen, ohne auf die Rückmeldung anderer angewiesen zu sein.[9] Dies könnte z.b. mittels eines ästhetischen Portfolios oder Lerntagebuchs geschehen.

Ein weiterer kunstpädagogischer Ansatz, welcher das Erleben von *Flow* beträchtlich fördern kann, ist die *Ästhetische Operation* nach Maset. Eine Absicht von *Ästhetischen Operationen* ist es, die Lehrenden und Lernenden zu einem schöpferischen sowie bildenden Unterricht zu befähigen, der sowohl theoretische als auch praktische Unterrichtsgegenstände behandelt. Der kunst- und bildwissenschaftliche Diskurs, die Fachdidaktik und die ästhetische Praxis bilden hierbei eine Einheit. Dabei ist zu berücksichtigen, dass die sich stets verändernden Wahrnehmungsweisen[10] und -techniken einer Gesellschaft einen künstlerischen Bezug in der Kunstpädagogik erfordern, um das Potenzial von Kunstunterricht gänzlich entfalten zu können (vgl. Maset 2005: 6ff.).

Die Vermittlung sollte dahingehend im Sinne einer *Lehrkunst* verstanden werden, wodurch die bis heute[11] existierende Kluft zwischen Kunst und Pädagogik überwunden werden kann (vgl. Maset 2002: 20). Der Kunstunterricht kann als eine experimentelle Situation für die Lernenden und Lehrenden betrachtet werden, um Weltbezüge und Selbstreferenzen im Zusammenhang mit ästhetischen Wahrnehmungen zu erfahren (vgl. Maset 2005: 9). Hierbei ist die Kunst zentraler Gegenstand für das Vorstellungsvermögen und die Handlungsmöglichkeiten der Schüler*innen. Nur ein operativ anwendbares Schema einer bestimmten künstlerischen bzw. ästhetischen Arbeitsweise hinter dem Unterrichtskonzept stellt eine Fortsetzung der Kunstpädagogik und die Bildung von »ästhetischer Mentalität« sicher (vgl. Maset 2002: 14). Eine Kritik Masets an derzeit noch vielerorts praktizierter Kunstvermittlung in der Schule lautet:

»In dem so zugerichteten Umgang mit der Kunst, in der diese nur noch Objekt für einen operational nachvollziehbaren und planbaren Lehr-Lern-Vorgang ist, kann

---

9   Die Rückmeldung der Mitschüler*innen ist jedoch in anschließenden Reflexionen bedeutsam, weil damit differente Setzungen von Schwerpunkten diskutiert werden können (mehr dazu ab in Kapitel 5 und 6).
10 Ergänzend zu den sich wandelnden Wahrnehmungsweisen sind auch die sich aufgrund gesellschaftlicher, kultureller und bildungsgebundener Entwicklungen verändernden Vorstellungen zu nennen.
11 Jene Kluft war nicht nur zum Zeitpunkt der Publikation von Masets Ansatz aktuell, sondern ist es auch heute noch.

sich nicht die *Offenheit* ereignen, die durch Kunst erfahrbar ist, die Offenheit, die für die menschliche Existenz unabdingbar ist, weil sie die Möglichkeit des *Anderen* in sich birgt.« (Maset 2005: 11f., Herv.i.O.)

Aussichtsreicher zeitgenössischer Kunstunterricht sollte, wie auch das Erleben von *Flow*, nicht bloß an Aufgaben oder Material, Medien und Methoden gemessen werden. Dies entspräche einer von Maset umschriebenen »Kultur des Groben«, innerhalb derer geforderte, messbare Einheiten des »funktionierenden Systemmenschen« wichtiger erscheinen als ästhetische Wahrnehmungsphänomene (vgl. a.a.O.: 13). Vielmehr sollte der Kunstunterricht sich in seiner Mentalität beweisen, in der sich die Geschehnisse ereignen. Dies umfasst eine lebendige, wahrnehmungsorientierte Arbeitspraxis mit der Möglichkeit eines vertieften Arbeitsflusses. Hier lässt sich das Erleben von *Flow* einordnen. Dabei sind, wie zuvor erörtert, minutiös strukturierte Phasen, wie der traditionelle Stundenverlaufsplan sie vorsieht, kunstpädagogischen Prozessen hinderlich, weil dadurch das *Flow*-Erleben allzu leicht abgeschwächt bzw. unterbrochen wird. Da die Verlaufspläne nicht selten der Realität im Alltag widersprechen, sollte mit dem Unterrichten des Fachs Kunst stets eine gewisse Flexibilität einhergehen, insbesondere dann, wenn ästhetische Erfahrung, individuelle Wahrnehmung und Imagination bzw. Fantasie, ggf. während des Erlebens von *Flow*, im Zentrum des Unterrichtsgeschehens stehen.

Bei *Ästhetischen Operationen* ist es vorgesehen, einen Rahmen, das *Setting*, abzustecken und daraufhin zuvor festgelegte Handlungsschritte durchzuführen. Dabei sind die zeitlichen Fenster dem Schaffensfluss der Lernenden gegenüber anpassungsfähig, was bei vertieftem Schaffen im *Flow* hilfreich ist. Die (Teil-)Ziele sind im *Flow*-Erleben innerhalb eines künstlerischen Akts, anders als beim *Flow* in anderen Situationen sonst häufig gegeben, *nicht* von vornherein definierbar (vgl. a.a.O.: 17). Auf der Ebene des *Settings* sind zwei weitere Konstituenten zu verzeichnen: der Kontext bzw. die Situation – je nach Operation können diese z.B. sozial, diskursiv, kommunikativ, historisch oder ästhetisch-künstlerisch sein – und die ausgewählten Methoden oder Strategien, die u.a. Sampling/Recycling oder Indoor-/Outdoor-Tätigkeiten usw. beinhalten können.[12] Der Kontext, das mentale Schema von Künstler*innen und die Methoden bilden zusammenfassend die Grundlagen für eine *Ästhetische Operation*. Des Weiteren umfasst eine *Ästhetische Operation* nicht nur »eine Methode, sondern sie besteht aus einem Bündel von Methoden, Verfahren und Techniken« (a.a.O.: 16), wodurch ihre Offenheit und Vielfalt für *Flow*-Zugänge begünstigt wird, da mehrere Sinneskanäle angesprochen werden.

---

12 Diese Informationen stammen aus einer Diskussion mit Maset im Projektband mit dem Titel *Ästhetische Operation – Dichte Beschreibungen* an der Leuphana Universität Lüneburg (2016).

Diesbezüglich kann also die (Kunst-)Pädagogik ansetzen und vertiefen. Es lässt sich festhalten, dass das Bewusstsein für das Erleben von *Flow* innerhalb des aktuellen (kunst-)pädagogischen Diskurses durchaus einer Intensivierung bedarf und dass insbesondere die Offenheit und verfahrenstechnische und mediale Vielfalt des Fachs Kunst dazu beitragen können, dieses Phänomen mit Schüler*innen zu evozieren und zu reflektieren. In diesem Zusammenhang bergen einige kunstpädagogische Konzepte, wie beispielsweise partiell die *Ästhetische Forschung* nach Kämpf-Jansen oder v.a. die *Ästhetische Operation* nach Maset bereits in ihrem Wesen großes Potenzial für die Behandlung von Kunst und *Flow*. So haben auch einige Autor*innen, wie z.b. Griebel (2006) in ihren Ausführungen zu *Kreative[n] Akte[n]*, bereits die beiden zuvor genannten Positionen miteinander kombiniert. Im Hinblick auf die ab Kapitel 5 ausgeführten Schulprojekte werden insbesondere die Möglichkeiten einer potenziellen Kombination von Elementen der *Ästhetischen Forschung* und der *Ästhetischen Operation* in Bezug auf Imagination und *Flow* herausgearbeitet.

3.4.2 Imagination und *Flow*

Dieser Abschnitt behandelt die Wechselwirkung von Imagination und *Flow*. Bei der Betrachtung der Hauptkomponenten des Erlebens von *Flow* (Beschäftigung mit einer Aufgabe, der man sich gewachsen fühlt; Konzentrationsfähigkeit; deutliche Zielsetzungen in der Aufgabe; unmittelbare Rückmeldungen während des Bearbeitens; Handeln mit tiefer, müheloser Hingabe ohne Gedanken an Frustrationen des Alltags; Gefühl von Kontrolle über die Tätigkeit; Sorgen um das Selbst verschwinden, gleichzeitig verstärktes Auftauchen des Selbstgefühls; verändertes Gefühl für Zeitabläufe; siehe Kapitel 3.2 *Hauptkomponenten des Erlebens von Flow*) fällt auf, dass es sich bei allen Komponenten um Vorstellungen handelt, von denen eine Person einige im Geiste durchlaufen kann, während sie *Flow* erlebt. Sie befindet sich, wie bereits in Abschnitt 3.3 *Physische und psychische Auswirkungen des Flow-Zustands* angeführt, also nicht nur körperlich im *Flow*, sondern ist auch auf geistiger Ebene aktiv im *Flow* der Imagination. Man könnte dies als einen Imaginationsfluss oder auch Imaginations-*Flow* bezeichnen.

Bei diesem gerät eine Person innerhalb ihrer Imaginationen oder Fantasien in einen *Flow*-Zustand. Auch im Hinblick auf Ästhetische Erfahrungen sind »Fluktualität als Einfalls- und Denkflüssigkeit« (Peez 2007: 3) sowie »Versunkensein und emotionales Involviertsein im Augenblick« (a.a.O.: 4) im Sinne von *Flow* denkbar. Wie zuvor erwähnt, handelt es sich beim *Flow*-Erleben nicht um eine konkret erlernbare Technik, sondern um einen potenziell mit allen Sinnen erfahrbaren geistigen Zustand. Dieser kann durch bestimmte Faktoren, wie die Verbindung mit der Imagination, initiiert und gefördert werden. So verhilft die Imagination dazu, in den *Flow State of Mind* zu geraten, indem sie die Hauptkomponenten vor dem inneren Auge visualisiert, in Handlungsimaginationen transformiert und somit Veräußerungen ermöglicht. Andererseits kann ebenso der *Flow*-Zustand die Imagination angesichts fokussierter synaptischer Aktivität anregen. Aufgrund der veränderten Wahrnehmung während des Erlebens von *Flow* können durch die reziproke Verbindung mit der Imagination neue Vorstellungen in Form von inneren Erscheinungen hervorgebracht werden.

Da sich diverse künstlerische Verfahren als Beispiele für das Erleben von *Flow* eignen, werden hier exemplarisch jene ausgewählt, welche für die zwei Schulprojekte bezüglich der Imagination und dem Erleben von *Flow* ab Kapitel 5 relevant sind. Dabei handelt es sich um eine mögliche Verbindung mit Performativität bzw. Performance und Zeichnung. Diese werden in den nachfolgenden Subkapiteln jeweils mit entsprechenden kunstpädagogischen Positionen und neuen Horizonten erläutert.

3.4.2.1 Performativität

In der Psychologie wird das Urbild des spielenden Kinds innerhalb der totalen Identifikation mit einer Figur beschrieben, was die Frage nach dem Potenzial von *Performativem* mit spielerischen Elementen als Kanal für das Erleben von *Flow* für die Kunstvermittlung aufwirft: denn wenn das Spiel bereits an sich alle wesentlichen Kriterien erfüllt, die für das Erleben von *Flow* charakteristisch sind, müssten performative Elemente im Kunstunterricht einen adäquaten Zugang für einen (Imaginations-)*Flow* beinhalten.

Während der Lektüre von Ottos Veröffentlichungen im Laufe der 1970er Jahre lässt sich eine zunehmende Fokussierung auf die *Ästhetische Bildung* der Schüler*innen ausmachen. Er verlangt nach einer Erweiterung des Fachs Kunst mit der Intention, sich von der damals dominierenden »Kunsterziehung«, die sich alleinig auf das Rezipieren und Verstehen von Werken konzentrierte, abzuheben. Im Zentrum seines Interesses steht eine Ausdehnung des ästhetischen Potenzials der Kunstpädagogik. Die Lernenden sollen aktiv an die moderne Kunst herangeführt werden, wodurch neue ästhetische Potenziale für den Kunstunterricht hervortreten können. Diesen versteht Otto als einen Prozess, der zwar im Rahmen mehrerer Phasen – jedoch nicht strikt linear – abläuft.

Die 1964 verfasste Monografie Ottos »Kunst als Prozess im Unterricht« zeigt diesen Aspekt bereits deutlich auf. Darin stellt er ein Konzept vor, welches die Auseinandersetzung mit der Problematik eines Themas als den Mittelpunkt des Kunstunterrichts betrachtet. Die Lehrenden geben den Lernenden eine Thematik vor, aus der sich ein bildnerisches Problem ergibt. Die Aufgaben und somit auch das Unterrichtsziel bestehen anschließend darin, dass die Schüler*innen aus diesen Gegebenheiten etwas erschaffen. So gewährleistet Otto, dass die Lernenden sich mit der Beschaffenheit des Sachverhalts befassen. Da die Lehrkraft lediglich das Thema verkündet, jedoch keine eindeutig formulierte Aufgabe stellt, sind Spielraum und Freiheit für die Schüler*innen und ihre Arbeitsprozesse gegeben (vgl. Otto 1964: 129).[13]

Dieses Konzept bereichert den Kunstunterricht mit Dynamik und Lebendigkeit. Es erfordert Offenheit seitens der Lehrperson und der Schüler*innen (vgl. a.a.O.: 129f.). Die Lehrenden müssen beispielsweise stets im Auge behalten, ob die Lernenden der Materie gewachsen und die Materialien angemessen sind (vgl. a.a.O.: 132). Dies bedeutet auch, dass der Kunstunterricht lediglich partiell planbar ist und somit eine beständige Aufgeschlossenheit für Reaktionen erfordert. Es lässt sich demzufolge festhalten, dass das Prozesshafte den Charakter des Kunstunterrichts ausmacht (vgl. a.a.O.: 133).

Im voranstehenden Abschnitt finden sich wesentliche Elemente, die für das Erleben von *Flow* unabdingbar sind; die geeignete Passung von Aufgabenschwierigkeit mit den Fähigkeiten der Schüler*innen, gesetzte Ziele, die allerdings flexibel anpassbar sind (Aufrechterhaltung des *Flow*-Zustands), sowie die Betonung des Prozesshaften. Das zeigt, dass ein Ergebnis (ästhetisches Produkt) nicht zentral für den Kunstunterricht ist, sondern die Handlungsprozesse, die sich individuell vollziehen.

1999 veröffentlichte Otto einen Beitrag zum Sujet »Ästhetik als Performance – Unterricht als Performance?« Einleitend konstatiert er, nicht von der Didaktik eines Fachs, sondern vom Lehren und Lernen im Allgemeinen aus zu handeln. Dabei bedarf die Schule durchaus grundsätzlich ästhetischer Impulse, unabhängig von der fachspezifischen Domäne. Er widmet sich in diesem Zusammenhang Vorgängen des Ent- und Verstehens und sieht den Wahrnehmungsbegriff an den »Prozess des Hervorbringens und Erzeugens« geknüpft (Otto 1999: 197), ähnlich wie zuvor in Kapitel 2 hinsichtlich des Akts der Transformation von inneren Erscheinungen in eine äußere Darstellung ausgeführt.

Otto adressiert nicht im Speziellen die in den 1970er Jahren populär gewordene *Performance Art*, sondern performative Prozesse, die nicht ausschließlich in der Kunst, sondern gleichermaßen im Alltag des Unterrichts vorzufinden sind. Ein wesentlicher Gesichtspunkt dabei ist, dass die Handlungen nicht nur die Resultate, sondern oder v.a. auch die dazu führenden Entstehungsprozesse auszeichnen. Das Performative ist als »ein Paradigma zu sehen, das eine neue Weise der Betrachtung bekannter Phänomene nahe legt [...]. Man könnte auch sagen: Denkweisen praktizieren, statt Wissen vermitteln« (a.a.O.: 198). Das Handeln löst Erfahrungsprozesse seitens aller Beteiligten, sowohl der Lehrenden als auch der Lernenden,

---

13   Jene Offenheit und der Freiraum lassen sich heutzutage berechtigterweise in zahlreichen kunstpädagogischen Positionen ausfindig machen, wie z.B. in den hier angeführten Ansätzen von Maset (1995/2012), Kämpf-Jansen (2001), Peters (2005) etc. sowie im hier vorgeschlagenen Konzept der Imaginativen Bildung und während des Erlebens von *Flow* im Kunstunterricht.

aus und ruft für bereits Bekanntes ungewöhnliche Perspektiven hervor, wie beim Fantasieren und/oder dem Erleben von *Flow*.

Dass Otto dafür plädiert, sich von didaktischem Dogmatismus loszulösen, und dass das Grundverhalten von Didaktiker*innen experimentell sein sollte, ist berechtigt. »Eine unserer Devisen ist, den Schüler da abzuholen, wo er ist. Müssten wir nicht auch in die andere Richtung denken: *den Schüler dahinzuschicken, wo er noch nie war?*« (a.a.O.: 199, Herv.i.O.). Diese Idee ist für den Kunstunterricht besonders relevant; etwas Unkonventionelles wagen, wobei die Schüler*innen nicht nur einen Sachverhalt, sondern ihr »Ich« neu entdecken können, wie prinzipiell auch in der Imaginativen Bildung und im *Flow*. Schließlich beziehen sich performative Erfahrungen nicht nur auf einen Gegenstand, sondern auf sich selbst und damit verbunden auf die Lernenden, die sie sammeln. Dadurch werden alle Sinnesbereiche sowie die biografische und subjektive Sichtweise der Erlebenden mit einbezogen. Solch ein durch performative Prozesse hervorgerufener Perspektivwechsel legitimiert andere, neue Sichtweisen (vgl. a.a.O.: 201).

Didaktische und ästhetische Prozesse liegen in dieser Gedankenfolge insofern nah beieinander, als sie gleichermaßen performative Züge aufweisen, wodurch bestimmte Phänomene dargestellt und hervorgebracht werden. Dabei werden die Wahrnehmenden – und unumgänglich auch die Fantasierenden – zeitgleich als Produzent*innen und Rezipient*innen der Geschehnisse aktiv. Ziel von Performativität im Unterricht ist der Einbezug aller Sinne ins Geschehen, um währenddessen Raum für Denkanstöße zu schaffen und regsames Lernen zu initiieren (vgl. a.a.O.: 202).

Dieser Ansatz ist mittlerweile über 20 Jahre alt und relevanter denn je. In einer Zeit, in der das Aufwachsen zunehmend durch Medialisierung und eine vorwiegend passive Konsumption von regelrechten Informations- und Bilderfluten geprägt wird, die bereits gegebene Resultate sind, ist ein entgegenlaufender Kunstunterricht, der sich auf das Prozessuale fokussiert, von hoher Relevanz. Die Lernenden sollen aktiv sowie schöpferisch werden und können währenddessen im Idealfall einen hochkonzentrierten Zustand in Form von *Flow* erlangen.

Der 2005 in den *Kunstpädagogische[n] Positionen 11* erschienene Beitrag von Peters mit dem Titel »Performative Handlungen und biographische Spuren in Kunst und Pädagogik« wird im Folgenden in Bezug auf *Flow*-Erleben vorgestellt.

> »Wenn Kunst nicht mehr nur als Werk, sondern auch als Prozess gesehen wird, wenn alte Grenzziehungen zwischen Kunst und Leben aufbrechen, dann muss Kunstvermittlung mehr leisten, als künstlerische Fertigkeiten und gesicherte Wissensinhalte zu lehren.« (Peters 2005: 5)

Peters führt in die Thematik von performativen Handlungen und biografischen Spuren in Kunst und Pädagogik ein, indem sie die kunstpädagogische Entwicklung hinsichtlich der Abwendung von traditionellen Ideen der Künstlerschaft und dem

Kunstwerk hin zu einer prozesshaften, lebensweltbezogenen Auseinandersetzung mit Kunst aufzeigt. Sie erhofft sich berechtigterweise, dass ein gewandeltes Kunstverständnis zu einem veränderten Lehrverständnis navigieren kann. Abgrenzungen zwischen Privatleben der Schüler*innen und Kunst sollten aufgehoben werden, wie auch Imaginative Bildung und *Flow* sich keineswegs ausschließlich in der Schule vollziehen. Hierbei entsteht die Frage nach dem Potenzial zeitgenössischer Kunst für neue Perspektiven und Handlungsarten in pädagogischen Prozessen.

Insbesondere zu einer Zeit der Institutionsentwicklung, beispielsweise herbeigeführt durch das Etablieren von Bildungsstandards, dürfen ästhetische Weltzugänge keineswegs übergangen werden. Eine geeignete Integration künstlerischer Fragestellungen oder Probleme in den Lehrkontext »[kann] zu veränderten ästhetisch-praktischen Handlungs- und Inszenierungsformen, einschließlich ihrer gedanklichen Reflexion führen« (ebd.). Dabei ist nach dem Wechselwirkungsverhältnis der Institution (z. B. Universität oder Schule) mit der Kunst zu fragen; danach, inwieweit diese sich jeweils begrenzen oder neue Handlungsräume schaffen können (vgl. ebd.).[14]

Es ist auf die Potenziale von Gesten und biografischen Spuren im Kontext performativer Abläufe für pädagogische Ereignisse zu verweisen, bei denen Handlungsweisen für ein neues, ästhetisch forschendes Lehren und Lernen aufgebaut werden (vgl. a.a.O.: 6). Performativität kann unkonventionelle Wahrnehmungsweisen, Selbsterfindungen und Handlungen herausfordern; somit auch veränderte Imaginationsweisen und/oder das Erleben von *Flow*. Dabei werden die Handelnden zu Beobachtenden hinsichtlich sich selbst, des Themas und anderer Beteiligter (vgl. a.a.O.: 9). Um performative Handlungen und selbstbezogene Reflexionen in der Schule voranzutreiben, ist eine Vernetzung von ästhetischer Gestaltung, Alltagserfahrung und Inszenierung erforderlich. Eine Voraussetzung dafür ist, dass die Lernenden sich eine eigene inhaltliche und gestalterische Fragestellung erarbeiten. Die biografischen Bezüge bilden hierbei z. B. Vorlieben für bestimmte Themen, Erinnerungen oder Ideen für Zukünftiges (vgl. a.a.O.: 10). Es lässt sich festhalten, dass die »Inszenierung ungewöhnlicher Aktions- und Reflexionsrahmen in performativen Handlungsprozessen eine besondere Dichte und Intensität des Arbeitens erzeug[t]« (a.a.O.: 22).

Schüler*innen können innerhalb performativer Prozesse auch kooperativ lernen, was sich positiv auf ihre Teamfähigkeit auswirken kann. Deutlich wird, dass

---

14 Auf die im Verlauf ihrer Ausführungen aufgegriffenen kunstpädagogischen Ansätze Ottos und Kämpf-Jansens wird sich hier nicht erneut bezogen, um Wiederholungen zu vermeiden. Zudem beschreibt Peters ausführlich Performance-Beispiele aus Schulen und Seminaren, auf die im Weiteren allerdings nicht weiter eingegangen wird, weil sie lediglich ihren Ansatz exemplifizieren und zu weit entfernt von der Thematik dieser Dissertation liegen.

im performativen Prozess »ein dichtes Beziehungsgeflecht gegenseitiger Beobachtungen wirksam ist« (Peters 2016: 120). Daher können performative Prozesse ein vertieftes gegenseitiges Kennenlernen und ein verstärktes Gemeinschaftsgefühl hervorbringen. Wie zuvor ausgeführt, lässt sich Flow sowohl einzeln als auch zu mehreren erleben, was diesbezügliche Gruppenerfahrungen im Kunstunterricht demnach nicht ausschließt. Die Schüler*innen sammeln im performativen Prozess *Ästhetische Erfahrungen*, indem sie Alltagsgegenstände sowie ihren eigenen Körper experimentell erkunden und umdeuten. Peters (vgl. 2005: 10ff.) berichtet von der Beobachtung, dass Schüler*innen eine zunächst merkwürdige oder sinnlose Handlung später für sinnvoll halten, wenn sie diese bewusster ausführen und mit einer auf Experimente ausgerichteten Grundeinstellung vollziehen.

Das Erzeugnis des performativen Prozesses ist ein Bearbeitungszustand, der keinen Anspruch auf Vollendung haben soll (Peters 2016: 21), denn performative Prozesse sind ergebnisoffen. Selbst bei Verwendung des gleichen Materials unterscheiden sich die individuellen Performances der Schüler*innen stark voneinander. Ihnen wird bei der Reflexion dessen bewusst, dass bei performativen Handlungen das Experimentieren und nicht das Lösen einer eindeutigen Aufgabenstellung im Fokus steht. Etwas ohne Probe und unvollständig zu präsentieren, stellt im schulischen Unterricht eine Abweichung der Norm dar. Dies kann bei den Schüler*innen zunächst Irritationen auslösen, die allerdings gewinnbringend sind, da sie sich dabei die positiven Aspekte der Risikofreude und ihr Selbstbewusstsein vergegenwärtigen können.

Die Ansätze Peters' erscheinen für das Erleben von Flow im Kunstunterricht förderlich, da auch hier die Schüler*innen eine Fragestellung nach eigenen Interessen bearbeiten, ihre persönlichen Alltagserfahrungen mit ästhetischer Praxis und Inszenierung verbinden, die Anforderungen mit den eigenen Fähigkeiten in Einklang bringen und konzentriert *erfahren*. Die erzeugte Dichte des Arbeitens, von der Peters spricht, kann im Empfinden von Flow münden, bei dem ebenfalls das Hinauswachsen über sich selbst auftritt.

Nachdem eingangs kunstpädagogische Positionen zur Performativität betrachtet wurden, sollen auch die Merkmale der Performance-Kunst angeführt werden. An geeigneter Stelle wird auch hier ein Zusammenhang mit den Hauptkomponenten für das Erleben von Flow in Verbindung mit weiteren kunstpädagogischen bzw. kunstwissenschaftlichen Ansätzen hergestellt.

Das Feld der Performance-Kunst ist ein multidimensionales, da es nicht eindeutig zu definieren ist:

»Performance ist, wie immer wieder betont wird, undefinierbar, ist weder mit üblichen kunsthistorischen Formeln zu fassen, ist nicht Theater, noch Tanz, noch Kunst im klassischen Sinne. Gleichzeitig kann diese Undefinierbarkeit jedoch als eine

Definition von Performance verstanden werden. Die Performance ist eine [sic!] der am kontroversesten diskutierten Bereiche der Kunst.« (Galerie KUB 2019[15])

Obwohl im Diskurs einige Varianten von Begriffsdefinitionen der Performance-Art[16] vorgeschlagen wurden, verbleibt ein Grad der Ungewissheit hinsichtlich der Terminologie. Es stellt sich als schwierig heraus, das Konzept präzise einzurahmen, weil viele Künstler*innen auf verschiedene Weise agieren. Nichtsdestoweniger scheint es einen Konsens bezüglich einiger Hauptelemente zu geben, die Performance-Kunst konstituieren. Diese umfassen Raum, Zeit, die Körper der Performenden (möglicherweise auch weitere involvierte Personen) oder deren Präsenz in einem Medium sowie die Beziehung zwischen den Performenden und dem Publikum.

Die Performance-Art entwickelte sich zunächst ab den 60er Jahren vorwiegend in den Vereinigten Staaten. Sie bezeichnet körper- und handlungsbezogene Kunst, in der die Künstler*innen handlungsbetont, situationsbezogen und ephemer agieren (vgl. Peters 2016: 119). Der Begriff *Performance* für die Aktionen von bildenden Künstler*innen wurde in den frühen 70er Jahren von den USA ausgehend in Europa aufgegriffen und entfaltete sich auch dort als Handlungsform (vgl. Jappe 1993: 9). *Performativ* leitet sich vom englischen Adjektiv *performative* oder auch vom Verb *to perform* ab und lässt sich mit *handeln, auf- oder durchführen* übersetzen (vgl. Braungart et al. 2003: 41). Performances beinhalten selbstreferenzielle, prozesshafte Handlungen, ähnlich wie beim Erleben von *Flow*. Diese sind von Veränderbarkeit und Unplanbarkeit durchzogen (vgl. Seumel 2015: 14). Im Hinblick auf Aktionskunst als *Performance-Art* handelt es sich um ein prozessästhetisches Ereignis. Bei diesem werden die Handlungen der Künstler*innen (und ggf. auch des Publikums) selbst zum vergänglichen Kunstwerk. Aufgrund der thematischen Verbindung zu anderen Künsten und zum Alltag ist auch die Intermedialität kennzeichnend für Performance-Kunst (vgl. Lange 2002: 23).

Die Handlungen von einzelnen oder einer Gruppe von Künstler*innen und ein Rahmen bezüglich Zeit und Raum kreieren das Kunstwerk. Performance-Kunst verläuft entweder nach einer Art Rollenheft (Skript) oder frei. Dementsprechend kann sie sich spontan und intuitiv ereignen oder auch detailgetreu geplant sein. Performance-Art kann sich an jedem Ort, zu jeder Zeit und im Rahmen aller möglichen Zeitspannen ereignen (vgl. Seel 2001: 51).

Verglichen mit nicht-künstlerischen Ereignissen umfasst sie eine offensichtliche und intentionale Konstellation von – zu einem gewissen Grad – im Voraus

---

15 Galerie KUB (2019): *Forum für zeitbasierte Kunst und politische Kultur. Performance.* Online verfügbar unter: https://www.galeriekub.de/index.php?Direction=515 (zuletzt eingesehen: 12.8.2019).

16 *Performance-Art* wird im nachfolgenden Text mit den Bezeichnungen *Performance* oder dem eingedeutschten Begriff *Performance-Kunst* der Abwechslung halber synonym verwendet.

geplanten Geschehnissen. Das Ausmaß der Planung hängt von dem zugrundeliegenden Konzept ab (vgl. a.a.O.: 58). Im Unterschied zu früheren künstlerischen Epochen bzw. Stilrichtungen ist Performance-Kunst einmalig und ephemer konstruiert. Demnach fängt sie den Moment der Ereignisse ein. Auch nach Jappe (vgl. 1993: 10) intendiert eine Performance nicht die Erzeugung eines beständigen materiellen Produkts, sondern die Schaffung eines einmaligen Ereignisses, das mit den Sinnen wahrgenommen werden soll.[17]

Performance-Kunst stellt sich vehement dem traditionellen Verständnis von Kunst entgegen, indem sie die Präsenz über die Repräsentation bzw. Greifbarkeit stellt. Des Weiteren fokussiert sie sich mehr auf Prozesse als auf Resultate (vgl. Völckers/Farenholtz 2013: 9), wie es auch bezüglich der *Flow*-Erfahrung der Fall ist. Selbst wenn eine Performance wiederholt werden kann, markiert diese Wiederholung per se die Performance als anders (vgl. Phelan 1996: 146). Weil sie als einmaliger Ausdruck stattfinden soll, läge in der Wiederholung in Form einer gespielten Rolle eine Art der (Ver-)Fälschung. Somit entscheiden sich einige Künstler*innen für eine mediale Dokumentation ihrer Performances. Film, Video-Kunst und Performance-Fotografie sind hierbei die geläufigsten Dokumentationsformen. Zwar ist die Rezeption solch eines Videos nicht mit dem Erleben der Performance vor Ort gleichzusetzen, jedoch können dadurch mehr Personen das Grundkonzept nachvollziehen.

Die meisten Performance-Künstler*innen, wie auch Kunstschaffende anderer Strömungen oder Gattungen, reagieren kritisch auf soziale, kulturelle, historische oder politische Kernfragen bzw. Probleme. Somit drücken sie oftmals ihr Missfallen bezüglich prekärer Umstände in einem spezifischen Bereich aus. Im selben Zuge kann die Performance-Kunst die perzeptiven Kanäle des Publikums aktivieren oder gar sensibilisieren und damit potenziell kritische Reflexionen hervorrufen (vgl. Seel 2001: 61f.).

Sowohl Grenzlinien der theoretisch und ästhetisch diskutierten Kunstgattungen als auch die Rollenbilder der Künstler*innen werden während des performativen Akts überschritten bzw. infrage gestellt. Weil die Performenden keine detailliert vorgefertigte Rolle spielen, sondern das Publikum an ihren subjektiven Erfahrungen teilhaben lassen und währenddessen sich selbst verkörpern, kann Performance auch als Antithese zum Theater betrachtet werden (vgl. Lange 2002: 32). Nicht nur die Menschen im Publikum, sondern auch die Performenden erleben das Präsentierte im Moment des Entstehens zum ersten Mal.

Fischer-Lichte hat überdies weitere Merkmale zusammengefasst, die eine Konkretisierung des Performancebegriffs ermöglichen. Diese Charakteristika sind

---

17   Als Strömungen der Performance-Kunst bestehen zahlreiche ähnliche Formen der Aktionskunst, wie beispielsweise *Happening, Fluxus, Event, Body Art* oder *Live Art*, die hier allerdings aufgrund der allgemeineren Schwerpunktsetzung nicht im Einzelnen ausgeführt werden.

leibliche Ko-Präsenz, Ereignishaftigkeit, Räumlichkeit, Lautlichkeit, Körperlichkeit, Rhythmus, Wahrnehmung und Erzeugung von Bedeutung (vgl. Fischer-Lichte 2012: 55ff.). Ihr zufolge entsteht »Räumlichkeit in den Wahrnehmungen, Bewegungen, Interaktionen und dem sprachlichen Ausdruck aller am performativen Prozess Beteiligten« (Fischer-Lichte 2004: 187). Die Ebene des Imaginierens bzw. Fantasierens sollte in dieser ansonsten adäquaten Aussage ergänzt werden. Erst aufgrund des Handelns im Entstehungsprozess der Performance selbst wird die Substanz einer performativen Handlung gebildet (vgl. Peters 2005: 12).

Im Folgenden wird eine vertiefende Bezugnahme zur *Flow*-Erfahrung vorgenommen. Betrachtet man deren Hauptkomponenten, so finden sich Parallelen zu performativen Prozessen. Hier entsteht folgende Hypothese: Performative Verfahren können das Auftreten von *Flow* initiieren. Schließlich umfasst eine eigens erlebte Performance die acht Hauptkomponenten, von denen noch nicht einmal zwingend alle abgedeckt sein müssen, um *Flow* zu veranlassen.[18]

Zunächst stellt eine Person sich mit dem performativen Vorhaben eine Aufgabe, die zwar herausfordernd ist, der sie sich jedoch gewachsen fühlt (vgl. Csíkszentmihályi 2017: 87). Zur Durchführung ist Konzentration und ein Gefühl von Kontrolle über die Tätigkeit erforderlich, die eigenen Handlungen in Antwort auf jene des Publikums wahrzunehmen und ggf. abzustimmen. Zielsetzungen in der eigens auferlegten Aufgabe der Performance-Durchführung bestehen insofern, als ein gewisses Grundkonzept abgesteckt ist. Allerdings liegt eine weitere Herausforderung im Ungewissen, wie beispielsweise der Publikumsreaktion. Die für das Erleben von *Flow* charakteristischen unmittelbaren Rückmeldungen, die eine Person sich während des Tuns gibt, kommen im Falle der Performance-Kunst besonders deutlich zum Tragen. Während des gesamten Prozesses agiert sie auf einer Metaebene, reflektiert die eigenen Handlungen und die Reaktionen der Zuschauenden. Somit erhält sie nicht nur Rückmeldungen von sich selbst, sondern auch von außen. Auch das veränderte Gefühl für Zeitabläufe lässt sich damit erklären, dass die Performance selbstreferenziell und meist außerhalb eines alltäglichen Orts oder einer gewöhnlichen Zeit verläuft. Zudem kann insbesondere während der Performance eine vollkommene Versunkenheit in den Moment auftreten, in welcher die Handlung und das Bewusstsein miteinander verschmelzen. Die Konzentration auf die Präsenz im Moment der Performance suggeriert, dass sich (alltägliche) Sorgen um das Selbst reduzieren bzw. verschwinden. Gleichzeitig vollzieht sich ein verstärktes Auftauchen des Selbstgefühls durch die Gegenwärtigkeit im Augenblick. Mit diesen Aspekten des Erlebens von *Flow* lässt sich festhalten, dass Performance-Kunst, neben vielfältigen anderen künstlerischen Zugängen, als ein besonders geeigneter Kanal betrachtet werden kann, um eine *Flow*-Erfahrung anzuregen.

---

18   Darüber hinaus sind noch weitere Komponenten im Hinblick auf künstlerische Prozesse auszumachen (siehe Kapitel 5-7).

Merleau-Ponty konstatiert, dass stets zum einen etwas Sichtbares und zum anderen etwas Unsichtbares innerhalb einer Handlung gegeben ist. Anknüpfend an Kapitel 2 ist Performativität nicht ohne Imagination und Wahrnehmung möglich, weil sich ihr Wesen in ihrer Polarität manifestiert: Im menschlichen Leib kommen Perzeption und Dinghaftigkeit untrennbar zusammen. Der Leib bildet hierbei die Grundlage des Bewusstseins (vgl. Merleau-Ponty 1994: 191). Das Merkmal des Bewusstseins ist die Intentionalität. Dieses Bewusstsein ist immer auf Dinge der Imagination und Wahrnehmung ausgerichtet (vgl. Schweppenhäuser 2007: 258).

Innerhalb der zeitgenössischen Kunst ist Performance-Art weit verbreitet. Im schulischen Kontext ist sie jedoch nur wenig gegenwärtig (vgl. Seumel 2015: 8, Peters 2016: 119). Seumel zufolge seien performative Ausdrucksweisen und deren Vermittlung derzeit sehr »offen«. Das sei nicht nur in Bezug auf die performativen Verfahren an sich, sondern auch im Sinne von »umstritten, nicht festgelegt und langfristig entwicklungsfähig« (Seumel 2015: 513) zu betrachten.

Hier besteht Potenzial zum Ausbau, sowohl in der Praxis – wobei es hier noch dringlicher ist – als auch im Fachdiskurs. Weshalb eignen sich performative Verfahren für den schulischen Kunstunterricht? Die Antwort liegt u.a. darin, dass insbesondere Kinder prädestiniert für performative Handlungen sind, denn sie bergen ein beträchtliches Spielpotenzial in sich, das voll von Inszenierungs- und Verwandlungsmustern sowie Imaginations- und Darstellungswünschen ist (vgl. Peters 2005: 22). Lange (2013: 31) führt an, dass performative Verfahren »die Aufmerksamkeit für den Augenblick, in das präsentische I'm here und in Formen des ›sinnfernen‹ Spielens« bilden. Bei Schüler*innen entwickelt sich folglich eine Präsenzästhetik, bei welcher die Körper- und Raumwahrnehmungen gefordert und gefördert werden. Darüber hinaus können performative Verfahren als »eine Art Forschungslabor moderner Weltaneignung« fungieren (Lange 2006: 10).

Außerdem zeigen empirische Beispiele, dass die Performance-Tätigkeit von Schüler*innen neue, ungewöhnliche Handlungskonzepte hervorbringt und experimentelle Räume für die Suche nach Selbstidentifikation und -entfaltung eröffnet. So betrachtet, formt Performativität den Kern von Bildungsprozessen. Es ist für Lernende – und Lehrende – von Bedeutung, zu experimentieren und sich auf ungewöhnliche, teils nicht vorhersehbare Situationen einzulassen, um Neues auffinden zu können (vgl. Lange 2013: 17). Mit performativen Handlungen lernen Schüler*innen, sich auf Zufall, Ungewissheit und Offenheit einzulassen, was wiederum ihre Improvisations- und Spielfähigkeit weiter ausbildet. Wenn sie ergebnisoffene Prozesse zulassen, steigert dies ihre Risikofreude (vgl. Peters 2016: 122), was sich als positiv erweisen kann, da potenziell eher Fehler mit einberechnet werden und ihnen somit ein sicherer Akzeptanzraum gegeben wird. Eine weitere Absicht für die Arbeit mit Performances liegt in der Förderung des performativen Einfallsreichtums. Somit können Schüler*innen im performativen Geschehen Erfahrungen sammeln und Leistungen erbringen, die das Gewohnte übertreffen.

Sie sollen die performativen Ausdrucksweisen als gleichwertige bildnerische Mittel neben den »grafischen, malerischen, plastischen, und transklassischen Verfahren kennen und anwenden lernen. Dabei ist das BESONDERE der Performancevermittlung im ALLGEMEINEN der ästhetisch-bildnerischen Erziehung aufgehoben« (Seumel 2015: 141, Herv.i.O.).

Ästhetische Formen einer aktiven Selbstorganisation werden innerhalb von performativen Ereignissen entwickelt. Diese basieren weder auf einer Wirklichkeit noch auf einer Lösungsfindung, vielmehr ermöglichen sie Freiheitsspielräume und Seinsmodelle in diversen Ausführungen (vgl. Lange 2002: 475ff.).

Hinsichtlich der Möglichkeiten performativer Verfahren im Kunstunterricht besteht zwischen den ausgewählten Erziehungswissenschaftler*innen und Kunstpädagog*innen bzw. -wissenschaftler*innen im Bereich der Forschung und der Praxiserfahrung Konsens: Performative Verfahren bergen großes Potenzial, denn sie generieren ergiebige Erfahrungen. Diese sammeln die Schüler*innen, indem sie ihre motorisch-sinnliche Präsenz und die präzise Erkundung verschiedener körperlicher, räumlicher und materieller Situationen bewusst wahrnehmen und imaginativ anreichern. Sie lernen, sich intensiv mit einem Thema zu beschäftigen, und machen dabei ästhetische Erfahrungen, welche die Spiel- und Inszenierungsfähigkeit und Risikofreude fördern. Die Fantasie- und Wahrnehmungsfähigkeit bezüglich der Umwelt wird geschult. Außerdem werden das eigene Körpergefühl und das Ich-Bewusstsein gestärkt.[19] Die performativen Verfahren fördern das kreative Handeln im Allgemeinen sowie die Perspektivenübernahme.

Im Hinblick auf Kunstvermittlung bestehen vielfältige Ansätze, performative Verfahren anzuwenden. Dies birgt nicht bloß eine Herausforderung für die Schüler*innen, sondern auch für die Lehrpersonen hinsichtlich der didaktisch-methodischen Wahlmöglichkeiten. Die Lehrenden müssen einerseits Lern- und Erfahrungsmöglichkeiten anbieten, dürfen andererseits dabei nicht zu viele Vorgaben machen bzw. Abläufe oder gar Ergebnisse vorwegnehmen (vgl. Seumel 2015: 145). Die Absicht der Performance-Kunst im Unterricht liegt darin, »durch ein experimentelles Zusammenspiel von Körper, Handlung und Medien ästhetische Situationen zu schaffen, die innere und äußere Erfahrungsräume neu befragen und auf eine gewisse Weise auch sich selbst gegenüber, sprachlos und staunend [machen]« (Lange 2002: 476). Sowohl die Schüler*innen als auch die Lehrpersonen müssen über ein hohes Maß an Offenheit bei der Erarbeitung bzw. Vermittlung von Performance-Kunst verfügen.[20]

---

19   Hier ist eine Parallele zum Zusammenspiel von Körper und Geist bei der *Flow*-Erfahrung annehmbar.

20   Eine positive und offene Grundhaltung der Lehrpersonen hinsichtlich der Behandelbarkeit von performativen Handlungen im Kunstunterricht ist eine wesentliche Voraussetzung, um logistischen und organisatorischen Hürden entgegenzutreten. Somit kann ein eigenständi-

Die Erarbeitung eigener Performances kann ausgehend von Performance-Künstler*innen entwickelt werden. Es besteht ebenso die Möglichkeit, die Künstler*innen den Schüler*innen erst nach ihren eigenen Erfahrungen vorzustellen, sodass nichts vorweggenommen wird. Nach den Performances bietet sich eine Reflexion und ggf. ein Vergleich zu Performances von Künstler*innen mit ähnlichen mentalen Schemata im Sinne von Masets *Ästhetischer Operation* an.

Mögliche Anlässe für Gespräche können folgende Gesichtspunkte sein: Verweise auf Gewohntes, Ungewöhnliches, der Ablauf der Performance, Erlebtes, Materialien, Strukturen, Dauer und Rhythmen sowie Wirkungen, und Fragen nach eigenen Meinungen, Vorstellungen oder inneren Erscheinungen. Somit üben die Schüler*innen, »eine Handlung unter alltäglichen Umständen von einer bewusst geschaffenen Handlung zum Zeigen zu unterscheiden (›doing‹ und ›performing‹) und lernen dabei, sich Ereignendes aus einer ästhetischen Perspektive zu betrachten« (Seumel 2015: 208).

Es kann festgehalten werden, dass sich performative Verfahren im Rahmen der zuvor genannten Bedingungen gut für ästhetische Bildung eignen.[21]

Nach eingehender Betrachtung der bisher im Zusammenhang mit *Flow* herangezogenen Positionen wie u.a. Kämpf-Jansens, Masets, Ottos, Peters', Langes und Seumels lässt sich schlussfolgern, dass diese Ansätze zwar verschiedene Schwerpunkte setzen, jedoch alle zusammen wesentliche Aspekte für das Erleben von *Flow* im Kunstunterricht bereithalten. Somit fokussieren sich Otto, Peters, Lange und Seumel in den genannten Publikationen, grob betrachtet, auf das Prozesshafte und Performative (im Kunstunterricht). Kämpf-Jansen vereint Alltagsleben, Kunst, Ästhetische Praxis und Wissenschaft mit einer zentralen Fragestellung, während Maset mit der *Ästhetischen Operation* etwas allgemeiner eine Vereinigung von Fachdidaktik, Kunst und ästhetischer Praxis vor dem Hintergrund einer künstlerischen Mentalität realisiert.

---

ges Übungs- und Vermittlungskonzept entwickelt werden, innerhalb dessen die Schüler*innen experimentell, offen und kleinschrittig ihre ersten Performance-Erfahrungen sammeln können (vgl. Seumel 2015: 518). Trotz großer Offenheit muss eine gewisse Rahmung und Struktur der Performance-Arbeit allerdings festgelegt werden.

21 Darauf aufbauend wurden für den praktischen Teil der Dissertation die zwei Unterrichtsprojekte zur Imaginativen Bildung und zum Erleben von *Flow* im Rahmen von Zeichnung sowie Performativität durchgeführt, um Prozesse der Vorstellungskraft sowie der *Flow*-Erfahrung und die Anwendbarkeit in der Diversifizierung der unterschiedlichen Klassenstufen zu- bzw. untereinander zu untersuchen (weitere Einzelheiten dazu in den Praxisprojekten ab Kapitel 5).

3.4.2.2 Zeichnung

Dieser Abschnitt thematisiert das *Flow*-Potenzial des Zeichenprozesses unter Berücksichtigung der dabei auftretenden Imaginationsleistungen.[22] Im Nachfolgenden wird der Ansatz »Imagination, Phantasie und Darstellungsformel – Grundriss einer anthropologischen Theorie der Einbildungskraft« von Glas (2012) behandelt. Er untersucht in diesem Zusammenhang die Imagination in bildrezeptiven und -produktiven Prozessen.

Mittels exemplarischer Analysen zweier Kinderzeichnungen erläutert Glas, inwieweit die Imagination daran beteiligt ist, aus bereits Erlebtem produktiv Neues zu generieren. Im Mittelpunkt der Untersuchung stehen u.a. die Problematik der Perspektivierung sowie die Darstellung von geografischem und zeitlichem Raum. In diesen Analysen zeige sich insbesondere die Imaginationsleistung der Kinder, chronologische Abfolgen, die mit verschiedenen Ereignissen verbunden sind, innerhalb der Zeichnung zu einer Ganzheit zu synchronisieren, welche der Simultanität der Bildsprache angepasst sei. Überdies betont Glas (vgl. 2012: 103ff.) das Bemühen der Kinder, ihre individuelle Relation zu ihrer Umwelt auszudrücken und so rückbezüglich eine Rekonstruktion gegenüber dem Erfahrenen vorzunehmen. Er schlussfolgert, wie auch Sowa (vgl. 2012 a: 162ff.), dass die Zeichnung und die ihr immanenten Prozesse als »Auslegen der Phänomene« (Glas 2012: 105) zu bezeichnen sind, die intentional auf das Verstehen ausgerichtet sind.

Mit der Übertragung innerer Erscheinungen in eine Zeichnung, bei der es sich nicht um den Versuch einer schieren Reproduktion des inneren Bilds handelt, tritt auch der Begriff der *Darstellungsformel* auf. Die Bezeichnung erscheint hinsichtlich der Komplexität der Vorstellungskraft als einseitig, als könne oder müsse sie *dargestellt* werden. Stattdessen können lediglich die Differenzen zwischen der inneren Erscheinung und ihrer Veräußerung reflektiert werden. Fragen nach Transformationsprozessen wären stattdessen eher geeignet, denn das Innere kann und soll nicht 1:1 dargestellt, sondern in eine künstlerisch-praktische Arbeit umgewandelt werden, was wiederum Anlass für Gespräche bietet.

Die Imagination ist dazu in der Lage, innere Bilder mit hoher sinnlicher Dichte zu erzeugen, allerdings sind diese nicht beliebig reproduzierbar. Infolgedessen setzt Glas zunächst bei der Ausführungshandlung der Zeichnung an. Bedeutsame Prozesse sind der »Aufbau von grafischen Beschreibungen, die als intrinsische Handlungen für spezifische Objekte einsetzbar sind« (a.a.O.: 106). Außerdem seien der Gebrauch gebildeter Raumkonzepte, Konzepte, die komplexere Bildstrukturen und Formvereinfachungen umfassen sowie durch »Formelwissen« induziertes »Problemlöseverhalten« dem Zeichenprozess immanent. Er führt darüber hinaus

---

22 Zeichnungen werden hinsichtlich der Schulprojekte in Kapitel 5 und 6 anhand von Beispielen ausgewählter Schüler*innen erneut aufgegriffen.

einen zuvor weniger berücksichtigten Bestandteil an, die Kombination von Handmotorik und einem spezifischen Ausführungswissen (vgl. a.a.O.: 105).

Die zuvor genannten Bedingungen für Zeichenprozesse nennt Glas einen Teil des »Handlungsschemas Zeichnen«, bei dem er sich auf einen zentralen Terminus aus der Kognitionspsychologie und Philosophie bezieht, das *Schema*. Der Ausdruck *Darstellungsformel* zeichnet sich durch eine Auseinandersetzung mit und Abgrenzung zu dem Schemabegriff aus. Dementsprechend werden die Auseinandersetzung und die Abgrenzung hier gesondert betrachtet. Nach dem Begriff des Schemas, der vorrangig durch Piaget geprägt wurde, sei es von hoher Relevanz für die Entfaltung des Denkens, dass Schemata sowie organisierte Wissens- und Verhaltensmuster gebildet würden (vgl. Oerter/Montada 1998: 548ff.). Termini würden miteinander in Relation gesetzt und vernetzt, um somit individuell logische Zusammenhänge zu erzeugen.

Ist es nicht dennoch widersprüchlich, ausgerechnet im Hinblick auf die Vorstellungskraft von einer Darstellungsformel zu sprechen und diese überdies der Begrifflichkeit des Schemas zu entlehnen? Eher sind jene Veräußerlichungen des Inneren als imaginative Transformationsprozesse anzuführen (siehe Brandstätter 2013).

Wird die Zeichnung in ihrer Sinnesart als verstehensorientiert und kommunikativ begriffen, erhält sie einen den Menschen grundsätzlich betreffenden Charakter. Höhlenmalereien verdeutlichen ferner die historisch-kulturelle Tragweite grafischer Darstellungen, wodurch die Zeichnung als anthropologische Konstante von Relevanz erscheint. Überdies sind allerdings auch soziokulturelle Einflussfaktoren von äußerst großer Bedeutung (vgl. Hawkins 2002: 212/215f.).

In Bezug auf Kunstvermittlungssituationen wird deutlich, inwiefern das Zeichnen tatsächlich auch eine Frage der Übung ist. Dementsprechend ist der im Zusammenhang mit bildender Kunst häufig verwendete starre Begriff der Begabung anzuzweifeln. Überdies wird klar, inwieweit Zeichenprozesse zum Weltverstehen bzw. -aneignen im Allgemeinen beitragen. Sie können als ein substanzieller Bestandteil von Bildung, sowohl im institutionellen Kontext als auch die ganzheitliche Bildung des Menschen betreffend, verstanden werden (vgl. Kirchner 2013: 14ff.).

Grundsätzlich birgt der Zeichenakt unter entsprechenden Bedingungen Potenzial für das Erleben von *Flow*, jedoch gilt es, jene Aspekte zu reduzieren, die dem im Wege stehen könnten. Ein relevanter Gesichtspunkt ist dabei die Frage, ob die technische Ausführung der Zeichnung im Endeffekt der inneren Erscheinung möglichst als Ebenbild gleichen kann oder nicht. Handelt es sich um einen realistischen, gegenständlichen und mimetischen Versuch, das innere Bild nach Möglichkeit im Verhältnis 1:1 zu übertragen, so ist anzunehmen, dass beim Scheitern in der Umsetzung die Frustrationstoleranz der Schüler*innen stark herausgefordert wird und u.U. kein *Flow*-Zustand eintreten kann. Wenn jedoch im schulischen Rahmen zuvor ein Bewusstsein dafür etabliert wird, dass keine reine Mimesis erfolgen kann, da sich die Imagination und die Wahrnehmung des Zeichenmotivs im aktiven Wechselwirkungsverhältnis mit der Zeichnung befinden, sondern eine spätere Reflexion vom Transformationsprozess des Inneren hin zum Äußeren per se äußerst lohnend ist, so kann Enttäuschungen frühzeitig entgegengewirkt werden. Zudem können die Schüler*innen einiges über ihre eigenen Imaginationen und Fantasien lernen, wenn sie diese sowie deren Umsetzung in materielle Zeichenbilder im Gespräch mit ihren Mitschüler*innen und der Lehrperson reflektieren.

Die anderen Hauptkomponenten des Erlebens von *Flow* lassen sich, wie auch bereits hinsichtlich performativer Verfahren, auf Zeichenprozesse anwenden. Hiermit lässt sich erklären, warum auch das Zeichnen, neben zahlreichen anderen künstlerischen Verfahren, exemplarisch eine *flow*-hervorrufende Aktivität sein kann. Zum Zeichnen muss grundsätzlich ein erhöhtes Maß an Konzentration aufgewendet werden. Ob sich die zeichnende Person der Aufgabe der Transformation einer inneren Erscheinung in eine äußere gewachsen fühlt, hängt von der Frustrationstoleranz und Zielsetzung des Zeichnens ab. Stehen Reflexion und Kommunikation im Vordergrund, so ist weniger Enttäuschung zu erwarten, als wenn eine reine Mimesis als Ziel angegeben worden wäre. Davon abhängig ist das für *Flow* notwendige Gefühl von Kontrolle über die Tätigkeit, welche weder zu leicht noch zu schwierig erscheinen sollte. Die für den *Flow* erforderlichen deutlichen Zielsetzungen könnten zwar in der (vermeintlichen) Reproduktion der inneren Erscheinung liegen oder aber in der Akzeptanz, dass spätere Bildgespräche zur Reflexion der Vorstellungskraft folgen. Die für *Flow* unabdingbaren unmittelbaren Rückmeldungen bezüglich (nicht) gelingender Handlungen sind auch beim Zeichnen gegeben. Ebenso verhält es sich mit der Ausblendung von Gedanken um das Ego oder von Alltagssorgen, da die Konzentration sich auf den gegenwärtigen Moment des Zeichenakts ausrichtet. Mit dieser Versunkenheit kann auch ein verändertes Empfinden der chronologischen im Vergleich zur psychologischen Zeit einhergehen.

In Ergänzung folgt hier ein Querverweis zu Uhligs Untersuchungen von Erinnerungsbildern zweier Kinder zur Malerei »Der Zirkus« von Seurat (1890/91): Linus denkt über das Zirkuspferd nach. Es solle auf weichem Boden galoppieren, weshalb er in seiner Zeichnung aus der Erinnerung zwei orangefarbene Bodenlinien ergänzt, welche die Weichheit des Untergrunds repräsentieren sollen. In diesem Moment identifiziert er sich mit dem Pferd und versucht sich vorzustellen, das Pferd zu sein. Die Gespräche während des Zeichenvorgangs dokumentieren den prozessualen Charakter der Imagination, weil sie das Hin und Her zwischen Wiedergabe und Denken offenlegen (vgl. Uhlig 2012: 118).

Das ikonische Gedächtnis dient im Zusammenspiel mit dem episodischen Gedächtnis, das autobiografisch bedeutende Momente speichert, als Verbindung zu vergangenen Ereignissen. In Uhligs Fallbeispielen verknüpfen die Kinder im Gespräch persönliche Erfahrungen mit dem Bild. Linus erinnert sich an einen Ausflug mit seinen Großeltern, bei dem er ein Pferd namens Rubin gesehen hat. Anisa denkt an einen Zirkusbesuch mit ihren Eltern. Laut Markowitsch steigt die Gedächtnisleistung, sobald gespeichertes Wissen mit bedeutungsvollen emotionalen Situationen verbunden ist (vgl. Markowitsch 2009: 31/80f.).

Zusätzlich werden beim Hervorrufen einer inneren Erscheinung Wünsche, Erfahrungen, Befürchtungen, Assoziationen, Empfindungen und Wissen hervorgebracht, die sie bedingen. Jene Konstituenten werden nach Pöppel in drei Wissenssysteme kategorisiert: das explizite (Begriffe, Semantik), das implizite (Intuition, körperliches, künstlerisches Wissen) sowie das bildliche Wissen (episodisch-autobiografisch) (vgl. Heimann 2005: 12f.). Am Beispiel von Linus wäre die Information über die Geschwindigkeit von Pferden für eine Zeichnung eines Zirkuspferds aus dem Gedächtnis explizites Wissen, das Abtasten seines Knies implizites, körperliches Wissen und die Verbindungen mit dem Ausflug mit seinen Großeltern bildliches Wissen. Alle drei bedingen sein inneres Bild (vgl. Uhlig 2012: 121).

Innere Erscheinungen lassen sich durch Sprache innerhalb von Interviews oder ästhetisch-künstlerische Formen wie beispielsweise Zeichnungen u.v.m. rekonstruieren (vgl. a.a.O.: 122). Bei der Übertragung entstehen Abweichungen, unabhängig davon, ob das innere Bild zu repräsentieren oder über die externe Erscheinung, z.B. während der Betrachtung eines Gegenstands, zu vergegenwärtigen versucht wird (vgl. Sucker 2012: 258). Glas verdeutlicht, dass markante Unterschiede zwischen den Fähigkeiten, verinnerlichte Bilder wiederzuerkennen und sie auf ein Papier zu übertragen, existieren: Vorstellungsbilder sind vor dem inneren Auge sehr lebendig, werden durch gezielte Nachfragen jedoch zunehmend lückenhaft. Innere Bilder sind unvollständig und in Bewegung. Sie helfen wiederzuerkennen und zu vergleichen, jedoch nicht bei detailreichen Darstellungen.

Insgesamt scheint die Zeichnung im Vergleich zur Performance etwas weniger geeignet, da sich Paradoxien mit der Vorstellungskraft ergeben, z.B. im Gegensatz von dynamisch (Fantasie) und statisch (Resultat der Zeichnung). Dennoch sind ebensolche Inkongruenzen auch gewinnbringend, um die jeweiligen Merkmale von spezifischen ästhetisch-künstlerischen Praxen in Bezug auf die Beschaffenheit der Vorstellungskraft herauszukristallisieren. Innere Bilder sind keine reine visuelle Einheit, denn persönliche Assoziationen und Gefühle, teils inklusive synästhetischer Überlagerungen, schwingen stetig mit und beeinflussen sie. Die zeichnerische Wiedergabe der inneren Erscheinung hängt zudem von der Motorik und Gestik der Hand sowie vom Darstellungsvermögen in Form der technischen Ausführungsfähigkeiten ab. Des Weiteren müssen beim Zeichnen verschiedene Wissensbestände aktiviert werden, wie beispielsweise das Gegenstands-, das Abbildungs- sowie das Ausführungswissen (vgl. Glas 2012: 105).

Neuere Studien zum entwerfenden Zeichnen (siehe Lutz-Sterzenbach 2014, Wittmann 2018 u.a.) legen nahe, innere und äußere Bilder *nicht* voneinander zu trennen, weil Imagination und Darstellung eng miteinander verbunden sind. Während des entwerfenden Zeichnens wird sich simultan mit der Durcharbeitung von Wissen befasst. In der Ausführung zeichnet, betrachtet und imaginiert eine Person immer wieder und weiter, wodurch die innere Erscheinung geschärft oder neu strukturiert wird. Dies ist ein fluides Ereignis, in dem sich Inneres und Äußeres stetig aufeinander beziehen. Somit ist eine Zeichnung keine Wiedergabe einer inneren Erscheinung, sondern vielmehr das Resultat aus einem ständigen Austausch von innen und außen (vgl. Uhlig 2012: 123).

Belege für diese Resonanzbeziehung von innerem und äußerem Bild lassen sich auch in den Fallbeispielen Uhligs ausmachen: Anisa zeichnet Stühle, die in Seurats Malerei eigentlich nicht vorhanden waren. Das innere Bild hat sich im Vergleich zur Vorlage verändert. Ihr Pferd wird braun, obwohl sie von einem weißen Pferd spricht. Den Überlegungen Goodmans (vgl. 1984: 20ff.) zufolge entstehen Welten aus anderen Welten. Dies lässt sich auch auf die Imagination beziehen, denn sie wird nicht kopiert, sondern durch eine Umstrukturierung zu transformieren versucht. Zu Beginn wird der Bildraum neu strukturiert und in ein verändertes Bildkonzept übertragen (Komposition und Dekomposition). Das Pferd steht im Bildmittelpunkt und erhält das größte Gewicht (Gewichtung). Die Bildelemente werden anders angeordnet; Anisa reiht und gruppiert die Stühle auf eine neue Weise (Ordnen). Beide Kinder haben die Menschen auf dem ursprünglichen Bild weggelassen und dafür andere Elemente hinzugefügt (Tilgung und Ergänzung). Die Zuschauerränge werden als Stühle angesehen, weil die Wahrnehmung verzerrt ist (Deformation) (vgl. a.a.O.: 124).

An dieser Stelle lässt sich schlussfolgern, wie sich Einbildungskraft und Zeichnung wechselseitig konstituieren. Auf Basis psychologischer Grundgegebenheiten aller Menschen kann hierbei auch das Erleben von *Flow* hervorgebracht werden. Im schulischen Kontext ist dabei hauptsächlich zu berücksichtigen, dass eine mögliche Frustrationstoleranz sowie die Themenwahl der Schüler*innen bei der Veräußerung ihrer Vorstellungen ein zentraler Faktor ist, der über das Erfahren von *Flow* bestimmt. Dementsprechend ist es vorteilhaft, die Themenwahl möglichst bei den Schüler*innen selbst anzusiedeln, damit Selbst- und Umweltreferenzen, die zu Autotelie und intrinsischer Motivation führen, gegeben sind. Zudem sollte ein Bewusstsein dafür geschaffen werden, dass Bildgespräche zur Transformation des Inneren ins Äußere über die üblichen antizipierten (ggf. mimetischen) Resultate hinaus sehr gewinnbringend sind.[23]

---

23 Auf diesen Aspekten gründen sich die beiden kunstpädagogischen Projekte dieser Arbeit, die sowohl performative als auch zeichnerische Elemente im Sinne eigener Fragestellungen der Schüler*innen innehaben. Dabei wird die Vorstellungskraft im Wechselwirkungsverhältnis mit dem Erleben von *Flow* anhand exemplarischer Unterrichtssequenzen untersucht (mehr dazu ab Kapitel 5).

Alles in allem handelt es sich bei den eingangs ausgewählten kunstpädagogischen Positionen um solche, die bereits einige zentrale Elemente für das Erleben von *Flow* im Kunstunterricht beinhalten. Zunächst die Orientierung an der Kunst: Bei der heutzutage in der Kunstpädagogik stark vorherrschenden Ausrichtung auf das Bild gerät ein anderer Schwerpunkt des Unterrichts, die Kunst selbst, hin und wieder in den Hintergrund. Um einer Gefahr der Subsumption unter dem Bildbegriff zu begegnen, ist ein Unterricht analog zur Kunst unabdingbar. Im Sinne der Kunstvermittlung »von Kunst aus« (siehe Deleuze 1992, Sturm 2011) ist es von hoher Relevanz, künstlerische Denkweisen innerhalb kunstpädagogischer Handlungen zu vollziehen, sodass sich ästhetisch-künstlerische Arbeits- und Gestaltungsformen herausbilden (vgl. Peez 2007: 7).

Weitere wesentliche Aspekte für das Erleben von *Flow* in kunstpädagogischen Prozessen sind die zeitliche und aufgabenbezogene Offenheit sowie eine differenzierende Berücksichtigung der Einbildungskraft bzw. Wahrnehmung in Reflexionen.

4. Methoden

Im Folgenden werden die zugrundeliegenden Methoden dieser Dissertation vorgestellt. Anschließend an die *Künstlerische Forschung*[1] und die bereits in Teil I angewandten diskursanalytischen Überlegungen zu themenbezogenen interdisziplinären Positionen hinsichtlich Imagination und *Flow* wird erläutert, weshalb es sich bei dem hier vorgestellten Kunstunterricht um Projektarbeit handelt. Im Anschluss daran folgt die Darlegung einer Methodentriangulation, die Reflexionsbögen und bildhermeneutische Analysen mit Interviews verbindet, um Antworten auf die Forschungsfragen zu erhalten. In diesem Zusammenhang wird ferner die kameraethnografische Dokumentation der Prozesse begründet.

4.1 Künstlerische Forschung in der bildenden Kunst

»Wo die Welt aufhört, Schauplatz des persönlichen Hoffens, Wünschens und Wollens zu sein, wo wir uns ihr als freie Geschöpfe bewundernd, fragend, schauend gegenüberstellen, da treten wir ins Reich der Kunst und Wissenschaft ein. Wird das Geschaute und Erlebte in der Sprache der Logik nachgebildet, so treiben wir Wissenschaft, wird es durch Formen vermittelt, deren Zusammenhänge dem bewußten Denken unzugänglich, doch intuitiv als sinnvoll erkannt sind, so treiben wir Kunst. Beiden gemeinsam ist die liebende Hingabe an das Überpersönliche, Willensferne.« (Einstein 1921[2])

Sind das tatsächlich die einzigen Gemeinsamkeiten? Ausgehend vom in Kapitel 2 herausgestellten *Non*-Dualismus von Rationalität und Fantasie wird jene Frage besonders dringlich. Dieses Kapitel behandelt die vielseitigen Facetten der Künstlerischen Forschung in der bildenden Kunst. Zunächst wird eine Annäherung an

---

[1] In der vorliegenden Arbeit wird die Bezeichnung *Künstlerische Forschung* als eigenständig stehendes Konstrukt aufgefasst, weshalb das Adjektiv *künstlerisch* hier im Gesamtbegriff mit einem Großbuchstaben geschrieben wird.

[2] Einstein (1921): Aus dem Berliner Journal *Menschen*. Online verfügbar unter: https://www.solidaritaet.com/neuesol/2012/5/einstein-box.htm (zuletzt eingesehen: 23.8.2019).

eine Begriffsdefinition für den Ausdruck *Forschung* vorgenommen, bevor auf die verschiedenen Verständnisse von Künstlerischer Forschung eingegangen wird. Folgende Fragen werden zu beantworten versucht: In welchem Verhältnis stehen Wissenschaft und Kunst? Wann kann Forschung Kunst sein? Wie kann Kunst Forschung sein? Worin hat Künstlerische Forschung ihren Ursprung? Kann Künstlerische Forschung nur von Künstler*innen betrieben werden? Welche Methoden treten im Rahmen Künstlerischer Forschung auf? Nach der Abhandlung dieser Fragen werden daran anknüpfend exemplarisch Künstler*innen vorgestellt, die mit ihren Arbeiten retrospektiv als Vorläufer*innen oder als gegenwärtige Vertreter*innen für Künstlerische Forschung betrachtet werden können. Anschließend wird untersucht, welches Potenzial Künstlerische Forschung für den Kunstunterricht hat.[3]

4.1.1 Das Verhältnis von Kunst und Wissenschaft

Seit den späten 1990er Jahren haben sich vielfältige Diskussionsansätze zur Künstlerischen Forschung herausgebildet. Eine eindeutige Definition gestaltet sich aufgrund der Vielfältigkeit, Offenheit und Wandelbarkeit von Kunst als schwierig. Jedoch werden hier jene Aspekte herausgearbeitet, welche für die Auseinandersetzung mit der Erforschung von Imagination und *Flow* innerhalb der praktischen kunstpädagogischen Projekte relevant erscheinen. Der Kunst ist es, neben verschiedensten anderen Absichten, ein Anliegen, Grenzen des bisherigen Denkens zu sprengen. Durch Kunst können bereits etablierte innere Erscheinungen von Personen aufgelockert bzw. erschüttert werden, wodurch sich neue Perspektiven eröffnen. Wissenschaftler*innen agieren im Rahmen ihrer Forschungsprozesse ähnlich, indem sie mit innovativen Theorien, Methoden und/oder empirischen Erkenntnissen die bis dahin geltenden Überzeugungen erweitern oder gar sprengen (vgl. Hüther 2015: 17).

Die Inhalte der vorliegenden Dissertation entsprechen den Vorstellungen der bis heute international vielfach diskutierten Künstlerischen Forschung, auch »Artistic Research« genannt. Zunächst erfolgt eine definitorische Annäherung an den komplexen Begriff der Forschung,[4] bevor er mit dem Künstlerischen in Beziehung gesetzt wird. Die UNESCO[5] definiert Forschung wie folgt:

---

3   An dieser Stelle wird Bezug auf die beiden Schulprojekte genommen, die in Kapitel 5 und 6 vorgestellt werden.
4   Hierbei handelt es sich somit um eine Erforschung des Forschungsbegriffs, was im übertragenen Sinne einer Metaebene gleichkommt. Diese Form der Erforschung behandelt Lenger (vgl. 2019: 18) in einer Positionsbestimmung, die ein Umdenken in Wissenschaft und Kunst fordert.
5   Aus dem Englischen »**U**nited **N**ations **E**ducational, **S**cientific and **C**ultural **O**rganization«, zu Deutsch offiziell »Organisation der Vereinten Nationen für Erziehung/Bildung, Wissenschaft und Kultur«.

4. Methoden

»[J]ede kreative systematische Betätigung zu dem Zweck, den Wissensstand zu erweitern, einschließlich des Wissens der Menschheit, Kultur und Gesellschaft, sowie die Verwendung dieses Wissens in der Entwicklung neuer Anwendungen.« (OECD Glossary of Statistical Terms 2008)

Bei dieser Definition wird das Adjektiv *kreativ* verwendet, was die Relevanz des Schöpferischen, auch hinsichtlich der Imaginativen Bildung inklusive *Flow*-Erfahrungen, bestätigt. Zudem wird im Zitat anhand der Formulierung »Entwicklung neuer Anwendungen« ersichtlich, dass mit der Forschung stets eine Zukunftsorientierung und ein Mehrwert für das bereits Bestehende gegeben sind. Allerdings handelt es sich hierbei um eine Engführung, die seitens der Artistic Research eher problematisch ist, da diese keinerlei Schemata folgen möchte. Dadurch erscheinen die obige Definition von Forschung und die Intention der Artistic Research als inkompatible Forschungsbegriffe. Ist das methodische Korsett der Wissenschaften nicht teils zu eng geschnürt? Bremst sie sich hinsichtlich ihrer Innovationsmöglichkeiten selbst aus?

Das Forschen liegt dem »Nochtnichtwissen« zugrunde und richtet sich auf das »Erkennenwollen« aus (Klein 2011: 1). Der Präsident der *Gesellschaft für Künstlerische Forschung in der Bundesrepublik Deutschland* (GKFD) Klein plädiert dafür, dass Forschung prinzipiell nicht nur im Kontext der klassisch als solche verstandenen Wissenschaften aufzutreten brauche. Stattdessen fallen diverse Aktivitäten darunter u.a. Betätigungen von Künstler*innen. Wenn ihnen bislang das Motiv der Wissensvermehrung auch nur selten zugestanden wurde, so ist ein spezifisches Wissen für die künstlerische Aktion und die damit verbundene Selbstreflexion notwendig. Dieses Wissen muss zuvor erworben werden, möglicherweise auch mit forschenden Praktiken.

»Die Auseinandersetzung um künstlerische Forschung ist dabei nur Symptom einer grundlegenderen Verschiebung, durch die sich das Verhältnis von Kunst und Wissen neu konfiguriert und die wesentlich weiter reicht als die rezenten Debatten über künstlerische Promotionen. Worum es im Grunde geht, ist eine Neuaufteilung im Feld der Episteme, in dem sich neue Wissensformen etablieren.« (Busch 2019: 3)

Busch spricht hierbei die wechselseitigen Annäherungen von Kunst und Wissenschaft an. In ihren Ausführungen zeigt sie sich, wie auch Lenger, berechtigterweise ablehnend gegenüber einer Absorption der Kunst in die Wissenschaften und verdeutlicht anhand vielfältiger Referenzen, wie beispielsweise auf Rancières unbewusstes Denken, Foucaults Denken des Außen sowie Deleuzes kritische Ausführungen zur Unwillkürlichkeit des Denkens, wie sich die Philosophie seit geraumer Zeit im ästhetischen Denken künstlerischer Verfahren der Aufzeichnung bediene (vgl. a.a.O.: 5ff., vgl. Lenger 2019: 19).

Die meisten Positionen Künstlerischer Forschung fassen künstlerische Vorgehensweisen als diskursive Prozesse auf, welche parallel zu den bereits etablierten wissenschaftlichen Methoden neue, wegweisende Erkenntnisse hervorrufen. Wissenschaft und Kunst gelten dabei nicht als gegensätzlich. Vielmehr werden ihre Ähnlichkeiten wie etwa Wissensvermehrung oder Erkenntnisgewinn hervorgehoben (vgl. Klein 2011: 2f.). Im Diskurs wird der Terminus *Künstlerische Forschung* verschiedenartig verstanden. Kritiker*innen der Künstlerischen Forschung lehnen diese insofern ab, als sie Produkte mit sich bringen müsste, die im Bereich der Forschung anzusiedeln wären.

Laut Lesage (vgl. 2009: 2) könnten dieser Abneigung zu Recht Bedenken bezüglich der bisherigen Eingrenzungen der Forschungsressourcen zugrunde liegen. Eine dreifache kategoriale Unterscheidung von Verständnissen zur Künstlerischen Forschung lässt sich identifizieren. Hierbei gibt es eine Differenzierung in:

»Kunst, die auf (anderer) Forschung beruht, sodann in Kunst, die Forschung (oder deren Methoden) für sich verwendet, und in Kunst, deren Produkte Forschung *sind*. Dombois (2009) erweitert diese Trichotomie durch die chiastischen Komplemente: ›Forschung über/für/durch Kunst | Kunst über/für/durch Forschung‹.« (Klein 2011: 1, Herv.i.O.)

Die Wissenschaften weisen hinsichtlich ihrer Inhalte, Methoden und Ergebnisse bereits eine hohe Vielfalt auf, die jedoch nach verhältnismäßig strikten schematischen Gerüsten umzusetzen sind. Autor*innen in dem Themengebiet gehen konform, dass ebenso die Breite der Künstlerischen Forschung erhalten bleiben soll, auch wenn es andererseits institutionelle Bestrebungen gibt, sie kanonisch zu verengen, was der Eigenheit der Kunst jedoch widerspräche. Die Kunst schöpft ohne Forschung nicht ihr gesamtes Potenzial aus und vice versa. Wissenschaft und Kunst, im Sinne einer kulturellen Leistung, befinden sich beide im Balanceakt zwischen Tradition und Innovation: »Tradition ohne Forschung wäre blinde Übernahme, und Innovation ohne Forschung wäre reine Intuition« (ebd.). Es muss sich nicht bei aller Kunst zwingend um Forschung handeln, ebenso wenig, wie jede Wissenschaft zwangsläufig Forschung betreibt (vgl. ebd.). Innerhalb der Kunst sind Entwicklungen von einer Verschiebung des Ästhetischen hin zum Epistemischen zu beobachten:

»Diese Verschiebung zum epistemischen Register bricht mit der modernistischen Kunsttheorie insofern, als Kunst sich weniger durch Selbstreflexion im Ästhetischen auszeichnet als vielmehr durch die Einbeziehung von Theorien, durch eine Positionierung in Diskursen oder das Freilegen eines verworfenen Wissens.« (Busch 2019: 4)

Zwar ist es durchaus als kritisch zu erachten, wenn Ästhetisches verdrängt wird, jedoch erscheint es bereichernd, wenn grundsätzlich *beide* Seiten Berücksichtigung finden; was allerdings nicht ausschließen muss, dass, je nach Zusammenhang, mal die eine, mal die andere Seite schwerer wiegt. Eine ähnliche Überlegung ist, dass weder *die* Forschung, Wissenschaft oder Kunst im Singular bestehen muss, sondern dass alle drei kollektive Plurale formen, d.h., dass sie transdiziplinär betrachtet hinsichtlich ihrer Themen, Methoden oder Paradigmen durchaus eng miteinander verbunden sein können (vgl. Klein 2011: 2). So konstatiert auch Ott (vgl. 2019: 29) treffend, dass die Künstlerische Forschung eine starke Eigensinnigkeit hat, die sich in einem breiten kritischen Beobachtungsfeld ereignet. Hinter dem häufig noch anzutreffenden Singularisierungsdrang der einzelnen Wissenschaftsdisziplinen ist der Ursprung der Gegenüberstellung von Wissenschaft und Kunst als eine Form der oppositionellen Dichotomie zu vermuten, ähnlich wie der gleichermaßen kurzsichtige Dualismus von *ratio* und *imaginatio*. Loreck (vgl. 2019: 16) sowie Lenger (vgl. 2019: 17) fordern gerechtfertigterweise ein Aufbrechen des stereotypischen Dualismus[6] von Wissenschaft und Kunst.

Kunst und Wissenschaft sind jedoch keine voneinander abgeschiedenen Felder, sondern zwei Facetten soziokultureller Gegebenheiten. Dementsprechend kann Kunst durchaus forschenden Charakter haben und die Wissenschaft zugleich künstlerische Elemente beinhalten (vgl. Klein 2011: 2). Weder bedarf die Kunst der Forschung noch braucht die Forschung die Kunst; doch in spezifischen Settings können sie sich gegenseitig befruchten und somit mehr hervorbringen als im Alleingang.

4.1.2 Der Ursprung der Künstlerischen Forschung in der bildenden Kunst

> »Im Modus des ästhetischen Erlebens wird Wahrnehmung sich selbst präsent, opak und fühlbar. Künstlerische Erfahrung kann analog bestimmt werden als der Modus gefühlter interferierender Rahmungen [...]. Demnach bedeutet eine künstlerische Erfahrung zu haben, sich selbst von außerhalb eines Rahmens zu betrachten und gleichzeitig in denselben einzutreten.« (Klein 2011: 2)

Die künstlerische Erfahrung ist, einmal eingetreten, omnipräsent und lässt sich, auch unabhängig von Kunstwerken, initiieren.[7] Zudem ist sie höchst subjektiv, weswegen sich das dabei generierende oder bereits erlangte Wissen nicht in erster Ordnung an jemand anderen weitergeben lässt. Infolgedessen wird von einem singulären Charakter künstlerischen Wissens gesprochen (siehe Mersch/Ott 2007, Bippus 2009/10, Busch 2016). Künstlerische Erfahrungen sind nicht von den individuellen Erlebnissen trennbar, weder in der Aktion noch im Sujet. Diese Eigenschaft

---

6   Baecker (2009: 93) bezeichnet diese dualistische Gegebenheit auch als das »Ordnungsprinzip der funktionalen Differenz«.
7   Hier sei ein Querverweis auf das Erleben von *Flow* gegeben, bei dem ebenso ein verändertes Zeit- und Präsenzgefühl auftritt (siehe Kapitel 3: *Flow-Erleben im Kunstunterricht*).

hebt künstlerische Erfahrungen von anderen Formen der Wissensgewinnung ab, da bei diesen das Wissen häufig vom Erwerb abgesondert abgerufen und bearbeitet werden kann.

Klein (vgl. 2011: 2) plädiert für die Ansicht, dass Forschung künstlerische Elemente enthalten kann, sofern sie auf künstlerischer Erfahrung basiert. Die dazu geltende Kernfrage wäre: »*Wann* ist Forschung Kunst?«, genauer: »Zu welchen Zeiten, in welchen Phasen kann Forschung künstlerisch sein?« (ebd., Herv.i.O.). Dazu listet Klein diverse Methoden und Bearbeitungsschritte auf, die sich den drei Kategorien Gegenstand, Methode und Produkt zuordnen lassen. Aufgrund ihrer Offenheit und Autonomie lässt sich Künstlerische Forschung jedoch nicht ohne Weiteres in Bologna-Programmatiken für Hochschulen eingliedern (vgl. Ott 2019: 27), was allerdings zurzeit vermehrt versucht wird. Dies ist v.a. auch wegen des selbstdekonstruktiven Charakters von Kunst nur schwer umsetzbar.

Das auf künstlerischer Erfahrung basierende Wissen ist taktil wahrnehmbares[8] und folglich fühlbares Wissen, weil es durch den künstlerischen Prozess eine sinnliche und körperliche Komponente hat. Dessen Reflexion kann sich auf subjektiver oder darüber hinaus auch auf deskriptiver Ebene mit theoretischen Analysen ereignen (vgl. Klein 2011: 3ff.). Auch kann die subjektive Ebene des Individuellen und Außergewöhnlichen durch den Diskurs mit anderen Personen zur intersubjektiven Ebene des Austauschs sowie gegenseitiger Inspiration werden. Somit finden mittlerweile innerhalb der Künstlerischen Forschung vermehrt Peer-Reviews statt (vgl. Borgdorff 2010: 80). Die zunehmend aufkommende Transdisziplinarität mit einem potenziell größeren Erkenntnisgewinn ist ebenfalls beispielhaft für die Intersubjektivität (vgl. Haas 2018: 12/68).

Künstlerisches und wissenschaftliches Erkenntnisinteresse überschneidet sich bei basalen Fragen:

> »Wer sind wir? Wie wollen wir leben? Was bedeuten die Dinge? Was ist wirklich? Was können wir wissen? Wann existiert etwas? Was ist Zeit? Was hat Schuld? Was ist Intelligenz? Wo ist Sinn? Könnte es auch anders sein?« (Klein 2011: 3)

In Prozessen der Erkenntnisfindung wird der Kunst mit ihren eigenen Untersuchungsformen zugestanden, zu solchen teils grundsätzlichen, teils komplexen Fragestellungen ebenso reflektierte Erkenntnisse zu liefern wie die Wissenschaft (vgl. ebd.).

> »Ob *künstlerischer* Erkenntnisdurst als Begründung akzeptabel ist, eine Untersuchung auch Forschung zu nennen, hängt offenbar daran, welche Art von Erkenntnissen unter den Begriff des Wissens fallen, oder welche Arten von Wissen als Erkenntnis gelten.« (Ebd., Herv.i.O.)

---

8   Die Aussage müsste um das Adjektiv *imaginatives* ergänzt werden.

4. Methoden   111

Die Frage nach einem Definitionsversuch zum Begriff des *Wissens* müsste beantwortet werden, um festzulegen, wann eine Untersuchung als Forschung bezeichnet werden kann. Jedoch besteht daraufhin noch immer die Frage, ob nicht gerade eine Festlegung von *Wissen* darauf abzielt, normativ etwas als Wissen zu deklarieren, was innerhalb einer spezifischen Domäne zu einem bestimmten Zeitpunkt gewollt wird. Hat das Wissen neben Erkenntnis und Fähigkeit auch Erfahrung inne? Stehen Wissen und Erfahrung als Formen der Erkenntnis beisammen (vgl. ebd.: 3)? Dass diese als gleichwertig betrachtet werden sollten, verdeutlicht folgendes Zitat:

»Im Bereich der bildenden Künste läßt sich die Erfahrung nicht vom Wissen trennen. Diese Erfahrung ist aber gerade nicht ›spezifisch‹: das heißt, daß sie zunächst keine eigentlich ästhetische Zielsetzung hat.« (Didi-Huberman 1999: 60)

Das Erkenntnisinteresse ist der Ausgangspunkt für ästhetische Erfahrungsprozesse. Manche Autor*innen verlangen, dass künstlerische Erkenntnisse verbalisierbar sein müssen, um sie mit deklarativem Wissen in Relation setzen zu können. Andere behaupten, die Erkenntnisse wären den Prozessen oder Produkten der Kunst inhärent. Es gestaltet sich als schwierig, Künstlerische Forschung eindeutig zu definieren, da ansonsten Widersprüche zum dem Sinn der Offenheit und Eigensinnigkeit der Kunst entstehen würden (vgl. Ott 2019: 28).

Schlussendlich bleibt die Tatsache, dass die durch künstlerische Erfahrung erworbenen Erkenntnisse nicht von den darin enthaltenen emotionalen und sinnlichen Einflüssen der individuellen Imagination und Wahrnehmung zu trennen ist. Künstlerisches Wissen ist, auf welchem Wege auch immer erlangt, sinnlich-leiblich (vgl. Klein 2011: 3). Doch ist nicht auch vermeintlich objektives Wissen stets durch die individuelle Imagination und Wahrnehmung geprägt? Wird die Künstlerische Forschung von bereits (länger) etablierten Wissenschaftsdomänen für etwas kritisiert, wovon Letztgenannte gleichermaßen betroffen sind, ohne es sich eingestehen zu wollen gar zu realisieren?

4.1.3 Künstlerische Praxis als Forschung

»Von Forschung in der Kunst zu sprechen entspricht aber keineswegs der kunsttheoretischen Tradition. Traditionell wird im Kontext der Künste nicht von Forschung, wenig von Praxis und selten vom Tätigsein gesprochen, wenn überhaupt unter epistemologischen Gesichtspunkten über das Feld der Kunst nachgedacht wird.« (Haarmann 2011: 4)

Der Begriff der *Künstlerischen Forschung* verweist auf eine relativ neue Perspektive in der zeitgenössischen bildenden Kunst, innerhalb derer die künstlerische Praxis nicht mehr bloß werkästhetisch, d.h. vom Werk als Resultat aus, sondern zunehmend produktionsästhetisch, von den künstlerischen Produktionsstrategien und

-praktiken aus, gedacht und behandelt wird. Insbesondere ab ca. 1900 trat bei den Künstler*innen der Entstehungsprozess der Konzeption einer Arbeit in den Vordergrund, wodurch dieser konkret als bedeutende Arbeitsphase verstanden wird. Die Arbeit wird vom Erkenntnisinteresse initiiert und ist von einer Korrelation im Hinblick auf Inhalt und Form geprägt (vgl. a.a.O.: 1).

4.1.3.1 Zur Methodologie

»Insbesondere die konzeptuelle Kunst des 20. Jahrhunderts hat begonnen, diesen Produktionsprozess der künstlerischen Arbeit auch im Werk hervorzuheben und damit als Teil der künstlerischen Arbeit wahrnehmbar und für den Betrachter nachvollziehbar zu machen. Es geht dieser konzeptuellen Kunst um die Sichtbarmachung des Prozessualen und Kontextuellen des Künstlerischen.« (Ebd.)

Anhand dieses Zitates wird ersichtlich, wie der prozessuale Charakter einer künstlerischen Arbeit im Gegenzug zur alleinigen Orientierung am Werk als Endprodukt bei der konzeptuellen Kunst zunehmend ins Feld des Interesses gerückt ist.[9]

Im Folgenden soll die produktionsästhetische Wende in der bildenden Kunst unter Bezugnahme zum Erkenntnisgewinn näher beleuchtet werden. Bisher haben zahlreiche Autor*innen dazu tendiert, Kunstwerken im Rahmen der Rezeption einen inhärenten Erkenntnischarakter zuzusprechen (siehe Böhme 1999, Dobler 2014 u.a.). Hierbei steht weniger der Prozess des künstlerischen Schaffens als vielmehr das Endresultat beim Begreifen der Welt im Zentrum der Aufmerksamkeit. Dieses werkästhetische Verständnis von Kunst entstammt der Vermutung, dass der Komposition und Ausgestaltung der Arbeit eine ästhetisch gewonnene Erkenntnis immanent sei. Jene werkästhetische Ausrichtung hat in der epistemologischen Rezeption von Kunst eine lange Tradition. Dies ist hinsichtlich des Erkenntnisbegriffs als Resultat von Forschungsprozessen nachvollziehbar, weil Erkenntnisse durch Forschung und Reflexion, ebenso wie die Kunstwerke, das Ergebnis von künstlerischer Produktion sind. Jedoch bedingt die alleinige Ausrichtung auf ein Werk und die ihm innewohnende Erkenntnis, dass die künstlerischen Arbeitsprozesse, die zu diesem Resultat geführt haben und in die eine Phase der künstlerischen Weiterentwicklung eingeflossen sein kann, vernachlässigt werden. Dadurch wird bei der werkästhetischen Rezeption und Interpretation jede Form der Genese und Entwicklung des Kunstwerks ausgelassen. Kunsthistorisch bzw. -wissenschaftlich

---

9   Die Arbeiten von Künstler*innen werden dabei als Positionen verstanden, die durch strategische Konzeption und Prozessreflexion geprägt sind. Sie können historisch als das »Reflexiv-Werden der Kunst«, als historischer Ursprung Künstlerischer Forschung betrachtet werden. Infolge der konzeptuellen Wende kann kunsttheoretisch argumentiert werden, dass in der künstlerischen Praxis die Notwendigkeit einer Beschäftigung mit den ästhetischen Prozessen, häufig begleitet von einer Form der Dokumentation, besteht (vgl. Haarmann 2011: 1f.).

4. Methoden

betrachtet hat dies dazu geführt, dass Kunsttheoretiker*innen die als solche hingenommene »innere Wahrheit« der produktionsfrei analysierten Arbeiten häufig mit Bezeichnungen wie beispielsweise dem »Auratischen«[10] epistemologisch abzuhandeln versuchten (vgl. a.a.O.: 4f.).

Während die Rezeptionsästhetik sich mit der Frage beschäftigt, inwieweit eine potenzielle gedankliche und emotionale Wahrnehmung bereits im Werk liegt und inwiefern der Prozess der Rezeption erst jene Assoziationen hervorruft, versucht die Produktionsästhetik Ursachen, Regeln und Funktionen der Kunstherstellung zu ermitteln (vgl. Gama 2006: 203). Die Künstlerische Forschung schafft eine bedeutende Verschiebung von der werkästhetischen Tradition hin zur produktionsästhetischen Auseinandersetzung mit der Kunst. Somit vollzieht sich eine Neuorientierung vom ursprünglichen Fokus auf das Werk hin zum Fokus auf den Entstehungsprozess.[11]

Die Künstlerische Forschung leitet sich nicht allein oder gar automatisch von der Kunsthistorie bzw. -wissenschaft ab, sondern wurde u.a. ebenso durch einen bildungspolitischen Impuls zur vermehrten Forschung an den Kunsthochschulen vorangetrieben. Als Künstlerische Forschung werden mitunter Hochschulprogramme bezeichnet, innerhalb derer Künstler*innen akademische Grade erlangen. Dabei sollen Kunstformen praktiziert werden, welche durch die Anwendung von Methoden ethnologischer, experimenteller oder soziologischer Art geprägt sind bzw., die Kunstproduktion und Naturwissenschaften vereinen (vgl. Haarmann 2011: 6f.).

Problematisch ist dabei, dass die Kunsthochschulen ein Regelwerk für die neu geschaffenen künstlerischen Forschungsinstitute aufstellen, das ein bisweilen wenig reflektiertes Methodenprogramm aufstellt (vgl. Bippus 2019: 31). Dort wird niedergeschrieben, welche Leistungen zu erbringen sind, um diese in ihrer Gültigkeit als Künstlerische Forschung zu erlangen. Dieses Verhalten seitens der Entscheidungsträger*innen in der Kunsthochschulpolitik erscheint wie eine Disziplinierungsmaßnahme, ohne zuvor abgeklärt zu haben, worum es sich bei der zu erbringenden Künstlerischen Forschung genau handelt. Geht es um eine Forschung *mit*

---

10 Zum Auratischen im Abdruck besteht eine differenzierte Abhandlung Didi-Hubermans, die 1999 unter dem Titel »Ähnlichkeit und Berührung. Archäologie, Anachronismus und Modernität des Abdrucks« erschienen ist.
11 Bereits mit den frühen Ready-Mades wird erkennbar, inwieweit die Entwicklung einer künstlerischen Arbeit eine selbstreflexive Handlung sein kann. Hierbei ist die Produktion der Gegenstände nicht Teil des Konzepts. Demzufolge liegt das Künstlerische nicht als ein erschaffenes Produkt im Werk, sondern in der Kontextualisierung, die sich als handelnde Geste und Provokation sowie Reflexion im performativen Akt des Ausstellens offenbart (siehe O'Doherty 1996). Die traditionelle Produktion der Ästhetik transformiert sich demnach eher in eine Praxis der Ästhetik (vgl. Haarmann 2011: 5).

der Kunst und/oder *in* der Kunst? Handelt es sich um eine Forschung mit den Mitteln künstlerischer Praxis? Welche künstlerische Praxis ist inbegriffen (vgl. a.a.O.: 7)? Es lassen sich laut Haarmann mindestens vier Herkunftslinien der Entwicklungen in der Künstlerischen Forschung ausmachen: die Politisierung, Konzeptualisierung und Akademisierung der Kunst sowie die zunehmende Ästhetisierung der Lebenswelt durch die visuelle und mediale Präsenz (vgl. Haarmann 2019: 11). Um sich dem Kanon der sich in der Künstlerischen Forschung abspielenden Tätigkeiten anzunähern, lohnt ein Blick auf bereits etablierte Wissenschaftsdisziplinen:

»Denn wenn die Kunst philosophiert wie die Philosophie, ohne es ihr begrifflich gleich zu tun, oder aber auch analysiert, wie die Naturwissenschaft, ohne dieser numerisch zu ähneln, wie trägt sie dann im Verhältnis zu diesen anderen Disziplinen zum Weltverstehen bei? Forschung als Vokabel ist wie der Boden, auf dem verhandelt wird. Sie ist wie der Tisch, um den zeitweilig alle zusammen kommen, um ihre Beziehungen neu zu sortieren. Während die Philosophie vielleicht mit Begriffen reflektiert und die Naturwissenschaft rechnet und experimentiert, öffnet sich mit der künstlerischen Forschung auch der Fragehorizont für eine spezifische Forschungs-Methodologie der Künste.« (Haarmann 2011: 3f.)

Es ist danach zu fragen, wie die Künstlerische Forschung im Vergleich zur Philosophie oder den Naturwissenschaften der Welterschließung etwas hinzusetzt. Bei der Philosophie ist es eindeutig, dass mittels Begriffsanalysen operiert wird, während innerhalb mathematischer Prozesse experimentell und/oder numerisch agiert wird. Wie allerdings steht es um die Forschungsmethodologie in der Kunst? Es bietet sich an, sich im Rahmen der Künstlerischen Forschung an den methodischen Vorgehensweisen der Philosophie zu orientieren, da sich weder die Philosophie noch die Kunst einem einzigen Methodenkatalog oder Regelkanon verpflichtet, sondern sie ihre Methoden je nach gegebener Fragestellung neu generieren. Die Kunst sollte demnach im induktiven Sinne ihre methodischen Vorgehensweisen nicht zwingend im Voraus, sondern insbesondere nachträglich spezifizieren und sie kritisch auf ihre wissenschaftliche sowie künstlerische Konsistenz prüfen. Diese ersten epistemologischen Forschungsschritte werden aus der künstlerischen Praxis abgeleitet und hinsichtlich ihrer methodischen Qualität überprüft; daraufhin kann sich die künstlerische Praxis, falls angemessen, erneut anpassen (vgl. a.a.O.: 7).

Das Praktische der Kunst ermöglicht es, Kunst als Forschung zu behandeln, da auch das Forschen praktische Anteile enthält. Beiden wohnt inne, dass sie Erkenntnisse gewinnen wollen. Die Forschungspraxis methodisch mit künstlerischen Arbeiten zu vereinen, lässt aufgrund der Korrelation von Form und Inhalt in der Kunst annehmen, dass sich die Methodik im Laufe des künstlerischen Prozesses daraus induktiv ableitet. Dies bedeutet, dass sich bei Künstlerischer Forschung die Systematik ihrer Methode in Relation zu den Inhalten bildet, die sie abhandeln möchte (form follows function). Hierbei konstituieren Wahrnehmung und Imagination fundamentale Grundlagen, die alle weiteren konsekutiven Ideen und Aktionen durchdringen:

> »Die produktionsästhetisch zu verstehende künstlerische Forschung lässt sich als künstlerisch reflektierende Praxis um ihrer selbst willen begreifen. Ihr geht es in der künstlerischen Praxis um das künstlerische Untersuchen und künstlerische Darstellen von Welt.« (A.a.O.: 5)

4.1.3.2 Bezüge zu Künstler*innen

Im nachstehenden Unterabschnitt werden Formen des künstlerischen Argumentierens mit Bezug auf die zuvor ausgeführten Eigenschaften der Künstlerischen Forschung behandelt. Unter den ausgewählten Künstler*innen sind Yoko Ono, Christian Boltanski und Ella Ziegler vertreten.

Historisch gesehen würden sich zahlreiche Beispiele dafür finden, sei es Leonardo da Vinci als *Uomo Universale* mit unersättlichem Entdeckerdrang während der Renaissance, seien es die atmosphärischen Farb- und Lichtstudien Claude Monets zu Zeiten des Impressionismus oder Anna-Maria Maiolinos Untersuchungen von Materialität innerhalb ihrer zeitgenössischen Plastiken. Eine derartige Liste könnte noch lange weitergeführt werden. Die hier vorgenommene Auswahl begründet sich primär darin, dass sie allesamt geeignete themenbezogene Beispiele für Vorläufer*innen oder gegenwärtig Praktizierende der Künstlerischen Forschung mit *performativen*[12] Anteilen sind, die sich, zumindest was ihre übergeordnete Denkweise und Ausrichtung anbelangt, in den Praxisprojekten der vorliegenden Dissertation teilweise spiegeln.

Yoko Ono

Ein Kommentar zum Geschlechterkonflikt lässt sich in Onos interaktiver Performance *Cut Piece*[13] ausmachen, bei der sie erstmalig ihren eigenen Körper für die Kunst nutzte. Hier sei der Aspekt der sinnlich-leiblichen Komponente des auf einer künstlerischen Erfahrung basierenden Wissens wieder aufgegriffen (vgl. Klein 2011: 5).

Die nachfolgenden Informationen sind von den Aktionen im Kurzfilmausschnitt[14] von Maysles im Jahr 1965 hergeleitet. Ein schwarzes, langärmeliges Kleid tragend, kniet Ono vor dem Publikum, eine Schere liegt vor ihr auf dem Boden. Sie

---

12 Der Aspekt des Performativen wird in Abschnitt 4.1.4 *Künstlerische Forschung in der Kunstpädagogik* weiter ausgeführt und ab Kapitel 5 innerhalb der Schulprojekte aufgegriffen.
13 Die Performance wurde 1964 erstmalig in Kyoto durchgeführt. Ein Jahr später wiederholte Ono sie in London und in der New York Carnegie Recital Hall (vgl. ebd.).
14 Es handelt sich um einen Kurzfilm des Regisseurs Maysles aus dem Jahre 1965 mit dem Titel *Yoko Ono: Cut Piece*. Performerin Yoko Ono. New York.

lädt die Zuschauer*innen ein, Stücke ihrer Kleidung herauszuschneiden, wodurch sie das Publikum zu überraschenden Aktionen bewegt (vgl. Goldberg 1998: 101). Während Männer und Frauen vielfach Stücke ihrer Kleidung wegschneiden, bleibt Ono nahezu regungslos sitzen.

Zu Beginn zögert das Publikum, doch im Verlauf seiner Aktionen traut es sich mehr zu. Gegen Ende der Performance sind Onos Kleid und Teile ihrer Unterwäsche in Form von Fetzen übrig. Einer der letzten Partizipierenden zerschneidet ihre Büstenhalter-Bügel, was beinahe ihre Brust entblößt. Die Künstlerin versucht während der halben Stunde still sitzen zu bleiben, jedoch bewegt sie sich gegen Ende leicht, um ihren BH oben zu halten, sodass ihre Brust nicht frei sichtbar ist.

Scham und Furcht, welche die Künstlerin nach eigenen Aussagen während der Aktion fühlt, können von ihrem Gesichtsausdruck abgelesen werden. Es ist offensichtlich, dass sie sich zunehmend unwohl damit fühlt, wie aufdringlich die Zuschauer*innen bezüglich ihrer Kleidungsentfernung und ihres Körpers geworden sind. Zudem ist sie nicht nur Opfer der Blicke, sondern auch der Schere, die ihren Körper jederzeit hätte verletzen können:

»One person came on the stage...He took the pair of scissors and made a motion to stab me. He raised his hand, with the scissors in it, and I thought he was going to stab me. But the hand was just raised there and was totally still. He was standing still...with the scissors, ...threatening me.« (Ono 1964, zitiert nach Haskell/Hanhardt 1991: 91)

Diese Verletzlichkeit steht im Kontrast zu den Reaktionen der die Künstlerin umgebenden Menschen, die sich gegenseitig ermutigen, indem sie klatschen oder einander zurufen. Anscheinend waren sie sich ihrer Rollen als Angreifer*innen nicht bewusst. Die Bilder des Kurzfilms rufen Unwohlsein aufgrund der langsamen Zurschaustellung hervor. Niemand aus dem Publikum steht allerdings auf, um die mindestens dreißig Minuten andauernde Erniedrigung zu beenden. Im Gegenteil, das Publikum scheint zu einer aggressiven Form von Voyeurismus angeregt zu sein.

Onos Rolle als (sexuelles) Objekt wird zunehmend offenbart. Die Künstlerin spricht und bewegt sich kaum, wodurch sie mehr Objekt als Subjekt wird; ohne eine Stimme dazu zu haben, was an ihr getan bzw. ihr angetan wird. Sie ist laut Goldberg das *Andere* in einem doppelten Sinn; erstens, weil sie eine Frau ist, und zweitens, weil sie in den Vereinigten Staaten eine Frau aus einer ethnischen Minderheitsgruppe ist. Des Weiteren adressiert Ono den interaktiven Austausch zwischen dem Kunstobjekt (sich selbst) und seinen Rezipient*innen. Sie beabsichtigt, den Sinn für sich selbst und für andere zu stören (vgl. Goldberg 1998: 101). Ono macht sich bewusst zum Opfer von Skopophilie. Es wird dabei deutlich, dass auch das Publikum Verantwortung während der ästhetischen Erfahrung trägt (vgl. Stiles 1993: 81). Die Künstlerin hält die Anwesenden in einem beunruhigenden sowie verunsichernden moralischen Dilemma gefangen und ergründet zugleich seine Reaktionen. Indem sie anderen erlaubt, ihren Körper freizulegen, verlangt sie ihn wieder zurück. Sie lässt die Performance zugleich die eigene und die des Publikums werden.

Ono ist ihrer Funktion als forschende Künstlerin im Rahmen der Aktion treu geblieben. Trotz ihrer Rolle als Opfer ist sie zugleich Täterin, weil sie die Anwesenden zu Gefangenen ihrer voyeuristischen Getriebenheit gemacht hat. Obwohl oder gerade weil ihre Arbeit von mehreren männlichen Kollegen als animalisch bezeichnet und abgelehnt wurde (vgl. Goldberg 1998: 96), wiederholte Ono sie mehrere Male. Hierin offenbart sich auch, dass ihre Arbeit von ihrem Erkenntnisinteresse zu weiteren künstlerischen Untersuchungen geschlechterbezogener Gefüge geführt wird. Zudem wird deutlich, dass sich Onos Systematik der partizipativen Forschungsmethode aus den Inhalten ableitet: Geschlechterspezifische Rollengegebenheiten bzw. -zuweisungen lassen sich besonders gut innerhalb des sozialen Raums überprüfen, den die Performance eröffnet. Aus der heutigen Perspektive kann die implizite Kritik an der Objektifizierung von Frauen in Onos *Cut Piece* als eine Art Prototyp für feministische[15] Performancekunst späterer Dekaden betrachtet werden.

Wie es auch Ziel der Künstlerischen Forschung ist, eröffnet Ono mit ihrer performativen Methode der Erforschung geschlechterbezogener Strukturen neue Sichtweisen, die bisherige Überzeugungen erweitern oder sprengen. Der Fokus liegt hierbei auf dem untersuchenden Prozess, der sich während der Aktion ereignet. Die videografische Dokumentation der Geschehnisse ist lediglich ein Randprodukt. Ono führt dabei sowohl das Publikum als auch sich selbst zu neuen Einsichten. Anhand ihrer Performance wird deutlich, dass künstlerische Erkenntnisse nicht zwingend verbalisierbar sein müssen. Vielmehr sind sie hier der Kunst inhärent. Es ist eindeutig, was gemeint ist. Eine Versprachlichung würde das Gezeigte möglicherweise ruinieren, z.B. durch Missverständnisse in der verbalen Kommunikation.

Christian Boltanski

Boltanski bietet eine andere Sichtweise auf die Nutzung wissenschaftlicher Methoden in der Kunst als Ono. Er ist bei einigen seiner Arbeiten absichtsvoll pseudo-wissenschaftlich vorgegangen (vgl. Metken 1996: 22/40f.). Von 1967 an schrieb er Briefe und stellte Handbücher zusammen. Er mischte seine Rohmaterialien in Form von Ablichtungen zusammen mit Fotografien aus seinen Familienalben unter

---

15 Im aktuellen Genderdiskurs würde sich die Objektifizierung nicht im Besonderen auf Frauen, sondern auf alle Geschlechter beziehen. Beispielsweise hatten die Künstler Jim Bovino im Walker Art Center 2001 und John Noga in der University of Akron im Jahr 2007 ebenfalls die Performance *Cut Piece* durchgeführt (vgl. Pfeiffer 2013: 30).

andere Originaldokumente. Indem er diese neuen Materialien verwendete, bettete er persönliche Erfahrungen unmittelbar in seine Arbeiten ein. Dies mündete darin, dass seine Lebensgeschichte an einem Punkt seiner künstlerischen Entwicklung zu einem der Kernsujets wurde.

»Die künstlerische Praxis hat in der Moderne immer wieder die Materialrecherche als Vorbereitungsarbeit enthalten, aber die postmoderne Kunst integriert noch systematischer und offensiver quasi- und pseudowissenschaftliche oder auch journalistische Praktiken wie die des Sammelns, Beobachtens, Dokumentierens, und Archivierens in den Produktionsprozess selbst. In diesen Verfahren geht es jedoch nicht um die Sicherung von Objektivität, sondern vielmehr um die Subjektivität der Recherche, wie sie sich an Christian Boltanskis ›persönlichen Museen‹ zeigt.« (Reckwitz 2012: 116f.)

Boltanskis Leben und seine künstlerische Arbeit verwoben sich zunehmend, allerdings nicht auf eine romantische, selbst-aufopfernde Weise. Seine Werke beinhalteten vielmehr von ihm offengelegte, stark verbesserte bzw. veränderte Phasen seines Lebens. Boltanski erschuf somit Geschehnisse eines Lebens, das nicht tatsächlich auf jene Art gelebt worden war. Dabei verwendete er aufgebesserte Fotografien oder Objekte, die er zuvor nicht besessen hatte.[16]

Aufgrund seiner künstlerischen Vorgehensweise kann Boltanski mit seinen Aktivitäten des Anhäufens, Belegens oder Archivierens der Spurensicherung zugeordnet werden. Mitunter erstellte er fiktive, an Archive erinnernde Installationen in Ausstellungsräumen, wie z.B. die Reliquiensammlung *Vitrine de référence* von 1971 (vgl. Metken 1996: 22/40f.). Durch die Einrahmung in einem Glaskasten und die Beschriftungen zeigt sich den Betrachter*innen ein scheinbar wissenschaftlich-investigatives Arrangement. Darin sind 15 kleine Gegenstände aus dem Leben des Künstlers zu finden, wie beispielsweise Fotografien, Notizen, eine Buchseite und Zeichnungen. Zudem sind Haare, Stücke seiner Kleidung, 14 gehäufte Erdbälle sowie drei Objekte aus Kleidungsstücken, Schnüren, Stoff und Nadeln zu erkennen. Boltanski erschuf mehrere solcher Schaukästen, um (pseudo-)persönliche Gegenstände als Relikte oder archäologische Reste verloren gegangener Kulturen mit bei-

---

16 Er verfasste eine Art offizielle Autobiografie für eine Retrospektive, die das *Musée National d'Art Moderne* 1984 organisierte. Er schrieb in diesen Memoiren, dass sein Leben an der Stelle begann, wo sich ihm seine Berufung offenbarte, wobei er die servilen Konventionen von Retrospektiv-Katalogen belächelte. Er forderte die Leser*innen dazu auf, einen neuen Blickwinkel aus der Retrospektive auf das Leben zu werfen. Dementsprechend war die Bezeichnung *individuelle Mythologie* als Titel für den Bereich einer Ausstellung, an der Boltanski 1972 teilnahm, passend. Er erzählte seine Geschichte auf eine Art, mit der sich jede*r in bestimmten Aspekten identifizieren kann (vgl. Morisset 2019 a: *Christian Boltanski. Christian Boltanski's Work, Vitrine de référence*. Online verfügbar unter: http://mediation.centrepompidou.fr/education/ressources/ENS-boltanski_en/ENS-Boltanski_en.htm [zuletzt eingesehen: 27.8.2019]).

liegenden Kurzbeschreibungen zu inszenieren. In dieser Manier parodierte er das anthropologische *Musée de l'Homme* in Paris.

Er kritisierte, dass die Artefakte, unter staubigen Glasscheiben liegend, ohne weitere ästhetische Absicht fabriziert worden waren. Somit untergruben die Ausstellungsverantwortlichen den eigentlichen Wert der einst als praktische Werkzeuge eingesetzten Originalstücke. Sie erhielten damit einen Status, der mehr einem Dokument als einem Arbeitsmittel glich. Grundsätzlich fasste er Museen als realitätsferne, abgeschirmte Orte auf, an denen alle Objekte lediglich schön anzusehen sein sollten. Museen hängen laut Boltanski in einer Zeitschleife ihrer selbst fest. Sie suggerieren Authentizität, während sie diese jedoch nur imitieren. Hierdurch vermitteln sie einmal mehr den skurrilen Status, den diese zur Schau gestellten Pseudo-Relikte tragen. Einige seiner (teils vermeintlich) persönlichen Besitztümer in einer museal anmutenden Vitrine auszustellen, war Boltanskis Art, seine Skepsis gegenüber der Arbeitsweise des anthropologischen Museums zu demonstrieren (vgl. Morisset 2019 b[17]). Seine Kunst stellte damit bestehende wissenschaftlich-edukative Settings wie das Anthropologie-Museum kritisch infrage.

Ein Beispiel für weitere Pseudo-Investigation gibt sein Werk *Les Suisses morts* aus dem Jahre 1990. Es handelt sich um eine Installation aus Blechkisten, Lampen, Kabeln und Schwarz-Weiß-Fotografien von Gesichtern, die an ein großes, geradliniges Archiv erinnert. Diese Darstellungsform trägt den Anschein intellektueller Systematik, bleibt jedoch eine Pseudo-Wissenschaft des Künstlers.

Aufeinander gestapelte Kisten aus Blech formen die beinahe zwei Meter hoch reichende Installation. Es lässt sich ein einengender Durchgang ausmachen, der am Ende zu einer dritten Wand führt. Von oben herab wird der Gang mittels schwarzer Bürolampen, wie sie für die 90er Jahre typisch waren, schwach beleuchtet.

Im Innenraum der Installation haftet an jeder Box eine schwarz umrandete Porträtfotografie in schwarz-weiß. Die ausgewählten Fotografien rühren von Schnappschüssen, Passbildern oder Todesanzeigen aus schweizerischen Zeitungen, worauf zudem der Titel, *Les Suisses morts*, verweist. Einige der Fotografien tauchen mehrfach auf. Auffällig ist, dass keinerlei Hinweise zur Identität der Verstorbenen gegeben werden. Überdies bleiben den Rezipierenden mögliche Inhalte der Boxen verborgen. Der Künstler deckt die Vorstellung von Individualität als Fiktion auf. Er markiert folglich, wie die gesellschaftlich zugesprochene Identität mit der Anonymität des Todes aufgebrochen wird. Der beengende Gang bildet ein be-

---

17 Vgl. Morisset (2019 b): *Christian Boltanski. Christian Boltanski's Work, Les Suisses morts.* Online verfügbar unter: http://mediation.centrepompidou.fr/education/ressources/ENS-boltanski_en/ENS-Boltanski_en.htm (zuletzt eingesehen: 27.8.2019).

tretbares *Memento mori*, das erneut an die staatlich ausgerichteten Massenmorde des letzten Jahrhunderts gedenken lässt (vgl. Koep 2019[18]).

Eine weitere Arbeit des Künstlers trägt den Titel *A 5 ans 3 mois de distance*, übersetzt *Aus 5 Jahren 3 Monaten Distanz*. Aufbereitet wie Presse- und Polizeifotografien im Rahmen von Ermittlungen, täuschen einfache Passbilder und Maschinenschrift amtliche Objektivität der 70er Jahre vor.

Es bleibt allerdings erkennbar, dass es sich nicht um Originaldokumente handeln kann (vgl. Jussen 2004: 110f.), wodurch eine Vermischung von realen Fakten und Vorgetäuschtem entsteht. Die Distanz kann auf das Alter des Protagonisten – in dem Fall der Künstler selbst – bezogen werden. Außerdem könnte es sich dabei um den zeitlichen Abstand handeln, den er in den vermeintlichen Ermittlungen zwischen sich und die Untersuchenden gebracht hat. Boltanski bricht mit der gewöhnlichen Aufgabe der Fotografie, als Erinnerungsstütze der Bestätigung einer persönlichen Identität zu fungieren. Seine Arbeiten vergewissern nicht die Identität, sondern evozieren ein Befragen dieser.

Boltanski karikiert die veraltete Zuschreibung als Künstler, der bereits als Jugendlicher die Markierung des geistreichen Einzelgängers erhält. Seine Selbstbildnisse bestehen aufgrund ihres Pseudo-Charakters in der restlichen Kontextualisierung ohne ausdrücklichen Künstlerpathos, wenngleich die Selbstinszenierung grundsätzlich Teil des Künstler*innentums ist. Vielmehr erschafft er seine Bestimmung als Künstler innerhalb seiner Reflexion bezüglich des Mediums *Fotografie* neu. Er arbeitet gegen eine Gewissheit persönlicher Memoiren, die Fotografien herkömmlich geben sollen, um die eigene Identität zu konsolidieren. Dabei fragt er danach, ob die imaginativ geprägte Erinnerung, die Rekonstruktion des bisherigen Lebens, nicht überhaupt zur Konstruktion einer Identität führt (vgl. Dickel 1998: 44).

Insgesamt betrachtet bedient Boltanski sich in seinen Arbeitsstrategien forschend-investigativ anmutender Arrangements. Er stellt wissenschaftlich verortete Phänomene infrage und zeigt auf, dass die Kunst nicht auf die Wissenschaft angewiesen ist, sondern ihre Methoden nutzen kann, um sie zu befragen. Die Kunst generiert hierbei neue Erkenntnisse, die bisherige Auffassungen hinsichtlich spezifischer Themen, wie beispielsweise Museen oder Identitätsfragen, erweitert.

Ella Ziegler

Ella Ziegler erforscht und dokumentiert alltägliche Gegebenheiten im Rahmen ihrer künstlerischen Arbeit im Sinne eines *Studium universale*. Dabei interagiert sie

---

18 Vgl. Koep (2019): *Christian Boltanski – Réserve: Les Suisses morts, 1990. Reserve: Die toten Schweizer.* Online verfügbar unter: https://www.hamburger-kunsthalle.de/sammlung-online/christian-boltanski/reserve-les-suisses-morts (zuletzt eingesehen: 27.8.2019).

mit und in dem sie umgebenden Kontext. Dass sie sich unmittelbar in der Künstlerischen Forschung verorten lässt, wird an ihren Werk-Kategorien wie *Dokumentation/Recherche, Objekte, Methoden* und *Notizen* ersichtlich (vgl. Ziegler 2019 a[19]). Sie fokussiert sich auf ortsspezifische Interventionen im öffentlichen Raum, Methoden der Erzählung in Performances und forschungsbasierte Projekte (vgl. Ziegler/Thomson 2019[20]).

Ein Beispiel für ein derartiges künstlerisches Vorhaben ist die 2012 ausgestellte Arbeit *Geschichte*. 2007 wurden im Rahmen von Grabungsarbeiten unter der Leitung eines Archäologen anlässlich der Fundamentschaffung für das nordhessische Finanzzentrum beim Kasseler Altmarkt Reste von Mauern sowie Keramikfragmente einer ungefähr 5400 Jahre alten jungneolithischen Besiedelung durch die Wartberg-Kultur entdeckt.

Ziegler setzt mit ihrer Arbeit ein eindeutiges Statement, das sich gegen die finanziell und politisch begründete Einstellung der wissenschaftlichen Erschließung der Siedlungsgeschichte Kassels ausspricht (vgl. Ziegler 2019 b[21]). Dabei gelingt ihr die Aufbrechung bisheriger Überzeugungen zur Relevanz archäologischer Forschung in Relation zum Bau des Finanzzentrums. Diese Form der künstlerischen Arbeit beruht auf Forschungserkenntnissen der Archäologie, welche die Künstlerin in eine Installation integriert. Sie zeigt auf, dass Kunst und Wissenschaft, transdisziplinär und eng miteinander verbunden, als zwei Facetten derselben Gegebenheit in Kooperation fungieren können.

In der nachfolgend vorgestellten Arbeit erlangte Ziegler selbst aktiv forschend neue Einsichten zu den Obstbaumerträgen in Linz. In Zusammenarbeit mit den Linzer Stadtgärten dokumentierte die Künstlerin die exakten Standorte der dort befindlichen Nutzobstbäume und Beerensträucher in einer Landkarte. Die Obstbäume ließen Rückschlüsse auf die einstige landwirtschaftliche Nutzung der mittlerweile urbanen Fläche ziehen. Sie sind zum einen durch die Stadt geführte Natur und zum anderen gemeinschaftliches Gut. Ziegler stellte fest, dass die Bewohner*innen einige Jahre vor ihrer künstlerischen Arbeit noch um Pachten beim Amt gebeten hatten, wohingegen zum Zeitpunkt ihrer Erkundungen 2005 die niedergefallenen Früchte durch die Anwohner*innen vielmehr als eine Störung wahrgenommen wurden.

---

19 Vgl. Ziegler (2019 a): *Ella Ziegler, Webseite*. Online verfügbar unter: http://ella-ziegler.de/de/home/ (zuletzt eingesehen: 29.8.2019).
20 Vgl. Ziegler/Thomson (2019): *Anthropocene Curriculum*. Online verfügbar unter: https://www.anthropocene-curriculum.org/pages/root/humans/ella-ziegler/ (zuletzt eingesehen: 29.8.2019).
21 Vgl. Ziegler (2019 b): *Ella Ziegler, Webseite*. Online verfügbar unter: http://ella-ziegler.de/de/dokumentation_recherche/geschichte (zuletzt eingesehen: 29.8.2019).

Sie stellte die Ernteerträge der Obstbäume mit den daraus gewonnenen Lebensmitteln wie z. B. Säften oder Gebäck in Beziehung. Ziegler zeigte deutlich auf, inwieweit die Bäume durchaus von Nutzen sind. Außerdem betrug der Gesamtwert der Lebensmittel 103 389 Euro. Bestätigt durch das Kunstprojekt veranlassten *Die Grünen Linz* abermals Übernahmen von Pflegschaften für Obstbäume in der Großstadt (vgl. Ziegler 2020[22]).

Innerhalb ihrer Auseinandersetzung mit Archivmaterial in Form von Fundstücken o.Ä. entwickelt die Künstlerin überdies neue Vermittlungsformate. Was Ziegler von den anderen zuvor beschriebenen Künstler*innen, abgesehen von den Arbeitsinhalten, unterscheidet, ist die direkte Ausrichtung auf Künstlerische Forschung.[23] Diese zeigt sich nicht nur in ihren eigenen künstlerischen Strategien, sondern auch, wenn sie in Vermittlungsräumen tätig ist. In diesen forscht sie selbst und begleitet Studierende der bildenden Kunst: In der Zeitspanne von 2011 bis 2017 war sie als Professorin an der Kunsthochschule Kassel tätig, wo sie in Kooperation mit der Universität Kassel gemeinsam mit der Künstlerin und Kuratorin Lucy Powell den *Salon Universitas – Kunst und Wissenschaft im kreativen Dialog* initiierte. Hierbei stand die Frage im Fokus, wie das Konzept der Künstlerischen Forschung Theorie und Praxis der Kunst verändert. Von 2014 bis 2017 war die Arbeitsgemeinschaft des Salon Universitas mit ihren *Art & Science Conversations* aktiv. Mit insgesamt 74 Gästen aus künstlerisch-gestalterischen Fachrichtungen und 50 Wissenschaftler*innen aus verschiedenen wissenschaftlichen sowie gesellschaftspolitischen Disziplinen ereigneten sich vielseitige Formen des Austauschs an der Kunsthochschule (vgl. Salon Universitas 2017[24]). Wie Haarmann feststellte, wurde Forschung vermehrt an den Kunsthochschulen vorangetrieben, die sich v.a. ethnologischer, experimenteller und soziologischer Verfahren bedienen. Ziegler statuiert in diesem Bereich parallel zu anderen Kunstwissenschaftler*innen und -vermittler*innen wie Bippus und Klein mit dem *Institut für Künstlerische Forschung Berlin* oder Busch hinsichtlich ihres Kooperationsprojekts mit der *Merz Akademie* u.a. für die Künstlerische Forschung ein Exempel.

Die Auswahl der hier vorgestellten Künstler*innen Ono, Boltanski und Ziegler begründet sich, abgesehen vom Vorläuferpotenzial bzw. dem unmittelbaren Einsatz für Künstlerische Forschung, dadurch, dass die Künstler*innen trotz differenter Inhalte alle anteilig oder gänzlich im künstlerisch-forschenden Kontext

---

22 Vgl. Ziegler (2020): *Ella Ziegler, Webseite*. Online verfügbar unter: http://ella-ziegler.de/en/do kumentation_recherche/ernte_linz (zuletzt eingesehen: 3.10.2020).

23 Dies kann auch damit zusammenhängen, dass die Arbeiten der Künstler*innen Ono und Boltanski primär in den 70/80er Jahren verortet werden können. Die Künstlerische Forschung als solche taucht jedoch erst ab ca. 1990 vermehrt in Diskursen auf.

24 Vgl. Kunsthochschule Kassel (2019): *Salon Universitas*. Online verfügbar unter: https://www.k unsthochschulekassel.de/willkommen/veranstaltungen/events/?tx_calevents2_pi1%5Buid%5 D=516&cHash=fa8786175b329d63eeb11a1909a5346d (zuletzt eingesehen: 29.8.2019).

des Performativen aktiv waren bzw. sind, was für den praktischen Teil der vorliegenden Arbeit ab Kapitel 5 von Bedeutung ist. Zudem zeigen die Künstler*innen auf, dass Kunst mittels ihrer breit gefächerten methodischen Möglichkeiten in ihrer Praxis forschen und Erkenntnisse hervorbringen kann, wobei nicht jede Art der Kunst zwangsläufig einen *offensichtlich* ermittelbaren Forschungscharakter annehmen muss. Diese Verbindung schafft eine Ausgangslage mit Anschlussmöglichkeiten für die kunstvermittelnde Künstlerische Forschung im Kunstunterricht. Vertiefende Ausführungen hierzu sind der Kern des nachfolgenden Subkapitels.

4.1.4 Künstlerische Forschung in der Kunstpädagogik

»Forschung wird nicht dann oder nur dann künstlerisch, wenn sie von Künstlern durchgeführt wird (so hilfreich ihre Beteiligung oft auch ist), sondern verdient [sic!] ihren Namen, wo, wann und von wem auch immer sie unternommen sein mag, ihrer spezifischen Qualität: dem Modus der künstlerischen Erfahrung.« (Klein 2011: 2)

Unter der Annahme, dass Künstlerische Forschung nicht nur von Künstler*innen durchgeführt werden kann, sondern von allen, lässt sich argumentieren, dass Künstlerische Forschung auch im Kontext des Kunstunterrichts praktiziert werden kann. Es ist dabei nicht von Bedeutung, dass »nur« Schüler*innen forschend agieren, sondern dass Menschen prinzipiell künstlerische Erfahrungen sammeln.

»Die Schule sollte trotz permanenter Veränderung den Kindern und Jugendlichen helfen, Haltungen zu entwickeln. Respektvolle, selbstbewusste, neugierige, kritische, empathische Haltungen, die Schüler als gemeinschaftsfähige Individuen wachsen lassen.« (Wimmer 2018, Interviewaussage, Die Zeit Nr. 25: 64)

Hinsichtlich der Herausforderungen, welche die aktuellen gesellschaftlichen Entwicklungen mit sich bringen, besteht die Notwendigkeit, die Schüler*innen bezüglich des Sich-Orientierens in einer sich rasch verändernden Welt sowie hinsichtlich Lösungsorientierungen, sozialen Fähigkeiten und Einfallsreichtum im (Kunst-)Unterricht zu stärken. Weswegen dies speziell in Bezug auf die Kunst und im übertragenen Sinne auch im Hinblick auf die Kunstvermittlung geschehen sollte, wird in nachstehendem Zitat deutlich:

»Doch warum soll überhaupt auf dem Eigensinn der Kunst, auf dem Eigensinn des Ästhetischen beharrt werden? Eine alte Antwort lautet: Weil es mit der Kunst um grundsätzliche Freiheits- und Experimentiergrade der menschlichen Existenz geht, die eine radikale Differenz zum allgemeinen Ökonomie- und Bürokratie-Werden darstellen.« (Maset 2012 b: 16f.)

Diese Antwort mag zwar alt sein, ist jedoch auch gegenwärtig noch äußerst bedeutsam. Insbesondere innerhalb der rasanten technologischen Entwicklungen, die ihre Spuren in der Gesellschaft hinterlassen, ist es für die Heranwachsenden von morgen von großer Relevanz, ihr Selbst- und Weltbild kritisch-reflexiv zu bilden. Dies kann im Fach Kunst beginnen, doch auch darüber hinaus fortschreiten. D.h., dass Schüler*innen Haltungen aufbauen, diese jedoch stets überprüfen, gegebenenfalls anpassen oder gar verwerfen. Dieser Abschnitt befasst sich damit, diesen Anforderungen zu begegnen: abgesehen von Fantasie und *Flow* mit der Anwendung der Künstlerischen Forschung im Kunstunterricht. Wenn Forschung als Möglichkeit des Lernens begriffen wird, verlangt sie nach Selbstverantwortung der sie Betreibenden, z.B. bezüglich der Verantwortung, ihre Methodenwahl adäquat zu begründen. Überdies umfasst Bildung nicht schlichtweg überliefertes Wissen, sondern v.a. selbstständig gewählte und lebensweltnahe prozedurale Praxen. Diese gehen mit einer Fragestellung oder Problematik sowie einer Recherche nach Material bzw. Methoden einher. Diese führen daraufhin zu einer Erkenntnis, die in eine ihrem Wesen entsprechende Form transformierbar ist. Die daraus resultierenden Einsichten sind nicht nur für das Individuum wichtig, sondern erhalten eine weitere Bedeutungsebene im intersubjektiven Erfahrungs- und Wissenstransfer. Insbesondere im Rahmen einer performativen Handlung ist dies gut umsetzbar, weil hierbei häufig mehrere Personen beteiligt sind und deren Involviertsein einen Austausch initiiert. Hinsichtlich der zuvor genannten Aspekte ist die Künstlerische Forschung durch vielfältige Möglichkeiten für eine Anwendung in kunstpädagogischen Situationen gekennzeichnet (vgl. Haas 2018: 88).

Wenngleich die Künstlerische Forschung hier als Methodik eingesetzt wird und die Ästhetische Erfahrung hingegen ein Vermögen ist, kann das Generieren neuer Erkenntnisse ein gemeinsamer Effekt sein. Bei der Betrachtung der Entwicklungen in der Kunstvermittlung wird ersichtlich, dass weitestgehend Konsens hinsichtlich der Ästhetischen Erfahrung als übergreifende Absicht in der Kunstpädagogik besteht. Obwohl die konkreten Arten ihrer Initiierung differieren, wird diese Form der Erfahrung als ein basales Anliegen in der Kunstvermittlung behandelt (vgl. Sabisch 2009: 5ff.).[25] Die Ästhetische Erfahrung ist zwar nur schwer greifbar, da sie vorwiegend nur bruchstückhafte Erlebnisse umfasst, die teilweise sprachlich eher unverständlich auszudrücken sind (vgl. Haas 2018: 91); dennoch oder gerade deswegen ist die Kunst als Ausdrucksmedium von hoher Relevanz. Als pädagogische Schlussfolgerung ergibt sich daraus, nicht nur danach zu fragen, was Künstlerische Forschung in der Schule ist, sondern auch, wie diese bewusst perzipiert und reflektiert werden kann (vgl. Sabisch 2009: 15).

---

25   Dem wird sich bei den Schulprojekten dieser Dissertation angeschlossen, wobei überdies eine Entwicklung von der Ästhetischen Bildung zur ergänzend eingeführten Imaginativen Bildung hin inbegriffen ist.

Hiermit tritt die Frage auf, inwieweit Künstlerische Forschung beispielsweise Ästhetische Erfahrung oder auch Imaginative Bildung und *Flow* ermöglichen kann. Zudem stellt sich die Frage, wie sie für mehrere Beteiligte kommunizierbar wird.

Dementsprechend wird im Folgenden eine Verortung von Künstlerischer Forschung in Bezug auf grundlegende, aktuelle kunstpädagogische Orientierungen vorgenommen. Dabei handelt es sich zum einen um die Orientierung am Bild und zum anderen um die Orientierung an der Kunst. Darüber hinaus findet eine Abgrenzung zur *Ästhetischen Forschung* statt. Aufgrund der in dieser Dissertation starken Ausrichtung auf performative Verfahren wird überdies eine knappe Verortung zur Performativität[26] erfolgen, um die Inhalte des Abschnitts 3.4.2.1 *Performativität und Flow* in Bezug auf Künstlerische Forschung weiterzuführen.

Mit der allgemein gegenwärtigen kunstpädagogischen Ausrichtung auf das Bild wird diesem eine tragende Bedeutung zugesprochen. Betrachtet man den Bildungsauftrag des Fachs Kunst, wird ersichtlich, dass die Behandlung von Bildern zu den wesentlichen Kernelementen zählt. Bilder werden als Mittel der Kommunikation, Form des Erkenntnisgewinns, Gestaltungsform sowie Artefakt von Kultur verstanden.

Bilder als Resultate einer Ästhetischen Erfahrung sollen hier jedoch erweitert werden zu einer Orientierung an der Kunst im Allgemeinen. Diese scheint für die Künstlerische Forschung in der Kunstpädagogik geeigneter, da sie ein breiteres Möglichkeitsspektrum in sich birgt.

Von der Perspektive der Orientierung an der Kunst lässt sich Ästhetische Erfahrung als künstlerisches Denken und Handeln einordnen. Das Erleben ästhetisch-praktischer (Schaffens-)Prozesse zeichnet sich hinsichtlich der Ästhetischen Erfahrung durch eine hohe Eigenständigkeit und Selbstverantwortlichkeit aus (vgl. a.a.O.: 94). Durch die Arbeit innerhalb von Problem- und Spannungsfeldern entwickelt sich die Fähigkeit des künstlerischen Denkens – und Fantasierens – weiter. Dieses ist nicht nur in Bezug auf ästhetisch-praktische Aktivitäten, sondern darüber hinaus auch in anderen Gebieten und im alltäglichen Leben hilfreich (vgl. Buschkühle 2004: 21). Grundlegend handelt es sich bei denjenigen kunstpädagogischen Positionen, welche die Kunst als Dreh- und Angelpunkt behandeln, um solche, die das kunstdidaktische Handeln gleichbedeutend mit künstlerischem Handeln sehen und Kunstvermittlung von der Kunst aus begreifen (siehe Deleuze 1992, vgl. Sturm 2011: 22ff., vgl. Maset 2012 b: 11/19). Dabei liegt die Absicht darin, theo-

---

26 Haas begegnet dem Unterschied von Künstlerischer Forschung als solcher und jener, die sich im Kontext kunstpädagogischer Situationen ereignet, indem sie letztere als »Performative Künstlerische Forschung« (PKF) (Haas 2018: 90) bezeichnet. Dieser Begriff wird für diese Arbeit mit derselben Abgrenzung übernommen, weil der Anteil des Performativen innerhalb der Praxisprojekte hinsichtlich Imagination und *Flow* einen besonderen Stellenwert erhält.

retische und praktische Anteile künstlerischen Denkens und Handelns generell innerhalb der Bildungsprozesse zu entwickeln.

»Im Gegensatz zu vielen Exponaten der zeitgenössischen Kunst hat sich die Kunstvermittlung – und zwar gerade deshalb, weil sie auf sich selbst angewiesen war und ihre Autonomie mit einigem Aufwand und gegen manche Widerstände erringen musste – auf den Weg zu einer eigenständigen Mentalitätsbildung begeben, deren Gehalt zuweilen den von Werken der Gegenwartskunst übersteigt. Indem wir Engführungen der Kunstentwicklung problematisieren, befinden wir uns mitten in der Kunstvermittlung, die leidenschaftliche Arbeit am Kunstbegriff ist zentrale Aufgabe der Vermittlungsarbeit – theoretisch und praktisch.« (Maset 2012 b: 19)

Kunstvermittlung geht mit einer Infragestellung von kuratorischen Entscheidungen und Machtgefügen einher. Sie wird hinsichtlich einer kritischen Erweiterung des Kunstbegriffs in Relation zu weiteren gesellschaftlichen Feldern gesetzt. Diese können im Rahmen künstlerischen Schaffens intensiv erfahren werden.

Sinngemäß der Künstlerischen Forschung werden hier erneut ergänzende[27] Aspekte der *Ästhetischen Forschung* herangezogen. Diese kann bei der (teils biografischen) Subjektorientierung innerhalb der Kunstvermittlung eingeordnet werden. Dennoch ist sie auch für eine an der intersubjektiven Behandlung von Themenkomplexen ausgerichtete Künstlerische Forschung relevant.

Alltägliche Wahrnehmungen, Imaginationen und Verhaltensweisen wohnen ästhetischen Erkenntnisformen bereits inne. Sie müssen lediglich eine Form des Erscheinens erhalten. Dies bedeutet, dass die Dinge nicht mehr lediglich in einer funktionellen Perspektive, sondern v.a. durch Umbrüche, Neulegungen oder gar Dekonstruktionen hervortreten (vgl. Kämpf-Jansen 2001: 23f.). Die Schüler*innen lernen dabei, sich auf neue, möglicherweise unangenehme Situationen einzulassen, Ungewissheiten erdulden sowie bereits Vertrautes umwerfen zu können. Neue Denk- und Handlungsmuster werden gebildet, die zuvor nicht Vorstellbares umsetzbar machen können (vgl. a.a.O.: 22).

Eine Ästhetische Erfahrung stellt somit eine Herausforderung für diejenigen dar, die sie erleben. Sie kann im Kunstunterricht nicht konkret vermittelt, sondern nur durch eine begleitende Lehrperson angeregt werden, ansonsten muss sie von den Schüler*innen selbst gemacht werden. Der Orientierung, doch zugleich genügend Freiraum bietende Handlungsrahmen der Forschung wird durch die jeweilige Fragestellung und die künstlerische Methodenwahl der Schüler*innen abgesteckt.

---

27 Anknüpfend an die bereits in Kapitel 3.4.1 *Das reziproke Potenzial von Kunstpädagogik und Flow* ausgeführten Inhalte zur *Ästhetischen Forschung* werden hier jene Aspekte behandelt, die insbesondere in Bezug auf Künstlerische Forschung einen Mehrwert bieten.

4. Methoden

Infolgedessen kann die *Ästhetische Forschung* nach Kämpf-Jansen über die Kunstpädagogik hinausgehend ansatzweise als ein Anhaltspunkt für Künstlerische Forschung betrachtet werden, allerdings sind auch Aspekte der *Ästhetischen Forschung* infrage zu stellen.

Zudem wird mit der vorliegenden Arbeit ergänzend eine neue Perspektive dafür aufgezeigt, inwieweit Künstlerische Forschung in der Kunstvermittlung eingesetzt werden kann. Hierbei liegt der Fokus *nicht* auf einer forschenden Kunstproduktion, sondern auf einer performativen Form der Forschung, welche die Imagination und das Erleben von *Flow*[28] zu ihrem Gegenstand macht, mit der Kunst in Beziehung setzt und die Resultate in der vorliegenden Schrift festhält.

Es bestehen einige Unterschiede zwischen der *Ästhetischen* und der *Künstlerischen Forschung*. Eine wesentliche Differenz liegt in dem Verständnis Kämpf-Jansens von Kunst durch Forschung: Der Fokus liegt primär darauf, wissenschaftliche Methoden und Feststellungen in eine Form der künstlerischen Darstellung zu bringen. Für die Umsetzung dieses Vorhabens werden die künstlerischen Arbeitsweisen, die auf wissenschaftlichen Verfahren basieren, primär aus der künstlerischen Spurensicherung der 70er Jahre[29] übernommen. Diese Methoden lehnen sich mithilfe von wissenschaftlichen Arbeitstechniken wie z.B. dem Recherchieren, Sammeln, Archivieren, Restaurieren oder dem Verfassen von Texten an die Wissenschaft an (vgl. Haas 2018: 98f.). Hierbei entstehen bei der *Ästhetischen Forschung* am Ende Kunstwerke, die ausgestellt werden. Für den Herstellungsprozess jener Artefakte bedienen sich die Gestaltenden wissenschaftlicher Methoden, allerdings bleiben die Ergebnisse »gewöhnliche« künstlerische Arbeiten. Diese werden, wie herkömmlich, in der Kunstdomäne lokalisiert und dort präsentiert (vgl. Busch 2008: 94).

Innerhalb der *Ästhetischen Forschung* werden folglich wissenschaftliche Methoden verwendet, um der künstlerischen Arbeit ein verstärktes Fundament zu geben. Das Problematische daran ist, dass die Kunst infolgedessen den Anspruch auf ihre Legitimation zu verlieren droht. Es scheint, als müsse sie sich für ihre Existenz rechtfertigen.

> »Indem Kunst und Wissenschaft eng miteinander verflochten werden, gewinnt zwar die Legitimität zeitgenössischer Kunst, sie wird nachvollziehbarer, ihre Radikalität und Differenz zum Logos wird jedoch durch die Diskurse gefiltert und geschwächt. Der Traum einer solchen Verschmelzung von Kunst und Wissenschaft ging klar zu Lasten der Kunst und ihrer Potenziale, denn sie ist nun gezwungen,

---

28 Hierbei handelt es sich um eine Form des *Flows*, der kunstnahes und innovatives Potenzial birgt. Von einem tendenziell regressiven *Flow* (z.B. erlebbar in Videospielen o.Ä.) wird hier abgesehen.
29 Siehe die Beispielarbeiten in Abschnitt 4.1.3 *Christian Boltanski*.

sich auf einen Rationalitätstypus einzulassen, dem die Kunst ja gerade das ›Andere der Vernunft‹ entgegenhalten wollte.« (Maset 2012 b: 16)

Insbesondere das *Andere* der Kunst, zwar nicht ihre vollständige Opposition zur Vernunft, aber dennoch ihre »Differenz zum Logos« droht an Gewicht zu verlieren, sofern der Kunst nur *mithilfe* einer Verflechtung mit der Wissenschaft eine Legitimationssteigerung zugesprochen wird. Zwar ist die Verbindung von Wissenschaft und Kunst durchaus in einigen Fällen negativ für die Kunst ausgefallen, dennoch ist sie nicht gezwungen, sich auf einen »Rationalitätstypus einzulassen«. Sie hat in ihrer Autonomie vielmehr die Wahl, inwiefern sie sich auf einen solchen einlassen will bzw. inwieweit sie selbstreferenziell Aussage und Erkenntnis genug ist (siehe Malterud 2010, Haas 2018, Haarmann 2019).

Kämpf-Jansen fasst wissenschaftliche Verfahren als Erweiterung für künstlerisches Arbeiten in ihrer transdisziplinären Vernetzung auf. Letztere richtet sich allerdings prinzipiell nicht lediglich auf die Gestaltung von Endergebnissen, sondern auf die methodische Verbindung verschiedener Forschungsverfahren aus. Folglich werden die Resultate der transdisziplinären Forschung hauptsächlich als künstlerische Arbeit verstanden, die in Form eines geschaffenen Werks in Erscheinung tritt. Trotz des Vernetzungsgedankens zeigt sich die Grenzlinie von Kunst und Wissenschaft, indem das Resultat der *Ästhetischen Forschung* innerhalb einer Ausstellung als klassisches Artefakt in der Kunstdomäne präsentiert wird. Somit entspricht die *Ästhetische Forschung* nicht einer Forschung, die eine Wissensform generiert, die über das Künstlerische hinaus weitere gesellschaftliche oder wissenschaftliche Auswirkungen mit sich trägt. Es ist der *Ästhetischen Forschung* nicht primär ein Anliegen, Arten des Wissens zu befragen und daraufhin neue Wege der intersubjektiven Erkenntnisgewinnung zu beschreiben. Sie behandelt außerdem auch nicht im Speziellen performative Darstellungsmodi, die zu neuen Erkenntnissen führen können (vgl. Haas 2018: 99f.).[30]

In der Künstlerischen Forschung sind nicht nur diejenigen Kunstwerke relevant, welche durch Betrachtung begriffen werden sollen. Insbesondere jene Kunstformen, die auf Basis performativer Darstellungsmodi in direkter Interaktion erlebt werden, tragen nachhaltig zum Erkenntnisgewinn bei. Entsprechend werden im Nachfolgenden performative Verfahren in der Kunstvermittlung auf die Künstlerische Forschung bezogen. Hierbei liegt das Hauptaugenmerk nicht mehr auf einer forschenden Kunstproduktion, sondern auf einer Form der Forschung als

---

30 Dieser kritische Horizont stellt Elemente der *Ästhetischen Forschung* infrage. Zudem wird ergänzend eine neue Perspektive dafür aufgezeigt, inwieweit Künstlerische Forschung in der Kunstpädagogik eingesetzt werden kann. Das Hauptaugenmerk liegt nicht auf einer forschenden Produktion von Kunst, sondern auf einer performativen Form der Forschung, die Imagination bzw. Fantasie und das Erleben von kunstnahem bzw. innovativem *Flow* reflexiv im Hinblick auf Kunst zu ihrem Gegenstand macht.

intersubjektiver Handlungsraum im Kunstunterricht (vgl. ebd.). Hierbei stehen Kommunikation, Interaktion sowie intersubjektive Gestaltung (in Kapitel 5 und 6 auch in den Praxisprojekten hinsichtlich Imagination und *Flow*) im Fokus.

Künstlerische Forschung betrachtet Wissen nicht mehr nur als ein Produkt, sondern auch als eine Praxis, die sich erst mit der Realisierung der Forschung ereignet und gleichzeitig in einer ihrem Wesen entsprechenden Form dargestellt wird. Hauptaspekt jener Künstlerischen Forschung ist die Sichtbarwerdung von performativen Wissenspraxen innerhalb ihrer Veräußerungsformen, denn so werden Erkenntnisse für Forschende und Rezipierende nachvollziehbar. Forschung wird hierbei als intersubjektiver Handlungsraum verstanden; durch eine performative Behandlung von Darstellungsmöglichkeiten werde ihre Präsenz laut Haas unmittelbar mitgeformt. Forschungsinhalte werden so direkt praktisch von den Schüler*innen umgesetzt, anstatt dass eine Lehrperson diese zu vermitteln sucht – z.B. mittels nachahmender Handlungen, wodurch der Forschungsinhalt für die Beteiligten nicht als Endergebnis, sondern als Folge partizipativer Handlungen zugänglich werde (vgl. a.a.O.: 104).

Jenes Performative erschafft eine Denkform, die der Handlung vorausgeht und ansonsten an diese gebunden ist. Hierbei werden die Resultate der Forschung auf sinnliche Weise erfahrbar (vgl. Peters 2005: 13), da gerade performative Darstellungen dazu fähig sind, eigene Darstellungsformen zu generieren.

Adorno (siehe 1973) warnt in seiner »Ästhetischen Theorie« (Band 7) vor Strategien, die derart nur auf Implikation einer Haltung oder Mentalität setzen und mittels habitueller Initiierung von Strukturen unterhalb der Möglichkeiten von »rationaler« Selbstreflexion und ästhetisch reflektierten Erfahrungsformen agieren. Dementsprechend ist überdies ein unmittelbarer Kunstbezug in der vorliegenden Arbeit gegeben (mehr dazu in den Abschnitten 5.2 und 6.2, siehe rückblickend Kapitel 4.1.3). So schwer greifbar jene intersubjektiven, imaginären Handlungsräume erscheinen mögen, müssen sie mittels spezifischer Anhaltspunkte eine Form der Reflexion ermöglichen. Diese sind zwar nicht dazu in der Lage, die Ästhetische Erfahrung zu repräsentieren, dennoch lassen sie eine Erinnerung an das Erlebte zu. Insbesondere die Brucherfahrung und die damit einhergehende Irritation bietet eine Kommunikationsgrundlage (vgl. Haas 2018: 105), auch für weitere gemeinsame Vorstellungen in Diskussionen.

Wie bereits in Kapitel 3.4.2.1 *Performativität und Flow*[31] dargelegt, hat sich die kunstpädagogische Ausrichtung des Performativen nicht lediglich von der Performance-Art per se abgeleitet, sondern parallel zu grundlegenden Entwicklungen des *Performativen Turns*:

---

31 Hier wird das Subkapitel 3.4.2.1 *Performativität und Flow* weitergeführt. Um Wiederholungen zu vermeiden, werden lediglich ergänzende Aspekte herangezogen, die einen Mehrwert mit sich tragen.

> »Dieser Turn lenkt in unterschiedlichen Bereichen den Blick auf das veränderliche, bewegliche, intersubjektive und wechselseitige Herstellen von Wirklichkeit im Vollzug. Dadurch werden Darstellungen nicht mehr als Wirklichkeitsabbildungen, sondern als *Wirklichkeitsherstellung* verstanden.« (Haas 2018: 101, Herv.d.V.)

Hiermit zeichnet sich ab, dass performativ ausgerichtete Künstlerische Forschung mit intersubjektiven Wirklichkeitskonstruktionen der Imagination einhergehen kann. Dies entspricht einer konstruktivistischen Sichtweise, in der wissenschaftliche Fakten als das Produkt von Gedankenkollektiven betrachtet werden. In dieser Perspektive bestehe demgemäß keine äußere Welt, da die Realität eine durch sozialen Konsens konstruierte sei (vgl. Bunge 1996: 336f.). Auf Grundlage dieser Sichtweise, wenn auch nicht in ihrer vollständigen Radikalität, können performative Darstellungen nicht mehr nur als ein bloßes Abbild der Realität aufgegriffen, sondern, auch im Hinblick auf den Imaginations-*Flow*, als sie kritisch infrage stellende bzw. neu generierende Formen verstanden werden, sei es beispielsweise hinsichtlich von Vorstellungsdifferenzen zwischen mehreren Personen oder von irritierenden bis aufschreckenden Neuschöpfungen.

Somit ermöglicht Performativität im Kunstunterricht beweglichere, auf den Prozess des Erfahrens fokussierte Verfahren. Mittels jener prozessbezogenen Orientierung entstehen neue Wege, Ästhetische Erfahrung zu erleben und zu kommunizieren (vgl. Haas 2018: 102). Es handelt sich um vorsätzlich initiierte Grenzübertritte, innerhalb derer mit den üblichen Konventionen von Erfahrung gebrochen wird (vgl. Lange 2002: 378f.),[32] um innovative Formen des (Imaginations-)*Flows* kunststrategisch auszurichten. Zwar lässt sich eine Ästhetische Erfahrung ebensowenig wie das Erleben von *Flow* erzwingen, jedoch bieten sich für eine solche ebenfalls spezifische begünstigende Rahmenbedingungen an. Zu diesen zählen zum einen Brucherfahrungen[33], zum anderen intersubjektive Darstellungsvollzüge.

> »In dieser Erfahrung gelten die bekannten Sozialordnungen nicht mehr und der Zyklus der alltäglichen Bedeutungszuweisung wird unterbrochen, sodass sich Momente ereignen, die auf die ästhetische Struktur von Erfahrung aufmerksam machen.« (Haas 2018: 103)

Die Aufzeichnung nach Sabisch erscheint als geeignetes Verfahren, um die Bruchlinie der Erfahrung oder auch den gemeinsamen Darstellungsvollzug erfahrbar zu machen und aufzugreifen (vgl. Sabisch 2009: 15ff.). Sabisch betrachtet die Aufzeichnung als eine Darstellungsform, die sich innerhalb des Performativen in ihrer

---

32 Siehe die Ausführungen zu Lange in Abschnitt 3.4.2.1 *Performativität*.
33 Hier sei ein Querverweis zu den Arbeiten Sabischs und Merschs hinsichtlich der Brucherfahrungen aus dem Unterkapitel 2.3.1 *Zum Wahrnehmungsbegriff* gegeben.

bruchstückhaften Fragilität offenbart. Eine Aufzeichnung verlangt nicht nach absoluter Gültigkeit, sondern bietet reflexive Möglichkeiten des Sich-Erinnerns hinsichtlich gesammelter Erfahrungen. Sie entspricht hierbei nicht zwangsläufig einer Zeichnung im herkömmlichen Sinne, sondern umfasst diverse Techniken und Modi des künstlerischen Ausdrucks. Die Aufzeichnung ist auf der Suche nach einer Response zur Ästhetischen Erfahrung, denn die Dokumentation einer Erfahrung führt erneut zu einer Erfahrung. Eine retrospektive Betrachtung persönlicher Anmerkungen bietet nichtsdestoweniger keine vollständige Rekonstruktion der gesammelten Erfahrung. Somit bleibt auch die Aufzeichnung fragmentarisch (vgl. Sabisch 2007: 72f.).

Hinsichtlich der Performativen Künstlerischen Forschung (im Folgenden mit PKF abgekürzt) begleitet die Dokumentation den Forschungsprozess und bringt währenddessen in Resonanz zur Ästhetischen Erfahrung stehende Reflexionsmöglichkeiten hervor (vgl. Sabisch 2009: 21f.). Die Aufzeichnung kann somit als performative Notationspraxis verstanden werden, die nicht eindeutig von der PKF abgetrennt werden kann (vgl. Haas 2018: 107).

Abgesehen von den zuvor aufgeführten Handlungsmöglichkeiten, welche die Künstlerische Forschung für kunstpädagogische Vermittlungssituationen in sich birgt, werden kurz auch mögliche Grenzen für Aktionen im Rahmen Künstlerischer Forschung im Kunstunterricht aufgezeigt. Die Konzeptualisierung der Unterrichtsinhalte bzw. Projekte im Fach Kunst muss dem Alter und Vorwissen der Lerngruppe angepasst sein. In einer Klasse ist es möglich, dass die Schüler*innen im eigenständigen künstlerischen Forschungsprozess lediglich begleitet werden müssen, während in einer anderen Lerngruppe vermehrt Vorgaben für die Realisation einer Idee verlangt werden. Zudem ist die Unterrichtskonzeption durch weitere Faktoren, wie beispielsweise die Motivation der Schüler*innen und die institutionellen Rahmenbedingungen, beeinflusst. So können zeitliche oder an Lehrpläne gebundene inhaltliche Vorgaben Einschränkungen mit sich bringen. Dennoch bieten die vielfältigen Möglichkeiten bezüglich der Methodenverwendung in der (P)KF eine hohe Flexibilität, mit der sich trotz gewisser Vorgaben Unterrichtsvorhaben umsetzen lassen. Zudem sollten, z.B. im Rahmen von Projekten, jene institutionellen Begrenzungen für die Kunst und im Sinne der Kunst gesprengt werden.

Nachdem zuvor die theoretischen Grundlagen der vorliegenden Arbeit ausgeführt wurden, folgt anschließend der Übergang zu den Methoden der Praxis. Hierzu werden die Absichten der Anwendung von Projektarbeit im Kunstunterricht, der Einsatz einer Methodentriangulation, eines Reflexionsbogens sowie der bildhermeneutischen Analyse inklusive kamera-ethnografischer Dokumentation und Interviews erläutert.

4.2 Projektarbeit

»Welches sind die besonderen Fälle, Phänomene, Situationen, Versuche, in oder an denen die Struktur des jeweiligen Inhalts den Kindern dieser Bildungsstufe, dieser Klasse interessant, fragwürdig, zugänglich, begreiflich, ›anschaulich‹ werden kann?« (Klafki 2007 [1962]: 20)

Eine Projektarbeit kann jene »besonderen Situationen« beinhalten. Im Folgenden wird erläutert, weshalb es sich bei dem für die vorliegende Abhandlung entwickelten Kunstunterricht um Projektarbeit handelt. Im nachstehenden Abschnitt werden zunächst die Eigenschaften von Projektarbeit im (Kunst-)Unterricht vorgestellt, bevor deren Vorteile in Abgrenzung zum gängigen Unterricht erörtert werden. Des Weiteren folgt eine kurze Betrachtung kritischer Aspekte der Projektarbeit.

Projektarbeiten können sich über einen wochen- oder monatelangen Zeitraum erstrecken. Im Hinblick auf die zwei Projekte dieser Dissertation handelt es sich um einen Zeitraum von jeweils ca. vier Wochen.[34] Im Rahmen der Projektarbeit setzen sich Schüler*innen eigenständig mit selbst generierten Fragestellungen, häufig mit Lebensweltbezug und nach eigenem Interesse, auseinander. Dies kann durch regelmäßige Absprachen mit sowie durch Unterstützung von der Lehrperson geschehen. Im Vergleich zum gewöhnlichen Unterricht wird in der Projektarbeit eine intensivere Vernetzung sowie ein vermehrter Austausch unter den Beteiligten ermöglicht (vgl. Aronson et al. 2004: 320). Ein Aspekt, der im Hinblick auf die Kunstvermittlungsabsichten der Dissertationsprojekte im Kontext von PKF erstrebenswert erscheint, ist, dass die Schüler*innen dabei eine forschende Haltung einnehmen und Verantwortung für ihr eigenes und/oder für das gemeinsame Lernen mit anderen Gruppenmitgliedern übernehmen. Somit ist es möglich, dass sich die sozialen Fähigkeiten der Lernenden erweitern (vgl. Wellenreuther 2010: 371). Bei der Projektarbeit haben sie die Möglichkeit, ihre sozialen und kommunikativen Fähigkeiten zu stärken. Dazu zählen gerechte Aufgabenverteilungen bei Partner- oder Gruppenarbeiten sowie konstruktive Diskussionen. Das Ergebnis steht dabei zunächst im Hintergrund, da v.a. der Lernprozess sowie das Miteinander relevant sind (vgl. Pütt 1982: 101ff.). Wenn ausreichend eigener Antrieb zum Arbeiten gegeben ist, identifiziert sich die Projektgruppe häufig mit ihrem Vorhaben und lässt dieses zu einer »eigenen Sache« werden. Dabei ergeben sich Dynamiken, die in diesem Maße im regulären Unterricht nicht unbedingt entstünden (mehr dazu in Kapitel 5 und 6).

---

34 Aufgrund der zeitlichen Offenheit der Projekte handelt es sich bei der Angabe von vier Wochen um einen ungefähren Wert. So hat das Projekt I in Klassenstufe 4 beispielsweise eine Woche länger gedauert.

Häufig bietet die Projektarbeit auch interdisziplinäres Potenzial, sodass die Arbeitsprozesse fächerübergreifend stattfinden können. Zu ihren Merkmalen zählen planvolles, eigenständiges und selbstbestimmtes Lernen sowie eine Verbindung von Theorie und Praxis. Indem die Schüler*innen sich einer problemhaltigen Aufgabe oder Fragestellung widmen und dabei in eigener Verantwortung und Zielorientierung agieren, tritt die frontale Präsenz einer Lehrkraft in den Hintergrund. Außerdem wird eine Verbindung von schulischem und außerschulischem Lernen ermöglicht. Die Behandlung einer eigenständig ersuchten Fragestellung kann Hingabe, Ausdauer und Engagement begünstigen. Insbesondere die Methodenvielfalt und die Reflexion der Prozesse bzw. Resultate in Verbindung mit deren (lebensweltbezogener) Bedeutsamkeit prägen die Projektarbeit (vgl. a.a.O.: 101). Bezogen auf die zwei Dissertationsprojekte erfolgt Letztere im Hinblick auf die Vorstellungskraft der Schüler*innen und ihr Erleben von *Flow*.

Am Ende einer Projektarbeit sollten die Erkenntnisse mit einem möglichst großen Publikum geteilt werden. Die Ergebnisse können im Kunstunterricht unterschiedlichste Formen annehmen, wie z.B. Plakate, Filme, Skulpturen, Plastiken, Installationen, Performances u.v.m. In den Projekten ist die Präsentation der Prozesse beispielsweise mit Videoaufführungen der performativen Umsetzungen durchführbar.[35]

Ein Vorteil ist, dass Projektarbeit unabhängig vom gängigen Kunstunterricht stattfinden und somit jederzeit zu thematisch bzw. prozessual Neuem führen kann. Sie bietet ein geeignetes Mittel für die Schüler*innen, um sich im eigenen Gestaltungsprozess einzufinden. Kunstpädagogische Projekte fördern dementsprechend die Schüler*innen hinsichtlich der Selbstständigkeit in ihren Werkprozessen. Die Beobachtung und Begleitung der individuellen Vorhaben verlangt ein hohes Maß an Aufmerksamkeit, konstruktivem Feedback sowie Vorstellungskraft seitens der Lehrperson hinsichtlich der einzelnen Schüler*innen und der Lerngruppe insgesamt (vgl. Buschkühle 2004: 20).

Voraussetzung für gelingende Projektarbeit ist ausreichend Zeit für die Planung zu Beginn, jedoch sollte auch Offenheit sowie Flexibilität bezüglich spontaner Ereignisse und Erfahrungsräume gegeben sein. In der Planungszeit legt die Lehrperson, zum Teil mit den Schüler*innen gemeinsam, ein erreichbares (Grob-)Ziel fest. Daran anknüpfend können bei Bedarf den Fragestellungen entsprechende Arbeitsweisen ausgemacht werden. Dabei treten evtl. Fragen auf, die fächerübergreifendes Wissen voraussetzen.

Speziell im Fach Kunst ist es nicht selten vorteilhaft, die Schüler*innen eher zu *über*fordern als zu *unter*fordern, um das Unsagbare, Andere und Unmögliche im

---

35 Durch die Veröffentlichung der Dissertation wird sich ebenfalls eine weiterführende Rezeption der Projektprozesse und -resultate sowie ggf. Umsetzungen und Fortführungen derer erhofft.

künstlerischen Schaffen zu evozieren. Es ist dahingehend förderlicher, dass anstelle von durch Langeweile erzeugter Apathie eher anfängliches Hadern oder Ringen sowie die Überwindung von Hürden angepeilt werden, die *Flow* initiieren können. Bedeutend ist es, dass die Lehrkraft die Beteiligten nicht unterschätzt, sondern sie schöpferisch wirken lässt. Dies setzt auch voraus, dass sie sich im Prozess zurücknimmt und die Schüler*innen ihre eigenen Ideen entwickeln und umsetzen lässt.

Im Rahmen dieser Dissertation handelt es sich bei den Projekten nicht um solche, die zuvor in Schulprogrammen integriert waren, sondern um eigenständige, die sich gänzlich auf die Untersuchung von Imagination und *Flow* im Sinne der PKF ausgerichtet haben.

Es könnte die Frage auftreten, ob das Fachwissen unter der Projektarbeit leidet. Selbstredend kann nicht in einem sonderlich gezielten Umfang zuvor geplant Wissen »vermittelt« werden. Doch ist dies im Fach Kunst erstrebenswert? Insbesondere die prozessuale Weise der Wissensaneignung durch die Schüler*innen selbst prägt sich stärker ein und ist folglich eher von Dauer (siehe performative Kunstvermittlung nach Lange 2002, Griebel 2006, Peters 2016). Im Vergleich zu üblichen Tests oder Klassenarbeiten bleiben die neuen Erfahrungen und Erkenntnisse länger in Erinnerung, abgesehen von den vertieften Fähigkeiten, eigenständig zu lernen. Auch können (und wollen) die Wissenssicherung oder andere »Lernstandards« nicht wie im gewöhnlichen Unterricht erreicht werden, denn genau darin liegt eine Chance: Diese in Projektphasen auszublenden (oder zumindest unkonventionelle Formen der Leistungserfassung zu erproben und anzuwenden). Insbesondere die Ästhetische Erfahrung sowie die Reflexion von Imagination und *Flow*-Erleben bleiben aufgrund des stark autonomen Charakters *per se* nachhaltig im Gedächtnis der Schüler*innen gesichert. Für die Lehrkräfte bedeuten Projekte einen erhöhten Arbeitsaufwand durch Vor- und Nachbereitung sowie stets flexible, spontane Hilfestellungen. Allerdings ist der Ertrag häufig derart hoch, dass es sich für alle Beteiligten durchaus lohnt, mehr Arbeit zu investieren.

In der bildungspolitischen Debatte Deutschlands wird in Bezug auf Projektarbeit oftmals auf die Handhabung von schulischen Projekten in skandinavischen Ländern verwiesen. Dort ist es in einigen Orten für die Schüler*innen bereits gebräuchlich, durchgängig im Rahmen von Projekten zu lernen. Die skandinavische Bildungspolitik fördert eine solche Schul- und Lernpraxis, indem Schulen sich bereits von Einschulungsbeginn der Schüler*innen an dieses System zu eigen machen (vgl. Sadigh 2016[36]). Dass Derartiges im deutschen Raum nur schwer umzusetzen scheint, verweist auf eine spezifische Problematik der deutschen Bildungs-

---

36 Vgl. Sadigh (2016): *Projektarbeit in Schulen – Mit Rückschlägen klarkommen*. Online verfügbar unter: https://www.zeit.de/gesellschaft/schule/2016-11/projektarbeit-finnland-deutschland (zuletzt eingesehen 29.9.2019).

und Schulpraxis in ihrer Tradition, sei es im Hinblick auf die Wissenschaft oder die Lehrpersonenbildung an Universitäten. Ferner beeinflusst der derzeitig starke Fokus auf Bildungsstandards diese Situation (vgl. Niehoff 2008: 239ff.). Die Ansprüche eines ganzheitlichen imaginativ und ästhetisch-künstlerisch orientierten Kunstunterrichts, der ausreichend Raum für *Flow*-Erlebnisse bietet, lassen sich allerdings keineswegs mit solchen schematischen, starren Standards vereinbaren.

Es sollen auch kurz kontraproduktive Bedingungen für Projektunterricht berücksichtigt werden. Wenn Lernstoff und Lernschrittfolge zu stark vorgegeben und strukturiert sind, könnten die Schüler*innen Schwierigkeiten haben, eigene Gedankengänge zu entwickeln und zu verfolgen. Zudem wären eng getaktete Zeitrahmen sowie eine unmittelbare Messung von Lernleistungen nach Abschluss des Lernprozesses hinderlich (vgl. Frey 2007: 177). Ein möglicher Nachteil bei einer Projektarbeit könnte zudem sein, dass nur ohnehin engagierte und gut organisierte Schüler*innen profitieren, während andere mit der neuen Situation überfordert sind. Dementsprechend ist es von großer Wichtigkeit, dass die Lehrperson die Prozesse aufmerksam unterstützend begleitet und bei Fragen als Hilfskraft aktiv ist. Da Demotivation sowie non-autotele Lernformen die Möglichkeit des Erlebens von *Flow* mindern, sind Eigenverantwortung und Mitbestimmung seitens der Schüler*innen die Grundlage für ein Projekt, jedoch muss auch das Gleichgewicht zwischen Freiheit und strukturierenden Rahmenbedingungen gehalten werden. Zu viel und ebenso zu wenig Einsatz der Lehrperson kann die Schüler*innen demotivieren (Non-*Flow*), je nachdem, wie selbstständig sie sich Sachverhalte bereits erarbeiten können. Anfängliches Zögern ist allerdings nicht gleich als Demotivation zu werten, da innerhalb ästhetisch-künstlerischer Praxisphasen nicht selten zu Beginn gehadert wird, da die Ideen sich erst entfalten müssen. Die Überwindung dieser »Blockade« kann wiederum *Flow* initiieren.

Alles in allem lernen die Schüler*innen, wie sie einerseits alleine, andererseits innerhalb einer Gruppe arbeiten, wie sie fokussiert sinnieren und sich ihre Zeit einteilen können. Ein wesentlicher Aspekt ist außerdem, dass sie üben, Ängste zu überwinden und Rückschläge zu verkraften (siehe Kämpf-Jansen 2001). Sie lernen, mit Problemen umzugehen, ihr Durchhaltevermögen auszubauen und innovative Lösungs- oder Ausdruckswege zu finden. Diese Zuwächse können sich durchaus als Vorteile für das weitere Lernen erweisen.

4.3 Methodentriangulation

Da sich das Anliegen zur Imaginativen Bildung und der *Flow*-Erfahrung im Kunstunterricht nicht ausschließlich theoretisch ergründen lässt, werden die vorangegangenen Ausführungen durch empirische Erkenntnisse einer qualitativen Forschungsstudie mit geringem quantitativen Anteil gestützt.

Hierbei stellt sich die übergeordnete Frage, inwiefern den Forschungsfragen, abgesehen von diskursanalytischen, theoretischen Überlegungen, durch empirische Forschung ergänzend begegnet werden kann. Mittels der Schulprojekte werden exemplarisch mögliche Anstöße für eine praktische Umsetzung im Kunstunterricht dargelegt. Das erste kunstpädagogische Projekt[37] bildet hierbei die Ausgangslage, die alle weiteren Forschungsfragen hat aufkommen lassen. Das zweite Projekt umfasst daran anknüpfend konkret empirisch erprobten Kunstunterricht. Die zuvor ausgearbeiteten theoretischen Annahmen zum Erleben von *Flow* und zur Imaginativen Bildung im Kunstunterricht werden in den Analysen beider Projekte rückblickend herangezogen. In den Auswertungen des Praxisteils wird einer engen Verbindung von Forschungsinhalten und gewählten Forschungsmethoden nachgegangen.

Grundlegend ist bei den Ansätzen der Methodentriangulation oder der Mixed Methods die Annahme, dass die Verwendung mehrerer Erhebungs- oder Auswertungsmethoden zu erweiterten Erkenntnissen führen kann. Mit der Zuordnung zur Bezeichnung der *Triangulation* wird in dieser Forschungsarbeit insofern eine Grenze zum Begriff der *Mixed Methods* gezogen, als dieser vermehrt mit Bezug auf die Empirie hinsichtlich der Kombination quantitativer mit qualitativen Methoden diskutiert wird. Die Triangulation wird in dieser Arbeit als übergreifende Methode verstanden, da sie eine vertiefende Möglichkeit der Verbindung von verschiedenen theoretischen Forschungsperspektiven schafft, wohingegen die Mixed Methods hier vermehrt im Sinne einer quantitativ fokussierten Forschungslogik aufgefasst werden (siehe Flick et al. 2014). Da der quantitative Forschungsanteil im Verhältnis zum qualitativen in der vorliegenden Arbeit gering ausfällt, wird die theorievernetzend konzentrierte Methodentriangulation als Bezeichnung für die eigene Forschungsstrategie verwendet.

In den 70er Jahren entwickelte sich der Begriff *Triangulation* in den Sozialwissenschaften. Ihr Kernpunkt ist die Verbindung spezifischer Methoden für die Erforschung eines Phänomens.

> »Diese Technik soll Verkürzungen kompensieren, die entstehen, wenn in einer Studie nur *eine* Datensorte zum Einsatz kommt, nur *ein* Forscher[38] Daten er-

---

37 Das erste Projekt wurde im Rahmen der Master-Arbeit 2017 in Form einer *Ästhetischen Operation* nach Maset durchgeführt und bot eine Ausgangslage für weitere Forschungsvorhaben in der vorliegenden Arbeit. Es wird hier erneut mit verdichteten Ergänzungen vorgestellt, um den Ursprung des zweiten Projekts in seinen Parallelen aufzuzeigen.

38 Hier kommen mehrere Theorien, Methoden und Datensorten zusammen. Es ist zwar lediglich eine Forschende innerhalb der Erhebung und Auswertung aktiv (abgesehen von Absprachen zu den Zeichnungen mit den Betreuenden und den Fachkolleg*innen), doch auch die Aussagen der Schüler*innen zu ihren Arbeiten werden für die Analysen herangezogen, wodurch ursprüngliche Intentionen annähernd ausfindig gemacht werden können.

hebt und auswertet, nur *eine* Methode angewendet wird oder nur *eine* Theorie einfließt.« (Steinke 2007: 179, Herv.i.O.)

Hierdurch ermöglicht die Triangulation eine Ausweitung möglicher Erkenntnisse (vgl. Flick 2013: 19).

Nach Denzin lassen sich vier Formen der Triangulation ausmachen, von denen die drei für diese Arbeit relevanten Aspekte hier vorgestellt werden. Zum einen gibt es die Daten-Triangulation. Hierbei werden Daten von verschiedenen Zeitpunkten oder weiteren Quellen verwendet. Dies trifft auf diese Forschungsarbeit dahingehend zu, dass die Daten während und nach der Projektdurchführung gesammelt werden. Sie entstammen den Quellen der teilnehmenden Beobachtung, des Reflexionsbogens und der bildhermeneutischen Analyse inklusive der Interviewaussagen von Schüler*innen. Insbesondere die Theorietriangulation ist bei dieser Arbeit insofern relevant, als verschiedene Ansätze aus den Bereichen der Kunstpädagogik, Kunstwissenschaft, Neurowissenschaft und Psychologie miteinander verknüpft werden. Auch trifft hinsichtlich der methodischen Triangulation hier die *between-method triangulation* zu (vgl. Denzin 2017: 297ff.). Bei dieser werden im Fall des zweiten Projekts die teilnehmende Beobachtung und die Selbstreflexionsbogenerhebungen mit den bildhermeneutischen Analysen inklusive der Interviews kombiniert. Des Weiteren unterliegt die gesamte Forschung den zuvor angestellten diskursanalytischen Überlegungen und dem Grundgedanken der Künstlerischen Forschung, hier im Speziellen als PKF innerhalb der Kunstvermittlung angewandt.

Es bleibt festzuhalten, dass der quantitativ-empirische Anteil im Vergleich zu den diskursanalytischen und hermeneutischen Ausführungen wenig umfänglich ausfällt. Die Begründung hierfür ist, dass ein ästhetisches Fach wie Kunst sich ganzheitlich auf einen Gegenstand oder ein Ereignis ausrichtet und einlässt. Ziel dieser Forschungsarbeit ist es daher nicht, Zahlen aufzuzeigen, sondern Gültigkeiten von bestehenden theoretischen Systemen, wie in diesem Fall dem (Bildungssystem im) Fach Kunst, zu befragen bzw. diese neu zu vernetzen. Somit sind insbesondere die begrifflichen Auseinandersetzungen im ersten Teil dieser Arbeit grundlegend, um daraufhin spezifische Merkmale am theoretischen Gegenstand zu messen (vgl. Ladenthin 2014: 83). »Die Empirie unterliegt deshalb dem gleichen spekulativen Denken wie alle nicht empirischen Forschungen auch« (a.a.O.: 89). Zudem zeigen empirische Fakten stets relatives Wissen an. Jenes richtet sich an den zuvor definierten Gegenstand aus, denn dieser bestimmt über die »Wirklichkeit« und ihren messbaren Zustand (vgl. a.a.O.: 86). Es bleibt hierbei stets kritisch zu hinterfragen, ob oder in welchem Maße sich ein verwendeter Terminus operationalisieren lässt (vgl. a.a.O.: 87). In diesem Sinne sind auch die Messergebnisse zu problematisieren, denn »[d]ie messbare Seite der Welt ist nicht die Welt, es ist die messbare Seite der Welt« (Seel 2009: 63).

»Das Verhalten des Menschen kann gemessen werden; nicht aber sein Handeln – weil dieses eben von der Empirie grundsätzlich nicht zugänglichen Motiven[39] bestimmt ist. Wir können zwar das Handeln anderer Menschen beurteilen, wir können es aber nicht messen.« (Ladenthin 2014: 88f.)

Dadurch, dass sich Handlungen zwar beobachten lassen, die Handlungsmotive dabei allerdings verborgen bleiben, zeigt sich, dass diese Beobachtungen ergänzt werden sollten (vgl. a.a.O.: 88). Im zweiten Dissertationsprojekt geschieht dies mittels der Interviews, die im Rahmen bildhermeneutischer Analysen eine weiterführende qualitative Ebene hinzuziehen. Somit lassen sich innerhalb der Imaginationsreflexion Motive ausmachen, sofern die Schüler*innen bereit sind, diese Gedanken zu teilen. Autonomes Handeln lässt sich ohnehin nicht ohne Weiteres kausal erklären, weil die spontane Volition eine »verfälschende« Variable darstellt (vgl. a.a.O.: 92). Ohne Berücksichtigung ganzer Systeme und des freien Willens von Schüler*innen zeigt sich folgende Konsequenz, die es dringend zu vermeiden gilt: »Das Ergebnis ist das, was wir heute überall in den Kulturinstitutionen beobachten können: Output- und Kompetenzorientierung, totale Messbarkeit und totales Kontrollbegehren« (Maset 2012 b: 18).

4.3.1 Reflexionsbogen

Basierend auf den im ersten Teil der vorliegenden Arbeit diskutierten theoretischen Konstrukten von Imagination und *Flow* wurde, trotz der empiriekritischen Anteile im vorigen Unterkapitel, vor den hermeneutischen Auslegungen ein von den Schüler*innen anonym ausgefüllter Reflexionsbogen eingesetzt, um eine Gesamtübersicht zur Feststellung möglicher Tendenzen hinsichtlich des Imaginationsverhaltens und des Erlebens von *Flow* während der Projektphase geben zu können. Da sich dem Themenbereich der Imagination und zu geringerem Anteil dem Erleben von *Flow* im ersten Vorläufer-Projekt »Pseudo-Wissenschaftler*innen« zunächst einmal angenähert wurde, ist dort nur ein Beobachtungsbogen anstelle eines Reflexionsbogens und der qualitativen Interviews eingesetzt worden.[40]

Für den Jahrgangsvergleich in Projekt II wird ein weitestgehend valider Selbstreflexionsbogen eingesetzt. Dieser beinhaltet fünfstufige Zustimmungsgrade in Form einer endpunktbenannten Intervallskala (vgl. Bühner 2011: 111ff.). Das zweite Projekt wird, wie auch das erste, in drei Klassen mit unterschiedlichen Jahr-

---

39 Bei den »nicht zugänglichen Motiven« lässt sich ein Bezug zu den in Kapitel 2 thematisierten handlungsbezogenen Vorstellungen herstellen, die nur vom betroffenen Individuum selbst mitgeteilt werden können.
40 Die Ausführungen zu den diskursanalytischen Überlegungen sowie zur Projektarbeit beziehen sich allerdings auf beide Projekte.

gangsstufen (4, 6 und 8[41]) durchgeführt. Der Fragebogen wird jeweils pro Klassenstufe einmal von allen Beteiligten ausgefüllt (vgl. Porst 2013: 80). Dabei reicht die Ankreuzspanne in der Bewertungsskala von »trifft voll und ganz zu« bis hin zu »trifft überhaupt nicht zu« (vgl. Bühner 2011: 113). Damit soll untersucht werden, auf welche Weise Schüler*innen bestimmter Klassen der Primar- und Sekundarstufe das Projekt hinsichtlich ihres Imaginationsverhaltens und Erlebens von *Flow* einordnen. Zentral ist dabei, dass sie selbst diesen Fragebogen ausfüllen, da sich die Gedanken der Schüler*innen, wie im vorigen Unterkapitel ausgeführt, nicht bloß durch gezeigtes Verhalten in äußerlichen Beobachtungen ausmachen lassen.

Wesentliche Aussagen des Selbstreflexionsbogens zielen darauf ab, zu erheben, ob die Schüler*innen eine *Flow*-Erfahrung gemacht hatten und wie leicht es ihnen fiel, ihre Imagination spontan im Rahmen der Aufgaben zu entwickeln und zu entfalten.

Im Allgemeinen soll der Reflexionsbogen Aufschluss darüber geben, inwieweit Aussagen hinsichtlich der Vorstellungskraft und des Erlebens von *Flow* durch die Schüler*innen zugestimmt werden kann.[42] Aufgrund der Durchführung des Projekts in drei Klassenstufen mit gleichem Stufenabstand von jeweils zwei Jahren können überdies möglicherweise unterschiedliche Tendenzen, je nach Entwicklungsstand, eingesehen werden.[43] Mittels der Ergebnisse lässt sich feststellen, welche Aspekte des Unterrichtsprojekts in Bezug auf Imagination und *Flow* in Gegenüberstellung mit den Forschungszielen gelungen sind und welche es noch auszubauen gilt. Überdies lassen sich daraus, in Rückbezug auf die vorangegangenen Ausführungen aus Teil I, weitere Handlungsmöglichkeiten für die Imaginative Bildung und die *Flow*-Erfahrung ableiten.

4.3.2 Bildhermeneutische Analyse

Im zweiten Teil der Dissertation werden die Vorbereitung und die Durchführung der zwei Schulprojekte in den Klassen der Primar- und Sekundarstufe auf Basis der theoretischen Ausführungen zum Erleben von *Flow* und zur Imaginativen Bildung erläutert. Abgesehen von den Reflexionsbögen liegt anschließend der primäre Fokus auf der bildhermeneutischen Analyse. Als Grundlage werden, neben Untersuchungen zu den Artefakten der Schüler*innen, auch deren Interviewaussagen

---

41 Beim ersten Projekt handelte es sich aufgrund organisatorischer Gegebenheiten um die Klassenstufen 4, 6 und 9.
42 Um Effekte sozialer Erwünschtheit zu reduzieren, wurde, den Prinzipien des Vorhabens entsprechend, explizit im Vorfeld des Projekts mitgeteilt, dass keine Benotung erfolgen wird. Zudem wurden die Bögen anonym ausgefüllt.
43 Um dies valide bzw. repräsentativ zu untersuchen, müsste die Studie größer angelegt sein. Der Vergleich der drei Klassenstufen kann allerdings anhand von exemplarischen Unterrichtssituationen Tendenzen aufzeigen.

herangezogen. Die bildhermeneutische Methode der Auslegung von Arbeiten hilft, imaginative Bildschöpfungen analysieren zu können (vgl. Sowa 2012 a: 163f.). Interviews geben zuvor einen Einblick in die Imaginationsleistungen und Motivwahlen der Schüler*innen.[44] Die Grundlage für die bildhermeneutische Analyse wird durch Ausführungen Sowas (vgl. a.a.O.) gestützt. Wie sie sich im Fall der hiesigen Forschung im Detail ausdifferenziert, wird nach einer einführenden Vorstellung hermeneutischer Verfahren im Allgemeinen aufgezeigt.

Hermeneutische Vorgehensweisen basieren darauf, dass aus stückweise verfügbaren Quellen, wie beispielsweise Texten oder Bildern, Teilinformationen entnommen und sukzessiv in ihrer Logik zu einem Ganzen zusammengefügt werden. Die Aussagen, die daraus resultieren, beruhen daher auf logischen Schlussfolgerungen, die theoretische Annahmen überprüfen und einen neuen Horizont für die Forschung hervorbringen. Offene Formulierungen bedürfen daher einer präzisen Berücksichtigung von potenziellen Mehrdeutigkeiten, die je nach subjektivem Standpunkt verschiedenartig ausgelegt werden können (vgl. Bunge 1996: 343, vgl. Deniau 2011: 59ff.). Die Konzeption hermeneutischer Verfahren ist im Raum zwischen Theorie und qualitativ-empirischer Erforschung zu verorten. Auch in der Kunst- und Bildwissenschaft haben sich hermeneutische Verfahren entwickelt und als reliabel herausgestellt (siehe Boehm 2007, Bätschmann 2009, Bredekamp et al. 2010).

Zu vermerken ist, dass jede Form der Forschung, ob qualitativ oder quantitativ, dem Zirkel der Hermeneutik unterliegt und somit von ihr abhängig ist (vgl. Ladenthin 2014: 89). Wenn menschliche Handlungen nachzuvollziehen versucht werden, so werden die Verstehensprozesse wiederum von Auslegungsmechanismen bestimmt, die von Individuum zu Individuum unterschiedlich sein können. So ist auch hier kritisch anzuführen, dass die Interpretation der Arbeiten von Schüler*innen, ebenso wie die Arbeitsprozesse in dieser Dissertation im Allgemeinen, von der Sichtweise der Verfasserin geprägt sind. Außerdem ist bezüglich der Gespräche zu berücksichtigen, dass die Aussagen stets in jenem Rahmen stehen, in dem die jeweiligen interviewten Schüler*innen die Fragen verstanden und gedeutet haben, ebenso wie die Auswertende deren Antworten begriffen und interpretiert hat.

Hier tritt die Frage auf, ob oder inwieweit jemand fähig ist, objektive Analysen zu tätigen, denn die Doxa, eine von kulturellen Einflüssen geprägte Domäne, formt jeden Menschen und macht gänzlich objektive Urteile dementsprechend eher weniger möglich (vgl. Kant 1787: 212ff., vgl. Bourdieu[45] 1979: 330f.).

---

44 Mehr dazu in Abschnitt 4.4.2.2 *Interviews*.

45 Die Ausführungen Bourdieus werden von Rosengren erneut aufgegriffen, um das Konzept der Doxologie in Bezug auf die Künstlerische Forschung herauszuarbeiten.»›Doxa‹ formt unsere Wahrnehmung von uns selbst und der Welt, in der wir leben, lange bevor wir in der Lage sind, über die ›Doxa‹ nachzudenken und sie vielleicht umzuwandeln« (Rosengren 2010: 122).

In Anlehnung daran sind alle Ausführungen als durch die Doxa der Verfasserin geprägte Denkprozesse aufzufassen. Die Forschende bemüht sich zwar um mehrperspektivische Analysen und Interpretationen, ist jedoch in ihrer Doxa aufgrund ihrer (soziokulturell) spezifisch geprägten Erfahrungen begrenzt.

Hinsichtlich der Erforschung von Imagination bzw. Fantasie erscheint es nicht zwangsläufig notwendig, eine breite Repräsentativität von Daten zu erreichen. Vielmehr liegt die Intention darin, trotz verhältnismäßig kleiner Gruppen im horizontalen Vergleich exemplarisch einige Erkenntnisse zu den Eigenschaften von Imaginations- und *Flow*-Prozessen im Kunstunterricht hervorzubringen. Relevant ist die Erkundung von ästhetischen Ereignissen, bei denen es sich um hochgradig *individuelle* Erfahrungen handelt. Der Versuch einer quantitativen »Massenfertigung« stünde im Konflikt mit der subjektiv-singulären Ereignishaftigkeit in Bezug auf *Flow* und Imagination. Hinsichtlich jener Geschehnisse lassen sich ohnehin keine Generalisierungen tätigen, wodurch ein Anspruch auf vermeintliche Repräsentativität entfällt. Stattdessen handelt es sich um exemplarische Untersuchungen.

Auf Grundlage der bereits im ersten Teil ausdifferenzierten Begriffe und Eigenschaften der Imagination bzw. der Fantasie und der Transformationsprozesse werden mittels hermeneutischer Bildanalysen die wechselwirkungsreichen Übergänge zwischen inneren Erscheinungen zu Veräußerungen in Form von Zeichnungen sowie v.a. Performances analysiert. Dabei können imaginierte Bilder insofern verstanden werden, als diese durch die Veräußerlichung in ihrem Grundzuge hermeneutisch beschaffen sind, da sie u.a. zur Auslegung innerhalb der Kommunikation mit den Involvierten selbst oder mit anderen erzeugt wurden.

Die Bildanalysen in Kapitel 6 beziehen sich auf Zeichnungen, welche die Schüler*innen im Rahmen des Projekts hervorgebracht haben. Sie lassen Rückschlüsse auf den Prozess der Schüler*innen zu, imaginative Texte ihrer Partner*innen in der Art darzustellen, wie sie diese verstanden haben. Die Bilduntersuchung orientiert sich dabei an kurzen Beschreibungen der beobachtbaren Bildfakten, bevor sie auf die inhaltliche Ebene übergeht. Hier wird zunächst mit erstem Blick untersucht, was bezüglich der gängigen kulturellen Symbolik dargestellt ist. An dieser Stelle muss eine Verortung soziokulturell allgemein verwendeter Darstellungsarten erfolgen. Außerdem ist die Bildentstehung zu beachten. Daraufhin wird mit Bezug zu den Interviewaussagen verortet, inwieweit die Bildinhalte in Relation zur gewöhnlichen Lebensumwelt der Schüler*innen stehen. Diese groben Fakten werden in der konkreteren Motivanalyse mit einzelnen Sinneinheiten spezifizierend weitergeführt. Letztlich werden sinnstiftende Kontextualisierungen analysiert (vgl. Sowa 2012 b: 177f.) und weiterführend befragt.

Im Sinne der Hermeneutik ist kritisch anzumerken, dass sich die eigenen Analysen stets hinsichtlich eines spezifischen Kontexts von Bildverstehen ereignen. Die Untersuchung der Arbeiten, die nicht in einer reinen Laborsituation entstanden sind, ist durch die Einflüsse der Forschenden geprägt. Ferner sind die Analysen auf die Werte- und Wissenssysteme der Verfasserin begrenzt. Ziel der Auslegung wird daher nicht sein, bestimmte Aspekte konkret zu beweisen, sondern eher, darzulegen, in welchem persönlichen Zusammenhang wie und weswegen bestimmte Analyseschlüsse gezogen werden (vgl. Bätschmann 2009: 159f.). Bätschmann äußert sich zu diesem Sachverhalt des Auslegens folgendermaßen:

»Meine Argumentation kann lückenhaft sein, meine Logik mangelhaft, meine Regeln können verbesserungsbedürftig und meine Motive fragwürdig sein, und meine Reflexion ist stets unvollständig.« (A.a.O.: 160)

Prozesse der Datenerhebung und -interpretation können trotz Bemühungen um Objektivität nie vollkommen neutral sein (vgl. Vogl 2015: 88).

Möglicherweise wird im Verlauf der Analysen zunehmend die Haltung der Bildautor*innen herauslesbar. Um genauere Motive für die Auseinandersetzung mit den inneren Erscheinungen, auch hinsichtlich einer Umformung ins Äußere, zu erfahren, bieten die sprachlichen Äußerungen der Beteiligten zu ihren Imaginations- und *Flow*-Prozessen ein korrigierendes Mittel für eine weitere Konkretion und Korrektur der Auslegungen durch die Forschende. Die vertiefenden sprachlichen Analysen zeigen einen Teil jener der Darstellung zugrunde liegenden Imagination auf. Bevor darauf näher eingegangen wird, folgt eine Erläuterung zum Einsatz von Kamera-Ethnografie.

4.3.2.1 Kamera-Ethnografie

Die wissenschaftliche Fotografie schafft mit ihrem (vermeintlich) objektivierenden Anspruch einen systematischen Gegenpol zur künstlerischen Fotografie. In einem Zwischenraum wird die Kamera für ethnografische Forschung eingesetzt. In Bezug auf die kunstpädagogischen Projekte findet das Medium der Foto- bzw. Videografie mit dem Vorhaben der hermeneutischen Bildanalyse innerhalb dokumentierter Zeichnungen[46] und Unterrichtsmomente Anwendung. Hierbei ist die zentrale Bildfunktion nicht bloß in der technischen Wissensrepräsentation zu verorten, sondern auch in der Reflexion der Verfasserin. Im Sinne von *Dichten Beschreibungen* wird hier die »Vielfalt komplexer, oft übereinandergelagerter oder ineinander verwobener Vorstellungsstrukturen, die fremdartig und zugleich ungeordnet und verborgen sind und die er [der Ethnograf] zunächst einmal irgendwie fassen muss« (Geertz 1987: 15), die sich z.B. in unterrichtskulturellen Ritualen, Gesten und Begriffen widerspiegelt, in Form eines »Herausarbeiten[s] von Bedeutungsstruktu-

---

46 Die Schüler*innen sollten im Sinne der Würdigung ihrer Arbeiten die eigenen Werke behalten. Zudem ist der Abtrag in der Transformation der physischen zur abfotografierten Zeichnung in diesem Fall insofern gering, als es für die inhaltlich fokussierten Analysen zur Imagination keinen Nachteil bildet.

ren« (ebd.) untersucht. Inwieweit vermag sich die, in diesem Fall wissenschaftlich ausgerichtete, Imagination der Verfasserin mit dem Erleben von anderen (den Schüler*innen) in Verbindung zu bringen? So begibt die Forschende sich als außenstehende Fremde in die Unterrichtssituation hinein und wird im Rahmen teilnehmender Beobachtungen Teil des Unterrichtsgeschehens. Es wird der Versuch unternommen, eigene Vorurteilsbeschreibungen, soweit wie möglich (Stichwort: Doxa), auszublenden und die eigenen Bedingungen, die entsprechende Gedanken hervorrufen, zu reflektieren.[47]

Die Übergänge von den Originalzeichnungen zu den fotografischen Abbildern sind fließend. Trotzdem ist zu berücksichtigen, dass es sich bei den Fotografien als Analysemedium lediglich um Abbilder der Originale handelt (vgl. Mitchell 1990: 48ff., vgl. Böhme 1999: 8f.).

Die Fotografien von Arbeiten der Schüler*innen dienen somit einem Rückgriff auf die entstandenen Bilder für die Analysen. Außerdem werden die Arbeitsphasen und die Präsentationen der Schüler*innen für die Untersuchungen zu deren Imaginationsbildung mit dem Medium der ethnografischen Foto- und Videografie aufgezeichnet und transkribiert, sodass zusätzlich authentische Rückgriffe auf die im Unterricht entstandenen Bilder bzw. die dort ablaufenden performativen Geschehnisse ermöglicht werden (siehe Schröder 1981, vgl. Tuma/Schnettler et al. 2013: 20f.).

Eine Intention der Verwendung von kamera-ethnografischer Forschung in Bezug auf die Praxisprojekte liegt in einem Sichtbarmachen von Sehweisen, das auch Non-Verbales[48] sowie den Vollzug sozialer und kultureller Praxis aufgreift (vgl. Mohn 2008: 62). Auch die Auslegung des Gesehenen ist imaginativ und schöpferisch. Es eröffnet sich eine Metaebene von Vorstellungen der Verfasserin zu den Imaginationen der Schüler*innen.

Den Projektanalysen geht ein reflexives und heuristisches Forschungsverständnis voraus, welches die eigene Beteiligung und Perspektive der Forschenden – soweit es ihr möglich ist – zu berücksichtigen intendiert und darüber hinaus ergänzende Interviewaussagen der Schüler*innen einfließen lässt. Abweichend von vielen anderen kamera-ethnografischen Studien steht in der vorliegenden Arbeit

---

47 So ist beispielsweise zu differenzieren, dass die Lerngruppe der vierten Klasse im ersten kunstpädagogischen Projekt der Verfasserin bereits durch ein fünfmonatiges Praktikum bekannt war, wohingegen alle anderen Schüler*innen in Projekt I und II jeweils neu mit ihr bekannt gemacht wurden. Auch diese Einflüsse der Beziehungsebene könnten sich in den Prozessen, Ergebnissen und deren Analysen widerspiegeln.

48 Insbesondere in der in Kapitel 4 herangezogenen Performance Onos mit dem Titel *Cut Piece* ist die non-verbale Ebene im Spannungsverhältnis von Publikum und Künstlerin von eminenter Bedeutung. Bei den Projekt-Performances liegt der Fokus dennoch auf dem gesprochenen Wort als weiteres Transformationsmedium der Imagination neben den Zeichnungen.

nicht die Analyse des (beispielsweise schulischen) Alltäglichen, sondern die Untersuchung eines spezifischen Settings, der Gruppen-Performances, im Fokus.

Im Zentrum der kamera-ethnografischen Sichtweisen steht Mohn (a.a.O.: 61) zufolge der Umgang mit »Paradoxien von Dokumentation und Visualisierung, Nicht-Wissen und Wissen, Wahrnehmung und Vorstellung permanent auf produktive Weise ineinander verwickeln«. Insbesondere die Aspekte »Wahrnehmung und Vorstellung« sind für diese Arbeit in besonderem Maße relevant. Sie werden allerdings nicht als Paradoxie aufgegriffen, sondern als reziprokes Wechselwirkungsverhältnis.

Der kamera-ethnografischen Forschung liegt hier ein Verständnis von Wissenschaft zugrunde, in dem Blicke nie als rein objektiv aufgefasst werden. Somit besteht kein Anspruch auf eine absolute Wahrheit. Eher wird im Sinne eines dynamischen Entstehens, Verwerfens und Entwickelns von Wissen verfahren. Zwar handelt es sich bei den Fotografien und Videos um Momentaufnahmen; sie können allerdings, den Eigenheiten der Imagination bzw. Fantasie entsprechend, im fortlaufenden Überdenken potenziell stets wieder neue Erkenntnisse aufwerfen und haben somit einen dynamischen Charakter (vgl. ebd.: 71).

Es bilden sich Differenzen zwischen dem Wissen der Verfasserin zu Flow und Imagination auf drei zeitlichen Ebenen: dem Wissen *vor* den kamera-ethnografischen Aufnahmen, dem Wissen *innerhalb* der Unterrichtssituation und den *anschließenden* Aussagen der Schüler*innen zu ihrer Vorstellungskraft und dem Erleben von Flow, die in den Projektreflexionen vertiefend behandelt werden. Zuvor wird noch der Einsatz von Interviews für Projekt II kontextualisiert.

4.3.2.2 Interviews

> »Die Kindheit hat ihre eigene Weise, zu sehen, zu denken und zu empfinden. Nichts ist unsinniger, als ihr die unsrige unterschieben zu wollen.« (Rousseau 1762: 207)

Beim zweiten Projekt wurde pro Klassenstufe jeweils ein Interview mit ausgewählten Schüler*innen durchgeführt. Als Kriterien für die Auswahl zum Interviewgespräch galten eine interessierte und engagierte Mitarbeit im kunstpädagogischen Projekt, die Ergiebigkeit des individuellen Lernprozesses, die Originalität oder Bedeutungsfülle der Zeichnungen bzw. Performances sowie der äußerliche Anschein eines vertieften Arbeitsflusses.[49]

---

[49] Die Kriterien wurden den Schüler*innen nicht mitgeteilt, sodass es sich um eine authentische Auswahl handelte und niemand sein Verhalten anpasste, um z.B. (nicht) interviewt zu werden. Die Teilnahme am Interview fand auf freiwilliger Basis statt.

Mithilfe der Interviews sollen, zusätzlich zu den daran anschließenden Analysen, die Aussageabsichten zu den Zeichnungen und Performances bestimmt werden, um Rückschlüsse auf die Imaginationsprozesse ziehen zu können. Darüber hinaus werden auch alle weiteren Projektphasen bezüglich des Erlebens von *Flow* im Gespräch behandelt.

Herausforderungen bei der Erfassung kindlicher bzw. jugendlicher Sichtweisen liegen darin, dass aufgrund der sprachlichen Fähigkeiten der Befragten (insbesondere bei Grundschüler*innen) und der nicht ausreichenden Bedeutungsäquivalenz zwischen Erwachsenen und Kindern Kommunikationsschwierigkeiten auftreten können. Dieser Gegebenheit soll durch möglichst eindeutig und einfach formulierte Fragestellungen im Vorfeld begegnet werden. Überdies könnte, insbesondere bei jüngeren Schüler*innen, das Autoritäts- und Generationengefüge von Kind und erwachsener Person zu Hemmungen oder Aussagen im Sinne sozialer Erwünschtheit führen. In der alltäglichen Lebenswelt von Kindern und Jugendlichen kommen Fragesituationen mit dem Abprüfen von Wissen durch Erwachsene, welche die Antworten als korrekt oder falsch bewerten, häufig vor. Diese Gesichtspunkte berücksichtigend wird der Versuch unternommen, das Autoritätsverhältnis in der Interviewsituation zu reduzieren und kritisch zu reflektieren. Ein möglichst angenehmer Gesprächsrahmen, der Raum für eigene Ideen seitens der Schüler*innen gibt, wird angestrebt (vgl. Vogl 2015: 13/83). Siehe hierzu auch das einführende Zitat Rousseaus anfangs des Unterkapitels.

Für alle Untersuchungspersonen sollen möglichst identische Ausgangsbedingungen geschaffen werden, damit die Aussagen angemessen miteinander verglichen werden können. Daher werden festgelegte Fragen verwendet. Diese werden zur Überprüfung hypothetischer Annahmen hinsichtlich Imagination und *Flow* eingesetzt, die sich aus der Ausarbeitung im ersten Teil der vorliegenden Dissertation ergeben haben (vgl. Vogl 2015: 51). Somit sind die Themenfelder bereits gegliedert und lassen sich in verschiedene Fragenbereiche unterteilen. Um dabei der Gefahr zu entgehen, die Schüler*innen zu stark zu lenken, wird bei den Interviews Offenheit für vertiefende Exkurse gegeben, aus denen im Nachhinein ggf. weitere themenbezogene Erkenntnisse gewonnen werden können (vgl. a.a.O.: 54). Das Gespräch entspricht somit dem Typus des episodischen Interviews nach Flick et al. (2014), das sich auf zwei Formen des Wissens seitens der Befragten ausrichtet, das narrativ-episodische Wissen und das semantische Wissen. Ersteres umfasst die Erinnerungen an Begebenheiten und situative Prozesse. Zweiteres befragt die Begriffsbezüge, Verallgemeinerungen sowie Abstraktionen, die, je nach Entwicklungsstand der Interviewpartner*innen, mehr oder weniger ausführlich und tiefgründig berichtet werden können. Mittels des Leitfadens stellt die Interviewende gezielt Fragen, woraufhin der*die Befragte berichtet. Hierbei soll eine Annäherung an alltägliche Kommunikation stattfinden (vgl. Vogl 2015: 56).

Zu Beginn des Interviews werden den freiwilligen Teilnehmer*innen die Rahmenbedingungen erläutert. Es handelt sich um eine Konversation mit einer Dauer von ca. 20 Minuten, abhängig davon, wie viel jede*r Einzelne von sich aus erzählt. Das Gespräch deckt zwei Teilbereiche ab: die Imagination und das Erleben von *Flow* im kunstpädagogischen Projekt. Insgesamt gibt es zwölf Hauptfragen und jeweils ergänzende Fragen. Letztere schließen sich inhaltlich an die Hauptfragen an und dienen einer vertiefenden Reflexion der Gedankengänge, sofern erforderlich. Wenn die Interviewten etwas nicht verstehen sollten, können sie nachfragen und die Frage wird erneut gestellt. Für die anschließende Transkription erfolgt eine Audioaufnahme.

Hinsichtlich ethischer Gesichtspunkte findet die Verantwortung der Forschenden gegenüber den Aussagen der Schüler*innen Anwendung, indem die Vertraulichkeit der erlangten Informationen berücksichtigt wird (vgl. a.a.O.: 88).[50]

Bei der Interpretation des Gesprochenen wird angestrebt, ein Aufsetzen von Schemata zu vermeiden: »Es kommt vielmehr darauf an, die Formulierungen der Befragten aufzugreifen und herauszufinden, welchen Sinngehalt sie damit verbinden« (Schmidt 2003: 458). In diesem Sinne wird sich an der Inhaltsanalyse nach Mayring (2010) und Lamnek (2010) orientiert. Hierbei ist der Analyseinhalt überwiegend darauf fokussiert, was gesagt wird, um den Raum für subjektive Interpretationen zu begrenzen.

Vor diesem Hintergrund können die Imaginations- und Handlungsmotive sowie die Aussagen zum Erleben von *Flow* besser nachvollzogen werden. Auch die Grundidee der als solche bezeichneten objektiven Hermeneutik fließt dahingehend mit ein, dass die latenten Sinnstrukturen abgegrenzt vom subjektiv gemeinten Sinn zu analysieren versucht werden.

Nachdem in diesem Kapitel die zugrundeliegenden Methoden der vorliegenden Abhandlung vorgestellt wurden, wird sich in den anschließenden Kapiteln den zwei exemplarischen Projekten im Kunstunterricht gewidmet. Projekt I bildet die Ausgangslage mit ersten aus der Praxis gewonnenen Erkenntnissen zu Imagination und *Flow*. Die Arbeitsprozesse und -resultate in Projekt II werden mittels Methodentriangulation analysiert und ausgewertet.

Insgesamt sei hier der exemplarische Charakter beider Projektsettings hinsichtlich ihrer Methodik hervorgehoben. Innerhalb einer breiten Vielfalt handelt es sich lediglich um kleine Ausschnitte von vielen möglichen Umsetzungen, die sich im Rahmen kunstvermittelnder Prozesse im Hinblick auf *Flow* und Imagination ereignen können.

---

50 Somit wird beispielsweise vor foto- und videografischen Aufnahmen während der performativen Akte sowie bezüglich der Interviews die Einwilligung der Eltern und Schüler*innen selbst eingeholt. Um die Identität der Schüler*innen in diesem Sinne verdeckt zu halten, werden sie lediglich anonym als Schüler*in 1, 2 oder 3 angeführt.

TEIL II

5. Projekt I: Pseudo-Wissenschaftler*innen

Erste Ideen für Projekt I entstanden wie folgt: In einem Wörterbuch fiel die Wahl per aleatorischem Verfahren auf den Begriff *Theoretiker*in*. Dem Projekt liegt der Ansatz der *Ästhetischen Operation* nach Maset zugrunde (siehe Abschnitt 3.4.1 *Das reziproke Potenzial von Kunstpädagogik und Flow*). Das spezifische Setting sowie das mentale Schema eines Künstlers werden in den nachstehenden Unterkapiteln ausgeführt.

Es ergab sich die Frage: Wie kann dieser komplexe Begriff dem sprachlichen sowie kognitiven Entwicklungsstand der Kinder angepasst und altersgemäß erarbeitet werden? Bei der Suche nach einer Antwort entstand das Vorhaben, die Schüler*innen als *Pseudo*-Theoretiker*innen handeln und Theorien zu Begriffen aus ihrer unmittelbaren Lebenswelt aufstellen zu lassen. Demzufolge war der wissenschaftliche Anspruch entlastet. Überdies war es von Interesse zu beobachten, wie die Beteiligten imaginativ mit Pseudo-Wissenschaften umgingen.

Nachdem das Projekt 2016 in einer vierten Klasse abgeschlossen wurde, folgten 2017 für einen qualitativen Vergleich die Klassenstufen 6 und 9[1] im Rahmen einer wiederholten Durchführung des Projekts. Die auszulosenden Begriffe wurden 2016 nach einigen Eindrücken zu aktuellen Interessen der Schüler*innen ausgewählt.[2]

---

1 Ursprünglich sollte das Projekt in einer achten Klasse durchgeführt werden, um die Zweijahres-Abstände zu wahren. Aus organisatorischen Gründen war dies jedoch nicht möglich.

2 Pro Person wurde eines der folgenden Wörter vergeben: *Licht, Pfandflasche, Smartphone, Meerestier, Geld, Rose, Cola, Laptop, Wasser, Urzeittier, Schule, Alien, Erde, Farbe, Sport, Waffel, Papier, Kopfbedeckung, Nahrung, Jahreszeit, Form, Milch, Zeit, Kleidung*. Aus zufälligerweise jeweils exakt 24 Schüler*innen setzten sich die drei Klassen zusammen, sodass keine weiteren Wörter hinzukamen. Die Beteiligten konnten sich auf Basis eines Lebensweltbezugs, wie ihn z.B. das Niedersächsische Kerncurriculum für den (Kunst-)Unterricht vorsieht (vgl. Niedersächsisches Kultusministerium 2006: 11), je nach Jahrgang einbringen, wie im anschließenden Kapitel beschrieben.

5.1 Durchführung

Im Folgenden wird zunächst die Durchführung des Projekts reflexiv dargelegt. Daran anschließend wird es im Hinblick auf theoretische und künstlerische Bezüge verdichtet kontextualisiert. Eine vergleichende Analyse der jeweiligen Projektphasen innerhalb der Klassenstufen 4, 6 und 9 folgt darauf. Die Eintragungen in den Beobachtungsbögen basieren auf den kamera-ethnografischen Aufzeichnungen des Unterrichtsgeschehens.

5.1.1 Einführung mit Textformulierung in Einzelarbeit

Zunächst fand eine Annäherung an den Begriff *Theoretiker*in* in allen Klassen anhand einer Wissenssammlung statt. Positiv war, wie viele Fakten den Schüler*innen, auch den Viertklässler*innen, bereits eigenständig zu dem Terminus einfielen: Ein Junge aus der vierten Klasse sagte, dass Theoretiker*innen Formeln entwickelten und eine Schülerin ergänzte, dass sie Theorien aufstellten. Eine weitere Mitschülerin stellte die Adjektive »theoretisch« und »praktisch« gegenüber. Auf Nachfrage hin äußerten einzelne Kinder, dass Wissenschaft bedeute, etwas herauszufinden und Dinge zu erforschen. Daraufhin nannte ein Schüler beispielhaft eine Erfindung (vgl. Abb. 1):

Abb. 1: Wissenssammlung zum Begriff »Theoretiker*in«, Klasse 4.

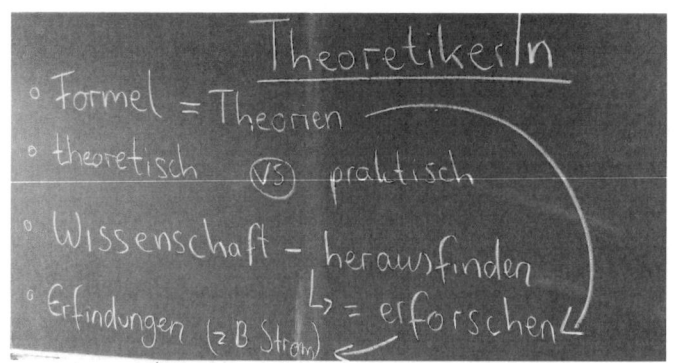

Sämtliche Fotografien oder anderweitige Abbildungen wurden von der Verfasserin selbst erstellt.

Die meisten Beiträge ergaben sich in der sechsten Klasse. In nachstehender Reihenfolge fielen folgende Begriffe:

- Physik: Neues erforschen
- Theorien, Ideen, Fragestellungen
- Formeln
- Fakten
- Untersuchungen
- Raritäten suchen
- Proben nehmen
- In die Welt hinausgehen
- Experimente

In der neunten Klasse nannten die Schüler*innen folgende Stichworte:

- Theorien aufstellen
- Behauptungen
- Forschung
- Umfragen
- Experimente

Im Anschluss wurden die Beteiligten angewiesen, als Wissenschaftler*innen tätig zu werden und zu ihren Begriffen zunächst theoretische Texte im Sinne einer *Écriture automatique* zu verfassen. Sie sollten sich dabei imaginativ, ohne jegliche Recherche, die Impulse von außen gegeben hätte, in ihren Rollen als unangefochtene Expert*innen innerhalb ihres Gebiets einfinden.[3]

---

[3] Den Klassen 4, 6 und 9, die alle fachfremd in Kunst unterrichtet wurden, waren überwiegend geschlossene Aufgabenformate mit einem Fokus auf technische Verfahren geläufig. Insbesondere in der neunten Klasse, jedoch auch in Klasse 4 und 6, wussten einige der Schüler*innen infolgedessen zunächst nicht, wie sie das offene Aufgabenformat handhaben sollten. Sie waren sich unsicher, was genau sie niederschreiben wollten. Daraufhin wurde in jedem Jahrgang eine Gesprächsrunde im Plenum eröffnet, in der die Mitschüler*innen Ideen zu den Begriffen der anderen mitteilen konnten. Daraus ergab sich eine Starthilfe für Lernende mit Schwierigkeiten in der ersten Ideenfindung. Zudem wurden die sogenannten W-Fragen *Wer? Was? Wann? Wo? Wie (viele)? Warum?* an die Tafel geschrieben, sodass, mit dieser Unterstützung, möglichst tiefgreifende und ausführliche Theorien entstehen konnten. Einige Schüler*innen akzeptierten recht schnell das neue, experimentelle Aufgabenformat und erarbeiteten sich eifrig eine Theorie, wohingegen es manch anderen etwas schwerer gelingen wollte. Sie brauchten mehr Zeit, wodurch im Sinne einer Differenzierung die Theorien in verschiedenen Tempi und Komplexitätsgraden entwickelt wurden.

Ein Beispiel für einen theoretischen Text zum Begriff »Pfandflasche« aus der Klassenstufe 4 ist auf der folgenden dokumentarischen Fotografie (vgl. Abb. 2) zu erkennen:

Abb. 2: Text einer Viertklässlerin zum Begriff »Pfandflasche«.

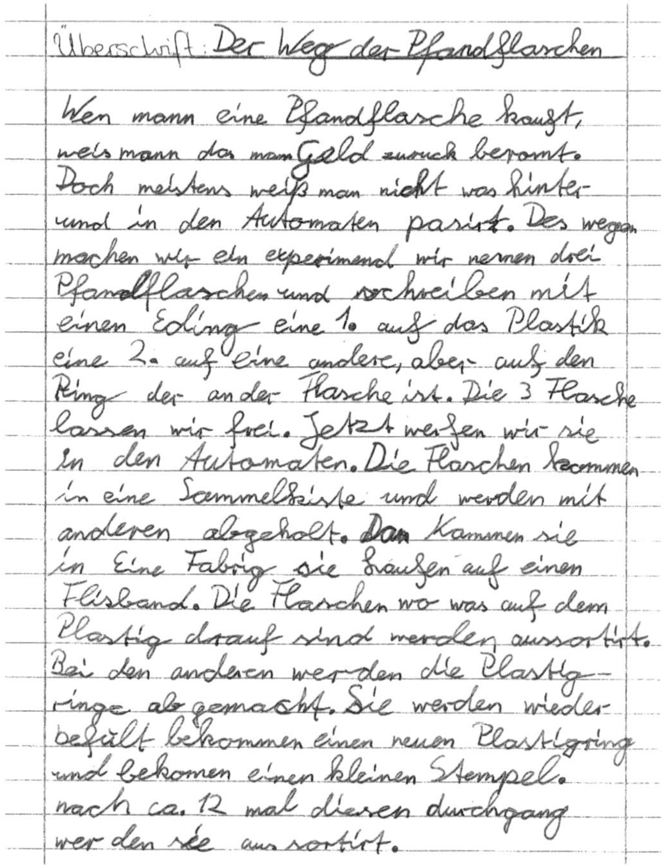

> Überschrift: Der Weg der Pfandflaschen
>
> Wen mann eine Pfandflasche kauft, weis mann das man Geld zuruck bekomt. Doch meistens weiß man nicht was hinter- und in den Automaten pasirt. Des wegen machen wir ein experiment wir nemen drei Pfandflaschen und schreiben mit einen Eding eine 1. auf das Plastik eine 2. auf eine andere, aber auf den Ring der an der Flasche ist. Die 3 Flasche lassen wir frei. Jetzt werfen wir sie in den Automaten. Die Flaschen kommen in eine Sammelkiste und werden mit anderen abgeholt. Dan kommen sie in Eine Fabrig sie brausen auf einen Fließband. Die Flaschen wo was auf dem Plastig drauf sind werden aussortirt. Bei den anderen werden die Plastig- ringe ab gemacht. Sie werden wieder befüllt bekommen einen neuen Plastigring und bekomen einen kleinen Stempel. nach ca. 12 mal diesen durchgang werden sie aussortirt.

Insbesondere den jüngeren Schüler*innen stand zum Teil, abgesehen von alltäglichen Bezügen, wenig bis kein erprobtes Wissen hinsichtlich ihrer Begriffe zur Verfügung. Schließlich hatten sie teilweise noch nie zuvor definitorisch über die im Projekt vorhandenen Begriffe nachgedacht. Da die Beteiligten nicht in Lexika oder dem Internet nachschauen durften, war *keine* Selbstverständlichkeit mehr, bezogen auf das Verfügen über das Wissen, gegeben. Die bereits vorhandenen Kenntnisse konnten als Grundlage für die Entwicklung einer eigenen Theorie gesehen werden, aber auch hinderlich sein, wenn es um die eigene imaginativ geleitete Erschließung von Sachverhalten ging. Zugunsten der neuen Theorie musste altes Vorwissen offenbar modifiziert werden. Bestehendes sollte demzufolge zu einem gewissen Grad verlernt werden, um Raum für die Erschaffung von Neuem bereitzustellen. In diesem Sinne wird das Unlearning nach Sternfeld in Kapitel 5.2.2 *Verlernen vermitteln: Sternfeld (2014)* aufgegriffen.

Auch Spivak lässt sich in diesem Zusammenhang hinsichtlich ihres Plädoyers für eine ästhetische Bildung, insbesondere zur Zeit der Globalisierung, einordnen. Sie vertritt in Anlehnung an Schiller (siehe Schiller 1795: Briefe 14/16/17/19/21/22/25/26) treffend die Ansicht, dass ästhetische Bildung das letzte verfügbare Instrument für eine Ermöglichung globaler Gerechtigkeit und Demokratie sei. Vor dem Hintergrund der immer stärker homogenisierenden Kräfte der Globalisierung steht sie für ein Entgegenhalten in Diversität mit Blick auf eine Phänomenologie des Fühlens sowie hinsichtlich kritischen Denkens – u.a. auch hinsichtlich einer Infragestellung von bestehenden Imaginationen – in der ästhetischen Bildung ein (vgl. Spivak 2013: 288f./339f.).

Ähnlich griff auch die *documenta 14* jene Themen mit der Ausstellung *South as a State of Mind* auf: Mit einem Appell, sich die Möglichkeiten für eine inklusive Welt vorzustellen, die im Licht der aktuellen politischen und ökonomischen Entwicklungen zwar nur schwer zu erreichen scheint; gerade deswegen aber sollten Alternativen für die derzeit unhaltbare und ebenso unklare Zukunft imaginiert und geschildert werden (vgl. Ausstellungskatalog *documenta 14*, Latimer und Szymczyk 2015: 5f.).

Um den Bezug zum kunstpädagogischen Projekt herzustellen: Das Verlernen von bereits verinnerlichten Anschauungen war gleichermaßen relevant für das Generieren der Theorien im Rahmen einer Gruppenarbeit, bei der alle vier Ansätze der jeweiligen Gruppenmitglieder zu einem Neuen verschmelzen sollten. In den Klassen 4 und 6 gelang diese kooperative, imaginativ geführte Erkenntnisbildung relativ zügig. In Klasse 9 hingegen zog es sich in den meisten Gruppen bis zum Ende hin durch, dass sie möglichst korrekte, reale Fakten abriefen, obwohl sie mehrfach auf den intendierten Neuigkeitswert durch eigene Gedankengänge hingewiesen wurden. Dafür behandelten sie eine gesellschafts- und politisch-kritische, ethische Ebene, indem sie thematisch aktuelle (Umwelt-)Problematiken, wie beispielsweise die Verunreinigung der Meere oder Kinderarbeit in Entwicklungsländern, anschnitten.

5.1.2 Skizzengestaltung in Zweier-Teams

Vor den Gruppenarbeiten erfolgte zunächst eine Skizzengestaltung zu zweit. Sie vollzog sich in allen drei Klassen auffallend ähnlich. Je nach individueller Geschwindigkeit schlossen sich zunächst die schnelleren Schüler*innen und später die etwas langsameren zu Paaren zusammen, bei denen jeweils der Text der anderen Person gelesen und anschließend eine Skizze erstellt wurde. Überwiegend wurde in allen Klassenstufen einfarbig mit Pfeilen, Linien und knappen Wortbeschreibungen gearbeitet, nur wenige malten. Diese Skizze sollte aufzeigen, wie die Theorien der Partner*innen verstanden wurden. Jene Texte, die vor den jeweiligen zeichnerischen Umsetzungen der Partner*innen verfasst wurden, konnten im gemeinsamen Gespräch Aufschluss über die jeweiligen Imaginations- und Verstehensprozesse geben.

Besonders die Diskussionen in den Klassen 4 und 6 dauerten lange an und die Schüler*innen waren fasziniert davon, was der anderen Person am eigenen Text bedeutungsvoll erschien, da sie selbst in vielen Fällen andere Aspekte als wichtiger erachteten. Die Antworten ergaben vorwiegend, dass das Empfinden für die Wichtigkeit vom eigenen Vorwissen und den persönlichen Interessen abhängig war. Auch schien es einige Unklarheiten zu geben, weil die Partner*innen teilweise keine eindeutigen Formulierungen in ihren *Écritures automatiques* verwendet hatten.

Dieses unterschiedliche Fokussieren des »Bedeutsamen« stellt einen wesentlichen Aspekt zur Bildung von Selbst- und Weltbildreferenzen dar, welche die Schüler*innen im Anschluss reflektieren konnten. Somit erlangten sie ein erweitertes Verständnis dafür, dass jede Person, abhängig von ihren soziokulturellen Erfahrungen, einzigartige Wahrnehmungs- und Imaginationsweisen sowie Erkenntnisinteressen mit sich bringt. Etwas Sichtbares wird imaginativ verarbeitet oder etwas Unsichtbarem wird durch den Einsatz der Vorstellungskraft und künstlerischer Verfahrensweisen ermöglicht, sichtbar zu werden. Die Bildung von Imaginationen steht unter einem konstruktiven sowie interpretativen Einfluss: Jene fiktiven Bilder basieren nicht lediglich auf der unmittelbaren Wahrnehmung und Vorstellung, sondern zudem auf visuellem Wissen der jeweiligen Person. Wenn verbildlichte Imaginationen von Kindern als Untersuchungsgrundlage dienen, zeigen sich Problematiken hinsichtlich der Deutung, denn »[n]icht jede verbildlichte Imagination erschließt sich sofort« (Rauterberg 2014: 467). Dieses Problem tritt verstärkt auf, wenn die betrachtende Person nicht »beim Entstehungs-Erläuterungs- und Diskussionsprozess des jeweiligen Bildes [...] beteiligt war« (ebd.). Demnach sind jene Auseinandersetzungen mit den Partner*innen oder auch die Performances, welche ohnehin einen stark prozessbezogenen und ephemeren Charakter – wie die Vorstellungen per se – haben, für weitere Reflexionen und Impulse von äußerster Relevanz, nicht zuletzt bezüglich einer Erweiterung des Verständnisses für Sichtweisen anderer. Die Schüler*innen fragten sich, was ihnen weshalb relevant erschien und wieso sie Anderes eher weniger nachvollziehen konnten.

Das persönliche Lebensumfeld wird von den Schüler*innen als »Welt« begriffen. Um die Möglichkeiten jener Welt für das eigene Leben zu erfassen, erkunden sie ihr Umfeld (vgl. Schäfer 2007: 257). Im Zusammenhang mit der Vorstellungsbildung werden die Imaginationen der Kinder wertgeschätzt, aufgegriffen und im gemeinsamen Unterrichtsdiskurs weiterentwickelt.

5.1.3 Generieren einer neuen Theorie und Plakatgestaltung in Gruppen

Eine Gruppenarbeit war der nächste Schritt im Verlauf des Projekts, bei dem jede*r den eigenen Begriff mit einbrachte. Daraus wurde in Vierergruppen eine neue Theorie aufgestellt, die in der Gestaltung eines Plakats mündete. Da die Schüler*innen sich bereits intensiv imaginativ in ihre eigenen Theorien eingearbeitet hatten, fiel es ihnen schwer, diese nun mit anderen Begriffen und theoretischen Ansätzen auf eine Weise zu verbinden, dass eine neue entstand, welche die Merkmale aller umfasste. Hier ist bewusst eine Differenz zu Kämpf-Jansens *Ästhetischer Forschung* gewählt worden, bei der sich ein Individuum zwar mit anderen austauscht, jedoch stets an der eigenen Forschungsfrage festhält. Schließlich waren Prozesse der kooperativen Imagination in dieser Arbeit von Interesse (siehe Sowa 2014, Krautz 2014).

Besonders erhellend war es, festzustellen, wie vier unterschiedliche Pseudo-Wissenschaftler*innen sich gemeinsam einem neuen Projekt widmeten. Die Schüler*innen konnten sich darauf einlassen, Teile ihrer Theorien zu dekonstruieren, um eine fusionierte Position zu erzeugen. Einzelnen Beteiligten, v.a. in Klasse 4, fiel diese Dekonstruktion zwar sichtlich schwer, vermutlich weil sie es gewohnt waren, aus dem Kunstunterricht etwas Eigenes, Fertiges und Greifbares mitzunehmen. Auch bei der Gruppenarbeit wurde ihnen nach Startschwierigkeiten eine Hilfestellung gegeben, indem anhand einer Gruppe exemplarisch demonstriert wurde, wie die Einzeltheorien verknüpft werden könnten. Trotz anfänglicher Probleme innerhalb der gemeinsamen Ideenfindung machte gerade diese Fusion der Begriffe die Originalität und Absurdität der Projektprozesse und -ergebnisse aus. In der gemeinsamen Reflexion erwähnten viele, dass auch die Erfahrung während des Arbeitens für sich bereichernd gewesen sei.

Ein wesentliches Kriterium war, dass sich alle, sowohl beim Skizzieren als auch beim Beschriften des Plakats, beteiligten, damit sich niemand dem Geschehen entzog (vgl. Wellenreuther 2010: 378). Bis auf wenige Ausnahmen funktionierte dies reibungslos. Während die Gruppenarbeiten in der sechsten und neunten Klasse sehr produktiv verliefen, stellte sich die Situation in der vierten Klassenstufe als schwieriger heraus, da die Schüler*innen methodisch noch nicht lange an das Arbeiten in Gruppen gewöhnt waren und ihre emotionale Involviertheit hinsichtlich der eigenen Theorien zu einigen Unstimmigkeiten führte. Abgesehen davon zeigte sich die im Sozialverhalten etwas schwächere vierte Klasse jedoch als durchaus kompromissbereit. Im gemeinsamen Diskurs über ihre, im wahrsten Sinne des Wortes, »fantastischen« Theorien lebten die Lernenden, unabhängig von ihrem Alter, auf. Häufig war zu beobachten, wie Ideeneinwürfe in der Runde der jeweiligen Gruppe kursierten und unmittelbar ergänzt oder diskutiert wurden.

In der Auseinandersetzung mit der Pseudo-Wissenschaft im Rahmen von PKF zeigt sich eine weitere Abgrenzung zu Kämpf-Jansens Ansatz, der mit dem Anspruch einhergeht, auf wissenschaftlich fundierten Fakten basierend zu arbeiten.[4]

Insgesamt betrachtet handelte es sich beim Projekt *Pseudo-Wissenschaftler*innen* um ein induktives Vorgehen, bei dem sich die Schüler*innen eigenständig die Sachverhalte erarbeiteten und vom Spezifischen auf das Allgemeine schlossen, vom Einzelbegriff auf die Einzeltheorie und davon ausgehend auf die Gruppentheorie. Anschließend folgte eine Präsentation der Standpunkte auf der »Konferenz der Wissenschaften« (siehe folgender Abschnitt).

Zusammenfassend lässt sich sagen, dass die Lernenden kaum Schwierigkeiten mit dem Begriff *Theoretiker*in* hatten, was vermutlich zu einem gewissen Grad in dem Vorwissen und der gemeinsamen Wissenssammlung an der Tafel begründet war. Die Tatsache, dass sie pseudo-wissenschaftlich arbeiten durften, erleichterte den Zugang zur Theorieentwicklung und ließ Offenheit für fantasiegeleitete Denkprozesse.

Eine anfängliche Desorientiertheit wich zunehmend einer überwiegend starken Vertiefung in die Themengebiete. Unsicherheiten und Nachfragen reduzierten sich im Laufe der Zeit und die Schüler*innen konzentrierten sich vermehrt auf die eigenständige Arbeit. Unabhängig vom Alter entwickelten die meisten der Beteiligten nach einer Phase der Hemmung einen motivierten Arbeitsfluss. Die Schüler*innen schienen regelrecht in ein *Flow*-Erleben geraten zu sein.[5]

Ein zentraler Unterschied zwischen der neunten und den anderen Klassen war die starke Orientierung an korrekten Fakten bei den Jugendlichen. Bemerkenswert war in der vierten und sechsten Klasse die (auch in Boltanskis Werken auftretende und im Sinne der *Ästhetischen Operation* nach Maset partiell den mentalen Schemata des Künstlers ähnelnde) Vermischung von realen Fakten und dem überwiegend

---

4 Zwar suchten die Schüler*innen nach Denkanstößen in der Schule und im privaten Umfeld, jedoch waren Kulturinstitutionen und der Stadtraum keine direkt in den Unterricht integrierten Orte. Wie bereits erwähnt, war dies aus organisatorischen Gründen nicht möglich, ebenso wenig wie Unterstützungen in den Arbeitsprozessen durch Künstler*innen. Jedoch erschien es als kein allzu starker Verlust, da die Schüler*innen ohnehin imaginativ sehr schöpferisch waren und in ihren Pseudo-Wissenschaften vielfältige Theorien hervorbrachten.
5 Ausführliche Informationen hierzu sind in Kapitel 5.1.3 [*Imagination und Flow*] *Im performativen Kunstunterricht* zu finden.

eingesetzten Vorgetäuschten, als die Schüler*innen sich als unangefochtene Expert*innen in ihrem Gebiet ausgaben.

5.1.4 Präsentationen auf der »Konferenz der Wissenschaften«

Während der »Konferenz der Wissenschaften« gaben die Anwesenden performative Darstellungen als Pseudo-Wissenschaftler*innen ab und präsentierten ihre neuesten Erkenntnisse. Die Garderobe dafür wurde von den Schüler*innen eigenständig gewählt, sodass manche im weißen Kittel erschienen, während andere elegante Anzüge oder Blazer bevorzugten. Einzelne Beteiligte brachten von sich aus weitere Requisiten mit, welche die erforschten Erzeugnisse darstellten.

Performative Prozesse machen laut Otto (1999: 201) »auf die produktiven ästhetischen Anteile von Lernprozessen aufmerksam und stellen alle routinierten Organisationsformen von Lernen auf die Probe«. Die zuvor abgehandelten Arbeitsschritte in *Pseudo-Wissenschaftler*innen* widersetzten sich durch die Ereignisse innerhalb des Projekts z.T. den üblichen »routinierten Organisationsformen« des Unterrichtens. Insbesondere die performativen Beiträge der Schüler*innen auf der »Konferenz der Wissenschaften« fielen aus den üblicherweise von den Klassen gewohnten Arbeitsweisen heraus. Tatsächlich ereignete sich insofern etwas Neues für alle Beteiligten, als die Abläufe wenig vorhersehbar waren und intuitiv vonstattengingen. Zudem wurden die Klassenräume dem Geschehen entsprechend umgestaltet und auch die Kameras für die ethnografischen Foto- und Videografien trugen zu einer veränderten Atmosphäre bei.

Während der sehr lebhaft ausgeführten Präsentationen über Zeitmaschinen, Getränke der Zukunft, tippende Laptop-Aliens, welche die kopfbedeckte Flaschenerde eroberten und Papierrosenhaie zeigte sich das Publikum z.B. in der vierten Klasse durch absolute Stille interessiert und stellte viele Nachfragen im Anschluss an die jeweilige Präsentation.

Um ein anderes Bild der performativen Ereignisse zu geben als dasjenige, das sich mittlerweile in den Köpfen der Leser*innen gebildet hat, sind im Folgenden jeweils Fotografien von zwei Gruppen pro Klassenstufe zu sehen (Abb. 3-5). Ergänzend dazu schrieb eine engagierte Viertklässlerin zusätzlich aus intrinsischem Antrieb Notizen während der Darbietungen der anderen Gruppen und fügte kleine Skizzen hinzu (vgl. Abb. 6).

Abb. 3: Die Präsentierenden beantworten Fragen, Klasse 4.

Abb. 4: Die Präsentierenden, Klasse 6.

Die Schüler*innen arbeiteten in Vierergruppen. Auf den Fotografien sind größtenteils nur drei Schüler*innen zu erkennen, weil es pro Gruppierung häufig einzelne Schüler*innen gab, die nicht gefilmt oder fotografiert werden wollten.

5. Projekt I: Pseudo-Wissenschaftler*innen   159

Abb. 5: Die Präsentierenden, Klasse 9.

Abb. 6: Notizen einer Schülerin während der Präsentationen, Klasse 4.

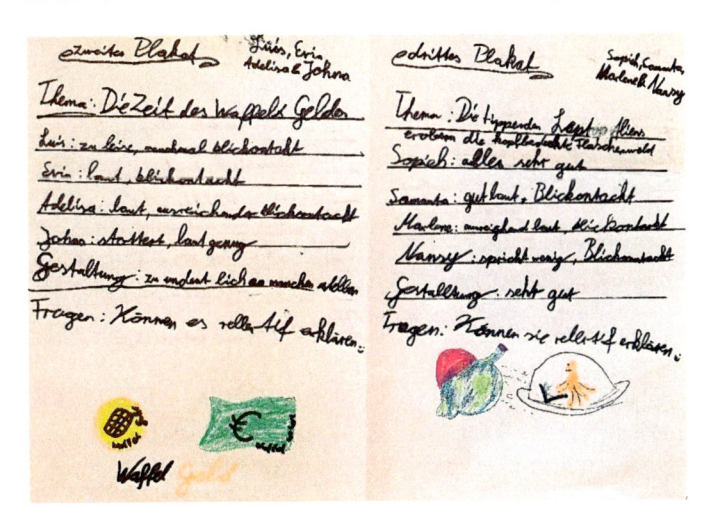

Ebenso dynamisch verliefen die Präsentationen in der sechsten Klasse, in der die Schüler*innen durch ihr erweitertes Fachvokabular als Wissenschaftler*innen noch authentischer auftreten konnten. Die Schüler*innen in den zwei niedrigeren Jahrgangsstufen konnten spontan und selbstbewusst durch den schnellen Zugriff auf ihre Vorstellungskraft unerwartete Fragen beantworten. In ihren Rollen traten die Pseudo-Wissenschaftler*innen überzeugend als vielwissende Expert*innen auf. In der neunten Klasse überwog in den meisten Gruppen hingegen eine allgemeine Unsicherheit, eine Anspannung vor den Präsentationen sowie ein Gefühl des Unbehagens, sich vor den anderen Mitschüler*innen möglicherweise bloßzustellen. Eine Gruppe trat allerdings sehr souverän auf und berief kurzweg eine Beratung im Wissenschaftler-Team ein, als eine kritische Frage im Publikum geäußert wurde (vgl. Abb. 7):

Abb. 7: Gruppenberatung auf der »Konferenz der Wissenschaften«, Klasse 9.

Einzelne Beteiligte beschäftigten sich, auf freiwilliger Basis und über den Kunstunterricht hinaus, weiter mit ihren Themen. Beispielsweise entwarf ein Schüler der vierten Klassenstufe eine Unterschrift inklusive Logo, das seinen fiktiven Namen »Dr. Rotpilz« repräsentierte. Scheinbar hatte er sich mit seiner Rolle identifiziert und wollte sie zumindest auf diese Weise weiterführen (vgl. Abb. 8):

Abb. 8: Fiktive Unterschrift und Logo eines Pseudo-Wissenschaftlers, Klasse 4.

Eine andere Schülerin präparierte eine Flasche mit »Alien-Substanz«, die sie auf der »Konferenz der Wissenschaften« vorstellte.

Im Vorhinein war nicht konkret festgelegt, wie viele Doppelstunden das Projekt umfassen würde. Die Schüler*innen aller Jahrgänge benötigten, insbesondere für die Gestaltung der Plakate, mehr Zeit als angenommen. Insgesamt nahm das Projekt *Pseudo-Wissenschaftler*innen* fünf Doppelstunden à 90 Minuten in Klasse 4 und je vier Doppelstunden in Klasse 6 und 9 in Anspruch, wobei die zuvor behandelten einzelnen Arbeitsschritte des Settings festgelegt waren. Die zeitlichen Strukturen der Arbeitsschritte blieben flexibel.

5.2 Theoretische und künstlerische Kontextualisierung

Im Sinne der theoretisch fundierten Ausführungen gemäß Kapitel 2 und 3 stehen die Imagination sowie die Schaffung von Raum für ein *Flow*-Erleben und ihre Reflexion, exemplarisch umgesetzt durch PKF, im Mittelpunkt des Projekts. Es handelt sich um freies, spontanes Fantasieren, das sich in einem wertungsfreien Raum befindet. D.h., keine Differenzierungen von »korrekt« oder »inkorrekt« folgen auf die Arbeitsprozesse, sondern ein intensives Nachdenken der Schüler*innen über gesammelte Erfahrungen.

5.2.1 Imagination und *Flow*

Im ersten Teil dieses Abschnitts ist Imagination im Fokus. Daraufhin werden auch die Hauptkomponenten des Erlebens von *Flow* hinsichtlich des performativen Kunstunterrichts sowie der (Kinder-/Jugend-)Zeichnung exemplifiziert.

Im Nachfolgenden wird eine beide Bereiche betreffende Komponente aufgegriffen, die innerhalb des Schulprojekts[6] eine wesentliche Rolle gespielt hat: der kooperative Imaginationsprozess. Sowa geht in seinen Ausführungen unter dem Titel »Kooperative Vorstellungsbildung als didaktisches Prinzip« auf den Handlungsaufbau, die Resonanz und die Überzeugungskraft in kooperativen Imaginationsprozessen ein.[7] Letztere erhält hier weniger Aufmerksamkeit, da es keine Intention ist, andere von eigenen inneren Erscheinungen zu »überzeugen«, sondern vielmehr erst für sich selbst und anschließend in Bezug zu direkter imaginativer Kooperation mit anderen eigene Perspektiven zu erweitern. Sowas (vgl. 2014: 248) Forschungsprojekt befasst sich mit der Relation von abstrakten Werten bzw. Begriffen[8] und des damit in Beziehung stehenden bildlichen Ausdrucks, im Folgenden verallgemeinernd erweitert um das Künstlerische, in diesem Fall exemplarisch auch anhand des Performativen dargelegt.

Im Wesen der Darstellung steht bereits, dass ein Werk nicht ausschließlich für sich alleine spricht. Sowa verwendet die Begrifflichkeit der *Darstellung im doppelten Sinne*, die zum einen die Repräsentation und zum anderen ebenso die Kommunion (gemeinsame Teilung bzw. Mitteilung) umfasst (vgl. Gadamer 1975: 97-161). Hierzu kommen zwei Fragen auf: Kann es sich tatsächlich um eine »Repräsentation« von inneren Bildern handeln? Es geht wohl eher um eine Transformation und Weiterführung von Fantasien. Wie stark haben die Schüler*innen innerhalb ihrer Umsetzungen vom Inneren ins Äußere überhaupt die anderen vor Augen? In welchem Maße handeln sie für sich, wie viel tun sie für andere? So sehr jene Fragen von Interesse sind, grenzt sich der eigene Ansatz insofern ab, als das Individuum erst mit seinen eigenen Fantasien im Mittelpunkt steht, bevor diese dann mit anderen gemeinsam weiterentwickelt werden. Es ist, abweichend von Sowas Position, keine Untersuchung von Persuasivem, sondern eine der Prozesse, die sich im gemeinsamen Fantasieren, über das Individuelle hinaus, entwickeln. Im Rahmen

---

6 Dies bezieht sich ebenso auf das im nachfolgenden Kapitel vorgestellte Projekt II.

7 Er verweist in seinem Beitrag auf die Forschungsarbeit Nakous, die sich mit dem imaginativen Zeichenverhalten einer neunten Haupt- und Werkrealschulklasse befasst hatte. Diese stark exemplarische Studie wird im Weiteren nicht verfolgt, um den Fokus dieser Arbeit zu wahren.

8 Hierin zeigt sich eine Parallele zu Sowas Ansatz, wobei hier auch neben abstrakten Werten wie Zeit, Licht etc. konkretere gegeben sind.

einer bildlichen Veräußerung kann sich nicht die gesamte hintergründige Vorstellung und Interpretation eines Menschen ausdrücken, weswegen sich jener Imaginationskomplex nicht auf das alleinige Bildresultat reduzieren und in ihm festschreiben lässt. Die Darstellung der inneren Erscheinung ist stets eine dezimierte Umformung des Inneren (vgl. Sowa 2012: 156f.). Dennoch kann ebenjene auch die Fantasie weiter anregen, da sie sich aufgrund der hineinwirkenden Wahrnehmung stetig mit wandelt. Die künstlerische Veräußerung des inneren Vorstellungsbilds ist somit kein Feststellungs-, sondern vielmehr ein Eröffnungshandeln, das den Ausgangspunkt für einen nicht abschließbaren, offenen Verhandlungs- und Darstellungsprozess schafft (vgl. Sowa 2014: 250).

Hinsichtlich des Zur-Darstellung-Bringens setzt sich Sowa mit dem Anfangen, dem Fortfahren und Ausführen, den Modalitäten der Imagination und der Überzeugungskraft auseinander. Das Anfangen bildet den konzeptionellen Beginn der Veräußerung, an dem die Darstellungsform und der Typus ausgewählt sowie bereits eine grobe Imagination bezüglich des möglichen Endresultats generiert wird (vgl. a.a.O.: 266). Die Beteiligten müssen hierbei zunächst die Aufgabenstellung bzw. den Ausgangspunkt deuten und ihre Vorverständnisse aktivieren, um die Aufgabe in die Tat umsetzen zu können (vgl. a.a.O.: 256).

Wie auch innerhalb anderer künstlerischer Praxisphasen, wird das Anfangen hier nicht als ein isolierter Schöpfungsakt im Sinne einer *Creatio ex nihilo* angesehen, sondern als eine Reaktion und ein Rückbezug auf bereits Bestehendes, wie beispielsweise Erfahrungen und die damit verbundenen Vorstellungen (vgl. a.a.O.: 255). Der Beginn schließt den Rückgriff auf dialogische Momente, Situationen des Weltbezugs oder das Memorieren bereits ausgeführter Darstellungstypen – in der vorliegenden Arbeit eher Transformationsprozesse – mit ein (vgl. a.a.O.: 267). Hier ist eine Parallele zu den anfänglichen Schwierigkeiten einiger Schüler*innen während des Projektbeginns zu erkennen. Für die Aktivierung des Darstellungshandelns müssen Werkautor*innen zunächst Grundmuster der Imagination hervorrufen und ihren bisherigen Bestand an Werkinhalten anregen. Die Grundmuster der Vorstellung umfassen Grundtypen, wie z.B. Szenen, Figuren, Gegenstände etc., die Möglichkeiten für den Veräußerungsprozess aufzeigen und eine Grundlage für die gestalterische Ausführung sowie die Ergebnisorientierung bilden. Eine Vorstellbarkeit von Typen geläufiger soziokultureller Werktraditionen und -konventionen muss außerdem gegeben sein. Grundsätzlich umfasst das Repertoire an Werk- und Handlungsmotiven häufig behandelte Elemente. Hierbei handelt es sich Sowa (vgl. a.a.O.: 256f.) zufolge um zugängliche »Darstellungsformeln« – hier als Transformationsprozesse oder -werkzeuge bezeichnet – die in gesonderten Einheiten ausgedrückt und anschließend zu Gesamtelementen zusammengefügt werden. Darüber hinaus bilden sich seitens der Schüler*innen innovative Formen der Veräußerung durch die Fusion imaginativer Verküpfungen von Bekanntem zu Neuem.

Während des Fortfahrens wird die Darstellungshandlung alsdann zur Gestaltung, die allerdings keine exakte Umsetzung der Ausgangsvorstellung in die Veräußerung verfolgt. Diese Phase wird vielmehr als prozessual aufgefasst und geht mit einer Bildung, Ausarbeitung, Explikation und Umbildung der Vorstellungskraft einher, in der Teilinhalte zur Gesamtimagination hinzugefügt sowie Einzelbilder und -motive in das imaginative Beziehungsgefüge eingespeist werden (vgl. a.a.O.: 258).

An dieser Stelle lässt sich der Begriff der »Imaginativen Energie« anführen. Nach aristotelischem Verständnis ist die *Energeia* (actus – Wirklichkeit) der gegenüberstehende Begriff zu *Dynamis*, welcher lediglich die Möglichkeit (lateinisch »potentia«) beinhaltet. Wortgetreu kann *Energeia* mit Am/Im-Werke-Sein übersetzt werden (siehe Heidegger 1978 [1928]). »Diese ›Wirklichkeit‹ des Werkprozesses ist die ›wirksame‹ Verwirklichung der Möglichkeiten, die im Anfang impliziert sind« (Sowa 2014: 259f.). Eine Parallele zur *Flow*-Erfahrung lässt sich hinsichtlich eines hochkonzentrierten Tätigkeits- oder Schaffensrausches nach Überwindung erster Hemmnisse ausmachen. Die Schüler*innen benötigen das Vermögen, »Potenzialitäten in Wirklichkeiten und Andeutungen in Formulierungen zu überführen« (a.a.O.: 260) und ferner das schöpferische Gesamtkonzept zu überblicken sowie das künstlerische Schaffen zu reflektieren.

Der Grad an »Realitätscharakter« eines Gestaltungsergebnisses wird von den Modalitäten der Vorstellungskraft in Bezug auf seine Lebenswirklichkeit in der Denkweise seines*r Autors*in zu erfassen versucht. Dies wird anhand unterschiedlicher Auslegungen eines Werks verständlich, in denen sich die Differenzen zwischen subjektorientierten oder interpersonalen Auffassungen zeigen (vgl. a.a.O.: 261), wie innerhalb der Gespräche über die Skizzen in Zweier-Teams.

Sowas kooperativer Vorstellungsbildung gemäß ist die Überzeugungsstärke eines künstlerischen Erzeugnisses, in seinem Fall eines Bilds,[9] die wesentliche Basis für das Anschlussgespräch inklusive offenem Raum für interpretatorische Verhandlungen. Die Bezeichnung *Überzeugungskraft* lässt sich aus dem griechischen Wort Πειθώ (peitho – Überzeugung) herleiten, das als Kategorie der Rhetorik und Poetik rhetorisches Handeln beinhaltet (vgl. Aristoteles ~340 v. Chr.: 9/13f.). Während des rhetorischen Wirkens übertragen sich die imaginativen Energien der Redner*innen auf andere, wodurch schließlich identische Energien oder Emotionen geteilt werden, was sich innerhalb der Präsentationen auf der »Konferenz der Wissenschaften« z.T. gezeigt hat. Vorgänge des (Überzeugens und) Teilens werden auch imaginationstheoretisch als Akte der Vorstellungskraft aufgefasst.

In der Didaktik der Imagination wird die Ebene des intersubjektiven Wirkungsgrads einer künstlerischen Gestaltung ebenfalls fortgesetzt, denn auch durch

---

9   Explizit werden darüber hinaus in der vorliegenden Arbeit auch alle weiteren künstlerischen Verfahrensweisen adressiert.

das Wirkungsvermögen des Überzeugens mache eine Darstellung im Sinne der »communio« zur Darstellung. Eine Voraussetzung dafür ist, dass das intendierte Gegenüber bzw. die tatsächlichen Betrachter*innen sensibel und empfänglich für die Inhalte des Dargestellten sind (vgl. Sowa 2014: 262f.).

Jener Austausch ereignete sich im kunstpädagogischen Projekt insofern in der Partner- und Gruppenarbeit sowie in den Performances, als diese von allen gemeinsam durchgeführt und in Bezug auf Imagination diskutiert wurden. Allerdings sind Sowas Überlegungen zum intendierten Gegenüber hier weniger von Relevanz, weil zunächst Subjektives im Fokus steht; die Schüler*innen sammeln ästhetische Erfahrungen nicht (vorrangig), um sie für andere besonders gut kommunizierbar zu machen. Auch innerhalb der kooperativen Elemente kann letztendlich im Konkreten nur jede*r Schüler*in für die eigenen Wahrnehmungen und Vorstellungen sprechen. Anstatt die Imagination anderer zu antizipieren und am Ende zu diskutieren, vernetzt sie sich hier zu einer neuen, kooperativ hervorgeholten Vorstellung, was im Alleingang auf diese Art nicht zustande gekommen wäre.

Gelegentlich kann sich ereignen, dass die Rezipient*innen die Autor*innen besser zu verstehen scheinen als diese sich selbst (vgl. Gadamer 1975: 355ff.). In einer schulischen Lehr-Lernsituation sollte der Lehrkörper die Darstellungen der Lernenden hinsichtlich »übersubjektiven kulturellen Normen der Verständlichkeit [...], aber *auch* an seinen eigenen Ansprüchen an Verständlichkeit« (Sowa 2014: 265, Herv.i.O.) ausloten. Die Absicht hierbei liegt im besseren gegenseitigen Verstehen bzw. Verständlichmachen.[10] Beim Projekt *Pseudo-Wissenschaftler*innen* gaben einige Schüler*innen an, durch die Sichtweisen der anderen aus ihren eigenen Arbeiten Neues herauslesen und ihren Standpunkt z.T. erweitern zu können.

Die dabei auftretende Konkretisierung latenter Bedeutungen und ihre Überführung in manifeste Bedeutungen (vgl. Kirchner 2014: 311f.) wird auch hermeneutische Hebung genannt. Sie findet sich im Rahmen von Werkgesprächen, von Helfen und Zeigen – in allgemeinen Verständigungsprozessen (vgl. Sowa 2014: 265). Hebung meint in diesem Kontext die Entwicklung einer formal sowie inhaltlich armen zu einer reichen Vorstellungskraft. Kooperatives imaginatives (Bild-)Handeln ist folgerichtig lehr- und lernbar, denn »[s]ymbolisch reduzierte und ›andeutende‹ Imaginationen sind prinzipiell bildbar und bildungsbedürftig in Richtung auf überzeugende Mittelbarkeit und Verständlichkeit« (a.a.O.: 266).

Es ergeben sich folgende Schlussfolgerungen für den Nachvollzug und die Förderung von imaginativen Darstellungsprozessen: Die gemeinsame Diskussion und Reflexion einer Veräußerung der Imagination kann, wie beispielsweise im kunstvermittelnden Projekt, innerhalb eines kooperativen Austauschs zwischen Lehr-

---

10 Zum Verständlichmachen lässt sich ein Bezug zu Fausers Konzept des *Verständnisintensiven Lernens* vornehmen, denn im Hinblick auf das Verstehen zweiter Ordnung sind Parallelen auszumachen.

kraft und Schüler*innen untereinander erfolgen sowie auf den jeweiligen Handlungsebenen bei Bedarf gezielt unterstützt werden.

In Anbetracht der Förderung des Beginnens muss die zuständige Lehrperson die Anfangsvoraussetzungen, den Entwicklungsstand sowie die Vorstellungswelt der Schüler*innen berücksichtigen. Mittels empathisch-partizipativen Aufgabenstellungen sollten die Involvierten zur Perspektivenübernahme und zum Mitvollzug durch andere motiviert werden, wie auch bei Projekt I bezüglich der Hilfestellungen bei potenziellen Startschwierigkeiten in der Ideenfindung. Während der gestalterischen, schöpferischen Vorgänge können die Schüler*innen in ihren Prozessen der Vorstellungskonkretisierung dialogisch und ggf. aufzeigend unterstützt werden (vgl. a.a.O.: 296). Innerhalb der Bildung und im Rückbezug auf gestalterische Konzeptionen bei der Veräußerung einzelner Aspekte sollten die Schüler*innen begleitet sowie eine Bezugnahme zu im Prozess geschaffenen Vorgaben eingerichtet werden. Zur Unterstützung der Ausführungslogik von Transformationsprozessen können Förderstrukturen, z.B. in Form von Gesprächsimpulsen, geschaffen werden.

Die Absicht des gemeinsamen Nachvollziehens, die eine didaktisch begriffene hermeneutische Hebung der Projektionen des Imaginativen erst zulässt, sollte Ziel des didaktischen Handelns werden und ein gemeinsames Verstehen der jeweiligen Vorstellungen einfordern. Zeigende und helfende Gesten sowie Sinndeutungen mit anschließenden Begründungen durch die Werkurheber*innen sind hierfür wesentliche Merkmale der Gespräche (vgl. a.a.O.: 267ff.).

Hinsichtlich der Vorträge auf der »Konferenz der Wissenschaften« kann in Bezug auf die entsprechende Unterrichtspraxis des Fachs Kunst ferner diskutiert werden, inwieweit eine Konzentration auf die Kommunikationsfähigkeit auch in eine Veräußerungspraxis mündet, die ggf. nicht nur das Herausformen einer individuellen Werksprache zum Ziel hat. Ihre Intention könnte eine zusätzliche Behandlung idealtypischer und kultureller Normen für eine würdigende Kommunikation über die Veräußerung der Imagination innerhalb der erfolgten Teamarbeit sein.

Zudem birgt das Projekt darüber hinausgehend eine Offenheit für das Andere hinsichtlich der Absurdität und Originalität der Ideen, mit denen übliche Normen irritiert bis gesprengt werden. Der anschließende Kunstbezug (siehe Kapitel 5.2.3 *Künstlerbezug: Die Pseudo-Wissenschaft Boltanskis*) ermöglicht überdies eine weitere Sichtweise innerhalb der gemeinsamen Besprechung von Imaginations-*Flow*-Erfahrungen, wie eine Vorstellung sich zu einer anderen geformt hat, auch unter Berücksichtigung gemeinsam entwickelter Imaginationen. Diese treten dennoch in ihrer spezifischen Form individuell unterschiedlich auf. Alle Beteiligten können hypothetisch ihre Vorstellungen mutmaßen, wie Künstler*innen zunächst werkbezogene innere Erscheinungen entwickelt haben und wie schlussendlich deren Arbeit entstanden sein könnte. Auf einer Metaebene stellen sich die Schüler*innen somit mögliche Imaginationen der Künstler*innen (siehe mentales Schema der *Äs-*

thetischen Operation nach Maset) vor und erhalten im gemeinsamen Austausch auch eine Idee davon, wie ihre Mitschüler*innen sich dies vorstellen, wobei jene Imagination der Vorstellung der Anderen zu denkbaren inneren Erscheinungen der Künstler*innen bei allen wiederum individuell anders ist. Währenddessen vollziehen sich rekursive, schachtelartige Gefüge mit Imaginationen von Imaginationen von Imaginationen usw., quasi einer *Mise en abyme* entsprechend.

Die kunstdidaktische Grundidee einer kooperativen Vorstellungsbildung ist bezüglich der vorigen Ausführungen insbesondere heutzutage von hoher Relevanz. Kooperative Imagination ist geradezu erforderlich, damit die Schüler*innen von einer möglichen starren Festschreibung innerer Vorstellungs- und Weltbilder abweichen und diese ausweiten können. Gegenwärtig befassen sich einige Ansätze der Kunstpädagogik mit Fragen der Kollaboration (siehe Schmidt-Wetzel 2017, Krebber 2020 u.a.).

Eine Künstlerin, die sich mit ähnlichen Fragen befasst, ist Stella Geppert mit ihren performativen Untersuchungen menschlicher Kommunikation und Beziehungen, auch in Bezug auf die reziproke Wirkung mit dem umliegenden Raum, auf verbaler sowie nonverbaler Ebene (vgl. Reuter 2006: 8). In der Arbeit »Marrakesh Conversation« (2018) wird beispielsweise ein den Umständen der öffentlichen Performance entsprechend authentisch angestrebtes gemeinsames Essen mit fünf Personen inklusive der Künstlerin abgehalten, bei dem die Beteiligten während des Speisens eine Konversation führen. Dabei tragen sie mit Zeichenstäben ausgestattete helmartige Objekte auf dem Kopf, die einem erweiterten Kommunikationsorgan gleichen. Die soziale Interaktion wird hierbei mittels seismografischer Spuren der verlängerten Zeichenwerkzeuge auf der weißen Decke des Raums festgehalten.

Wie zuvor erörtert, wirken sich (konditionierte) Imaginationen auf das menschliche Denken, Fühlen und Handeln aus und beeinflussen maßgeblich das Leben sowie die persönliche Sichtweise darauf (vgl. Hüther 2015: 7-19). Insbesondere vor diesem Hintergrund ist eine kooperative Vorstellungsbildung im (Kunst-)Unterricht erforderlich und bietet eine Chance für die kritische Reflexion sowie Erweiterung von nahezu festgesetzten, immer wiederkehrenden inneren Erscheinungen. Laut Uhlig (vgl. 2012: 125) wird der Forschungsbereich zur didaktischen Förderung der Imaginationsleistung nahezu ausgeblendet und steht in Diskrepanz zur stark vertretenen Förderung des Darstellungsvermögens von Kindern. Im Folgenden werden dementsprechend imaginationsbezogene Aspekte dargelegt, die Kindern innewohnen und im Kunstunterricht vermehrt Aufmerksamkeit erhalten sollten:

Das Lebensumfeld von Kindern ist ein wesentlicher Faktor für die Imaginationsentwicklung, denn je früher und regelmäßiger sie Freiräume zum Imaginieren erhalten, umso größer kann ihre Imaginationslust sein. Nun stellt sich die Frage, inwiefern der Imagination im Kunstunterricht ein Raum geboten wird (vgl. a.a.O.: 126). In den Projektklassen war Kunstunterricht, der sich auf die Imagination und die *Flow*-Erfahrung ausrichtet, zuvor noch nicht bekannt. Bezüglich des Schulprojekts waren für die Imaginationslust und -bereitschaft insbesondere die von den Beteiligten selbst gewählten, persönlich relevanten Fragestellungen nach eigenen Interessengebieten bedeutsam.

Wenn Kinder von sich aus fantasieren, ergibt sich ein anderes Resultat, als wenn eine Person vorschreibt, was sich jemand vorstellen soll. Sich bestimmte technische oder anatomische Vorgänge vorzustellen, kann eine Herausforderung sein. Freies Imaginieren ist eng verbunden mit dem kindlichen Spiel und der Fantasie. Das freie Spiel in Form eines performativen Akts kann zu einer starken Imaginationstätigkeit führen, weshalb den Schüler*innen viel Freiraum für ihre Ideen innerhalb des (Schau-)Spiels innerhalb der Klasse gegeben wurde.

Die Imaginationskraft variiert je nach Person und individuellen Dispositionen, die durch verschiedene Sozialisationsinstanzen beeinflusst werden. Eine weniger entwickelte Imaginationsleistung reicht aus, um den Alltag zu meistern; eine höhere Leistung hilft wiederum, indem sie Informationen verdichtet und erweitert. Je dichter eine Person imaginieren kann, desto reicher und komplexer ist ihr Imaginationsvermögen. Das erste sowie das im nachfolgenden Kapitel vorgestellte Projekt repräsentieren dabei einen minimalen Bruchteil der Möglichkeiten, dies umzusetzen.

Die Imaginationskraft ist die Fähigkeit, sich gegen Widerstände durchzusetzen und eigenständige imaginative Leistungen zu erbringen. Sie ist eng mit der imaginativen Dichte verbunden. Mittels Imaginationskraft und -autonomie (umdeuten, dekonstruieren, integrieren) kann etwas Neues entstehen (vgl. a.a.O.: 126f.). Jene Aspekte spiegeln sich insbesondere innerhalb der Gruppenarbeit wider, wo die Schüler*innen ihre bisherigen Theorien, die bereits auf Unlearning basierten, wieder aufbrechen und neu verknüpfen mussten.

Die von Uhlig (vgl. a.a.O.: 127) als »Transmissions*fähigkeit*« bezeichnete Fertigkeit, hier offener als Transformations*prozess* aufgefasst, sei die Fähigkeit, innere Bilder adäquat extern zu repräsentieren und umgekehrt.

In der vorliegenden Position stehen eher Fragen wie: »Wie erscheint etwas? Warum auf diese Weise? Womit könnte dies zusammenhängen?« ohne weitere Bewertung im Vordergrund. Über die bildliche Ebene hinaus war dies bezüglich des kunstvermittelnden Projekts besonders innerhalb der Darstellung von Ideen während der performativen Akte von Bedeutung.

Philosophieren mit Kindern regt dazu an, dass sie ihre Gedanken beobachten und reflektieren, denn die Beschäftigung mit eigenen Denkbewegungen kann persönliche Ansichten verändern (vgl. a.a.O.: 128, siehe Uhlig/Duncker 2016). In den gemeinsamen Reflexionsgesprächen nach den künstlerischen Praxisphasen in Projekt I (und II) hatten die Schüler*innen die Möglichkeit, ihre imaginativen Prozesse und *Flow*-Erlebnisse ein wenig distanzierter zu rekonstruieren und erneut darüber nachzudenken. Uhligs Ausführungen zur Imaginationsfähigkeit bei Kindern sind aufschlussreich für die Arbeit von Kunstvermittler*innen, da das Zustandekommen von Imaginationsfähigkeit durch seine Bedingungen erläutert wird. Je mehr Lehrende und Lernende ihre Fähigkeiten schulen, auf ihre inneren Erscheinungen zurückzugreifen zu können, desto besser sind sie in der Lage, Erkenntnisse zu reflektieren und Potenziale sowie Visionen für ihre Weiterentwicklung zu nutzen.

Um eine weitere Verbindung zu konkreten Vorschlägen aus der Kunstpädagogik herzustellen, werden zwei Übungswege für die Imagination von Krautz aufgegriffen, die auf Projekt I beziehbar sind. Die *Vorstellungsübung* umfasst u.a. Übungsmöglichkeiten des Einnehmens neuer Betrachtungsweisen und das Üben empathischer Fähigkeiten. »Das Einfühlen in Denken, Fühlen, Leben und Leiden anderer Menschen« kann allenfalls durch künstlerische Arbeiten geschult und erweitert werden (vgl. Krautz 2012: 89). V. a. die Besprechungen der Theorievernetzung setzten jene Abläufe voraus. Beim Übungsweg der *Vorstellungswahrnehmung*[11] verhält es sich ähnlich. Hier sollen Schüler*innen sich des Wirkungsvermögens ihrer Imagination bewusst werden. Im Rahmen einer künstlerischen Produktion kann sich dies durch eine Ausrichtung der Konzentration auf singuläre »»Submodalitäten‹ der Wahrnehmung« (a.a.O.: 91) vollziehen. Insbesondere in den Reflexionsgesprächen wurde sich im Projekt auf die eigene Imagination und Wahrnehmung sowie deren Verhältnis und die *Flow*-Erfahrung bezogen.

Um die Neugierde der Schüler*innen für die Reflexion ihrer Imagination im Kunstunterricht zu wecken, wurde ein offen gehaltener Einstiegsimpuls gewählt. In der Phase des Austauschs zu den Imaginationen hinsichtlich der Texte der Partner*innen und deren zeichnerischer Umsetzung war ein Anlass für ein gemeinsames Gespräch über das persönlich Relevante gegeben. Im Anschluss sollten Schwierigkeiten bei der Gestaltung aufgezeigt werden, um die Imaginationsprozesse zusammen Revue passieren zu lassen. Dabei wurde auch über die individuellen Assoziationen zu den ausgewählten Arbeiten gesprochen. Wenn Lehrpersonen sich der (Imaginations-)*Flow*-Prozesse bewusst sind, können sie gezielter bei Lernenden ansetzen, um das ihnen bereits immanente Reflexionspotenzial hervorzurufen, dessen sich nicht jede*r von Beginn an bewusst ist.

Kinder sollten in keiner Sozialisationsinstanz Grenzen in ihrer Imaginationsbereitschaft gesetzt werden, indem etwas stringent und kategorisch als »inkorrekt« oder »unwahr« besiegelt wird.

---

11   Der Begriff *Vorstellungswahrnehmung* unterstreicht treffend die reziproke Relation von *aisthesis* und *imaginatio*. Umgekehrt könnte auch von *Wahrnehmungsvorstellungen* gesprochen werden.

Dementsprechend blieben in Projekt I alle Aussagen ohne Bewertung. Nicht selten haben Schüler*innen Angst, im Kunstunterricht Fehler zu machen, was einen *Flow*-Zustand behindert.[12]

Im Zusammenhang mit kunstpädagogischen Prozessen umfasst das Erleben von *Flow*, wie auch im Allgemeinen, eine vertiefte Konzentration bis hin zum Schaffensrausch, bei dem die Personen sich vor dem Hintergrund einer Passung von Herausforderung und Tätigkeit in der Arbeit verlieren (vgl. Csíkszentmihályi 2017: 87).

Überdies ist eine Rahmenplanung von kunstpädagogischen Projekten oder Kunstunterricht ohne starke zeitliche Einschränkungen für die individuelle Möglichkeit der vertiefenden Produktivität innerhalb autonomer Arbeitsprozesse inklusive offener Aufgabenformate, denen sich die Schüler*innen gewachsen fühlen, förderlich (siehe Ott 1949, Otto 1964 und Selle 1996). Zudem sollte ein ruhiger Raum für die Möglichkeit zur Konzentration geschaffen werden. Insbesondere eine autotelische sowie intrinsisch motivierte Bearbeitung von Fragestellungen seitens der Schüler*innen, innerhalb derer sie sich unmittelbar deutliche Rückmeldung hinsichtlich ihrer selbst gesteckten Ziele geben, ist von hoher Relevanz. Ein Bezug zur bildenden Kunst sollte hinsichtlich ihres Reichtums an Facetten in Relation zur Vielfalt der individuellen *Flow*-Zugänge gegeben sein. Verglichen mit anderen Aktivitäten, in denen *Flow* auftreten kann, liegt eine Eigentümlichkeit der Kunst in der Überwindung möglicher anfänglicher Hemmungen oder Startschwierigkeiten, da im künstlerischen Schaffen keine klaren Ziele im Voraus feststehen müssen. Insbesondere die Neuheit und Unvorhersehbarkeit während des künstlerischen Arbeitens ermöglicht eine erhöhte Aufmerksamkeit und Konzentration. Innerhalb kunstpädagogischer Prozesse, die *Flow*-Zustände ermöglichen möchten, sollten zudem Gegebenheiten zur zirkulären Selbstreflexion geschaffen werden, denn die *Flow*-Erfahrung als solche ist wichtiger als aufkommende Arbeitsresultate.

Das kindliche Lebensumfeld (z.B. Elternhaus, Kindergarten, Schule) sollte inspirierend wirken, um proaktive Imaginations(-*Flow*)anlässe zu schaffen. Je früher Kinder Freiräume für die Entwicklung ihres Imaginationsflusses erhalten (beispielsweise freies Spielen oder Gestalten etc.), desto besser sind sie bereits daran gewöhnt. Dies kann sich positiv auf ihre Imaginationsfreude und die Fähigkeit zur Reflexion der Einbildungskraft bzw. des *Flow*-Erlebens auswirken.

---

12   Möglicherweise haben solche Schüler*innen in der Vergangenheit von Eltern, Erzieher*innen, Lehrkräften oder Gleichaltrigen gelernt, etwas sei beispielsweise »korrekt« gezeichnet, wenn es dem entsprechenden Originalobjekt oder -bild ähnelt. Besonders bei experimentellen Aufgaben, wo nur partiell Vorgaben und Regeln gegeben waren, hatten Schüler*innen mit derartigen Vorerfahrungen Schwierigkeiten, ihre Imaginationsfähigkeit vollständig zu nutzen, und waren über die nicht den eigenen Erwartungen entsprechenden Ergebnisse frustriert.

Innere Erscheinungen üben eine erhebliche Wirkung auf das Erleben, die Gedanken, die Emotionen und die Handlungsweisen von Menschen aus. Dementsprechend erscheint die Nutzung von inneren Erscheinungen im schulischen Unterricht, passenderweise insbesondere im Fach Kunst, als wegweisend und bedeutungsvoll. Je häufiger die Schüler*innen sich mit einer Thematik, wie in diesem Fall ihren Vorstellungen, befassen, desto weniger Hemmungen oder gar Ängste gehen damit einher. Auch ist hier eine Differenzierung von intentionaler und nicht intentionaler Imagination zu berücksichtigen. Ziel des Unterrichts ist es, auf Basis von Reflexion hinsichtlich Imagination und *Flow* ein Bewusstsein hierfür zu erschaffen und bei Bedarf nicht intentionale Imaginationen vermehrt in absichtlich ausgerichtete zu transformieren. Biologisch determinierte sowie soziokulturell geprägte Imaginationstypen bedürfen einer Ergänzung durch erlernte, ergo gebildete und reflektierte Imaginationsausrichtungen. Folgerichtig entsteht mehr Raum für die Entfaltung von Neugier, tiefgehendem Interesse und intrinsischer Motivation, die entscheidende Facetten des Lernens sind: sowohl in Bezug auf Fantasie als auch im Hinblick auf *Flow*.

5.2.1.1 Im performativen Kunstunterricht

Das Projekt orientiert sich mit seiner Prozessbezogenheit und Offenheit an den vorigen Überlegungen zum performativen Kunstunterricht in Abschnitt 3.4.2.1 *Performativität*. Auch mittels Anlehnung an PKF zeichnet sich bei Projekt I primär ein performativer Fokus aufgrund der flexiblen und temporären Eigenschaften der Situationsbezogenheit ab. Imagination und *Flow* (innerhalb des Projekts) werden dementsprechend auf die performativen Prozesse und im anschließenden Subkapitel auf diejenigen des Zeichnens bezogen. Die Ästhetische Erfahrung erscheint dabei als wesentliches Kernelement. Diese Bedingungen umschließen zum einen die Subjektorientierung, ähnlich Kämpf-Jansens *Ästhetischer Forschung*. Letztgenannte bietet einen Orientierung und Freiheit gebenden Handlungsrahmen, innerhalb dessen die Schüler*innen autonom ihre Umwelt untersuchen können. Es wird hierbei ein erkundender Habitus ermutigt, der eine Ästhetische Erfahrung ermöglicht. Die Differenz zur Künstlerischen Forschung liegt in der repräsentativen Gestaltung von subjektiven Erkenntnissen.

Der Fokus liegt in der Künstlerischen Forschung dagegen auf der intersubjektiven Gestaltung, die mithilfe von performativen Prozessen geschaffen wird. Zwar sind jene Darstellungen nur ephemer und schwer greifbar, die Kunstvermittlung kann allerdings Wege finden, Bezugspunkte in ihnen aufzufinden, mittels derer die Beteiligten sie reflektieren können (vgl. Haas 2018: 108f.). Die Brucherfahrung sowie die Aufzeichnung bilden geeignete Modi zur Reflexion bzw. zur Erfassung dieser Anhaltspunkte. Die Kombination der beiden performativen Darstellungsverfahren macht die flüchtigen Ästhetischen Erfahrungen erlebbar und regt zugleich das subjektive Nachdenken über dieses Erlebnis an (vgl. Sabisch 2009: 15ff.).

Um auf den Ansatz von Peters (2005) zurückzugreifen: Die Schüler*innen konnten im Rahmen ihrer Performances in Gruppen unkonventionelle Wahrnehmungs- und Imaginationsweisen erleben, da sie sich in einer anderen Rolle dem Publikum der »Konferenz der Wissenschaften«, das sich ebenfalls in einer inszenierten Rolle befand, offenbarten. Die biografischen Bezüge waren von den Vorlieben der Schüler*innen für bestimmte Themen, ihren Erinnerungen oder Imaginationen für Zukünftiges, dem Erfindergeist sowie ihrem Verständnis von Wissenschaft geprägt. Dabei wurden die Präsentierenden zu Betrachter*innen ihrer selbst, des Themas und anderer Beteiligter (vgl. Peters 2005: 9).

Während der PKF in beiden kunstpädagogischen Projekten war die Verfasserin selbst künstlerisch forschend als teilnehmende Beobachterin aktiv. Dieser Distanzverlust lässt sich insofern legitimieren, als insbesondere jene Distanzlosigkeit und Involviertheit im Performativen eine Notwendigkeit für die Erschaffung des »Anderen«, des »Unwahrscheinlichen« ist. Zudem ist die ästhetisch-künstlerische Erfahrung, wie bereits in Kapitel 4.3.1 beschrieben, subjektiv konstituiert, weswegen das währenddessen generierte oder zuvor erlangte Wissen nicht delegierbar ist. Demgemäß wird im Hinblick auf künstlerisches Wissen von einem singulären Wesen gesprochen (siehe Mersch/Ott 2007, Bippus 2010, Haarmann 2019). Künstlerische Erfahrungen sind folglich untrennbar von den individuellen Erlebnissen, sowohl in der Aktion, in diesem Fall in der Projektausrichtung und -begleitung, als auch im Sujet. Diese Eigenschaft unterscheidet künstlerische Erfahrungen von anderen Formen der Wissensgewinnung, weil bei diesen das Wissen häufig vom Erwerb getrennt abgerufen und bearbeitet werden kann. Die hier gewonnenen Erkenntnisse hingegen sind stark mit den Prozessen beider schulischer Projekte verbunden und werden demgemäß in der Auswertung kritisch reflektiert. Die vorliegende Arbeit unternimmt den Versuch, mittels PKF einen Raum zwischen kunstvermittelnder Künstlerischer Forschung und »herkömmlicher« Forschung innerhalb der Fakultät Bildung im Schnittpunkt von Kunst und Pädagogik zu füllen.

Die Schüler*innen mussten darauf hingewiesen werden, wie viel Zeit noch bis zur Pause übrig blieb, um sie nicht zu abrupt aus ihren Arbeitsprozessen zu reißen. Manche schienen ein verändertes Gefühl für Zeitabläufe zu haben (vgl. Csíkszentmihályi 2017: 112). Tatsächlich waren Anzeichen dafür gegeben, dass sich bei einigen Personen eine konzentrierte Vertiefung sowie ein Aufgehen in ihrer Tätigkeit vollzog (vgl. a.a.O.: 73ff./100). Dies schien bei vielen Schüler*innen insbesondere während der Bearbeitung der Gestaltungsaufgaben sowie bei Diskussionen zu geschehen, in denen sie sich, je nach Altersgruppe, mehr oder weniger stark in ihre inneren Erscheinungen vertieften. Hinsichtlich der Hauptkomponenten während des Erlebens von *Flow* schienen einige während des Projekts aufgekommen zu sein; so beispielsweise die Beschäftigung mit einer Aufgabe, der die Schüler*innen sich gewachsen fühlen (vgl. a.a.O.: 87). Wenn auch mit Startschwierigkeiten, fanden die Beteiligten sich doch in ihre Schaffensphase ein. Sofern sie sich dabei selbst deutliche Zielsetzungen auferlegten und sich unmittelbare Rückmeldungen während des Bearbeitens gaben, konnten sie sich potenziell für ein Handeln mit tiefer, müheloser Hingabe ohne Gedanken an Frustrationen des Alltags öffnen (vgl. a.a.O.: 94f.).

5.2.1.2 In der (Kinder-/Jugend-)Zeichnung

Ebenso lassen sich diese *Flow*-Merkmale auf die Zeichnung übertragen, weswegen diese nicht erneut ausgeführt werden. Stattdessen wird der Aspekt von Imagination in der Zeichnung in Bezug auf das Projekt vertieft.

Anknüpfend an das in Kapitel 2.3.3 *Bedeutung für eine Imaginative Bildung in der Kunstpädagogik* behandelte Selbst- und Weltbild der Schüler*innen hinsichtlich ihrer künstlerischen Arbeiten, werden im Nachfolgenden die Ausführungen Werners herangezogen. Sie sind von Relevanz für das Praxisprojekt, das ebenfalls die Weltanschauung von Schüler*innen adressiert und gleichermaßen die »Frage nach individuellen Deutungs- und Wahrnehmungsmustern [...] von Welt« (Werner 2012: 317) aufwirft.

In diesem Zusammenhang greift Werner im Rahmen ihrer Untersuchung, ebenso wie es in dieser Forschungsarbeit der Fall ist, auf die Personengruppe der Kinder zurück. Sie versteht die Kindheit als eine Lebensphase, in der sich häufig ein Wandel der Welt vollziehe. Ebenso wie sozial-strukturelle Bedingungen, führten mediale Bedingungen zu immer wieder neu entstehenden Kindheitserfahrungen und Lebensentwürfen (vgl. a.a.O.: 317f.). Hierbei ist anzumerken, dass dies, insbesondere heutzutage, für das Erwachsenenalter ebenso zutreffend ist.

Ein Weltbild kann als »ein vergleichsweise starrer Vorstellungsrahmen, der überindividuelle und kulturell verbindende Züge trägt« (a.a.O.: 318) oder auch als »hochgradig individuelle und innerhalb der Person hochgradig dynamische Vorstellungen, die sich auch kurzfristig durch das Eintreten neuer Erfahrungen ständig ändern« (ebd.) betrachtet werden. Hinsichtlich der kunstpädagogischen Projekte kommen beide zum Tragen, wobei der zweite Aspekt vertiefend betrachtet wird, da sich nach erstem Unlearning insbesondere in der Gruppenarbeit bereits Durchbrechungen von partiell starren Bildern vollzogen.

»Um aus dem Gedächtnis zeichnen zu können, müssen Wahrnehmungen intern zu Bildvorstellungen verarbeitet werden, um sie dann reproduzieren zu können« (a.a.O.: 319). Auch innerhalb des Projekts mussten die Schüler*innen auf ihre Vorstellungen zurückgreifen und diese anschließend zeichnerisch sowie kooperativ-performativ weiterführen.

In der Kognitionspsychologie wurden innere Bilder, die im zeichnerischen Prozess Ausdruck finden, im Gegensatz zur Kunstpädagogik (siehe Glas 2012, Graham

2012, Rauterberg 2012, Uhlig 2012, Sowa 2014 u.v.m.) bislang eher mäßig intensiv untersucht (siehe Klemm 2003, Messerschmidt 2015 u.a.). Dennoch differenziert diese Domäne zwei Typen der Speicherung innerer Bilder:

1. *Ikonische Repräsentation*: Vorstellungen, »die mit Hilfe des Langzeitgedächtnisses erst wieder konstruiert werden müssen« (Werner 2012: 319)
2. *Ikonisches Gedächtnis*: Bilder, »die nur für wenige Sekunden im Gedächtnis bleiben« (ebd.)

Im Fall des Projekts ist die ikonische Repräsentation von besonderer Bedeutung, da die Beteiligten auf bereits bekannte Imaginationen zurückgreifen mussten, um diese neu zu überdenken und weiter zu verarbeiten. Dennoch sind beide Arten der Speicherung innerhalb der Arbeitsprozesse zu betrachten. Die ikonische Repräsentation bezieht sich auf die von Glas behandelte *Darstellungsformel*, die hier erweiternd als Transformationsprozess zur Umwandlung und Weiterentwicklung von Imaginationen in Veräußerungen hinsichtlich *aller* künstlerischer Verfahren, nicht lediglich in Bezug auf die Zeichnung, vorgeschlagen wird.

Wenn dennoch ein Bezug zum Zeichnen im Konkreten hergestellt wird, so wenden Kinder z.T. Stützen an, die bereits in ihrem Gedächtnis bestehen, woraus anschließend in Kombination mit ihrem technischen Ausführungswissen bildhafte Darstellungen entstehen können (vgl. Glas 1999: 85). Jene Stützen sind strukturelle Vorgaben, die zusammen mit den motorischen Fähigkeiten der zeichnenden Person mediale Träger von Inhalten sind. Die sogenannte »Darstellungsformel« begegnet zwar der »Problematik« des Übergangs eines inneren Bilds in eine zeichnerische Umsetzung; im Sinne der Transformationsprozesse wird dieser Übergang hingegen nicht als Problemlage, sondern als Reflexionspotenzial erachtet.

Eine Zeichnung ist nie eine reine Repräsentation des inneren Bilds. Letzteres kann sich im Laufe des Zeichenprozesses durchaus noch verändern, was wiederum die Fortführung der Zeichnung beeinflusst. Vorstellungsbilder und begriffliches Wissen lassen somit keine reale Darbietung ihrer selbst zu (vgl. Werner 2012: 319).

Dementsprechend war die Reflexion der Zeichenprozesse seitens der Schüler*innen im Projekt von großer Relevanz. Hierbei kristallisierte sich heraus, dass die Zeichnungen nicht deckungsgleich mit den inneren Erscheinungen waren und dass die gesehene Zeichnung (während des Zeichenprozesses und auch in der anschließenden Betrachtung) wiederum die Imaginationen verändert hatte. Dies bedeutet, dass die Fantasie die künstlerischen Arbeiten bedingt, sie allerdings auch wieder die Vorstellungen in der Schaffensphase formt. Das Zeichnen ist also nicht nur auf technischer Ebene im Prozess dynamisch, sondern mindestens ebenso beweglich im gedanklichen Konstrukt der Einbildungskraft. Der festhaltende Charakter der Zeichnung als Endergebnis steht im Grunde genommen im Widerspruch mit den stark oszillierenden Eigenschaften der Imagination, bietet allerdings eine erkenntnisreiche Grundlage für die Behandlung der aufkommenden Gemeinsamkeiten und Differenzen[13] zu den (in der Zwischenzeit wieder fortgeführten) Vorstellungen.

Begrifflichkeiten wie »Zeichenformeln« (Glas 2012) oder »Formelbilder« (Werner 2012) sind demzufolge zweischneidig, da diese Termini suggerieren, dass es determinierte Schemata gäbe, wohingegen insbesondere der Weg zur Zeichnung mit den sich vollziehenden Abweichungen vom inneren Bild derart fluide ist, dass er sich nicht einfach in »Formeln« fassen lässt. Welche wären das? Wären sie kategorisch zu ordnen? Angesichts der individuellen phänomenologischen Vielfalt von Vorstellungen und auch betreffs zeichentechnischen Wissens wohl kaum.[14]

Innerhalb von Zeichenprozessen (v.a. in den Anfängen) sind nicht primär vollständige Bilder die grundlegende Einheit des Denkens, sondern vielmehr abstrahierende Symbole zur zeichnerischen Umsetzung.[15] Gedächtnisbilder können als unterschiedliche Fragmente verstanden werden, die sich aus vorigen Wahrnehmungen und Erfahrungen imaginativ verbinden. Sie stehen allerdings nur in einer Gesamtheit als Information zur Verfügung und können somit erst in Form eines Ganzen genutzt werden (vgl. Werner 2012: 321).

Die subjektive, gegenwärtig erlebte Umwelt von Kindern prägt ihr Weltbild bedeutend. Der Zeichenprozess bietet den Schüler*innen ein Medium zur Auseinandersetzung mit ihrem Umfeld (vgl. Kirchner 2009: 75). Die Veränderungen der gewohnten Lebenswelt aufgrund der Durchdringung mithilfe ihrer Imagination spiegeln sich beispielsweise auch in der Motivwahl der Zeichnungen beteiligter Schüler*innen im Projekt wider.

Die Zeichnungen in Werners Studie sind hingegen vorrangig von einem unmittelbaren Standpunkt zu aktuellen Gegebenheiten der Lebenswelt der involvierten Kinder geprägt. Demgemäß können sich bei Zeichnungen zum selben Arbeitsauftrag in einem anderen Lebensabschnitt Verschiebungen lebensweltlicher Themen aufgrund einer veränderten subjektiven Wahrnehmung ergeben. Die von den Kindern geschaffene Zeichnung wird diesbezüglich zu einem Teil biografischer Repräsentation, indem sie als Mediator zwischen Individuum und Welt wirkt. Die

---

13 Unabhängig von der künstlerischen Verfahrensweise tritt die Frage auf: Was war zuerst vorhanden? Die Vorstellung? Die Bewegung des Körpers, des Pinsels, des Drahts, der Kamera? In jedem Fall vollziehen sich Wechselwirkungen zwischen der Imagination und der künstlerischen Handlung, die je nach Auftreten der Hauptkomponenten des *Flows* in jene Erfahrung münden können (siehe Abschnitt 6.2.1 *Imagination und Flow*).

14 Ähnlich fragwürdig sind die Untersuchungen Bleis (2012), zumindest, was ihre gleichermaßen randomisiert wirkenden wie auch kanonisierenden Kategorienbildungen für Imaginationen von Schüler*innen anbelangt.

15 Anzustreben sind des Weiteren grundsätzlich, neben mimetischen Studien am Objekt, abstrahierende Ausdrucksmöglichkeiten.

kindliche Vorstellung von der Welt sei durch die »kurzfristigen lebensweltlichen Erfahrungen stark gefärbt durch Formen des emotionalen Erlebens« (Werner 2012: 326f.), was allerdings als eine recht stereotypische und vereinfachende Projektion von Erwachsenen erscheint.[16]

Wenn auch im Fall des kunstpädagogischen Projekts, abweichend von Werners Ausführungen, keine vergleichende Langzeitstudie angestrebt wurde, so lassen die Aussagen der Schüler*innen auch Rückschlüsse auf ihre Weltbilder und deren Anreicherungen mittels Fantasie zu. Beispielsweise werden durch die Wahl der konkreten Umsetzung der zufällig verteilten Begriffe ihre persönlichen Interessenschwerpunkte und Ausdrucksbedürfnisse ersichtlich. Es kann auf einen Zusammenhang der Vorstellung zur Welt mit lebensweltlichen Erfahrungen seitens der Schüler*innen verwiesen werden, der durch die z.T. nicht oder wenig bekannten Begriffe und das Rechercheverbot zu größtenteils originellen Ideen geführt hat.[17]

Das Weltbild eines Menschen unterliegt u.a. dem Einfluss der momentanen subjektiv erlebten Lebenswelt (vgl. a.a.O.: 326) und erweitert sich simultan mit den Veränderungen der Umwelt, was sich beispielsweise in der Motivwahl von Zeichnungen zeigen kann. Es ist demnach insbesondere bei Kindern (noch) nicht starr oder gar universal, was einem künstlerischen Zugang viele Möglichkeiten eröffnet. Umgekehrt ermöglicht er den Schüler*innen die Gelegenheit zu einer Reflexion des eigenen Verhältnisses zur Welt. In Projekt I kamen die originellen und teils absurden Ideen der Schüler*innen zustande, weil die »gewöhnlichen« Weltbilder infrage gestellt, durchbrochen und verzerrt wurden. Jene unüblichen Auffassungen von Welt wurden wiederum von denen anderer Schüler*innen überlagert, wodurch sich die Absurdität potenzieren konnte.

Inhalte, die innerhalb der Zeichnungen weiterverarbeitet werden, sind häufig vom alltäglichen Welterleben, wie beispielsweise dem Kontakt zu Mitmenschen, der Rezeption von Print- oder Digitalbildern und anderweitigen Tätigkeiten geprägt. Für Kinder und Jugendliche steht häufig das Bedürfnis, ihre eigene Wirklichkeit abzubilden, im Zentrum des Zeichenprozesses. Hierbei fließt deren Imagination im resonanten Wechselwirkungsverhältnis zu ihrer täglichen Wahrnehmung mit ein. Der gewöhnliche Umgang mit Objekten und Mitmenschen nimmt einen emotionalen Stellenwert innerhalb der Zeichnungen von Kindern ein. Die abgebildeten Sujets umfassen stets subjektive Emotionen, die u.a. durch symbolische Formen zum Ausdruck kommen. Tatsächlich waren einige Objekte der Schü-

---

16 Weitaus sensibler behandelt Rauterberg (2014) die Einbildungskraft von Kindern, indem er für eine kritische Selbstreflexion der Lehrenden plädiert, wenn sie versuchen, die Vorstellungen von Kindern zu verstehen. Jene Prozesse sind projektiv und weitaus komplexer als häufig angenommen.

17 Interessant wäre eine Durchführung selbiger Studie mit gänzlich fiktiven Nomen, wie z.B.: *Dredil, Keheua, Ebeiku* etc.

ler*innen beispielsweise mit Bedeutungsperspektive aufgeladen und dementsprechend in Relation zu anderen Bildinhalten größer dargestellt. Da das Zeichnen als eine sinnliche und selbstgesteuerte Form der Wirklichkeitsaneignung verstanden wird, ist eine besondere Nähe zur Entwicklung und innerpsychischen Verfasstheit des Kinds vorhanden (vgl. Kirchner 2013: 14). Das Handeln und Interagieren von Kindern ist eines der Hauptmotive für ihre Zeichnungen, was auf einen kommunikativen Charakter der Zeichnungen schließen lässt (vgl. a.a.O.: 65). In Anlehnung hieran wurde im Projekt der Austausch über die Texte und Skizzen der anderen initiiert.

Während des Zeichnens findet die Imagination der Kinder ein Medium des Ausdrucks dafür, was sie sprachlich nicht ausdrücken können oder möchten (vgl. a.a.O.: 20). Das Strukturieren auf einem Papier oder mittels anderer künstlerischer Verfahrensweisen fordert die Ausbildung der Vorstellungskraft der Kinder sowie die (De-)Konstruktion ihrer Lebensentwürfe heraus. Beim Zeichnen wird ruhiges, konzentriertes Arbeiten gefördert und nebenbei lernt das Kind, sich etwas vorzunehmen und dies selbstständig durchzuführen. Das Erfolgserlebnis, selbstbestimmt etwas Eigenes hervorgebracht zu haben, motiviert auch in anderen Bereichen, sich flexibel mit Problemen auseinanderzusetzen (vgl. Kirchner 2008: 158), was erneut auf ein potenzielles *Flow*-Erleben verweist.

Eine innere Erscheinung auf das Papier zu übertragen, ist eine vielschichtige Handlung, bei der das Erlebte vom »nicht-kommunikablen Inneren nach außen gebracht, bildnerisch geformt und damit kommunikabel« wird (a.a.O.: 23). Eine Zeichnung kann auch, wie in Kapitel 5.1.2 dargelegt, als Kommunikationsanlass dienen, um über das Gezeichnete zu sprechen. Inwiefern das Verlernen von Bekanntem dabei eine Rolle spielen kann, wird nachstehend erläutert.

5.2.2 Verlernen vermitteln: Sternfeld (2014)

In den 1990er Jahren setzte sich Sternfeld besonders intensiv mit einer neuen Perspektive der Kunstvermittlung auseinander, die deren Zukunft (in besagtem Zeitraum) neu denkt und sie somit aus einer veralteten, alleinig am Kunstwerk orientierten Museumspädagogik herausführt. Sie betrachtet den Begriff *Vermittlung* insofern kritisch, als dieser unterstellt, dass es etwas konkret zu Vermittelndes gäbe und dass Vermittler*innen, exakt wissend, um welches Thema es sich handelt, dieses möglichst reibungslos und präzise weitergeben könnten. Doch dieses herkömmliche Verständnis vom Vermittlungsprozess stellt sich laut Sternfeld nicht als ein Wechselverhältnis dar, sondern als eine Sackgasse. Ihrer Ansicht nach sollte das Vermitteln darüber hinaus beinhalten, sich der Idee einer einfachen Übermittlung zu widersetzen und eine solche kritisch zu reflektieren. Ergänzend eignen sich Situationen, in denen die Kunst selbst die Vermittlerin ist.

Sternfeld verweist auf Spivak, die Bildung als einen dialektischen Prozess von Lernen und *Ver*lernen begreift. Kunstvermittlung ist dann nicht mehr auf einen ökonomisierten Ausstellungsbetrieb reduziert, sondern eröffnet einen Raum, in dem Neues unerwartet erfahren werden kann (vgl. Sternfeld 2014: 9).

Wenn auch nicht mit einem musealen Kontext in Verbindung stehend, lässt sich hier eine Ähnlichkeit zum Schulprojekt finden, da dieses gleichermaßen den Grundgedanken vertritt, dass es kein konkretes, präzise umrahmtes Wissen zu vermitteln gibt. Im Gegenteil: Da ironisch mit dem Streben der Institution Schule nach absoluter Korrektheit umgegangen wurde, erfolgte ein Widerstand gegenüber der standardmäßigen Wissensvermittlung, denn die Schüler*innen konnten sich individuell und nach ihren imaginativen Maßstäben die Welt bzw. Fantasiewelten erschließen. In Projekt I existierte keinerlei zu vermittelndes Wissen, vielmehr führten die individuellen Imaginationen und die künstlerischen Arbeitsprozesse Erfahrungen herbei, die zu neuen Erkenntnissen in Bezug auf ihre Themenfelder und in der Reflexion auch hinsichtlich ihrer(s) Imagination(s-*Flows*) führten.

Sternfeld setzt für »verlernen lernen« voraus, dass man das gelernte Wissen und Können als das Produkt hegemonialer Verhältnisse sehen lernt und es kritisch befragt. Im Hinblick auf die Schüler*innen waren die hegemonialen Bedingungen der Einrichtung Schule (z.B. Korrektheit, Notengebung) relevant, die im Rahmen des Projekts bewusst übergangen wurden.

Sternfeld verdeutlicht »verlernen lernen« am Beispiel einer »ersten Blockade«, einer Performance an einer Kreuzung in Tel Aviv. Dort blockierte das Künstler*innenkollektiv *Public Movement* 2011 eine Kreuzung mit einer künstlerisch-politischen Inszenierung namens *How long is now?* Die Akteur*innen tanzten den in Israel beliebten *Od lo ahavti dai* (vgl. a.a.O.: 11). Damit machte die künstlerische Aktion »das Kennen und Können eines Tanzes als etwas Gelerntes und Kollektives sichtbar« (a.a.O.: 12). Gleichzeitig wurde das erlernte, national greifende Körperwissen jedoch auch dekonstruiert und aufgrund der Straßenblockade in einen neuen Kontext gesetzt. Dementsprechend eigneten es sich die Beteiligten neu an. Das Kollektiv *Public Movement* probte auf einer Straßenkreuzung in Tel Aviv eine *Dabke*, einen arabischen Kreistanz. Im Vergleich zur »ersten Blockade« war den Teilnehmenden die Schrittfolge nicht bekannt. Demnach stand ihnen kein erprobtes Körperwissen zur Verfügung; es war keine Selbstverständlichkeit des Tanzes mehr gegeben. Den dort weit verbreiteten Tanz zu kennen, schafft keine Erleichterung, sondern kann bei diesem Lernprozess sogar hinderlich sein. Zugunsten des neuen Tanzes muss der bekannte offenbar verlernt werden (vgl. a.a.O.: 19).

Wenn das, was ver- und wieder neu gelernt wurde, performt wird, können auch bestehende Machtverhältnisse aufgedeckt werden. Das anfänglich Gelernte kann angezweifelt und gegen die bestehenden Hegemonien verwendet werden (vgl. ebd.). An dieser Stelle lässt sich ein Bezug zu den ethischen Tendenzen der Neuntklässler*innen ausmachen, da normative Handlungsschemata bezüglich politischer Themen in deren Imaginationen sehr präsent erschienen. Hier zeigt sich erneut eine geeignete Reflexionsgrundlage, um die Bedeutung innerer Bilder auch hinsichtlich bestehender Machtgefüge zu berücksichtigen.

Hinsichtlich der *Écriture automatique* in allen Klassen lässt sich eine Parallele zu Sternfelds »zweiter Blockade« ausmachen, da den Schüler*innen, ähnlich wie den Tänzer*innen, kein direkt erprobtes Wissen hinsichtlich ihrer Begriffe zur Verfügung stand. Schließlich hatten sie vermutlich selten oder nie zuvor definitorisch über die im Projekt vorhandenen Begriffe sinniert. Da die Beteiligten nicht in Lexika oder dem Internet nachschlagen durften, war keine Selbstverständlichkeit mehr – bezogen auf das Verfügen über das Wissen – gegeben. Die bereits vorhandenen Kenntnisse konnten als Grundlage für die Entwicklung einer eigenen Theorie gesehen werden, aber auch hinderlich sein, wenn es um die eigene fantasiegeleitete Erschließung von Sachverhalten ging. Zugunsten der selbst zu entwickelnden »Theorie« musste altes Vorwissen offenbar verlernt oder zumindest modifiziert werden, ähnlich wie beim neuen Tanz, bei dessen Erlernen die Kenntnisse über den alten eher hinderlich als förderlich waren (vgl. ebd.). Bestehendes musste also zu einem gewissen Grad verlernt werden, um Raum für die Erschaffung von Neuem bereitzustellen.

Unlearning, ein von Spivak geprägter Begriff, umfasst das aktive Verlernen von Unterscheidungen und bewussten Machtverhältnissen.[18] Persönliche »Ver-Lernprozesse«, wie beispielsweise etwas individuell moralisch zu verändern, sind mit dem Begriff nicht adressiert. Da gesellschaftliche Phänomene häufig personalisiert werden, treten politische, wirtschaftliche und gesellschaftliche Strukturen erst gar nicht ins Blickfeld. Dabei besteht die Gefahr, pädagogische Konzepte zu missbrauchen, wenn diese Vorgehensweise nicht problematisiert wird. Wenn dennoch die Vorstellungen von *Unlearning* verfolgt werden, stellt sich die Frage, wie eine Pädagogik geformt sein muss, damit sie den Beteiligten keine »heile Welt eines toleranten und friedlichen Miteinanders vorgaukelt« (Paseka 2001: 196). Dies wirft wiederum die Frage auf, auf wessen Seite Lehrende stehen, wenn sie unterrichten, erziehen und handeln (vgl. Mayo und Hirschfeld 2006: 20).

Unlearning kann als Übung verstanden werden, allmählich angelernte Gewohnheiten abzulegen. Es lässt sich ein Bezug zum Vorwissen der Schüler*innen im Projekt *Pseudo-Wissenschaftler*innen* herstellen. Auch sie mussten sich auf ein Verlernen

---

18   Gramsci versteht die Vernetzung von Macht und Bildung als eine pädagogische Relation, bei der die Menschen durch die »natio-ethno-kulturelle« Zugehörigkeitsordnung unterschiedlich positioniert werden, sodass ihnen verschiedene Werte der Handlungsmöglichkeiten und Anerkennung zugewiesen werden (vgl. a.a.O.: 12). Mecheril wirft die Frage danach auf, welchen Einfluss die Pädagogik auf die (Re-)Produktion dieser Ordnung hat und wie er geschwächt werden kann (vgl. a.a.O.: 13). Weiterhin gelten für Lehr- und Lern-Arrangements häufig noch einseitige, national dominierte Lehrpläne, obwohl die heutige Gesellschaft, offensichtlicher denn je, eine heterogene ist.

einlassen. Zwar bekamen sie Begriffe zugeteilt, die ihnen aus dem Alltag bekannt waren, doch sie mussten sich von den bereits in ihrem Gedächtnis vorhandenen Informationen zu den Termini partiell befreien und sie neu kontextualisieren. Wie beim Tanz ist es nicht unbedingt hilfreich, zu dem Begriff bereits über viel Wissen zu verfügen; im Gegenteil: Auch im Fall des Projekts konnte es hinderlich sein und zu einem Festfahren in bereits vorhandenen Denkstrukturen führen. Es galt für die Schüler*innen, sich von diesen Denkmustern zu befreien und darüber hinaus Aspekte zu finden, die sie auf noch nie da gewesene Weise erörtern wollten. Darüber hinaus mussten die Beteiligten sich erneut auf ein *Unlearning* einlassen, und zwar an der Stelle, bei der sie ihre Theorie mit drei weiteren Gruppenmitgliedern zu einer neuen hatten verschmelzen lassen: ein zweites Verlernen nach dem ersten in Einzelarbeit. Die in Sternfelds Ansatz stark relevante politisch-gesellschaftliche Ebene spielte im Rahmen des Projekts eine eher unterschwellige Rolle. Dennoch wurde bei den Arbeiten der Schüler*innen, insbesondere in Klasse 9 eine kritische Haltung zu Gesellschafts- und Umweltthemen deutlich (siehe Abschnitt 5.1.3).

5.2.3 Künstlerbezug: Die Pseudo-Wissenschaft Boltanskis

Der nachfolgende Abschnitt widmet sich, in Anlehnung an vorige Ausführungen in Kapitel 4, ausgewählten Arbeiten Boltanskis, welche die Grundlage für die Arbeitsweise der Schüler*innen während des Projekts bildeten. Außerdem wird der Terminus *Pseudo-Wissenschaft* kurz eingeführt. Er steht (nach dem griechischen ψεύδο *pseudo* – vortäuschen) für Theorien und/oder Behauptungen, die vorgeben, mit wissenschaftlichem Anspruch zu handeln, obwohl ihre Verfahren nicht in ausreichendem Maße den Kriterien wissenschaftlichen Arbeitens entsprechen. Häufig wird dieser Begriff herabwürdigend verwendet (vgl. Eberlein 1991: 110f.). In dieser Arbeit wird er analytisch-deskriptiv eingesetzt.

Wie bereits in Kapitel 4 dargelegt, rufen Boltanskis Anordnungen Assoziationen von wissenschaftlichen Sammelstellen ins Gedächtnis, bei denen eine Vermischung von realen Fakten und Vorgetäuschtem entsteht.

Auch innerhalb von Projekt I entwickelten sich Vermischungen von Vorgetäuschtem und Realität. Als Pseudo-Theoretiker*innen brachten die Beteiligten Faktenwissen und ihre Fantasie in die selbst aufgestellten Theorien ein. Dabei spielte die Subjektivität während des Fantasierens für Erkenntnis- und Wahrnehmungsprozesse eine entscheidende Rolle, weil die Schüler*innen auf ihr bereits vorhandenes Wissen zurückgriffen und festlegten, welche anderen Informationen eine solche Relevanz besaßen, dass sie fiktiv hinzugefügt wurden. Den Beteiligten wurden erst *nach* der Durchführung des Projekts die Arbeiten Boltanskis gezeigt, um sie im Vorhinein nicht zu sehr zu prägen, sodass sie sich zuvor vollkommen mit ihrer »eigenen« Imagination den Aufgaben widmen konnten.

Den Schüler*innen war durchaus bewusst, dass sie pseudo-wissenschaftlich handelten, worin sich eine Parallele zu der in Kapitel 4 beschriebenen zugrundeliegenden künstlerischen Mentalität in ausgewählten Arbeiten Boltanskis zeigt. Als er den Schüler*innen vorgestellt wurde, spekulierten sie über mögliche Absichten des Künstlers und erkannten trotz unterschiedlicher künstlerisch-praktischer Umsetzungen Ähnlichkeiten in der Denkweise zwischen Boltanskis und ihren eigenen Pseudo-Wissenschaften. Absicht war es nicht, Dinge zu erschaffen, welche wie die Werke Boltanskis beschaffen sind (z.B. Fotografie, Installation, Objekt), sondern einzig, seine ironisch-vortäuschende Haltung in der Gestaltung (in diesem Fall von Texten, Skizzen und v.a. performativen Akten) einzunehmen.

5.3 Auswertung

Auf Basis des Beobachtungsbogens lässt sich festhalten, dass die Schüler*innen durch das Projekt *Pseudo-Wissenschaftler*innen* eine Form von Kunstunterricht erlebten, die im Sinne von PKF die Imagination in den Mittelpunkt des Geschehens stellte und dabei *Flow* ermöglichte. Die Tatsache, dass die drei Klassen (teils erstmals) mit offenen Aufgabenformaten in Kontakt kamen, brachte, trotz anfänglicher Blockaden, im Laufe der Arbeitsprozesse reichlich schöpferisches Schaffenspotenzial hervor. Somit war die Ausgangslage für weitere Forschung zum Imaginationsverhalten und auch zum Erleben von *Flow* gegeben, woran das zweite Projekt explizit anknüpft.

Aufgrund der Annäherung an Sachverhalte mit der Pseudo-Wissenschaft wurde den Beteiligten keine durch wissenschaftliche Kriterien bedingte Barriere für ihre Vorstellungskraft gesetzt. Die sonst im Schulalltag vorherrschende »Überkorrektheit«, die auch eine Pseudo-Korrektheit ist, konnte ironisierend betrachtet werden.

Die vorliegende Dissertation geht ferner auf die Forschungsfrage danach ein, worin Gemeinsamkeiten und Unterschiede im Imaginationsverhalten und dem Erleben von *Flow* von Kindern oder Heranwachsenden verschiedener Klassenstufen innerhalb der Projekte liegen und welche Handlungsmöglichkeiten sich daraus für die Kunstpädagogik ergeben.

Was die Textgestaltung zur Theorieentwicklung anbelangt, hatten die Schüler*innen aller drei Klassen zu Beginn leichte Startschwierigkeiten. Während die meisten der Neuntklässler*innen eher reale Fakten thematisierten, zeichneten sich die Theorien der vierten und sechsten Klasse besonders durch ihre Originalität aus. Diese lässt sich auf Uhligs zweiten Modus der Imagination beziehen, bei dem sich im Gegensatz zum ersten Modus eine schöpferisch-aktive Bildweltschaffung vollzieht, wobei dem Rückgriff auf visuelles Wissen der indirekten Wahrnehmung entsprechend imaginiert wird (vgl. Uhlig 2012: 117f.).

Bei der Skizzengestaltung waren innerhalb der drei Klassenstufen keine markanten Unterschiede festzustellen. Durchweg beließen die meisten Schüler*innen es tatsächlich bei skizzenartigen Zeichnungen, während wenige eher malten. Die Diskussionen in Zweier-Teams dauerten in den Klassenstufen 4 und 6 weitaus länger als in der neunten Klasse. Bezüglich der Erschaffung einer neuen Theorie, inklusive der Plakatgestaltung, ergab sich in den drei Jahrgängen jeweils eine konstruktive Zusammenarbeit, insbesondere in Klasse 6 und 9. Die Jüngsten waren dabei verhältnismäßig stark emotional an ihre bereits bestehenden Theorien gebunden. Erneut fiel auf, dass die Ältesten überwiegend realitätsnah und faktisch korrekt vorgingen.

Während der »Konferenz der Wissenschaften« zeichneten sich die vierte und sechste Klasse durch eine ungezwungene Atmosphäre aus, in der die Schüler*innen ihre Standpunkte selbstbewusst und engagiert vertreten sowie spontan auf ihre Fantasien zugreifen konnten. Besonders überzeugend wirkten die Sechstklässler*innen in ihren Rollen als Expert*innen, da sie im Vergleich zu den jüngeren Schüler*innen über ein vertieftes Fachvokabular verfügten. Etwas angespannt und verunsichert schienen die Beteiligten in der neunten Klasse zu sein; nur zwei der sechs Gruppen agierten dabei auffallend souverän. Trotzdem sind die Schüler*innen aller Gruppen in ihren Rollen geblieben.

Demzufolge lässt sich die zuvor angeführte These bisweilen insofern als bestätigt betrachten, als die Schüler*innen aus der 4. und 6. Klassenstufe tatsächlich mit weitaus höherer Leichtigkeit einer imaginativen, intuitiven Umsetzung der Aufgaben nachgehen konnten als jene der Klassenstufe 9. Sie waren, im Vergleich zu den Viert- und Sechstklässler*innen, mehr darin blockiert, etwas »abstruses Neues« zu kreieren und versuchten stets ein möglichst realistisches Problem zu thematisieren. Sie brachten eine gesellschaftlich-politisch beleuchtete ethische Ebene (beispielsweise durch die Themen Umweltverschmutzung, Kinderarbeit) mit ins Projekt ein. Hier lässt sich ein Querbezug zur normativen Ebene der Imagination hinsichtlich ethischer Imperative ausmachen. Was *kann* sich jemand vorstellen und wie *soll* jemand handeln (vgl. Sowa 2012 d: 19)? Allerdings erschien der imaginativ geprägte Neuigkeitswert ihrer Arbeit eher gering (Beispiel: Die Meere werden verunreinigt – Konsequenz: u.a. weniger Schifffahrt). Es hatten von insgesamt sechs Gruppen nur zwei die Idee, etwas noch nie Dagewesenes zu erschaffen. Ebenso wenig sollen die Prozesse des Imaginierens in den Klassenstufen 4 und 6 als schlichte weltferne »Fantasterei« abgetan werden, da die Schüler*innen neue Kontexte schufen, indem sie ihre inneren Erscheinungen in Relation mit sich und ihrer üblichen Welt setzten und sich stärker bewusst wurden, dass solche Konstrukte fluide sind. Grundsätzlich sollte kein Dualismus von Imagination und Realität vorausgesetzt werden, da sie ko-konstruktiv agieren, um dem Menschen eine Orientierung in der Welt zu gewährleisten (vgl. Krautz 2012: 79).

5. Projekt I: Pseudo-Wissenschaftler*innen

Die Repräsentativität der zwei Projektstudien ist entsprechend dem qualitativen Schwerpunkt dieser Dissertation im Vergleich zur quantitativen Datenerhebung einzuordnen. Gemittelt werden die Studien durch die Betrachtung eines Querschnitts, bei dem hinsichtlich einer Gruppe von jeweils etwa 24 Schüler*innen pro Klassenstufe in den Jahrgängen 4, 6 und 9 (bzw. 8 in Projekt II) zweimal stichprobenartig Querschnittsanalysen vorgenommen wurden. Auf Grundlage der Analyseergebnisse können zwar Aussagen getroffen werden, allerdings ist die Schnittmenge nicht repräsentativ. Wie jedoch bereits zuvor im Methodenteil erläutert, strebt diese Arbeit ohnehin nicht nach quantitativ validen Datenmengen, sondern nach exemplarischen Beispielen für die zuvor ausgeführten Theorien. Außerdem sollen Handlungsmöglichkeiten sowie Merkmale für künftige Kunstvermittlung mit Ausrichtung auf *Flow* und Imagination aus den Forschungsergebnissen abgeleitet werden.

Die Beteiligten erlebten prozessorientierten, offenen Unterricht, bei dem die Wahrnehmung im Resonanzverhältnis mit der vermittelnd agierenden Imagination bzw. Fantasie hinsichtlich der Erkenntnisfunktion des Denkens im Vordergrund stand. Zwischen Wahrnehmung und konzentrierter Imagination ereignete sich ein verstehendes, interpretierendes Sehen, Umformen und Weiterführen. Es handelte sich dabei um Ergänzungen und Variationen zu Wahrnehmungs- und Imaginationsanlässen, wie erkenntnisreiches oder erklärendes Zeichnen (vgl. Sowa 2012 e: 64) und performative Akte.[19]

Die Schüler*innen reflektierten ihre eigenen Handlungen auf Basis ihres Imaginationsverhaltens, indem sie spielerisch das Verhältnis zu ihrer Umwelt kritisch beleuchteten. Die (teils kooperativen) künstlerischen Akte erscheinen dabei als geeignetes Medium, um bisherige Perspektiven zu erweitern. Hierbei sollte der Spielraum zwischen den Schüler*innen innewohnender und soziokulturell geprägter Imagination im Kunstunterricht genutzt werden. Diesbezüglich ist ebenso der ethische Imperativ anzuführen: Was soll kultiviert und gebildet werden?

Innerhalb dieser Ereignisse waren äußerlich ermittelbare Aspekte für *Flow* auszumachen, denen in Projekt II weiter nachgegangen wird. Dabei stehen, weiterführend zu Projekt I, die Imaginationsreflexion sowie das Bewusstsein für das Erleben von *Flow* seitens der Schüler*innen innerhalb der Rahmenprozesse von PKF in der Kunstvermittlung im Mittelpunkt.

---

19 Kritisch anzumerken ist, dass die Forschende als involvierte Person stets ihre Perspektiven mit eingebracht hat und somit keine objektiven Aussagen treffen kann. Dies ist jedoch im Sinne einer künstlerischen Kunstvermittlung im Rahmen von PKF zu rechtfertigen, bei der die Singularität der Erfahrung und die Nicht-Delegierbarkeit an Außenstehende eine zentrale Rolle spielt. Zudem wird ohnehin eine *reine* Form von Objektivität innerhalb der Wissenschaften angezweifelt.

6. Projekt II: Zurück in die Zukunft

Das nach dem Spielfilm »Zurück in die Zukunft«[1] benannte Projekt wurde 2018 durchgeführt. Um für die Untersuchungen eine Vergleichsbasis auf Klassenebene zu schaffen, wurde ein gleichmäßiger Abstand von zwei Jahren zwischen den Jahrgangsstufen gewählt. Nachfolgend wird dementsprechend eine vergleichende Analyse der jeweiligen Projektphasen innerhalb der Jahrgangsstufen 4, 6 und 8 vorgenommen.[2]

Das zweite Projekt ist für eine bessere Vergleichbarkeit mit dem ersten hinsichtlich Ablaufplanung, Struktur und zur Verfügung gestellter Materialien in Anlehnung an dieses konzipiert worden. Insgesamt nahm auch das Projekt *Zurück in die Zukunft* fünf Doppelstunden à 90 Minuten in Klasse 4 und je vier Doppelstunden in Klasse 6 und 8 in Anspruch, wobei die zeitlichen Strukturen, wie in Projekt I, flexibel blieben.

Thematisch unterscheiden sich die Projekte allerdings erheblich. Während in der ersten Unterrichtseinheit das freie Assoziieren und Imaginieren durch aleatorisch distribuierte Termini initiiert wurde, stand im zweiten Projekt die freie Imagination bezüglich des Phrasenausschnitts »Zurück in die Zukunft« im Fokus. Die Schüler*innen waren angehalten, ihre Vorstellungen von autonom ausgewählten Aspekten der Jahre 2118 und 2018 zuerst zeichnerisch gegenüberstellend zu dokumentieren. Im Anschluss tauschten sie sich in Expert*innengruppen aus und präsentierten ihre Gedankengänge performativ mittels eines inszenierten Interviews im Rahmen einer eigens erdachten Nachrichtensendung.

---

1   Mehr dazu in Abschnitt 6.2.2 *Bezüge zu Künstler*innen*.
2   Wie in Projekt I wurden die drei Klassen in Kunst fachfremd unterrichtet. Hierbei handelt es sich um eine Begebenheit, die auf den Fachkräftemangel im Schulfach Kunst zurückzuführen sein kann. Insbesondere in der achten Klasse, jedoch auch in Klasse 6 und 4, schienen einige der Beteiligten anfänglich verunsichert zu sein, was die Handhabung der offenen Erfahrungsmöglichkeiten anbelangte. Andere Schüler*innen akzeptierten wiederum recht schnell das freie Aufgabenformat und erarbeiteten sich motiviert ein Themengebiet.

6.1 Durchführung

Zunächst wird erneut die Durchführung des Projekts dargelegt. Anschließend werden dessen Inhalte bezüglich kunstpädagogischer sowie künstlerischer Referenzen kontextualisiert. Daraufhin folgt eine vergleichende Analyse der entsprechenden Projektphasen innerhalb der Jahrgangsstufen.

6.1.1 Einführung mit Textformulierung in Einzelarbeit

Zu Beginn des kunstpädagogischen Projekts stand lediglich die Ziffernfolge »2118« als stummer Impuls an der Tafel. Daraufhin errieten die Schüler*innen nach einigen Versuchen, dass die Bedeutung hinter der Zahl in Bezug auf das Projekt das *Jahr* 2118 ist.

Die Schüler*innen wurden gebeten, spontan alle Gedanken zu der Frage zu notieren, wie sie sich die Welt im Jahr 2118 vorstellen, z.B. welche kulturellen, gesellschaftlichen, politischen, wirtschaftlichen oder bildungsbezogenen Gegebenheiten präsent sind, welche Erfindungen existieren, wie die Menschen kommunizieren, handeln etc.

Nach der Verkündung des Projekttitels kamen einige Assoziationen zu Parallelen hinsichtlich des Films »Zurück in die Zukunft« auf. Den Schüler*innen wurde anschließend mitgeteilt, dass sie in die Rolle als Forscher*innen im Jahr 2118 wechseln und mit einer Zeitmaschine 100 Jahre zurückreisen und die Welt erforschen würden.

Eine wesentliche Änderung zu Projekt I gab es trotz sonstiger Ähnlichkeiten: Es wurden keine Begriffe verteilt, weil diesmal auf das subjektive Interesse an einer Thematik abgezielt wurde. Zu einem Sujet ihrer Wahl[3] erstellten die Beteiligten eine vergleichende Forschungsfrage zu Parallelen und Differenzen zwischen ihrem gegenwärtigen Jahr 2118 und der Vergangenheit 2018. Die Arbeiten waren von biografischen Bezügen hinsichtlich der Vorlieben der Schüler*innen für bestimmte Themenbereiche, ihrer Erinnerungen oder Imaginationen für Zukünftiges sowie ihres Verständnisses von Wissenschaft geprägt. Dabei wurden die Präsentierenden zu Betrachter*innen ihrer selbst, des Themas und anderer Beteiligter (vgl. Peters 2005: 9). Hierbei überlegten sie sich, wie sie ihre Fragestellungen imaginativ ergründen wollten. Die Beteiligten erschufen somit ein eigenes fiktives

---

3 Diese Entscheidung der Verfasserin hatte einen abträglichen Einfluss auf die Originalität der Arbeitsprozesse im Vergleich zu Projekt I. Dadurch, dass jede*r sich mit dem eigenen Wahlthema auseinandersetzte – was grundsätzlich im Hinblick auf *Flow* nicht verkehrt ist – war in diesem Fall zu viel Vorwissen gegeben, sodass sich kaum Unlearning vollzog. Die Ergebnisse der Einzelarbeit wiesen somit weniger absurde, originelle Anteile auf als in Projekt I. Anders gestaltete es sich in den Fusionen (siehe Kapitel 6.1.3 und 6.1.4).

Forschungsmodell zu einer autonom gewählten, die Jahrhunderte vergleichenden, Forschungsfrage.

Um eine komplexe Thematik wie *Forschungsmethoden* didaktisch zu reduzieren (siehe Klafki 2007 [1962]), wurde sie mittels einer Wissenssammlung in Form einer Mindmap an der Tafel dargestellt und bei Bedarf von den Mitschüler*innen oder der Verfasserin erklärt. Viele Fakten fielen den Schüler*innen, auch den jüngsten, bereits eigenständig zum Begriff *Forschungsmethoden* ein: *Beobachtung, Umfrage, Ermittlung, Interview, Recherche, Lesen, Experimente.*

Zusätzlich fielen in Klasse 6 noch die Begriffe *Ausgrabung* sowie die Quellenformen *Bücher* und *Internet*. In Klasse 8 wurden überdies *Studium, Thesen aufstellen* sowie *Fragebogen* ergänzt (vgl. Abb. 9):

Abb. 9: *Tafelbild zur Mindmap »Forschungsmethoden«, Klasse 8 (ActivBoard).*

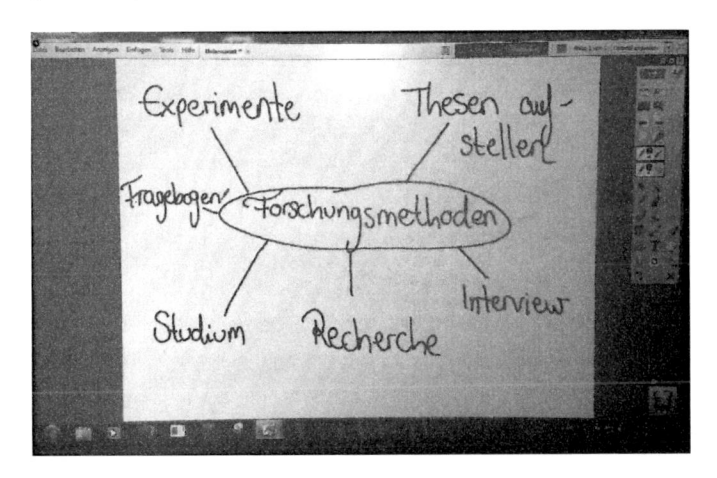

Inhaltlich wiesen alle drei Klassen, wie in Projekt I, Überschneidungen in der Benennung ihrer Schlagworte auf. Es wurden in diesem Fall ähnlich viele Begriffe pro Jahrgang genannt. Die Ältesten schlugen präzisere Kategorien vor, während die jüngeren Schüler*innen für einzelne Beispiele weiter ausholten.

In mehreren Bleistiftskizzen sammelten die Schüler*innen in Anlehnung an ihre *Écriture automatique* (vgl. Abb. 10) erste Vorstellungen. Somit erfolgte eine dokumentarische Sicherung der Ideen auf Basis von Text und Bild im Sinne einer prozessualen Aufzeichnung (vgl. Sabisch 2009: 20ff.).

Abb. 10: Text zur »Menschheit im Jahr 2118«, Klassenstufe 8.

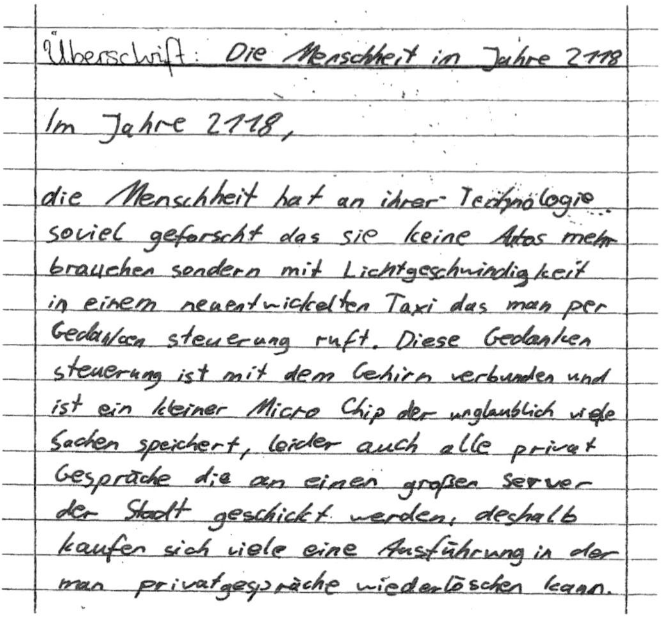

> Überschrift: Die Menschheit im Jahre 2118
>
> Im Jahre 2118,
>
> die Menschheit hat an ihrer Technologie soviel geforscht das sie keine Autos mehr brauchen sondern mit Lichtgeschwindigkeit in einem neuentwickelten Taxi das man per Gedanken steuerung ruft. Diese Gedanken steuerung ist mit dem Gehirn verbunden und ist ein kleiner Micro Chip der unglaublich viele Sachen speichert, leider auch alle privat Gespräche die an einen großen Server der Stadt geschickt werden, deshalb kaufen sich viele eine Ausführung in der man privatgespräche wiederlöschen kann.

Es folgte eine Präsentation der Ansätze im Plenum. Die Schüler*innen hatten an dieser Stelle die Möglichkeit, ihre Ausarbeitungen zu erläutern. Die Nachfragen der anderen regten dazu an, die eigene Planung und Durchführung zu reflektieren. Daraufhin notierten sie konkretere Fragestellungen. Dazu konnten, nachdem bereits viel Freiraum für eigene Vorstellungen gegeben worden war, weitere Skizzen, Texte, Objekte sowie Fotografien, Tonaufnahmen und/oder Filmmaterialien zuhause oder andernorts gesammelt und herangezogen werden.

Die Verfasserin bat in der darauffolgenden Woche alle Schüler*innen, in einer Gesprächsrunde ihre Forschungsfragen zu benennen. Dabei konnten einzelne Personen inspirierende Impulse für weitere Forschungsaspekte zu ihren eigenen Themen erhalten. Anschließend wurden sie gebeten, ihre gesammelten Materialen und Dokumentationsformen auf dem Tisch oder bei Platzmangel auf dem Boden zu platzieren. Daraufhin schloss ein stiller Rundgang an (vgl. Abb. 11): Dieser diente der Würdigung der bisherigen Arbeiten. Hierbei gewannen die Schüler*innen neue Eindrücke und ggf. weitere Anregungen für das eigene imaginativ fokussierte Forschungsprojekt. Einzelne Schüler*innen bekamen anschließend die Gelegenheit, die Motive und Intentionen ihrer Arbeiten mit allen zu teilen. Demgemäß konnte ein Abgleich von den Vorstellungen der Außenstehenden mit den tatsächlichen Motiven der Urheber*innen stattfinden, der häufig, zumindest auf Detailebene, starke Abweichungen hervorbrachte, was wiederum weitere Diskussionsanlässe bot.

Abb. 11: Beispiele für Materialsammlungen nach Recherchen. Rundgang, Klasse 4.

Da die Menschheit das Jahr 2118 noch nicht erreicht hat, stand den Beteiligten kein konkretes erprobtes Wissen zur Verfügung. Teilweise hatten sie sich die Gegebenheiten der Welt in 100 Jahren zeitlicher Distanz zuvor noch nicht vorgestellt. Allerdings ist zu berücksichtigen, dass auf Grundlage von beispielsweise Science-Fiction-Filmen o.Ä. bereits bestimmte Vorstellungen zu Entwicklungen der Zukunft bei einigen Schüler*innen vorliegen. Partiell war jedoch keine Selbstverständlichkeit bezogen auf die Verfügung über themenbezogenes Wissen gegeben. Die Schüler*innen mussten mittels Rückgriffen auf ihre gespeicherten Imaginationen neue innere Erscheinungen zur Welt im Jahr 2118, in einem Themengebiet ihres Interesses, verknüpfen. Die bereits vorhandenen Fantasien dienten hierbei als Grundlage für die Entwicklung neuer, eigener Theorien. Zu deren Gunsten wurde Vorwissen modifiziert. Bestehendes musste, ähnlich wie beim Projekt I, zu einem gewissen Grad aufgebrochen werden, um Raum für die Kreation von Neuem zu bieten. Auch der Perspektivwechsel, als Wissenschaftler*in von 2118 nach 2018 zurückgereist zu sein, verlangte nach einem ungewöhnlichen, neuartigen Einsatz von Vorstellungen, wobei jedoch, verglichen mit Projekt I, auf weitestgehend Bekanntes zurückgegriffen wurde.

6.1.2 Skizzengestaltung in Einzelarbeit – Reflexion in Zweier-Teams

Die Schüler*innen sollten als Forschungskolleg*innen handeln, die ihre Ansätze mit den Fragestellungen und evtl. den Methoden der anderen Person verbinden und gemeinsam in diesem Bereich forschen.

Anders als in Projekt I war hier keine Zeichnung zum Text der anderen Person im Fokus, da bereits jede*r zu den eigenen Vorstellungen von 2118 und 2018 eine gegenüberstellende Skizze ausgearbeitet hatte. Stattdessen stand die gegenseitige Befragung zu den Skizzen mit Rückgriffen auf die jeweiligen Texte im Vordergrund. Innerhalb der Konversation konnten die jeweiligen Imaginations- und Verstehensprozesse weiter besprochen werden, während sich diesbezüglich wiederum neue Vorstellungen bildeten. Die Beteiligten waren teilweise, wie in Projekt I, verwundert darüber, welche Aspekte dem*r anderen am eigenen Text bzw. an dessen Umformung zur eigenen Skizze bedeutsam erschienen. Wie bereits zuvor herausgearbeitet, repräsentiert jene differente Markierung des Bedeutsamen innerhalb der Reflexionen einen wesentlichen Gegenstand der Bildung von Selbst- und Weltbildreferenzen[4], die stets von der Imagination durchwirkt ist.

Im Folgenden ist jeweils ein Skizzenbeispiel zu den Vergleichen der Jahre 2018 und 2118 aus der Klassenstufe 4, 6 und 8 abgebildet: In Abbildung 12 scheinen die Objekte, ähnlich wie auch im Imaginationsraum möglich, in der Komposition des Bilds frei zu schweben. Dabei fokussiert sich der Viertklässler auf die Transportwege im Vergleich von 2018 und 2118. Die Person in der oberen linken Bildhälfte repräsentiert in diesem Fall das Zufußgehen. Bei dem darunter gezeichneten Automobil handelt es sich, laut Beschriftung, um einen Pick-up. Darunter ist ein Flugzeug abgebildet. Die drei exemplarischen Fortbewegungsmöglichkeiten werden im rechten Bildteil zum Jahr 2118 um eine vierte ergänzt. Der Mensch geht nicht zu Fuß, sondern fliegt per Jetpack umher (siehe unten links). Darüber ist ein vom Schüler als solcher bezeichneter »Schwebe-Pick-up« zu sehen. Eine weitere Möglichkeit ist es, sich in einem Roboter oder einer Drohne sitzend fortzubewegen (siehe oben/unten rechts).

---

4   Den Kindern bot sich durch die veränderte Arbeit im Zweier-Team im Vergleich zu Projekt I die Gelegenheit, bereits in einem kleineren Rahmen als gleich in einer Vierergruppe, eine Verbindung ihrer Imagination mit jener von anderen zuzulassen. Somit wurden Auslegungen zu den (inneren) Erscheinungen der anderen Person ebenso behandelt wie die imaginative Kooperation als eine Vorübung für die größere Fusion der Ideen in Vierer-Teams. Die Arbeit in Zweier-Teams verlief in allen drei Klassen ähnlich wie bereits in Projekt I zuvor. Je nach individuellem Tempo bildeten zunächst die schnelleren und später die etwas langsameren Schüler*innen Paare.

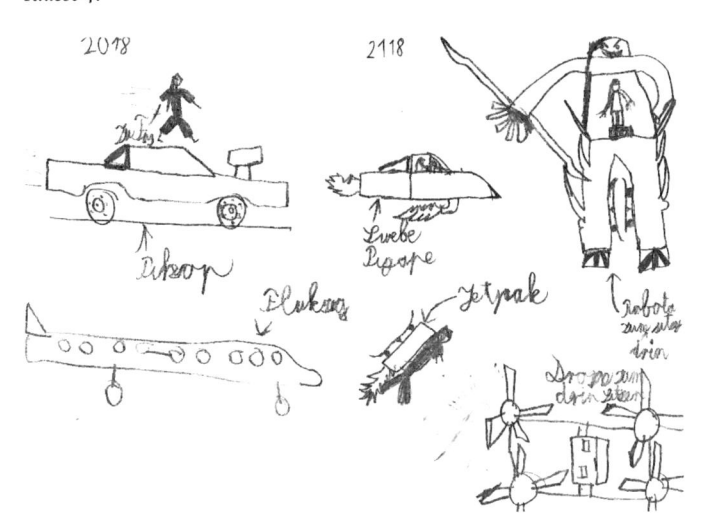

Abb. 12: Vergleichende Skizze zum Thema »Transportwege« 2018/2118, Klasse 4.

Es werden Ergebnisse hervorgebracht, die nicht von dem abweichen, was bisweilen durch Science-Fiction oder auch aktuelle, bereits bestehende Trenderscheinungen gegeben ist, wie beispielsweise das Verwenden von Drohnen. In Anbetracht der gesellschaftlichen und technischen Entwicklungen von 1918 bis 2018 erscheint die Differenz von Begebenheiten im Jahr 2018 zu jenen 2118 auf imaginativer Ebene recht gering.[5]

Ähnlich verhält es sich mit den Inhalten einer Skizze aus der sechsten Klasse (vgl. Abb. 13), die sich mit dem Themenbereich *Weihnachtsmann* auseinandersetzt. Hier zeigt sich eine Verbindung mit technisch operierten Flügeln, die dem Weihnachtsmann hinzugefügt wurden, sodass er ohne weiteres Equipment eigenständig zum Austeilen von scheinbar komprimierteren Geschenken umherfliegen kann. Das Erscheinungsbild des Weihnachtsmanns wandelt sich hinsichtlich eines dunkleren, dichteren Barts, einer spitzeren, schlichteren Mütze und auch die Kleidung präsentiert sich durch scharfkantige Linien in einem anderen Design. Die Tatsache, dass ein ohnehin imaginativ ausgerichtetes Thema wie *Weihnachtsmann* hier weiter in der Zukunft fantasiert wird, eröffnet, über die technoide Idee hinausgehend, eine humoristische Ebene.

---

5   Romantiker wie Hoffmann oder Fouqué und Verne waren im 19. Jahrhundert mit ihren Zukunftsvisionen stark vorausgeeilt. Für das 20. Jahrhundert wäre z.B. Gibson mit dem Cyber-Punk anzuführen.

192   Flow und Imaginative Bildung

Abb. 13: Vergleichende Skizze zum Thema »Weihnachtsmann« 2018/2118, Klasse 6.

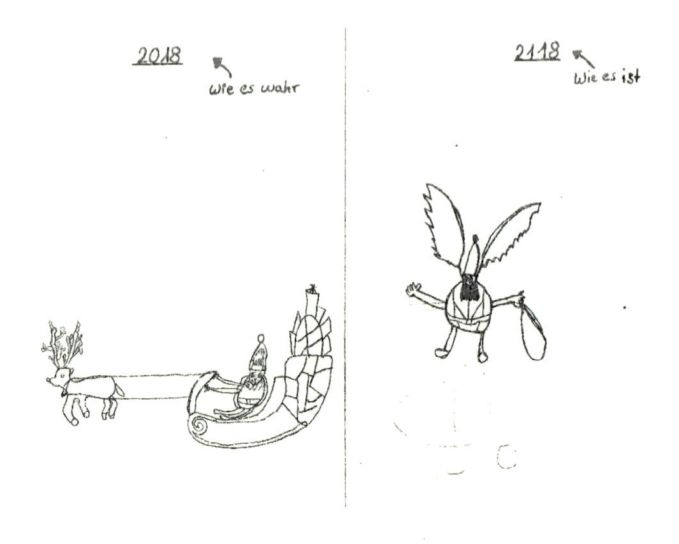

Abb. 14: Vergleichende Skizze zum Thema »Künstliche Intelligenz« 2018/2118, Klasse 8.

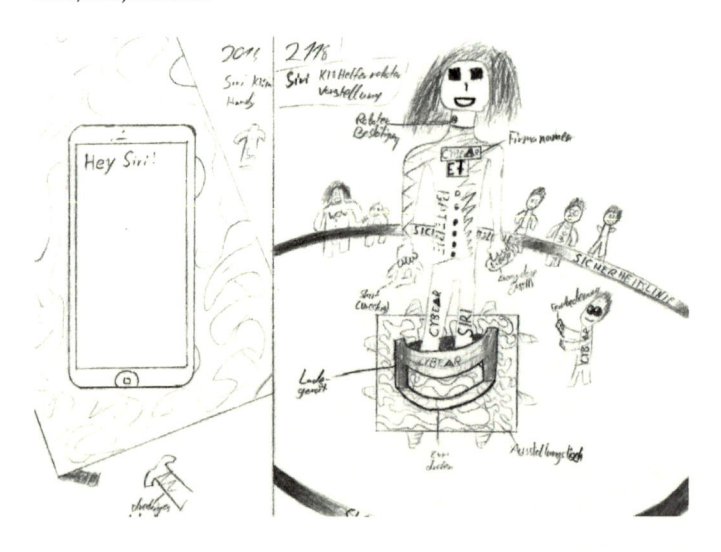

Ein detaillierterer Darstellungsansatz ist in einer Zeichnung aus der achten Klasse (vgl. Abb. 14) gegeben. Hier wird eine Künstliche Intelligenz-(KI-)Assistenzfunktion in einem Smartphone mit der gleichen, jedoch integriert in einem Roboter, verglichen. Das Handy befindet sich 2018 auf einem wellenartig gemusterten Ausstellungstisch (umgeben von schmutzigen T-Shirts), während 2118 der nahezu lebensecht anmutende Roboter mithilfe einer Fernbedienung von einem Mitarbeiter einem mit offenen Mündern und aufgerissenen Augen zusehenden Publikum in einer »KI-Helfer-Roboter-Vorstellung« auf einer drehbaren Plattform inklusive Ladegerät auf einem Ausstellungstisch (ähnlich dem von 2018) präsentiert wird. Die »Sicherheitslinie« sowie der am Hals platzierte »Roboter-Bestätigungsknopf« verweisen auf die (noch) nicht kontrollierbaren Handlungen des Roboters. Dieser hält in seinen Händen ein dreckiges T-Shirt – eine weitere Verbindung zur Skizze aus dem Jahr 2018 – und eine Dose, die Müll darstellen soll. Die Funktion als partiell lebensecht gewordene Haushaltshilfe wird deutlich. Der Firmenname ist einer real existenten Firma, die 3D-Animationen produziert, entlehnt.

Alle in den drei Skizzen dargestellten Aspekte der Verbindung von Mensch und Technik sind entweder bereits existent oder durch Science-Fiction-Klischees bekannt. Es wirft die hypothetische Frage auf, ob es sich bei den weniger originellen Imaginationen um Folgen von Techno-Sozialisation handeln könnte. Sind die Schüler*innen zu sehr an vorgefertigte Vorstellungen gewöhnt? Zu fragen ist hinsichtlich weiterer Arbeitsprozesse, inwieweit produktive Imagination am Werk ist (z.B. bei den Performances in Gruppen) und inwiefern sie nahezu regrediert ist, sodass nur Klischees, hier primär innerhalb der Zeichnungen, erscheinen.

Hängt dies möglicherweise mit dem Medienkonsum der Schüler*innen und der Digitalisierung zusammen? Laut der aktuellen JIM-Studie (Jugend, Information, Multi-Media) des *Medienpädagogischen Forschungsverbundes Südwest (MpFS)* verfügen bereits 98 % der Haushalte in Deutschland, in denen 12- bis 19-Jährige leben, über einen Internetanschluss, 99 % über mindestens ein Smartphone (vgl. MpFS 2019: 6f.). Bei der Betrachtung der Studie wird ersichtlich, dass 92 % der Jugendlichen mehrmals täglich online sind (vgl. a.a.O.: 12f.). Die Schüler*innen wachsen heutzutage in einer Welt auf, die von Neuen Medien durchdrungen ist und betrachten den virtuellen Raum des Internets als selbstverständliche Gegebenheit des Alltags. Der Alltag von Heranwachsenden im 21. Jahrhundert ist maßgebend von Medien und ihren die Imagination durchziehenden Eigenschaften geprägt.

Abgesehen von dem quantitativen Faktum, dass viel Zeit in den Umgang mit Medien investiert wird (vgl. Hoffmann 2002: 61), tragen diese ferner eine große Bedeutung für die Identitätsbildung, z.B. in der Selbstinszenierung (vgl. John-Wenndorf 2014: 298), und die Sozialisation. Für viele Heranwachsende spielt die Teilhabe an sozialen Netzwerken eine signifikante Rolle für ihre Sozialisierung und Selbstentfaltung ihrer Person, wobei diese sich angesichts der weniger sozialen Komponenten vermeintlich sozialer Plattformen z.T. auf fragwürdige Weise vollziehen. Soziologische und medienwissenschaftliche Aspekte der Identitätsbildung stehen in einem Wechselwirkungsverhältnis, sodass Medien (TV, Musik, Spielfilme, Bücher, Computer[-spiele] etc.) neben dem Elternhaus, der Schule und anderen Kontaktgelegenheiten als eine wesentliche Sozialisationsinstanz betrachtet werden können (vgl. Mikos 2004: 157f.). Vorstellungen von Normen, Werten und Rollenbildern werden folglich nicht mehr ausschließlich durch die soziale Umgebung, sondern insbesondere auch aus den Medien erlernt (vgl. a.a.O.: 162f.).

Möglichkeiten des Umgangs mit diesen Entwicklungen im (Kunst-)Unterricht werden in Abschnitt 6.2.1.2 beschrieben.

6.1.3 Generieren einer neuen Theorie und Plakatgestaltung in Gruppen

Im nachfolgenden Schritt arbeiteten die Partner*innen zwar an ihren Positionen weiter, allerdings expandierten sie zu Vierergruppen, indem sie mit einem randomisiert zugeteilten Paar zusammengestellt wurden. Sie agierten erneut als Forschungskolleg*innen, die ihre Themen, Fragestellungen und Methoden gemeinsam imaginierend mit jenen der anderen verbanden.

Wie bereits in Projekt I integrierte jede*r den eigenen Ansatz. Daraufhin wurde eine neue Theorie aufgestellt, die in der Gestaltung eines Plakats für die Präsentation mündete (vgl. Abb. 3-5). Obwohl die Schüler*innen sich imaginär bereits intensiv in ihre eigenen Themengebiete eingearbeitet hatten, fiel es ihnen, anders als in Projekt I, nur wenig schwer, diese nun mit anderen Begriffen und theoretischen Ansätzen zu verbinden, sodass eine neue Theorie entstand, welche die Merkmale aller umfasste. Schließlich war hier erneut eine kooperative Imagination von Interesse.

Im Vergleich zu Projekt I, bei dem es in der höchsten Klassenstufe Zurückhaltung gab, gelang diese neue, imaginativ geführte Erkenntnisfusion in allen drei Klassenstufen recht zügig. Die Beteiligten ließen sich z.T. auf eine Zerlegung der bereits vorhandenen Theorien zur Schöpfung einer neuen ein. Trotz anfänglicher Schwierigkeiten hinsichtlich der kollektiven Ideenfindung machte vielmehr diese Fusion der Themen den Einfallsreichtum der Projektprozesse und -ergebnisse, im Vergleich zu den Einzelarbeiten, aus.

Zentral war auch hier, dass alle während des Skizzierens und Beschriftens involviert waren, damit sich niemand dem Geschehen entzog (vgl. Wellenreuther 2010: 378). In Projekt II verliefen diese Arbeitsschritte ähnlich wie jene des ersten Projekts. Während das kollaborative Arbeiten in der sechsten und achten Klasse sehr produktiv sowie konstruktiv verlief, stellte sich die Situation in der vierten Klassenstufe erneut als etwas schwieriger heraus, da die Schüler*innen weniger leicht ihre bisherigen Ideen aufbrechen konnten.[6] Im Laufe des Arbeitsprozesses erkannten sie allerdings, dass insbesondere durch die imaginative Fusion Neues und Außergewöhnliches geschaffen werden konnte, wie beispielsweise die Perspektive auf die »Antike Technologie«.

Insgesamt betrachtet handelte es sich beim Projekt *Zurück in die Zukunft* um *eine* von zahlreichen möglichen Vorgehensweisen des Kunstunterrichts, bei der sich die Schüler*innen autonom und interessenbasiert Sachverhalte erarbeiten und ihre Imagination sowie ein mögliches Erleben von *Flow* aktiv reflektieren können.

Das Erleben von *Flow* ist laut Interviewangaben und Reflexionsbögen unabhängig von der eigentlichen Qualität des Dargestellten, was sich mit den Studienergebnissen von Schulz (2006) deckt (mehr dazu in Kapitel 6.3 *Auswertung*). Dies verweist darauf, dass eine Person auch bei einer, von außen betrachtet, qualitativ geringeren Arbeit durchaus *Flow* empfinden kann, sofern sie selbst sich oder ihr Schaffen im Arbeitsprozess nicht verurteilt.

Die Tatsache, dass die Schüler*innen im vorliegenden Projekt mit dem Fokus auf ihrer Imagination arbeiteten, erleichterte den Zugang zur Theorieentwicklung und beließ Offenheit für vielfältige Prozesse der Vorstellungskraft, wenn diese auch teils klischeebehaftet ausfielen.

Wie auch bei Projekt I vertieften die Schüler*innen sich nach einer anfänglichen Zurückhaltung vermehrt in ihre Themenbereiche. Unsicherheiten und Nachfragen reduzierten sich im Laufe der Zeit. Die Beteiligten konzentrierten sich zunehmend auf ihre individuellen Haltungen und Handlungen. Unabhängig von Alter oder Entwicklungsstand entfalteten die meisten (z.T. nach einer Phase der Hemmung) einen motivierten Arbeitsfluss. Die Kinder bzw. Jugendlichen zeigten hierbei teilweise Hauptkomponenten des Erlebens von *Flow*[7] auf. Der auffällige Unterschied hinsichtlich einer starken Orientierung an korrekten Fakten der höchsten Klassenstufen im Vergleich zu den anderen in Projekt I war in diesem Fall weniger präsent. Die Originalität der Ideen erschien insbesondere in den Skizzen (Einzelarbeit) geringer zu sein als in jenen aus Projekt I (vertiefende Ausführungen hierzu ab Abschnitt 6.2).

6.1.4 Präsentationen im »Nachrichten-Interview«

Welche Erkenntnisse die zeitreisenden Forscher*innen bei ihren Erkundungen der Vergangenheit (2018) gesammelt hatten, berichteten sie in einem Nachrichten-Interview. Die Schüler*innen hatten während der Präsentation ihrer Forschungs-

---

6   Die regulär unterrichtende Lehrkraft gab auch hier an, dass die Schüler*innen mit der Methode der Gruppenarbeit noch nicht lange vertraut waren.
7   Ausführliche Informationen hierzu sind in Kapitel 5.1.3 *[Imagination und Flow] Im Performativen Kunstunterricht* zu finden.

ergebnisse die Gelegenheit, sowohl als Präsentierende als auch als Zuhörende eigene und fremde Vorstellungen zu den selbst gewählten Themenfeldern diskursiv zu reflektieren. Dabei verkörperten sie in einem Durchlauf die Rolle als Wissenschaftler*innen aus der Zukunft, im anderen waren sie Moderator*innen.

In Anlehnung an Peters (2016) konnten die Schüler*innen im Rahmen ihrer Performances in Gruppen unkonventionelle Wahrnehmungs- und Imaginationsweisen erleben, da sie sich in einer performativen Situation den Live-Zuschauer*innen der Interviews mitteilten, die sich ebenfalls in einer inszenierten Rolle befanden.

Die performativen Prozesse waren insofern eine neue Erfahrung für alle Beteiligten, als sie wenig vorhersehbar waren und spontan vonstattengingen. Zudem wurde auch hier der Klassenraum dem Geschehen entsprechend umgestaltet und die Kameras für die Dokumentation sowie die Requisiten trugen ebenso zu einer veränderten Atmosphäre bei. Während der Präsentationen über Autoumwandlung und Versteinerung, Tierverwandlung, Transportmittel und antike Technologien (exemplarisch Klasse 4, 6 und 8) zeigte sich das Publikum, erneut insbesondere in der vierten Klasse, interessiert.

Um ein präziseres Bild der performativen Ereignisse zu geben, sind auch für dieses Projekt im Folgenden jeweils Fotografien von zwei Gruppen pro Klassenstufe dargestellt (vgl. Abb. 15-17): V. a. die Schüler*innen in den zwei niedrigeren Jahrgangsstufen konnten durch den flexiblen Zugang zu ihren inneren Bildern intuitiv und selbstsicher auf unerwartete Nachfragen reagieren. In ihren Rollen traten die Wissenschaftler*innen aus der Zukunft überzeugend als geistreiche Vertreter*innen aus dem Jahr 2118 auf. Verglichen mit den Skizzen, die aus der Einzelarbeit resultierten, riefen die Fusionen weitaus fantasievollere Ideen hervor.

Abb. 15 (links): Die Moderation mit den Wissenschaftler*innen, Klasse 4.
Abb. 16 (rechts): Die Moderation mit den Wissenschaftler*innen, Klasse 6.

In der ersten Abbildung sind nur drei Schüler*innen aus der Vierergruppe zu sehen, weil nicht alle Kinder zugestimmt hatten, gefilmt und fotografiert zu werden.

Abb. 17: Die Moderation mit den Wissenschaftler*innen, Klasse 8.

In Projekt II wurde den Beteiligten das mentale Schema hinter der Ausstellung *Post Human* sowie die Orientierung am *Zukunftsinstitut* erst nach der Durchführung ins Bewusstsein gerufen. Zudem eröffnete kurz vor der Besprechung von projektbezogenen Positionen von Künstler*innen die Ausstellung *UUmwelt* von Pierre Huyghe in der Serpentine Gallery, London, auf die sich in Gesprächen rückbezogen wurde.

Nach einer Präsentation der Künstler*innen durch die Verfasserin konnten die Schüler*innen Parallelen und Differenzen zwischen den eigenen inneren Erscheinungen sowie Arbeitsprozessen und den Werken der Künstler*innen ziehen.

Als die Ausstellungsthemen der Kuratoren Deitch oder Obrist in Kooperation mit Huyghe den Schüler*innen vorgestellt wurde, spekulierten sie über mögliche Absichten der dort ausstellenden Künstler*innen. Auch in diesem Fall erschlossen sie trotz unterschiedlicher künstlerisch-praktischer Handhabungen einige Gemeinsamkeiten zwischen den Denkweisen der Künstler*innen und ihren eigenen Themen sowie Arbeitsstrategien.

Das mentale Schema, das zuvor nur der Projektleitung bekannt war, schien sich z.T. in ihren Denkweisen und Handlungen während der Arbeitsprozesse, im Sinne der PKF mit (Pseudo-)Forschung über/für/durch PKF hin zu künstlerischen Annäherungen über/für/durch Forschung widergespiegelt zu haben. Untersuchungen zur PKF vollzogen sich im Methodenteil der vorliegenden Arbeit zu deren Einordnung im kunstpädagogischen Kontext. Praktische Nachforschungen für die PKF unterstrichen die Relevanz des Anliegens. Eine Forschungsbasis entstand hier durch PKF, da das kunstpädagogische Projekt I mit seinen Anhaltspunkten die Ausgangslage für weiterführende Forschung im zweiten Projekt gebildet hatte. PKF ereignete sich innerhalb der Vorbereitungen, Durchführungen und Nachbereitungen der Unterrichtsprozesse, indem die Forschung sich Imagination und *Flow* untersuchender Strukturen und Methoden bediente. Annäherungen an Künstlerisches wurden über Forschung ausgetragen, doch ohne sie ihr unterordnen zu wollen, da es sich um eine Untersuchung für die Kunst durch die – und mit der – Kunst handelt. Ebenso wurden kunstpädagogische Prozesse durch Forschung initiiert, wodurch diese Geschehnisse mit Forschung agierten und für die Forschung standen. Annähernd Künstlerisches mit Forschung wurde seitens der Schüler*innen im Handlungsverlauf imaginativ generiert. Die PKF versucht hierbei eine Brücke zwischen Kunst und Pädagogik zu formen, bei deren Begehung sich künstlerische und wissenschaftliche Elemente gegenseitig bereichern können.

Hierbei liegt das Hauptaugenmerk der Kunstvermittlung auf Imagination und *Flow* bzw. auf dem Imaginations-*Flow*, weswegen keine von einer Kurator*innendomäne als geniale Kunstwerke angesehenen Resultate angestrebt werden, sondern die imaginativen Prozesse und das potenzielle Erleben von *Flow* im Mittelpunkt stehen. Der Fokus liegt also nicht auf einer forschenden Kunstproduktion, sondern auf einer möglichen performativen Form der Forschung für die Kunstvermittlung, welche die Fantasie und die *Flow*-Erfahrung in Bezug auf ästhetisch-künstlerische Verfahrensweisen zu ihrem Gegenstand macht und die Resultate in der vorliegenden Schrift festhält.

6.2 Theoretische und künstlerische Kontextualisierung

In diesem Abschnitt werden weiterführende theoretische Rückschlüsse zum Imaginationsverhalten und dem Erleben von *Flow* bei Schüler*innen gezogen. Zunächst wird sich primär der Imagination gewidmet, bevor mehrere *Flow*-Aspekte bezüglich des performativen Kunstunterrichts und der (Kinder-/Jugend-)Zeichnung exemplarisch dargelegt werden.

6.2.1 Imagination und *Flow*

Hinsichtlich des im zweiten Projekt hervorgehobenen subjektiven Interesses und der damit einhergehenden freien Themenwahl (ohne zufällige Begriffsverteilungen wie in Projekt I), wird die Relevanz der Imagination im alltäglichen Leben zunächst anhand einer Frage zu verdeutlichen versucht:

Inwiefern sind bereits »systematische Übungen von weltbezogener Imaginationsfähigkeit in der Kunstdidaktik verankert« (Krautz 2014: 123)? Hierbei liegt die grundsätzliche Frage nach dem In-der-Welt-Sein als herausfordernde Chance der Kunstpädagogik vor. Es geht nicht nur um die Aneignung einer spezifischen Tätigkeit, sondern überdies um das ganzheitliche menschliche Dasein, welches zuvor hinsichtlich der Bildung sowie des Erfahrens von *Flow* in Bezug auf Geist und Leib behandelt wurde.

Jüngere Forschungen aus den Humanwissenschaften ergaben, dass das Wesen des Menschen sich dadurch auszeichnet, sich aufgrund und innerhalb von Relationen zu entwickeln. Dementsprechend ist anzunehmen, dass Beziehungen zu anderen Menschen auch die Ausformung der Imagination beeinträchtigen und die gemeinsame kulturelle Entwicklung der Menschen[8] vorantreiben (vgl. a.a.O.: 129).

Demzufolge fanden in den Projekten Teamarbeiten zur gemeinsamen imaginativen Erschließung fiktiver Sachverhalte statt. Zusammen mit der Lehrperson richteten die Schüler*innen im Klassenverband bei den performativen Akten ihre Aufmerksamkeit auf ein Drittes, die imaginierten Sachverhalte und bei der späteren Reflexion auf *Flow*.

Fuchs (2008: 217) macht ebenso darauf aufmerksam, dass kognitive Prozesse und demgemäß auch Imagination »nicht von einem isolierten neuronalen Apparat produziert [werden]«, sondern dass das Lernen sich in einem interpersonalen Raum ereignet. Somit war das Imaginieren der Schüler*innen sowohl alleine als auch mit mehreren Personen gemeinsam von Interesse. Lernprozesse vollziehen sich in Relation zur gemeinsam erfahrenen Welt, denn bei jeder Form der (Sinnes-)Wahrnehmung überschreitet der Mensch die Grenzen des eigenen Körpers. Er interagiert mit der Welt und den dort befindlichen Gegebenheiten, wobei sich eine unmittelbare »Beziehung zwischen dem Wahrnehmenden und dem wahrgenommenen Gegenstand« (a.a.O.: 41) bildet. »Im Wahrnehmen sehen wir keine Bilder aus einer anderen Welt, sondern ko-existieren als Leib- und Sinneswesen mit den Dingen und Menschen in einem gemeinsamen Raum« (a.a.O.: 47f.) und stehen somit in einer Relation. Dies ist auch für das Fantasieren sowie das Erleben von *Flow* in Einzel- und Gruppendynamiken von Relevanz. Dieses Verständnis von der Wahrnehmung als ein Beziehungsgeschehen ist grundlegend »für eine relational verstandene Didaktik von Wahrnehmung, Imagination und Darstellung« (Krautz 2014: 131), die sich z.T. hinsichtlich des Projekts ereignete. Jene Perspektive umfasst die menschliche Subjektivität – wie auch häufig in der Kunstpädagogik im Allgemeinen behandelt (Orientierung am Bild, an der Kunst und/oder am *Subjekt*) – jedoch nicht lediglich hinsichtlich innerer Verarbeitungsprozesse, sondern auch

---

8   Der Mensch unterscheidet sich von anderen Lebewesen (mit Ausnahme von Primaten) u.a. durch die Fähigkeit zur sogenannten *geteilten Intentionalität*, die im englischsprachigen Raum als *joint attention* bezeichnet wird. Er ist dazu in der Lage, mit anderen Personen gemeinsam seine Aufmerksamkeit auf einen Gegenstand auszurichten und sich währenddessen jener geteilten Fokussierung im Sinne der Reflexion bewusst zu sein. Auf Grundlage dieser Gegebenheit seien die Menschen laut Tomasello (vgl. 2006: 16) erst dazu befähigt, eine Kultur aufzubauen. Die Anwendung der geteilten Aufmerksamkeit ist wegweisend für eine relational verstandene Didaktik der Imaginationsbildung in der Kunstpädagogik.

im Hinblick auf die Wechselwirkungsbeziehung mit dem äußeren Weltgeschehen (vgl. ebd.).

Die menschliche Imagination ist nicht lediglich im Gehirn zu verorten, vielmehr speist sie sich aus einer komplex vernetzten Leibresonanz, die auf dem Zusammenwirken von Leiblich- und Sinnlichkeit als Medium der Erkenntnisgewinnung basiert, was auch für das Potenzial der Ermöglichung von (Imaginations-)*Flow* in Bezug auf die Ganzheitlichkeit von Geist und Körper in Resonanz mit der sozialisierenden Umwelt in der Kunstvermittlung von Bedeutung ist.

Hinsichtlich der Thematik von Bildung und relationaler Anthropologie arbeitet Fink (1978: 281) heraus, dass der Mensch »eingebettet in und gebunden an die ›Coexistenz-Strukturen des weltbezüglichen Seins‹« ist und auf Grundlage dieser Erziehung bzw. Entwicklung zu verstehen ist. Auf Basis dieser Äußerung Finks ergänzt Burchardt, dass der Mensch gar als Welt-, Mit- und Selbstverhältnis bestehe. Er fordert eine relationale Bildung der Imagination im Rahmen von Kommunikation und Interaktion mit der Umwelt und anderen Menschen (vgl. Burchardt 2008: 525). So zeigte sich auch innerhalb der Projektprozesse, wie stark die Kommentare der Mitschüler*innen dazu beitrugen, dass jede*r die eigene Perspektive mit weiteren Erkenntnissen reflektieren konnte.

Wie wirkt sich eine Didaktik der Vorstellungsbildung, die relational verstanden wird, auf den Kunstunterricht aus? In der schulischen Kunstvermittlung können u.a. Momente hervorgerufen werden, in denen »eine Orientierung am Sichtbaren in Settings gemeinsamer Aufmerksamkeit« (Krautz 2014: 139) erfolgt. Die zuvor erläuterte Anlage des Menschen zur geteilten Aufmerksamkeit ist somit eine richtungsweisende Komponente der zahlreichen Möglichkeiten für die Konzeption von Kunstunterricht. Durch die Fähigkeit zur *joint attention* verbinden Schüler*innen im Rahmen der Kommunikation ihre eigenen Wahrnehmungen und Vorstellungen mit jenen der Mitschüler*innen, wie es sich im Austausch zu den Skizzen und Texten der Partner*innen zeigte. Krautz ergänzt überdies den Terminus der *joint attention* um eine *joint imagination* (vgl. a.a.O.: 129).

Grundlegend wurden in beiden Projekten Konstellationen initiiert, innerhalb derer die Schüler*innen sich gemeinsam mit ihren Mitschüler*innen und Lehrpersonen mit imaginativem Fokus auf einen Gegenstand ausrichteten, währenddessen potenziell *Flow* erleben konnten und anschließend über ihre Erfahrungen sowie themenbezogene Kunstwerke diskutierten. Durch die geteilte Aufmerksamkeit auf ein Drittes und die gemeinsame Bezugnahme entfaltete sich diesbezüglich die Vorstellungskraft der Beteiligten. Zudem war ein bedeutsamer Aspekt, dass die Lehrperson sich mit den Schüler*innen gemeinsam auf die performativen Denk- und Handlungsmuster einließ und durch die Rollen als Moderatorin bzw. Nachrichtensprecherin (aus einem anderen Studio) Teil der Aktionen wurde. Hierbei »entst[and] ein Raum komplexer Relationen, in der [sic!] Vorstellungstätigkeit eingebettet ist in die Beziehungen der beteiligten Personen untereinander, zum Gesehenen und den Zeichnungen« (a.a.O.: 143, siehe Sowa 2014). Zudem ereignete sich überdies z.T. das Erleben eines gemeinsamen Imaginations-*Flows* mit tiefer Fokussierung auf die Dynamiken und einer einhergehenden imaginativen Versunkenheit in die Rollen der Performances, die augenscheinlich heraus-, jedoch nicht überfordernd waren.

Die Welt ist nicht der Opponent der Imaginationsbildung, sondern die Welt ermöglicht sie erst (vgl. Krautz 2014: 140). Eine tiefgründige Rezeption der Dinge bildet das Fundament der Imagination. Bevor die Schüler*innen Neues imaginieren konnten, griffen sie auf bereits Bekanntes zurück, mussten dennoch auch Teile davon wieder verlernen, um sie verändert denken zu können. Um daraufhin möglicherweise entstandene Veräußerungswünsche verwirklichen zu können, bedurfte es einer Transformationsstrategie. Damit die Ausdrucksabsichten zu Handlungen umgeformt wurden, mussten sie angeeignet, wiederholt und geübt werden. Die Imaginationsfähigkeit der Schüler*innen ist »durch einen strukturierten Aufbau der Vorstellungsformen« (a.a.O.: 142) und vielfältige Möglichkeiten des Ausdrucks innerhalb ihrer Veräußerlichungen erweiterbar. Diese können sich beispielsweise im Wechsel von »linearer, flächiger und plastischer Gestaltung« (ebd.) und während des Gebrauchs verschiedenster Medien und künstlerischer Verfahrensweisen entfalten.

Kunstdidaktische Erklärungen und Handlungsweisen wie die Hervorhebung »von Experiment, sinnlich-ästhetischer Erfahrung, Ausdruck und (als subjektives Geschehen verstandener) Kreativität« (ebd.) sollten um die Reflexion der Imagination und des Erfahrens von *Flow* erweitert werden.

Abgesehen von den kollaborativen Arbeitsphasen soll dennoch auch der Stellenwert des autonomen ästhetisch-künstlerischen Handelns eines Subjekts unterstrichen werden. Kunstunterricht sollte sowohl subjektive als auch gruppenorientierte Verfahren berücksichtigen, wie auch einzelschaffende Künstler*innen oder Teams bestehen. Versuche von Reflexionen zu sonst weniger bewussten Prozessen erscheinen als eine zentrale Methode für den Kunstunterricht. Fragen wie beispielsweise »Wie hast du es dir vorgestellt? Wieso hast du das auf diese Art und Weise gestaltet?« können Reflexionen anregen. Beinahe jede Handlung setzt verschiedene Motive voraus. Um diese zu beleuchten, bedarf es einer nachdrücklicheren Auseinandersetzung mit den individuellen Handlungsmotiven (vgl. a.a.O.: 144), weswegen in Bezug auf Projekt II die Interviews mit Schüler*innen folgten.

Die Imagination ist eine schöpferische, mit Intentionen aufgeladene Manifestation menschlicher Existenz und demzufolge grundlegend für den Möglichkeitssinn, das Bewusstsein, das Lernen, Erfahrungen sowie den Aufbau von Routinen (vgl. Fauser 2014: 89). Kunst und künstlerisches Schaffen sind für die *Flow*-Erfahrung sowie die Vorstellungskraft wegweisend und somit auch für den weiteren Verlauf menschlicher Entwicklungen von hoher Relevanz. So betrachtet ist die Kunst Teil des Grundbestands menschlicher Bildung. Zudem werden im künstlerischen Schaffen innere Erscheinungen für Rezipient*innen hervorgebracht und selbst zu Objekten der Wahrnehmung, womit der Mensch das einzige Lebewesen ist, welches sich selbst und seine Welt frei kreieren kann (vgl. a.a.O.: 92). Dementsprechend und ebenso in Anlehnung an das mentale Schema bei *Ästhetischen Operationen* nach Maset (2005) oder Sturms Kunstvermittlung – *Von Kunst aus* (2011) mit Bezugnahmen zu Deleuze wurden die vorliegenden Projektideen auf inhaltlicher Ebene vor der Konzeption von künstlerischen Positionen abgeleitet.

Wie auch Fauser konstatiert, werden hier argwöhnische Tendenzen gegenüber der Kunst sowohl in der Historie als auch in der Gegenwart beanstandet. Dies ist als »demokratiepolitisches Statement über das freiheitsstiftende Potenzial der Imagination« (Fauser 2014: 90) anzuführen und unterstreicht, dass freies künstlerisches Schaffen, inklusive *Flow*-Erfahrungen, einen Teil der Mündigkeit von Personen formen sollte. Ein grundlegender Aspekt ist ferner, dass die Kunst das Mittel der Sprache gebrauchen kann, dabei allerdings nicht der begrifflichen Sprache bedarf und sie auch rein symbolisch verwenden kann. Somit schafft die Kunst »einen Raum für menschliche Erfahrung, Äußerung und Kommunikation für das, ›was die Sprache nicht sagen und der Begriff nicht begreifen kann‹« (a.a.O.: 91). Durch die Fokussierung auf *Flow* und Imagination im Rahmen beider Projekte eröffnete sich ein Raum für das ansonsten nicht Greifbare und Unsagbare.

Die Vorstellungskraft sowie das Erleben von *Flow* haben einen erheblichen Einfluss auf die Lebensweise des Menschen, beispielsweise hinsichtlich alltäglicher Handlungsfolgen, bezüglich des Lernens oder im Rahmen von Kommunikation mit Mitmenschen. Abermals sei die reziproke Befruchtung von Kunst und Vorstellungskraft betont, wodurch erneut unterstrichen werden soll, dass die Ausrichtung auf Imagination im Kunstunterricht sowie die Absicht, geeignete Wege zur Ermöglichung von *Flow* zu finden, häufiger initiiert werden müssen. Wie sich dies vollziehen kann, wird in den nachfolgenden Kapiteln, teils exemplarisch, teils mittels allgemeingültiger Herleitungen von Handlungslinien, erörtert.

6.2.1.1 Im performativen Kunstunterricht

Auch im Hinblick auf die **P**erformative **K**ünstlerische Kinder- bzw. Jugend-**F**orsch-ung und den sich währenddessen ereignenden *Flow* lassen sich hier intentional gerichtete Parallelen zu Projekt I ziehen. Um Wiederholungen zu vermeiden, wird sich hier den Überlegungen zum Performativen Kunstunterricht bzw. zu Performance und *Flow* hinsichtlich des ersten Schulprojekts weitestgehend angeschlossen. Ein Unterschied liegt in der konkreten Form der Umsetzung: Während sich, abgesehen von den performativen Prozessen des Kunstunterrichts per se, die Schüler*innen in Performances auf der »Konferenz der Wissenschaften« einbrachten, vertraten sie in diesem Projekt die Rollen von TV-Moderator*innen und Wissenschaftler*innen, die ihre neuesten Erkenntnisse in einem Interview mitteilten.

6.2.1.2 In der (Kinder-/Jugend-)Zeichnung

In die Zeichnungen des Projekts flossen laut Aussagen der Schüler*innen aktuell bedeutsame und v.a. zukunftsbezogene Überlegungen mit ein, die durch den Austausch mit Peers erweitert wurden.

Thematisch liegt die Differenz zu Projekt I darin, dass die Schüler*innen Imaginationen zur Welt in 100 Jahren (nicht als Pseudo-Wissenschaftler*innen zu gegenwärtigen Gegenständen und Phänomenen), nach dem Verfassen eines Texts zunächst selbst aufzeichnen, damit einer Transformation der eigenen Vorstellungen in eine Zeichnung nachgegangen wird. Danach erst folgte die Zeichnung auf Basis der Texte der jeweiligen Partner*innen.

Hinsichtlich der Ergebnisse ist festzuhalten, dass die Arbeiten in Projekt II in Bezug auf die klischeehaften Projektionen der Zukunft weitaus weniger Neuartiges und Originelles hervorbringen als die Pseudo-Theorien in Projekt I. Die Schüler*innen stellen primär Dinge dar, die in Anbetracht der Entwicklungen von 1918 zu 2018 hypothetisch entweder in näherer Zukunft als erst in 100 Jahren bestehen könnten oder sogar bereits existieren (z.B. Drohnen, Roboter, Jetpacks oder Virtual-Reality-Brillen). Weshalb treten klischeehafte, nahezu »imaginationsarme« Darstellungen der Zukunft auf?

Hierzu gibt es mehrere Annahmen. Zunächst könnte die Aufgabenstellung eine Ursache sein: Ist die Idee, dass die Zukunft noch nicht existiert und somit Potenzial für neue, noch nie dagewesene, originelle Imaginationen birgt, zu banal und kurzschlüssig gedacht? Wären die Ergebnisse innovativer gewesen, wenn der Zeitsprung statt nur 100 Jahre eher 1000 Jahre oder mehr betragen hätte? Zwar ermöglicht die Übung die Behandlung aller denkbaren Themen, jedoch ist alles wiederum auf die Zukunft bezogen, was u.U. zur Anwendung von Klischees verleiten kann.

Ein weiterer Grund dafür, dass die Schüler*innen nicht über die üblichen Ideen zur Zukunft hinausdenken und nicht weiter imaginieren, sondern Science-Fiction-Klischees durch vorgefertigte Imaginationsschemata übernehmen, kann darin liegen, dass diesbezüglich (zu) viel Vorwissen besteht. Auch die Auswahl nach eigenen Interessengebieten und somit die Auseinandersetzung mit ohnehin Bekanntem hat womöglich dazu geführt, dass weniger Außergewöhnliches entstanden ist. Besser wäre demnach eine Aufgabe gewesen, bei der prinzipiell neue Grundideen bzw. Anfänge aufkommen, idealerweise mit sehr wenig Vorwissensaktivierung (da kaum vorhanden) für ein besseres Unlearning. Projekt I hat mehr Fremdheitspotenzial, während Projekt II zu stark vorgeprägt von Vorstellungen der Zukunft ist.

Eine weitere Annahme ist, dass die Schüler*innen hinsichtlich der Zukunftsthematik womöglich auch durch Digitalisierung und Techno-Sozialisierung geprägt sind (siehe Kamper 1986, Maset 2010/2013, Precht 2018). Es bleibt anzunehmen, dass ein (nahezu täglicher) Konsum digitaler Bilder, z.B. auf sozialen Netzwerken, das eigenständige Hervorbringen von Imaginationen dahingehend reduziert, dass die Einbildungskraft eher rezeptiv-verarbeitend Anwendung findet, anstatt produktiv-erarbeitend aktiv zu sein.

Adorno problematisiert den Verlust der autonomen und wahren Eigenheiten der Kunst bzw. Musik im Speziellen (vgl. Adorno/Horkheimer 2003 [1944] b: 166f.). Jener Verlust der Autonomie lässt sich partiell auch auf das Erleben von Flow und Imagination hinsichtlich eines Dauerflusses von Informationen übertragen.

Seiner Ansicht nach sähen die Kunst im Allgemeinen und die Musik im Speziellen vor, keinen eigentlichen Zweck haben zu dürfen. Mittels ebenjener Unzweckmäßigkeit vollführe die Kunst ihre gesellschaftliche Funktion. Diese umfasse ein Aufbegehren gegen die verwerflichen Seiten der Gesellschaft. Die Kunst müsse kritisieren und dürfe nicht bloß affirmativ sein. In dem Augenblick, in welchem der Kunst ein spezifischer Zweck zugetragen werde, verliere sie ihre Autonomie und damit ihren Wahrheitsgehalt. Dieser stark kulturpessimistischen Perspektive kann nur partiell zugestimmt werden. Jener Aspekt wird hier eher als ein kompromisshafter Umgang mit den aktuellen Gegebenheiten aufgefasst.

Die Problematik, die sich für die (Musik bei Adorno, hier auch übertragbar auf die) bildende Kunst ergibt, ist jene der Instrumentalisierung, besonders durch die Kulturindustrie. Dies bedeutet, die Kunst habe größtenteils ihren autonomen Charakter dahingehend einbüßen müssen, dass sie der Unterhaltung der Massen und dem kapitalistischen Interesse der Unterhaltungs(musik)-Produzierenden diene und dadurch jede kritische Facette verliere. Auf Grundlage eines Anscheins des Genusses wird dem Menschen allerdings die Möglichkeit für tatsächliches Vergnügen genommen. Insofern verschulde die Kulturindustrie eine Vereinheitlichung und Verflachung der Musik (vgl. Adorno 2003 [1962] a: 17f.) oder auch von künstlerischen Prozessen.

Ein ähnliches Phänomen lässt sich im Hinblick auf die Entfaltung der Imagination und die »Nutzung« von *flow*-fördernden Aktivitäten in der Gesellschaft ausmachen. Ein Beispiel hierfür ist die Rezeption von Informationsfluten in Diskrepanz zu eigener Muße und schöpferischer Kraft im Sinne der *Flow*-Erfahrung.

Wie bei Adorno im Hinblick auf die Musik problematisiert, so dient das Internet zunehmend dem Schein sowie der Unterhaltung der Massen. Tatsächlich verleitet es nahezu zur Unmündigkeit und Unfreiheit des Denkens, denn Informationen werden schnell abgerufen und mindestens genauso rasch wieder vergessen. Imaginationsstrukturen vollziehen sich daraufhin nach einem verflachten Prinzip der Massenrezeption, ohne dabei noch viel Eigenes zu kreieren. In gewissem Maße ist der Mensch bereits gefangen, und dies auf die Weise, dass er seine Unfreiheit gar nicht als solche begreift, sondern sie eher enthusiastisch entgegennimmt. Er hintergeht sich selbst und ist sich dessen eher weniger bewusst (vgl. a.a.O.: 19).

Vornehmlich in Bezug auf *Flow*-Erlebnisse ist v.a. diese Art der Passivität zu betonen, die den Menschen in seiner (von ihm nicht realisierten oder verdrängten) misslichen Lage verharren lässt. Auf Grundlage jenes Erstarrens in Widerstandslosigkeit, mit einer Einstellung des unkritischen Gebrauchs des Vorgeschlagenen, nimmt der Mensch sich selber die Gelegenheit, wahre Freiheit zu erlangen. Es bleibt allerdings fraglich, inwieweit dieser Zustand auf das eigentliche Unvermögen der Massen zurückzuführen ist oder inwieweit dieser Zustand durch die gesellschaftlichen Verhältnisse, z.b. Kulturindustrie und monopolistische Mächte (wie GAFA = Google, Amazon, Facebook und Apple) forciert wird (vgl. a.a.O.: 20f.). Steht der Mensch sich selbst im Weg? Verhindert er es, *Flow* und Imaginative Bildung zu erfahren?

Dadurch, dass lediglich der äußere Schein von Werken in den Vordergrund gerückt wird, wie Adorno konstatiert, büßen diese ihren Wahrheitsgehalt ein, da ihr Inneres und Ganzes aus dem Blickfeld gerät (vgl. a.a.O.: 22). Ebenjenes Innere wird mit der vorliegenden Arbeit wieder hervorzuheben versucht, indem die Einbildungskraft sowie die *Flow*-Erfahrung, idealerweise auch in Kombination, wieder vermehrt ins Bewusstsein geraten. In Abgrenzung zu den eingangs erwähnten stark kulturpessimistischen Aussichten wird in dieser Arbeit der Versuch unternommen, den Entwicklungen kritisch-reflexiv sowie mit hier vorgeschlagenen Handlungsmöglichkeiten zu begegnen.

Die Funktionen und Zusammenhänge der Mediennutzung sollten im Hinblick auf die Imaginationsentwicklung für einen selbstbestimmten und kritischen Gebrauch mitbedacht werden, damit die Nutzer*innen auch die Bedeutung der Prägung ihrer inneren Erscheinungen durch die Medien für ihre gesellschaftliche Teilhabe sowie ihr persönliches Leben zu reflektieren lernen. Die Aufgabe von Lehrpersonen ist es demnach u.a., die Heranwachsenden auf ihrem Weg zu sozial handlungsfähigen Individuen zu unterstützen, die ihre Identitätsbildung und die Entstehung persönlicher Lebensentwürfe hinsichtlich medialer Einflüsse auf ihre Imagination und ihr Erleben von *Flow* kritisch überdenken. Schließlich sollen nicht Computer-Algorithmen ihr Handeln bestimmen, sondern sie selbst.

Im Folgenden werden Künstler*innen aufgezeigt, die ebenjenen Entwicklungen in ausgewählten Arbeiten, teils ironisierend, kritisch gegenübertreten.

6.2.2 Bezüge zu Künstler*innen

Vor einer Darstellung des Zusammenhangs des Projekts mit den Arbeiten von Künstler*innen wird auf die zugrundeliegende Vereinbarkeit von der Imagination mit der Thematik der Zukunft eingegangen: Das Zukünftige erscheint prinzipiell als eine geeignete Grundlage für Vorstellungsbilder, weil es noch nicht existent ist und erst imaginiert werden muss. Was aus inneren Erscheinungen folgt, können u.a. die Entwicklungen der Zukunft sein. Eine Vorstellung von heute erschafft potenziell das Morgen.

Das 1998 gegründete Zukunftsinstitut befasst sich mit Trend- und Zukunftsforschung in Deutschland. Es fungiert auch auf internationaler Ebene als Akteur zur Untersuchung von gesellschaftlichen Entwicklungen. Die Arbeitsgruppe analysiert, welche Neuerungen gegenwärtig präsent sind und welche Annahmen demzufolge für die Zukunft von Gesellschaft und Wirtschaft zu treffen sind.[9] Die Prämisse des Zukunftsinstituts ist es, die Entwicklungen greifbar werden zu lassen und Zukunft als Möglichkeit für Verbesserungen aufzufassen (vgl. Horx 2013: 12ff.).

Der künstlerische Ursprung zu Projekt II liegt in der Gruppenausstellung *Post Human* des Kuratoren Deitch, die 1992/93 zukunftsbezogene Themen behandelte. So ging es um problematisierende Fragen, die heutzutage ex aequo Aktualität aufweisen, wie z.b., auf welche Art das Internet, KI oder plastische Chirurgie die Bedeutung des Menschseins verändern (vgl. Deitch 1992: 15/29ff.).

Eine weitere Ausstellung, in der eine Arbeit sowohl Zukunftsorientierung als auch Imagination per se thematisiert, ist *UUmwelt* aus der gleichnamigen Ausstellung Huyghes. Die Videoinstallation mit mehreren LED-Screens zeigt Bilder, die eine KI gezeichnet hat, nachdem Personen sich bestimmte Gegenstände oder Tiere vorstellen sollten. Ihre Gehirnströme wurden gemessen, von der KI als mentale Bilder gespeichert und digital gezeichnet. Der Ausstellungsraum ist mit Sensoren ausgestattet, welche ferner die Einflüsse und Veränderungen von Temperatur, Licht, Feuchtigkeit, Präsenz von der Ausstellung hinzugefügten Insekten (Fliegen) und Besucher*innen während des Generierens neuer Bildkompositionen berücksichtigt. Die Installation ist von der stetigen Veränderung jener Einflüsse geprägt und repräsentiert die Fluidität von Vergangenem, Gegenwärtigem und Zukünftigem. Das kurze Leben der Fliegen, die dieses ausschließlich in der Galerie verbringen, unterstreicht das Ephemere der Arbeit. Sie schafft ein provokantes Ökosystem aus menschlichen, tierischen und technologischen Anteilen (vgl. Ausstellungskatalog Serpentine Galleries, Lewin 2018: 3).

Im Folgenden werden kurz zwei weitere Arbeiten vorgestellt, die am Ende des Schulprojekts »Zurück in die Zukunft« zwar besprochen wurden, allerdings in einer geringeren Ausführlichkeit als Huyghes Werk, das aufgrund der unmittelbaren Behandlung von Imagination und Technologien der Zukunft in treffenderer Verbindung mit dem Projekt der Schüler*innen steht.

Eine andere Künstlerin, die in ihrer Arbeit u.a. zukunfts- und technologiekritisch vorgeht, ist Eva Wohlgemuth. Das Werk *Body Mapping* repräsentiert ihren Körper als ein per Video virtuell begehbares, digitales Objekt. Zudem stellt sie die mit einem Computerprogramm erstellten 3D-Scans ihres unbekleideten Körpers aus.

Auch die 2018 veranlasste *Virtual-Normality*-Ausstellung im *Museum der bildenden Künste* in Leipzig begründet eine Inspiration für das zukunftsbezogene Projekt.

---

9   Die Einrichtung ist nicht gänzlich unabhängig, da sie Firmen berät und sich u.a. durch auf diese Weise erworbene Gelder finanziert.

Die Gruppierung *Netzkünstlerinnen 2.0* beleuchtet Chancen und Begrenzungen sozialer Medien. Ähnlich wie Wohlgemuth zuvor stellen sie kritisch Schönheitsvorstellungen und Genderstereotype infrage, die aufgrund der hohen Reichweite sozialer Medien zu einer Art Richtwert geworden zu sein scheinen (vgl. Museum der bildenden Künste Leipzig 2019[10]). Da die letztgenannten Arbeiten sich zusätzlich spezifisch auf Genderkonstruktion in der Gesellschaft fokussieren, wurden sie in Verbindung mit dem Projekt lediglich am Rande erwähnt. Allerdings bieten jene Arbeiten großes Potenzial für weitere Kunstvermittlungsprojekte zur Imagination von sozialen Strukturen[11] bezüglich Gender, Identität o.Ä.

Hinsichtlich eines Titels für das zweite Projekt bot der Spielfilm *Zurück in die Zukunft* (im Original *Back to the Future*) eine geeignete Ausgangslage. Hier war ein Bezug zu einem anderen Bereich als dem der bildenden Kunst gegeben, dem Film als Zweig der darstellenden Kunst. Es handelt sich um eine Trilogie aus dem Genre der Science-Fiction. Merkmale dieser narrativ-fiktiven Gattung sind im engeren Sinne wissenschaftlich-technische Hypothesen, Themen des Weltalls und der Raumfahrt. Speziell die Zukunft sowie fremde Zivilisationen oder unbekannte Phänomene stehen im Vordergrund. 1985 wurde der erste Teil ausgestrahlt, 1989 und 1990 folgten Teil 2 und 3, jeweils unter der Regie von Zemeckis. Die Geschichte umfasst die Zeitreisen des Heranwachsenden Marty McFly, verkörpert von Fox, und seines Freundes, des Wissenschaftlers Dr. Emmett L.»Doc« Brown, gespielt von Lloyd. Sie reisen im Rahmen der Trilogie mit einer von Dr. Brown entwickelten Zeitmaschine innerhalb der Jahre 1885 und 2015 umher (siehe Gipe et al. 1995), wie es auch die Schüler*innen zwischen den Jahren 2118 und 2018 taten.

Ein ähnliches Aufeinandertreffen von Menschen z.B. mit Borgs unterschiedlichen Ursprungs ist in Haraways Behandlung der Star-Trek-Episoden auszumachen, die sie argumentativ für eine sozialistisch-feministische Positionierung einsetzt (siehe Haraway 2016). 1985, elf Jahre vor dem Film *Star Trek: First Contact*, verweist Haraway in ihrem *Cyborg Manifesto* bereits provokativ darauf, inwiefern Menschen längst zu Cyborgs geworden seien. Die Spezies Homo Sapiens müsse davor bewahrt werden, von kybernetischen Kollektiven übernommen zu werden und ihre Unabhängigkeit aufrechterhalten.

»Im späten 20. Jahrhundert [...] haben wir uns alle in Chimären, theoretisierte und fabrizierte Hybride aus Maschine und Organismus verwandelt, kurz, wir sind Cyborgs. Cyborgs sind unsere Ontologie. Sie definieren unsere Politik. Der Cyborg ist ein verdichtetes Bild unserer imaginären und materiellen Realität, den beiden

---

10   Vgl. Museum der bildenden Künste Leipzig. *Virtual Normality. Netzwerkkünstlerinnen 2.0*. Online verfügbar unter: https://mdbk.de/ausstellungen/netzkuenstlerinnen-2.0/ (zuletzt eingesehen: 12.9.2019).

11   Beispielsweise ließen sich Ansätze von Kampers »Zur Soziologie der Imagination« (1986) in solch eine Projektvorbereitung eingliedern.

miteinander verbundenen Zentren, die jede Möglichkeit historischer Transformation bestimmen.« (Haraway 1995: 34)

Für Haraway mögen im 20. Jahrhundert jene Strukturen auszumachen gewesen sein, wobei die Annahme der Cyborg-Ontologie recht radikal erscheint. Werden jene Überlegungen auf die Entwicklungen der Digitalisierung im 21. Jahrhundert übertragen, so erscheinen sie allerdings bereits weniger überspitzt: Ein Großteil von Menschen aus industrialisierten Staaten ist, ob in der Freizeit oder zunehmend auch in zahlreichen Berufsfeldern, permanent mit Technologie verbunden, ständig im Netz, sei es per PC, Smartphone oder via anderen technologischen Medien. Zu Recht geht Haraway davon aus, dass unsere Politik z.T. dadurch definiert wird. Etwas polemischer gefragt: Inwiefern haben die Politiker*innen und die sie wählenden Bürger*innen noch die Kontrolle über gesellschaftliche Entscheidungen? Oder haben längst die GAFA mit ihren monopolistischen Strukturen die nahezu absolute Transparenz? Datenprofile werden verkauft, dopamingesteuerte Menschen ergeben sich ihren Süchten nach sofortigen Belohnungen durch Klicks im Netz, vorgeblich soziale Netzwerke bergen anti-soziale Strukturen und kritisches Denken sowie Sinnieren in Muße werden eingeschränkt, weil der Drang nach einem neuen Dopaminkick am Smartphone sich bereits bemerkbar macht.

Die »imaginäre und [die] materielle Realität« werden mehr und mehr ineinander verwoben. Ist es nicht *spätestens* jetzt an der Zeit, jene »Möglichkeiten historischer Transformation« gezielt zu reflektieren? Schließlich sind wir bereits mitten in der vierten industriellen Revolution, nur, dass diese primär auf digitaler Ebene abläuft und zu fragen bleibt, ob es sich hier tatsächlich um revolutionäre oder eher regressive Entwicklungen handelt. Massive gesellschaftliche Umbrüche werden stattfinden, auch was die Arbeitswelt von morgen anbelangt. Was bedeutet dies für die Bildung in der Zukunft? Autonomie und Vorstellungskraft sind zwei zentrale Schlagwörter. Die Reflexion von *Flow* und Imagination sind demnach wesentliche Faktoren für ein zufriedenes und erfülltes Leben in der (nahen) Zukunft.

Nach diesen Ausführungen der Bezüge des Projekts II zur Kunst und anderen, ob des Schwerpunkts der Dissertation nur kurz angerissenen, jedoch äußerst gewichtigen gesellschaftlichen Diskussionsfeldern, wird im Nachfolgenden die Auswertung des Projekts vorgenommen.

6.3 Auswertung

Die Auswertung von Projekt II basiert, abgesehen von der teilnehmenden Beobachtung des Unterrichtsgeschehens im Allgemeinen, primär auf bildhermeneutischen Analysen, innerhalb derer wiederum auf Bildanschauung, Interviewaussagen der

Schüler*innen und kamera-ethnografische Foto- und Videoaufzeichnungen während der Gruppenperformances zurückgegriffen wird.

6.3.1 Reflexionsbogen

Der Reflexionsbogen gibt Aufschluss darüber, welchen Aussagen hinsichtlich der Imagination und des Erlebens von *Flow*[12] seitens der Schüler*innen zugestimmt werden kann. Aufgrund der Durchführung des Projekts in den drei Klassenstufen können desgleichen unterschiedliche Tendenzen, je nach Entwicklungsstand, eingesehen werden. Mithilfe der Ergebnisse lässt sich z.T. feststellen, welche Aspekte des Unterrichtsprojekts bereits zieltechnisch in Bezug auf Imagination und *Flow* gelungen und welche noch auszubauen sind.

In der nachfolgenden Übersicht sind die durchschnittlichen Zustimmungsgrade (von 1 = »trifft überhaupt nicht zu« bis 5 = »trifft voll und ganz zu« reichend) der Schüler*innen aus den Klassenstufen 4, 6 und 8 abgebildet:

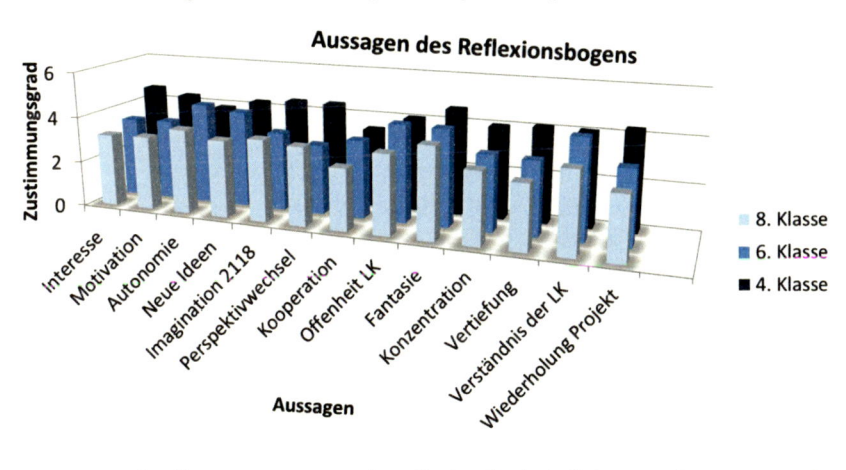

Abb. 18: Säulendiagramm zu den Aussagen des Reflexionsbogens.

Das Säulendiagramm repräsentiert die durchschnittlichen Zustimmungsgrade der Schüler*innen zu den 13 Aussagen des Reflexionsbogens. Unterhalb des Diagramms sind stellvertretende Stichworte zu den Aussagesätzen gegeben. Die Legende rechts zeigt in unterschiedlichen Blaunuancen die verschiedenen Jahrgangsstufen an. Je höher der Zustimmungsgrad, desto mehr entsprach der Unterricht den Intentionen des Projekts. Auffällig ist, dass selbst die niedrigste Zustimmung,

---

12 Die Aussagesätze 4, 5, 6, 7, 8, 9 und 12 beziehen sich vorwiegend auf die Imagination und die Aussagen 1, 2, 3, 10, 11 sowie 13 auf das Erleben von *Flow*.

ersichtlich in der achten Klasse, noch über dem Skalenmittel von 2,5 liegt. Insgesamt betrachtet weicht die Klassenstufe 8 hinsichtlich der Zustimmungen am stärksten ab, gefolgt von Klasse 6. Die vierte Klasse zeigt einen vergleichsweise hohen durchschnittlichen Zustimmungsgrad.[13] Die jeweiligen Säulen der Klassen zeigen meist in Relation zur Klassenstufe ähnliche Höhen, was reliable Grundtendenzen in der Einschätzung der Aufgabenbearbeitungen auf Seiten der Befragten aufzeigt. Dennoch bestehen vereinzelt Differenzen in der Säulenhöhe, insbesondere bei den Aussagen 3: Autonomie, 5: Imagination 2118, 6: Perspektivwechsel, 7: Kooperation und 12: Verständnis der Lehrkraft.

Im Hinblick auf ihre Selbstständigkeit gaben die Schüler*innen der Primarstufe in dieser Rubrik im Mittel eine geringere Punktzahl an (3,89) als in den übrigen Kategorien. Dies könnte darauf zurückzuführen sein, dass die Grundschüler*innen im Vergleich mit den höheren Klassenstufen 6 und 8 noch nicht häufig vollkommen selbstständig gearbeitet hatten. Dementsprechend hatten sie auch beim Projekt »Zurück in die Zukunft« mehrfach Nachfragen gestellt und Hilfe seitens der Lehrperson angefordert.

Zu der inversen[14] Aussage, dass es den Schüler*innen schwer fiel, sich die Welt im Jahr 2118 vorzustellen, ist insbesondere der Unterschied zwischen der vierten und den anderen beiden Klassenstufen zu erwähnen. In der achten Klasse wurde im Durchschnitt der Wert 3,58 angegeben, ähnlich verhielt es sich in der sechsten mit 3,44. Die Grundschüler*innen hoben sich mit dem Wert 4,44 deutlich ab, was darauf schließen lässt, dass sie sich Phänomene sehr gut vorstellen können.

Dass die Schüler*innen durch das Thema eine neue Sichtweise auf die Gegenwart und die Zukunft erhielten, wurde insbesondere in der Klassenstufe 4 (Wert: 4,44) herausgestellt. Weniger trat dies in Klasse 8 (Wert: 3,42) und v.a. in Klasse 6 (Wert: 3,04) auf. In den Interviews wurde dazu ergänzend angemerkt, dass keine neuen Ideen aufkamen, sondern vielmehr bereits vollzogene Gedankengänge wieder auftraten. Der Aussage, dass es in der Team- bzw. Gruppenarbeit leicht war, gemeinsam neue Ideen zu generieren, wurde in der Klassenstufe 4 (3,44) mäßig zugestimmt, während die Ideenfusion in Klasse 6 (3,04) und 8 (2,69) aus Sicht der Schüler*innen noch weitaus weniger kooperativ verlaufen ist. Bei der achten Klasse ließe sich dies insofern erklären, als es sich ohnehin um eine sozial eher schwache Klasse handelt. Auch wichen die Wahrnehmungen hinsichtlich des Aspekts ab, wie stark sich die Schüler*innen in ihren Belangen von der Lehrkraft unterstützt

---

13   Jener hohe Zustimmungsgrad könnte allerdings auch auf das junge Alter der Schüler*innen zurückzuführen sein und damit einhergehen, dass sie sich dadurch evtl. Anerkennung von der Lehrperson erhofft hatten.
14   Für eine einheitliche Darstellung wurden die inversen Aussagen umgewandelt und sinngemäß ins Säulendiagramm eingearbeitet. Somit wurden die Skalenwerte der Übersicht halber wieder umgekehrt.

fühlten. In den Klassen 4 und 6 sind ähnliche Werte angegeben (4,06 bzw. 4,32), während sich die Lernenden der achten Klasse mit einem Durchschnittswert von 3,54 weniger von der Lehrperson verstanden fühlten. Die anderen Aussagen zeigen weitaus weniger Differenzen zwischen den Jahrgangsstufen auf.

Unter Betrachtung der höchsten und niedrigsten Werte der jeweiligen Klassenstufen, finden sich dennoch Unterschiede in der Gewichtung von spezifischen Faktoren. In der vierten Klasse teilen sich das Interesse an der Thematik sowie die Relevanz der Imagination im Leben der Schüler*innen den ersten Rang mit einem Wert von jeweils 4,61. Hierbei handelt es sich um den höchsten Wert, der innerhalb der Umfrage generell erzielt worden ist. Darauf folgen die Vorstellungsfähigkeit für das Jahr 2118 und der Perspektivwechsel bezüglich Zukunft und Gegenwart mit einem Mittelwert von jeweils 4,44. Die niedrigsten Zustimmungswerte erhalten die Autonomie (3,89), dicht gefolgt von der Konzentrationsfähigkeit (4,0). Insbesondere die geringe Autonomieempfindung lässt sich damit erklären, dass die Schüler*innen während des Projekts häufig Nachfragen stellten. Laut Aussagen der regulär Zuständigen, die fachfremd unterrichteten, standen üblicherweise angeleitete Übungen (bezüglich technischer Verfahren) häufig im Fokus des Unterrichts.

In der sechsten Klasse ist v.a. die Kategorie der Selbstständigkeit mit einem Wert von 4,4 hoch angesiedelt, gefolgt vom Verständnis der Lehrkraft (4,32) und ihrer Offenheit für die Ideen der Schüler*innen mit einem Mittel von 4,24. Der niedrigste Wert ist mit 3,04 der Aussage zuzuordnen, dass die Schüler*innen durch das Thema eine neue Sichtweise auf die Gegenwart und die Zukunft bekommen hatten. Dem konnten sie offenbar eher wenig zustimmen, was wiederum mit den klischeehaften Zeichnungen übereinstimmt. Wie bereits erwähnt, wurde daraufhin auch in Interviews betont, dass die Einfälle der Schüler*innen zu ihrem spezifischen Thema in Bezug auf die Zukunft bereits existierten und nichts vollkommen Neues hinzukam.

In der achten Klasse liegt der Höchstwert, im direkten Vergleich mit den anderen Altersstufen, bei nur bei 3,96 bezüglich der Aussage, dass die Imagination in unserem Leben von hoher Bedeutung sei. Darauf folgen, wie auch in Klasse 6, auf dem zweiten Rang, die Autonomie (3,69) sowie die Vorstellungsfähigkeit für das Jahr 2118 (3,58). Der niedrigste Wert (2,69) repräsentiert die Kooperation während des Projekts. Wie zuvor angenommen, könnte dies u.U. auf die schwächeren sozialen Strukturen in der Klasse zurückzuführen sein. Danach folgen der Wunsch nach Wiederholung und die Vertiefung in die eigene Gedankenwelt, die jeweils verhältnismäßig schwach ausgeprägt waren (2,77 bzw. 2,81). Dass der Wunsch nach Wiederholung nicht stark vertreten war, lag vermutlich daran, dass viele der Schüler*innen das Projekt nicht als ihrem Alter gemäß empfanden, da es ihrer Meinung nach eher für jüngere Schüler*innen geeignet war (sechsfache Nennung im Freitextfeld).

Insgesamt betrachtet scheinen die Intentionen der Auseinandersetzung mit Imagination größtenteils bestätigt. Hinsichtlich der *Flow*-Erfahrung bleibt weiterer Raum für Handlungsentwürfe, welchem sich im Kapitel zur Herleitung von Merkmalen für die Kunstvermittlung (Abschnitt 6.4.2) gewidmet wird.

Die Ergebnisse, wenn auch nur stichprobenartig erhoben, decken sich mit zentralen Erkenntnissen aus einer Langzeitstudie von Land und Jarman. Sie hatten einen für die Auswahl von NASA-Raketenwissenschaftler*innen und -ingenieur*innen entwickelten Kreativitätstest einer Langzeitstudie mit Schüler*innen entsprechend adaptiert angewandt. Die zugrundeliegenden Fragen lauteten: Woher stammt Kreativität? Ist sie angeboren oder auf Basis von Erfahrungen erlernbar? Die Resultate der drei Messungen im Abstand von fünf Jahren zeigen auf, dass die Erfüllung der Kategorie »innovative Imagination« von 98 % im Alter von vier bis fünf Jahren auf 30 % im Alter von 10 Jahren (Mehrheit der Befragten bei Projekt II in Klasse 4) und nur 12 % im Alter von 15 Jahren (Teile der Befragten bei Projekt II in Klasse 8) sinken. Die meisten Erwachsenen fallen unter ca. 2 % (vgl. Allen 2019[15]). Querbezüge zum Bildungssystem werfen die Frage auf, inwiefern dieses sich ändern sollte, damit ein derart drastischer Abfall nicht mehr zustande kommt. Land und Jarman (vgl. 1993: 162f./171f.) konstatieren, dass prinzipiell bis zu 98 % der Imaginationskraft (wieder) zu erreichen seien, sofern dies als primäres Ziel festgelegt wird. Dabei handele es sich um das divergente Denken: Imagination mit der Absicht, Innovatives zu erschaffen. Den Gegenpol dazu bilde das konvergente Denken in Prozessen des Urteilens, Testens und Evaluierens:

> »When we are actually looking inside the brain we find that neurons are fighting each other and actually diminishing the power of the brain because we're constantly judging, criticizing and censoring.« (Land 2011: TED Talk in Tucson)

Setzt man diese Annahmen in Relation zu den in der Kunstpädagogik herausgearbeiteten Erkenntnissen hinsichtlich des Imaginationsphänomens, so ist die Trennung des di- und konvergenten Denkens wenig sinnvoll, da sich imaginative Prozesse durch alle Denkstrukturen ziehen. Es existiert kein konvergentes Denken ohne Imagination. Vermutlich gehen zahlreiche Kognitionswissenschaftler*innen wie auch Land und Jarman von einem Imaginationsbegriff aus, der im deutschsprachigen Raum hinsichtlich der Kunstpädagogik bisweilen eher als Fantasie im Sinne des Fantastischen gedeutet werden würde. Ausgehend von den hier verwendeten Begriffen *Imagination* und *Fantasie* ist also die dualistische Sichtweise von divergentem und konvergentem Denken unzulänglich, da die Imagination bzw.

---

15 Vgl. Allen (2019): *We are Born Curious.* Online verfügbar unter: https://allenvisioninc.com/ikigai/ (zuletzt eingesehen: 12.10.2019).

Fantasie an zahlreichen vielfältigen Denkprozessen beteiligt ist. Dies unterstreicht erneut die Notwendigkeit, sie in Bildungsprozessen zu kultivieren.

Überdies sind solche Faktoren stark beeinträchtigend für die *Flow*-Erfahrung, da Personen dafür frei von Sorgen oder Ängsten sein sollten.

Auffällig ist, dass in allen drei Klassenstufen die Rolle der Imagination für das Leben der Schüler*innen als sehr bedeutend empfunden wurde.[16] Dies bestätigt die Intention dieser Dissertation, die Relevanz der Beschäftigung mit der Imagination im Kunstunterricht – und darüber hinaus – hervorzuheben. Somit werden Entwicklungen hin zu einer die Imaginations- und *Flow*-Prozesse reflektierenden Kunstvermittlung im Sinne einer Imaginativen Bildung[17] exemplarisch im Rahmen von PKF vorangetrieben.

Der zweite Teil des Reflexionsbogens umfasste folgende Optionen:

Kreuze an, welcher Teil dir am besten gefallen hat:
o Text zu 2118 (Einzelarbeit)
o Skizze zu 2018/2118 (Einzelarbeit)
o Skizze zu 2018/2118 (Partnerarbeit)
o Plakat zu 2018/2118 (Gruppenarbeit)
o Präsentation vor der Klasse (Gruppenarbeit)

Dieses Ankreuzitem soll ermitteln, welche Arbeitsabschnitte als die beliebtesten in den jeweiligen Klassen erachtet worden sind. Möglicherweise ergeben sich allgemeine Tendenzen zu bestimmten Aufgabenfeldern, die in künftigen Projekten des Kunstunterrichts vertieft ausgebaut werden können.

In allen Klassen war der präferierte Teil eindeutig der performative Akt mit der Präsentation der Forschungsergebnisse vor der Klasse innerhalb der zugeteilten Gruppe (rund 54 % in der vierten, 56 % in der sechsten und 32 % der Stimmen in der achten Klasse). Dies ist ein wesentlicher Hinweis darauf, dass Performances im Schulunterricht weiteren Einzug halten sollten (vgl. Peters 2016: 119).

Rund 17 % der Viertklässler*innen und 15 % in Klassenstufe 6 bevorzugten die Skizze zu 2018/2118 in Einzelarbeit und weitere 17 % dieselbe Skizze in Teamarbeit. Den Text favorisierten nur zwei Schüler*innen der vierten Klasse, was damit einhergehen kann, dass in der Primarstufe ohnehin die Textarbeit noch wenig umfangreich ausfällt. Am wenigsten beliebt war in Klasse 4 die Plakatgestaltung in Gruppenarbeit. Das kann damit begründet werden, dass diese praktisch bedach-

---

16 Die Erhebung fand nach der inhaltlichen Fertigstellung des Projekts, jedoch noch vor der gemeinsamen Reflexion der Imagination/des Erlebens von *Flow* statt.
17 Weiterführende Schlussfolgerungen zur Imaginativen Bildung erfolgen in Abschnitt 6.4.

te Aufgabenverteilungen bedingt, um reibungslose Gruppenarbeitsverläufe zu ermöglichen.[18]

Folgende Freitextoption war gegeben, damit die Schüler*innen bei Bedarf weiteres Feedback oder neue Ideen mitteilen konnten:

Was ich sonst noch sagen möchte.
In der vierten Klasse füllten rund 72 % der Schüler*innen das Freitextfeld aus. Aussagen konnten vermehrt auftreten, da sie alles Mögliche notieren konnten.

Sechsmal fiel die Aussage, dass das Projekt als interessant empfunden worden sei und Freude bereitet habe. Dies sind u.a. wesentliche Faktoren im Hinblick auf die intrinsische Motivation während des Erlebens von *Flow*. Siebenfach wurde erwähnt, dass ein Wiederholungsbedarf eines solchen Projekts bestehe, was ebenfalls auf Interesse schließen lässt. Die folgenden Angaben sind Ideen, die nur einmalig aufkamen: Jemand hob hervor, wie wichtig ihm*ihr die Vorstellungskraft im Leben sei und eine andere Person äußerte sich positiv über die Gruppenarbeit. Ein*e Schüler*in schrieb, dass ihm*ihr die Präsentation in Form einer Performance sehr zugesagt habe. Jemand erwähnte, dass das Projekt wie Kunst in Verbindung mit Sachunterricht gewesen sei, was wieder auf das interdisziplinäre Potenzial von imaginativ ausgerichteten kunstpädagogischen Projekten verweist. Andere Aussagen betrafen den persönlichen Antrieb bei der Aufgabenbearbeitung, ein Indiz für die *Flow*-Erfahrung. Eine weitere Komponente war der Wissenszuwachs bezüglich des Nachdenkens über das eigene Imaginationsverhalten.

In der sechsten Klasse ließ nur ein*e Schüler*in die Freitextzeilen leer. Es wurden einige positive sowie kritische Kommentare niedergeschrieben. Fünfmal wurde, wie auch in Klasse 4 notiert, dass die Schüler*innen das Projekt als interessant erachten würden und es ihnen Freude bereitet habe (Stichwort: Autonomie und intrinsische Motivation als *Flow*-Indikatoren). Vier Schüler*innen würden solch einen Kunstunterricht gerne wiederholen. Jemand sei überrascht von seiner Spontaneität während des Imaginierens innerhalb der Gruppenpräsentation vor dem Publikum gewesen. Ein*e Schüler*in erwähnte die eigene erhöhte Imaginationstätigkeit. Jemand anderes notierte, dass der Projektunterricht neue

---

18 Als nächstpräferierte Arbeitsabschnitte sind der Text zu 2118 und das Plakat zu 2018/2118 in Gruppenarbeit mit 12 % der Stimmen in Klasse 6 zu nennen, weil dort ein positives Klassenklima herrscht und Gruppenarbeiten zur Alltagsroutine gehören. Am schlechtesten schnitt in der sechsten Klasse die Skizze zu 2018/2118 in Einzelarbeit ab, da die Schüler*innen bevorzugt in Teams arbeiten. Viele Achtklässler*innen favorisierten auch die Skizze zu 2018/2118 in Partnerarbeit (24 %) oder die Plakatgestaltung zu 2018/2118 in Gruppenarbeit (20 %). Den letzten Rang teilen sich mit je drei Voten (12 %) der Text und die Skizze zu 2018/2118, jeweils in Einzelarbeit, womit sich ähnliche Strukturen wie in Klasse 6 zeigen. Obwohl die Klasse eher sozial schwach ist und es vermehrt zu Differenzen zwischen den Schüler*innen kam, schienen sie nicht gerne alleine zu arbeiten.

Ideen fürs Leben gebracht habe, die über den Rahmen des kunstpädagogischen Settings hinausgingen. Zu den kritischen Kommentaren zählt, dass zweimal eine eigene Wahl der Gruppenzusammenstellung gewünscht gewesen wäre, und dass zwei Schüler*innen während des Projekts langweilig gewesen sei. Dabei ist Langeweile oder zumindest eine Startschwierigkeit, mit der ästhetisch-künstlerischen Praxis zu beginnen, insbesondere im künstlerischen Schaffen nicht untypisch, da zunächst zu einem gewissen Grad eine Überwindung stattfinden muss, um in den *Flow*-Zustand geraten zu können.

Auch in der achten Klasse ließ nur ein*e Jugendliche*r den Freitextteil aus. Die positiven Kommentare überwogen, jedoch gab es mehr kritische Kommentare als in der sechsten Klasse. Achtfach betonten Schüler*innen die Freude, die sie während des Projekts empfunden hätten, siebenmal das Interesse an der Thematik, erneut Teilindikatoren für mögliche phasenweise *Flow*-Erfahrungen. Jeweils zweimal erschienen die Aspekte »gute Unterrichtsidee« und dass die Lehrkraft die Ideen der Schüler*innen ernst genommen habe sowie nachvollziehen könne. Die nachfolgenden Stichworte traten je einmal auf: Wiederholungsbedarf, Einbringen eigener Ideen, Kreativitätsförderung und Wissenszuwachs. Eine Person betonte zudem, wie in Klasse 4, dass durch das neue Thema ihre Selbstreflexion angeregt würde. Ein origineller Beitrag beinhaltete die Hoffnung darauf, dass die Aufzeichnungen in 10 000 Jahren gefunden und von den Entdecker*innen ernst genommen bzw. zu verstehen versucht würden.

Bei den problematisierenden Kommentaren fiel sechsfach die Anmerkung, dass das Projekt eher für jüngere Schüler*innen geeignet sei. Zweimal wurde notiert, dass die Inhalte nicht sonderlich in Relation zum Fach Kunst stünden, was ferner darauf schließen lässt, dass solche oder ähnliche Verfahren wie in Projekt II in der betroffenen Klasse bislang selten bis nicht praktiziert wurden, oder auch, dass ein fächerübergreifendes Potenzial besteht. Die nachfolgenden Aussagen wurden jeweils nur einmal getroffen: Wunsch nach Ausbau bzw. Vertiefung, nach vermehrtem Zeichnen und Malen sowie einem spannenderen Thema.

Insgesamt betrachtet sind die Rückmeldungen zum Imaginationsverhalten durchmischt ausgefallen, sodass die Zielsetzungen des Projektunterrichts mit einem Fokus auf der Imaginationstätigkeit sowie einem Raum für das Erleben von *Flow* bedingt umgesetzt werden konnten. Inwiefern sich derartige Prozesse konkret gestalteten, lässt sich mittels der Interview-Aussagen weiterführend untersuchen.

6.3.2 Interviews mit bildhermeneutischen Analysen

Im nachfolgenden Teil werden ausgewählte, die Forschungsarbeit vorantreibende Interviewaussagen von Schüler*innen untersucht. Dabei wird jeweils der Fragenreihenfolge nach chronologisch vorgegangen. Die Aussagen der drei Schüler*innen, jeweils aus der Jahrgangsstufe 4, 6 und 8, werden somit parallel vergleichend analysiert.

1. Wie bist du auf die Idee zu deiner Arbeit gekommen?
   a. Was war die Anfangsidee? Wofür interessierst du dich? Warum?
   b. Welche weiteren Ideen sind daraus entstanden?

Klasse 4: Schüler 1 zeigt besonderes Interesse an einem Drohnenautomobil. Inspiration dafür habe er im Fernsehen bekommen. Für eine weitere Auseinandersetzung sei ihm die Aufgabenstellung im kunstpädagogischen Projekt gelegen gekommen, woraufhin er zuhause im Internet Drohnen und fliegende Autos recherchiert habe. Ihn fasziniert die Vorstellung, wie die Drohne das hohe Gewicht des Automobils in der Zukunft anheben könne, flexibel sei und überallhin Zugang habe. Daraufhin seien weitere Ideen, wie das Design von hochmodernen Drohnen, entstanden.

Abb. 19: Skizze eines Schülers zu den Themen Arbeit und Flugobjekte, Klasse 4.

Auf der vergleichenden Skizze von 2018 und 2118 ist die Drohne in der Zukunft wiederzuerkennen. Auf der linken Seite sind folgende Bildinhalte zu sehen: Oben ist eine Person mit Harke abgebildet, links ein Zettel mit Notizen. Laut Schüler beziehen diese sich auf seinen Text, der sich exemplarisch mit Tätigkeiten des Alltags, wie z.B. Garten- oder Büroarbeit befasst. Rechts daneben sind zwei weitere Menschen mit erhobenen Armen zu erkennen. Der rechte davon hält laut Angabe des Schülers ein Paket mit dem Postsymbol in die Luft. Darunter ist ein Automobil dargestellt.

Die einzelnen Elemente sind unabhängig voneinander in der Bildfläche verteilt, was auf den von Sowa (vgl. 2012 a: 160) angedeuteten schwebenden Raum innerer Bilder verweist. Auf der rechten Seite ist im linken oberen Bilddrittel eine vom Schüler als solche bezeichnete Arbeitsdrohne zu sehen. Darunter sind ein Computer, im Unterschied zum handgeschriebenen Text, sowie ein Taschenmesser abgebildet, das laut Schüler von der Drohne verwendet wird. Rechts daneben ist eine weitere Drohne dargestellt, die Essen oder Post liefert. Das Auto im Jahr 2118 ist mit Flugdüsen ausgestattet.

Der Schüler sieht eine Gegenüberstellung der Aspekte »Arbeit« ohne und mit Drohnen sowie »Automobile« 2018 und 2118 vor. Beachtenswert ist, dass der Mensch dabei zunehmend in den Hintergrund tritt, denn auf der ersten Skizze sind noch drei Menschen zu sehen, auf der zweiten keine. Ferner ändern sich die Formgebungen. Während 2018 vorwiegend eckige, scharfkantige Linien abgebildet sind, scheint das vom Schüler angesprochene Design 2118 auf runde, weiche Linien ausgerichtet zu sein. Auch sind die Darstellungen zu 2118 detaillierter vorgenommen, was auf einen verstärkten Fokus auf der Zukunftsthematik verweist.

Dabei erschafft der Schüler zwar neue Zusammenhänge, allerdings zeigen die Skizzen alleine hier eine wenig in die Zukunft reichende Imagination auf, da Drohnen, wie auch die anderen Gegenstände, bereits existieren. Es stellt sich die Frage, warum die Imagination nicht Originelleres zutage fördert. Zunächst ist zu berücksichtigen, dass es sich bei den Zeichnungen lediglich um recht starre Skizzen von Ideen handelt und der Schüler zumindest im Rahmen der Gruppenarbeit, wie auch an anderen Stellen des Interviews, weitaus mehr Imaginationspotenzial aufzeigt. Dennoch sind seine grundliegenden Ansätze im Vergleich zu den Entwicklungen, die sich von 1918 bis 2018 vollzogen, wenig weit gedacht (siehe ebenso die Zeichnungen aus Abschnitt 6.1.2).

Ein Grund hierfür kann darin liegen, dass ihm die Entwicklungsmöglichkeiten von 100 Jahren nicht derart bewusst sind. Vielleicht wären andere Ergebnisse entstanden, wenn die Aufgabe sich auf 1000 Jahre Differenz bezogen hätte. Auch ist davon auszugehen, dass die zufällige Begriffsverteilung von Projekt I für Unlearning-Prozesse förderlicher ist als die freie Wahl, weil in den meisten Fällen dadurch bereits zu viel Vorwissen gegeben ist, was wiederum ungewöhnliche hypothetische Aussagen verhindert.

Andererseits ist auch anzunehmen, dass durch mediale Konditionierung im Alltag, wie in diesem Beispiel die vorangehende Erwähnung von TV und Internet, lediglich auf Naheliegendes zurückgegriffen wird und gewisse Klischees zur Zukunft bedient werden, welche die Imagination eher einengen können. Liegt möglicherweise eine bereits subliminal internalisierte Determination durch technologische Sozialisationsentwicklungen vor, welche die Imagination einzwängen oder gar regredieren lassen? Wie steht es um die Fantasien der anderen Befragten? Weisen sie ähnliche Tendenzen auf?

Klasse 6: Schülerin 2 habe sich aus allgemeinem Interesse für die Thematik *Tiere* entschieden. Dazu habe sie sich überlegt, wie diese in 100 Jahren beschaffen sein könnten. Sie argumentiert, dass ohnehin viele Tierarten vom Aussterben bedroht seien, sodass diese in Zukunft möglicherweise nicht mehr existierten. Die Fragestellungen bringen umweltkritische und ethisch bedenkliche Aspekte, wie das Aussterben bedrohter Tierarten oder die vom Menschen ausgehende Kreation neuer Geschöpfe, mit ein.

Daraus habe sie die Idee entwickelt, dass Menschen bionische Kreaturen aus Ersatzmaterialien wie beispielsweise Metall oder Kunststoff erfinden könnten, die an die Stelle realer Tiere treten würden. Diese regelrechte Dystopie hat in ihrer Gruppe sowie später in der Klasse zu kritischen Diskussionen hinsichtlich ethischer Fragen geführt. Wer nimmt sich heraus, darüber zu entscheiden? Wie weit darf der Mensch, der die Verantwortung trägt, gehen? Wie hätte es mehr Bestrebungen zur Erhaltung der Artenvielfalt im Vorhinein geben können? Lässt sich künstlicher Ersatz von Organischem rechtfertigen? Wenn ja, in welchen spezifischen Situationen und bis zu welchem Grad? Welche Umsetzungen kennen wir bereits, z. B. aus der Medizin? Wie können wir diese einordnen und bewerten? Wie lässt sich vor diesem Hintergrund der Transanimalismus am Beispiel der Katze beurteilen?

Zu Beginn habe die Schülerin sich ein beliebiges Tier ausgewählt, das sie derzeit interessiere. Sie habe sich für eine Katze entschieden. Unter anderem fragte sie sich, ob Katzen in 100 Jahren überhaupt noch existierten und wenn ja, wie deren Morphologie wäre? Sie habe sich für eine bionische Katze aus Metall entschieden. Zu deren Eigenschaften gehöre, dass sie ausfahrbare Räder besitze und zudem fliegen könne, beispielsweise, ähnlich wie bei Schüler 1, um Pakete auszuliefern. Der Nutzen für den Menschen – ein ethisch äußerst fragwürdiger Gesichtspunkt – stellt sich auch bei anderen Einsatzbereichen der Katze als wesentlicher Aspekt heraus. Ansonsten sei ihr Verhalten wie das einer gewöhnlichen Katze.

In der Skizze ist die Katze namens *Flo roboter* im Vergleich von 2118 und 2018 zu erkennen. Die Roboterkatze erscheint mit ihrer silbernen Schraffur metallisch und hat einen Flugmechanismus in den Pfoten integriert, während die andere Katze, *Flo echt*, schwarzes Fell aufweist. Aufgrund der Bezeichnung *echt* wird ersichtlich, dass die Interviewte sich mit der Zukunft nicht vollständig identifizieren kann bzw. den imaginierten Entwicklungen bis 2118 kritisch distanziert gegenübersteht. Wie

Abb. 20: Skizze einer Schülerin zu Tieren 2118/2018, Klasse 6.

Schüler 1 fertigt sie auf Grundlage ihres Interessengebietes eine Skizze an, die allerdings reduzierter ist, da lediglich die Katze zweifach abgebildet ist.

Den Interviewaussagen zufolge sind die Imaginationen zu dem Tier jedoch ebenso vielfältig wie die Zeichnungen und Aussagen des ersten Schülers zu zukünftigen Flugobjekten bzw. Arbeitsweisen. Dies zeigt auf, dass die Darstellungsform mit dem Reichtum der Imaginationsfähigkeiten nicht korreliert. Letzterer kann weitaus über den gestalterischen Fähigkeiten liegen, ebenso, wie Schüler*innen gute Techniken des zeichnerischen Ausdrucks beherrschen können, es ihnen dabei jedoch an Imaginationsfülle mangeln kann.

Ziel des Kunstunterrichts sollte es sein, dass Imaginationen weitergeführt sowie angereichert und, je nach Fähigkeiten und Interessen einzelner Schüler*innen, passende Ausdrucksmöglichkeiten in Transformationsprozessen vom Inneren zum Äußeren erarbeitet werden.

Sowohl die Skizzen von Schülerin 2 als auch die Zeichnungen von Schüler 1 zeigen auf, wie durch eine Verbindung bereits inhärenter innerer Erscheinungen mit aktiv gerichteten Imaginationsprozessen Neues hervorgebracht werden kann. Doch welche ethische Qualität hat jenes Neue?

Auf Basis einer Betrachtung der Zeichnung allein ließe sich fragen, ob die Schülerin eine bereits sozialisierte Techno-Materialität hervorgebracht hat; doch im Klassendiskurs merkte sie an, dass jene Entwicklung keineswegs zukunftsweisend sei, sondern ein abschreckendes Exempel darstellen solle, das im Rahmen von Verantwortungslosigkeit sowie Machtmonopolen als dystopische Entwicklung hervortreten könnte. Die verbale Ebene der Interviews ergänzt dabei zusätzlich narrative Vorstellungen seitens der Schüler*innen, die aus ihren »bloßen« Skizzen nicht hervorgehen.

Klasse 8: Schüler 3 interessiere sich insbesondere für seine primäre Freizeitaktivität, das Gaming. Er habe sich die Frage gestellt, auf welche Art und Weise die Menschen spielen, was ihn dazu gebracht habe, sich im Rahmen des Projekts mit dem Gaming im Jahr 2118 auseinanderzusetzen.

Daraus sei die Idee entstanden, dass die Menschen der Zukunft zu häufig Computergames spielen könnten, sodass sie daraufhin schwer erkranken würden. Für jene Krankheit könnten sich nur wohlhabende Menschen eine Behandlung leisten. Hier zeigt sich eine Idee, die eine gesellschaftskritische Ebene in Bezug auf Ungleichheiten innerhalb einer Mehrklassengesellschaft in sich birgt. Der Aspekt der Krankheit sei allerdings erst innerhalb der Gruppenarbeit aufgekommen, da sich eine Mitschülerin mit der Medizin der Zukunft befasst habe. Hier zeigt sich eine Erweiterung der eigenen Perspektive im Rahmen der Herstellung neuer Kontexte in Prozessen kooperativer Imagination.

Abb. 21: Skizze zum Gaming 2118/2018, Klasse 8.

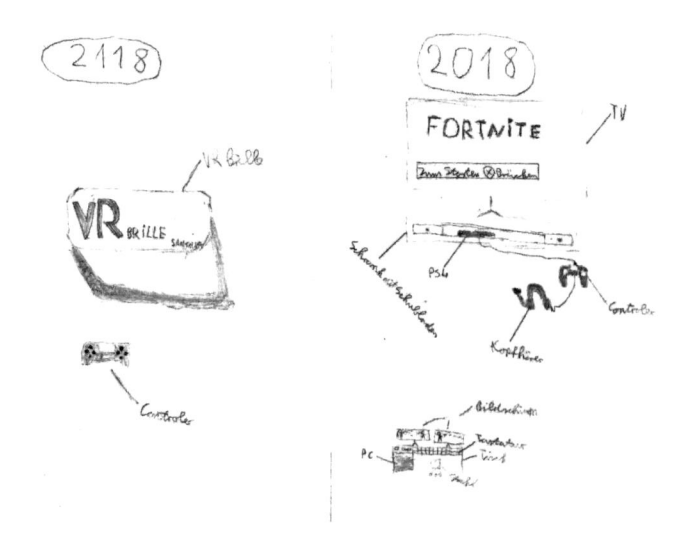

In seiner Skizze ist abgebildet, mithilfe welchen Equipments das Gaming 2118 betrieben wird. Dargestellt sind eine Virtual-Reality-(VR-)Brille eines Technologieherstellers und darunter ein Controller. 2018 hingegen werden noch weitere physische Materialien für das Spielen benötigt. Zu diesen zählen, von oben nach unten abgebildet, ein Fernseher, ein Fernsehschrank mit einer angeschlossenen Spielekonsole, Kopfhörer und ein Controller. Im untersten Drittel der Zeichnung wird außerdem eine Alternative gezeigt. Das Gaming am Computer wird mit allen benötigten Utensilien, auch denen der Umgebung, wie Tisch und Stuhl, abgebildet und mit der entsprechenden Bezeichnung beschriftet.

In diesem Fall stellt der Schüler sich für die Zukunft eine Reduktion der technischen Ausstattungsmaterialien von virtuellen Spielen vor. Das Virtuelle erscheine paradoxerweise als eine neue Art der »Realität«.

Erneut geht aus den Zeichnungen alleine, in Anbetracht der 100 Jahre Differenz, nichts originelles Neues hervor, zumal VR-Brillen bereits heutzutage in Gebrauch sind. Ist die Imagination durch bereits existente technologische Sozialisationsentwicklungen derart klischeehaft vorgeprägt, dass sie sich nicht (weiter) entfaltet? Reproduziert sie tendenziell eher bereits Bekanntes? Oder ist das Verfahren der Zeichnung wenig geeignet für die Äußerung dieser Ideen? Weitere Ansätze des Schülers geben Aufschluss darüber.

2. Welcher Bearbeitungsabschnitt hat dir besonders gut gefallen, Text oder Skizze in Einzelarbeit? Partnerarbeit? Gruppenarbeit?
   a. Warum?
   b. Was fiel dir leicht?
   c. Was war schwierig?

Klasse 4: Der erste Interviewte hob den Vortrag mit der Gruppe hervor. Dieser sei für ihn aufregend gewesen und habe ihm viel Freude bereitet, was sich auch in der Performance widerspiegelte. Beide Aspekte können im Sinne der intrinsischen Motivation als Indikatoren für das Erleben von *Flow* eingestuft werden. Seiner Meinung nach hätten die Gruppenmitglieder gut miteinander gearbeitet. Mit der Verbindung ihrer Vorarbeiten haben sie u.a. die Ideen hervorgebracht, dass primär Roboter für die Menschen Arbeiten übernähmen, oder auch Ansätze wie z.B., dass die Häuser 2118 mobil seien oder die Ampeln schweben würden. Die meisten Bearbeitungsschritte seien Schüler 1 leichtgefallen, jedoch habe die Skizze seines Erachtens viel Hingabe zum Detail erfordert, was in seiner zweiten Skizze, verglichen mit der ersten, ersichtlich ist.

Zudem empfand er die Partnerarbeit ebenfalls als besonders bereichernden Bearbeitungsabschnitt, da sie ihn dazu angetrieben hätte, mit anderen zu kooperieren. Es sei ihm leichtgefallen, bereits existierende Dinge aus dem Jahr 2018 zu skizzieren und die Positionen zu vernetzen. Bei den seiner Meinung nach noch nicht vorhandenen, doch größtenteils auch 2018 bereits existenten Objekten benötigte er mehr Zeit für die zeichnerische Darstellung. Dies lässt sich mit dem einstweiligen Hervorbringen von Umsetzungsstrategien bezüglich der neu zusammengesetzten inneren Erscheinungen nach außen begründen.

Klasse 6: Ähnlich wie bei Schüler 1 war für Schülerin 2 ebenfalls insbesondere die Gruppenarbeit bedeutsam, denn so habe sie sich erneut mit ihren Texten befasst und überlegt, wie diese im Rahmen der inszenierten Interviews ausführlicher und professioneller werden konnten. Die bereits vorhandenen Vorstellungen wurden in Antizipation an die Performanceprozesse erweitert. Dabei habe sie sich insbesondere auf geeignete Formulierungen und die Überprüfung sinnhafter inhaltlicher Zusammenhänge fokussiert. Innerhalb ihrer Imagination sollten die Zusammenhänge den Gesetzen einer eigenen Logik folgen. Während der Performance thematisierte ihr Team mit kritischer Haltung, dass die Bäume 2118 aus Plastik und die Tiere aus Metall sowie ähnlichen Materialien beschaffen wären und umher flögen.

Das Zeichnen sei ihr leicht gefallen, wohingegen das Generieren entsprechender fachsprachlicher Formulierungen sowie die Kompromissfindung innerhalb der Gruppenarbeit Herausforderungen darstellten. Letztlich hätten die Gruppenmitglieder den Schwierigkeiten begegnen können, indem sie sich intensiv abgesprochen und sinnvolle Aussagen erwogen hätten. Dabei hätten die Schüler*innen sich mit derzeit relevanten Themenbereichen aus ihren subjektiven Interessenfeldern, wie Robotern und aussterbenden Tierarten, befasst.

Klasse 8: Auch den dritten interviewten Schüler habe die Gruppenarbeit besonders gereizt, weil sein Team in diesem Rahmen wiederholt neue Ideen habe entwickeln können. Es habe zwar anfänglich Schwierigkeiten gegeben, da die Gruppe sich zunächst bei der Fusion ihrer Themen nicht einigen konnte. Nach der Lösungsfindung für diese Problematik seien die weiteren Arbeitsschritte gut verlaufen. Ein Ansatz der Gruppe war u.a. das Erforschen der durch massives Gaming verursachten Krankheit, welche die »Wissenschaftler*innen« von 2118 durch ihre Reise mit der Zeitmaschine rückwirkend untersuchen konnten. Sie basiere auf dem Dahinvegetieren aufgrund beträchtlicher mentaler Unterforderung und starker Strahlenaussetzung. Auf die Rückfrage der Moderatorin, welche Lösung für jenes Problem bestehe, antwortete der Schüler in seiner Rolle authentisch: »Also wir arbeiten derzeit noch an einer Lösung und wir haben da auch schon so 'ne Vermutung, aber da wollen wir uns jetzt noch nicht öffentlich zu äußern« (Transkript: Video Performance Schüler 3 [Klassenstufe 8] 2018), wie eine forschende Person, die noch keine Informationen nach außen trägt, die nicht verifiziert sind.

Insgesamt sei es ihm leicht gefallen, sich E-Sports und Gaming in der Zukunft vorzustellen, »weil ich das irgendwie jetzt schon vor Augen hab'« (Transkript: Interview Schüler 3 [Klassenstufe 8] 2018). Mit dieser Formulierung drückt er aus, wie ein inneres Bild ihm in Erscheinung tritt. Beispielsweise führt er an, dass heutzutage die meisten Menschen während des virtuellen Spielens vor einem Fernsehgerät oder einem anderen Bildschirm säßen. In der Zukunft hingegen würden alle mit einer VR-Brille und lediglich einem Controller spielen, sodass sie tatsächlich im Spiel integriert seien. Wenn ein*e Spieler*in also selbst liefe, würde sich auch die Figur im Spiel entsprechend fortbewegen. Der Interviewte wendet Wissen zu aktuellen Entwicklungen von Spielen an, die sich in der virtuellen Realität vollziehen und verbindet jene Erkenntnisse mit Gaming-Kontexten der Welt von 2118, in denen jene Gegebenheiten nicht innovativ, sondern fest inkludierter Bestandteil des Alltags seien.

Ähnlich wie bei Schüler 1, vollziehen sich Imaginationsleistungen mit Aktualitäts- und Bedeutungsverschiebungen. Allerdings sind diese sehr gering, da solche Technologien bereits heutzutage existent sind. Denken die Schüler 1 und 3, dass die Entwicklungen kaum noch weiter fortschreiten könnten? Sehen sie die einschneidenden Veränderungen von 1918 bis 2018 nicht? Handelt es sich um eine techno-sozialisierte Imagination mit partiell regressiven Tendenzen? Wenn ja, wie lässt sich dies reflektieren? An welchen Stellen kann jene Reflexion im Kunstunterricht und auch darüber hinaus im Alltag nützen? Ist es nicht von Vorteil, wenn die Schüler*innen – und selbstredend auch Lehrpersonen – sich z.B. ihrer online-Aktivitäten im virtuellen Raum bewusst sind und mögliche Einflussfaktoren auf die Entwicklung ihrer Vorstellungskraft oder auch auf das Erleben von *Flow* befragen? Was macht es mit dem schöpferischen Anteil unserer Einbildungskraft, wenn wir mehr und mehr Zeit in schierer Rezeption von auf uns einwirkenden Eindrücken z.B. in sozialen Netzwerken vergeuden, anstatt selbst aktiv zu sinnieren, zu fantasieren und dabei womöglich (Imaginations-)*Flow* zu erfahren? Verlieren wir uns in virtuellen Sphären, wo unsere Imagination durch Dauerbespaßung geformt wird, anstatt Zeit für Kontemplation, Muße und eigene Vorstellungen sowie Taten aufzubringen? Eine De-Akzeleration ist anzudenken, denn Konsequenzen einer Einbildungs- oder Vorstellungs*armut* und einer Reduktion von *Flow*-Erfahrungen wären fatal.

3. Wie schätzt du dabei die Rolle deiner Vorstellungskraft/Fantasie ein?[19]
   a. Hatte deine Vorstellungskraft eine große Rolle dabei gespielt?
   b. Wie hat deine Vorstellungskraft dir bei der Bearbeitung der Aufgaben geholfen?

Klasse 4: Schüler 1 misst seiner Imagination eine hohe Bedeutung bei. Um alle relevanten Vorstellungsbilder festzuhalten, hätten seine Gruppenmitglieder und er unmittelbar alle wesentlichen Imaginationen per Text und Skizze aufgezeichnet, bevor sie ihnen wieder entfallen konnten. Seine Vorstellungskraft habe ihm bei der Bearbeitung der Aufgaben geholfen, indem er sich die Dinge »in der Luft« vorstellen und daraufhin quasi schauen konnte, wie die Dinge aussähen (vgl. Sowa 2012 e: 23). In diesem Zusammenhang fügt der Schüler hinzu, dass ihn diese Eigenschaft

---

19 Die Frage wurde aufgrund organisatorischer Gegebenheiten zu einem Zeitpunkt festgelegt, zu dem diesbezügliche theoretische Teile der Arbeit noch nicht allzu weit ausgereift waren (Theorie-Praxis-Dilemma). Kann diese Frage überhaupt beantwortet werden? In Anbetracht der Doxa nach Bourdieu (1979) sind die Antwortmöglichkeiten begrenzt.

der Einbildungskraft auch beim Lernen in anderen Fächern, wie beispielsweise Mathematik, unterstütze. Das zeigt erneut auf, welche Relevanz die Imagination im Leben aller täglich hat und dass diese vermehrt reflektiert werden sollte, um sie gezielter einsetzen zu können.

Klasse 6: Die zweite Befragte vertritt die Ansicht, dass die Vorstellungskraft für die Bearbeitung der Aufgaben von hoher Bedeutsamkeit sei, da ohne sie nicht die Möglichkeit bestünde, sich zu überlegen, wie die Welt aussehen könnte und inwiefern die Dinge 2118 Sinn ergäben. Sie erkennt dementsprechend eine fundamentale Funktion der Imagination. Schließlich stelle man sich mittels innerer Bilder im Kopf anschaulich vor, wie die Erde in der Zukunft beschaffen sein könne. Hiermit nennt sie selbst den Ausdruck des »Bildlichen im Kopf«, woraufhin ein Querbezug zu den Ausführungen hinsichtlich innerer Bilder bzw. Erscheinungen in Kapitel 2 ausgemacht werden kann. Ihre Imagination habe die Schülerin bei der Bearbeitung der Aufgaben beim Vorstellen und Erfinden der Dinge unterstützt.

Klasse 8: Schüler 3 ist der Meinung, dass einiges an Einbildungskraft notwendig sei, um die Aufgabenbearbeitung angemessen bewältigen zu können. Sie sei anspruchsvoll, aber lösbar gewesen, was hinsichtlich der Bewältigung herausfordernder Aktivitäten bezüglich der Balance von Herausforderung und Fähigkeit auf das Erleben von *Flow* hinweisen kann.

Es müsse nicht alles wahrheitsgetreu sein, was ihm wie eine Entlastung und Befreiung erscheine. Er glaube beispielsweise nicht, dass Menschen tatsächlich durch das viele Spielen krank würden, betont an der Stelle allerdings, dass in der Vorstellung alles möglich sei. Der Schüler betrachtet Imagination und Rationalität dualistisch. Wie zuvor in Kapitel 2 erläutert, wird sich von solch einer *einseitigen* Sichtweise (trotz der Silbe *dual*) in dieser Abhandlung abgewandt: Imagination und Rationalität schließen sich nicht aus, sondern ergänzen sich. Dies ließe sich beispielsweise auch als imaginative Rationalität oder rationalisierende Imagination bezeichnen.

4. Hat sich deine Vorstellung vom Jahr 2018 während der Bearbeitung verändert?
    a. Hat die Aufgabenbearbeitung deine Vorstellung von der Gegenwart verändert?
    b. Wenn ja, wie genau?
    c. Hat die Aufgabenbearbeitung deine Vorstellung von der Zukunft verändert?
    d. Wenn ja, wie genau?
    e. Wie war der Wechsel des Blickwinkels von 2118 zu 2018?

Klasse 4: Der erste Interviewpartner habe die Gegenwart in der Situation anders wahrgenommen, als er sich in der Schule vorgestellt hatte, sich bei Türen durch Teleportationsportale zu bewegen, die ihn durch verschiedene Zeiten manövrierten. Hierbei trat eine unmittelbare Interferenz von imaginiertem und realem Handlungsraum auf (Teleportation ↔ Tür), die örtlich-zeitliche Grenzen sprengte. Die Aufgabenbearbeitung habe seine Vorstellung von der Zukunft insofern verändert, als er mittels des Rundgangs um die Arbeiten der anderen Mitschüler*innen herum seinen eigenen Ideenpool habe anreichern lassen. Der Perspektivwechsel vom Jahr 2118 zurück zu 2018 sei für ihn zunächst verwirrend gewesen, da er zwischenzeitlich mehrmals von seinem derzeitigen Standpunkt (2018) aus gedacht habe.

Zu Beginn hatte er beschrieben, zunächst einmal nichts, »schwarz«, vor dem inneren Auge gesehen zu haben. Danach hätte sich die Fläche mit inneren Bildern gefüllt. Die Ideen der anderen Gruppenmitglieder hätten beim Wechsel des Blickwinkels geholfen. Er sei offen für die Vorstellungen anderer gewesen und habe überdies seine eigenen Ansichten zu spezifischen Gegenständen im Rahmen des Projekts erweitert.

Klasse 6: Die Interviews fanden im Zeitraum der Debatte um Dieselfahrzeuge in Deutschland (Herbst 2018) statt. So führt Schülerin 2 an, dass weitaus mehr Automobile auf Elektroantrieb umsteigen könnten und somit nicht mehr auf Dieselkraftstoff angewiesen wären. Hinsichtlich ihrer Vorstellung von der Zukunft habe sie sich überlegt, ob eine Konsequenz der globalen Erwärmung letztendlich die massive Beschädigung der Erde bis hin zur vollständigen Zerstörung sein könnte. Die Schülerin sei überzeugt, dass sich in Zukunft vieles, was den Klimawandel anbelangt, verändern werde. Wie in Projekt I v.a. bei Klasse 9 ersichtlich, treten hier zukunftsgerichtete, ethisch orientierte Fragestellungen auf. Verschiedene mögliche Entscheidungsoptionen in deren Beantwortung können bereits im Vorhinein imaginativ abgewogen werden.

Ihr sei generell aufgefallen, dass sich hinsichtlich der Technik noch viele Aspekte verändern könnten und dass ihr 2018 im Vergleich mit allem, was in der Zukunft noch möglich sei, eher altmodisch erscheine. Sie fände es interessant zu wissen, wie die Bewohner*innen der Erde in 100 Jahren beispielsweise auf die heutige Gegenwart zurückblicken und Dinge, die für die Menschen zurzeit aktuell sind, dann vermutlich als altertümlich und befremdlich einschätzen würden. So fänden die Menschen der Zukunft die Erscheinung des gegenwärtigen *Homo sapiens* möglicherweise eigenartig und vice versa. Sie habe ihre Perspektive verändert, von der Zukunft zurück in die Vergangenheit, da sie sich überlegt habe, wie alles 2018 *war*, z.B. dass noch vielerlei organische Lebewesen oder Pflanzen existierten. Auch der

Körper der Menschen der Zukunft werde sich bis 2118 verändert[20] haben und Tierarten bzw. Pflanzen könnten bis 2118 ausgestorben sein. Die Schülerin reflektiert detailgetreu eine Perspektivenübernahme, indem sie sich in die potenzielle Sichtweise einer Person von 2118 versetzt.

Klasse 8: Die Vorstellung vom dritten Befragten habe sich bezüglich des Jahres 2018 insofern verändert, als er seinen »Gaming Room« umgeändert habe. Er habe auf seinem Bett zusätzlich noch einen Sitzsack platziert, so wie es seiner Ansicht nach auch im Jahr 2118 sein könnte. Er habe nur wenig neue Gedanken zur Zukunft gehabt, da er in seiner Freizeit bereits zahlreiche Überlegungen dazu angestellt habe. Er ist der Meinung, dass es in Zukunft noch mehr High-Tech geben werde, die Menschen sich kaum von ihren Sitzmöbeln wegbewegen würden und nur noch Weniges aktiv selbst erledigen müssten. Hier zeichnet sich eine kritisch-reflektierte Positionierung gegenüber imaginierten gesellschaftlichen Entwicklungen in der Zukunft ab. Der Perspektivwechsel von 2118 zu 2018 sei für ihn schwieriger gewesen, da er wie auch Schüler 1 gelegentlich die Jahrhunderte verwechselt habe. Dementsprechend habe die Aufgabenbearbeitung für ihn Konzentration (potenzielles Indiz für *Flow*) vorausgesetzt.

5. Wie hast du das Zukunftsthema zeichnerisch umgesetzt?
    a. Was hast du gezeichnet?
    b. Welches Thema stand für dich im Vordergrund? Warum?

Klasse 4: Schüler 1 führt die zeichnerische Umsetzung mit einem wertenden Blick auf seine Arbeiten an. Er sei zufrieden mit den Ergebnissen. »[M]an hat sich das vorgestellt und dann kommt es einfach sozusagen 'raus« (Transkript: Interview Schüler 1 [Klassenstufe 4] 2018). Er scheint seinen eigenen Anforderungen entsprechend gezeichnet zu haben, sodass eine mimetische Kopie seiner inneren Erscheinung ohnehin keine Intention war. Das Herausfließen bzw. Umsetzen der Ideen in eine Skizze, das direkte Feedback an sich selbst und seine Handlungsschritte mittels eigens festgelegter Anforderungen sowie die Einschätzung, sich der Herausforderung gewachsen zu fühlen, weist deutlich auf eine *Flow*-Erfahrung hin.

---

20 Man betrachte hierzu aktuelle, ethisch bedenkliche, sofern nicht medizinisch erforderliche, Entwicklungen von *Transhuman Societies*. Teil davon ist beispielsweise die *Cyborg Foundation* in Barcelona, die cyborgartige Transformationen des menschlichen Körpers z.B. mit Magnetismus oder Elektronik zur Erweiterung der Sinne unter dem Prinzip der Selbstbestimmung über den eigenen Körper anstrebt. Die Kunst hat hier den Vorteil, jene Thematiken zu behandeln und ethische Entscheidungsfragen aufzuwerfen, bevor die Antworten gegeben worden sind, was auch für die Kunstpädagogik äußerst relevant ist.

Überdies benennt er weitere technische Entwicklungen, die in seiner Vorstellung 2118 umgesetzt worden sein könnten, wie z.b. Teleportation oder die permanente Begleitung des Alltags von virtueller Realität, ähnlich wie bei Schüler 3. Für ihn stehe das Lufttaxi der Zukunft in Form eines Drohnenautomobils im Vordergrund (vgl. Abb. 19), da ihm die Umgehung oder zumindest die Reduktion von Verkehrsstaus ein wesentliches Anliegen sei. Innerhalb der fiktiven Welt zieht er demzufolge, wie Schülerin 2, logische und folgerichtige Schlussfolgerungen, in diesem Fall mit lebensweltlichem Bezug (Stau), was auf rationale Strukturen innerhalb der Imagination (rationalisierende Imagination) verweist.

Klasse 6: Da die zweite Interviewpartnerin den Gedanken hatte, dass Katzen 2118 womöglich nicht mehr existierten, habe sie eine vom Menschen entwickelte bionische Katze aus Metall mit elektronischen Elementen gezeichnet (vgl. Abb. 20). Die Schülerin zieht aus dem gegenwärtigen Verhalten der Menschen gegenüber Tieren mit kritischer Haltung Konsequenzen für die Zukunft und verbindet somit aktuelle Handlungsebenen mit imaginierten Folgen, die zu bedenken geben.

Klasse 8: Für das Jahr 2018 habe Schüler 3 typische Elemente des Computerspiels gezeichnet. Nach dieser Antwort ging er nicht weiter auf die Zeichnung ein, sondern erläuterte den zugrundeliegenden Hintergrund der Thematik im Allgemeinen: Im Jahr 2118 würden die Menschen noch tiefer in das Spielerlebnis eintauchen und wahrscheinlich auch weitaus länger spielen. Die Grafik werde optimiert sein und die Menschen seien nach deren Empfinden im Spiel auch in der Realität sinnlich-leiblich beeinflusst. Als besonders interessant habe er, wie Schüler 1 und Schülerin 2, im Austausch der Gruppe die Verbindung der Themen, in seinem Fall von Gaming und Medizin u.a. empfunden. Das Team hätte ihre Arbeit *antike Technologie* genannt, da die Technologie von 2018 vor einem Monitor mit einem Computer bzw. einer Konsole aus der Perspektive von 2118 lebenden Menschen sehr veraltet erscheine. Ähnlich wie Schülerin 2 stellt Schüler 3 sich konkret die Sichtweise einer Person aus der Zukunft vor.

6. Fällt dir ein Moment in deinem Alltag ein, in dem du durch den Kunstunterricht zum Thema »Zurück in die Zukunft« das Jahr 2018 anders empfunden hast?
   a. Wenn ja, welcher?
   b. Wie genau?
   c. In welchem Zusammenhang steht das für dich mit deinen Aufgaben im Kunstunterricht?
   d. Fällt dir eine Situation ein, in der du, ähnlich wie im Kunstunterricht, deiner Vorstellung zur Zukunft freien Lauf lässt?

Klasse 4: Der erste Befragte geht nicht konkret auf einen privaten Alltagsmoment ein. Im schulischen Alltag jedoch meint er, an einer Stelle in eine andere Welt eingetaucht zu sein. So habe er sich beispielsweise, wie eingangs erwähnt, an einem Schultag während der Handlung des Übertretens einer Türschwelle vorgestellt, per Teleportation in die Zukunft zu reisen.

Klasse 6: Schülerin 2 habe sich in ihrem Alltag beim Schneiden von Nahrungsmitteln gefragt, ob in Zukunft möglicherweise Laser diese oder ähnliche Aufgaben für die Menschen übernehmen würden. Generell, nicht zwingend auf das Thema *Zukunft* bezogen, ließe sie ihrer Vorstellungskraft während des Zeichnens freien Lauf, denn in ihrer Freizeit zeichne sie ohnehin häufig. Sie denke sich immer wieder neue Motive aus. Es gebe mehrere Wege, jene zum Ausdruck zu bringen: »Ich zeichne zum Beispiel, wenn irgendwas in meinem Kopf vorschwebt, das jetzt irgendwie mit Fantasie zum Beispiel zu tun hat und ich will's halt wahrnehmen und wissen, wie sieht's jetzt aus? Dann zeichne ich es« (Transkript: Interview Schülerin 2 [Klassenstufe 6] 2018). Sie setzt als einzige der Befragten die Imagination konkret mit der Wahrnehmung in Relation. Es besteht ihrerseits das Bedürfnis, innere Erscheinungen innerhalb von Zeichnungen zu konkretisieren und diese daraufhin anderweitig wahrnehmen und vorstellen zu können.

Klasse 8: In der Vorstellung des dritten Interviewten werde die grafische Auflösung von PC-Spielen in Zukunft verbessert worden sein. An dieser Stelle ist eine unmittelbare Gegenüberstellung von gegenwärtigen und antizipierten künftigen Entwicklungen in seinem Interessengebiet gegeben, allerdings ohne weitere innovative Vorstellungsanreicherung.

7. Wie müssten Kunstlehrer*innen unterrichten, damit eine freie Entfaltung der Vorstellungskraft möglich wird?[21]
    a. Welche Themen?
    b. Welche künstlerischen Vorgehensweisen?

Klasse 4: Der erste befragte Schüler plädiert insbesondere für die Eigenständigkeit der Schüler*innen im Kunstunterricht sowie für eine produktive und konstruktive Kooperation mit Mitschüler*innen im Rahmen von Arbeitsphasen in Teams. Zudem sei es ihm wichtig, dass die Beteiligten Interesse an der jeweiligen Thematik des Unterrichts hätten. Außerdem solle die Lehrperson die Schüler*innen nicht unter (Zeit-)Druck setzen, auch Drohungen oder Konsequenzen empfinde er

---

21 Mögliche Antworteffekte im Sinne von sozialer Erwünschtheit müssen hier berücksichtigt werden. Allerdings können darüber hinausgehende Vorschläge neue Erkenntnisse hervorbringen.

als hinderlich. Es lässt sich heraushören, dass er in Ablehnung von Bedrängung, Zwängen oder Drohungen mit negativen Folgen grundsätzlich für eine positive Verstärkung eintritt. Allerdings ist zu bemerken, dass es sich hierbei um allgemeine Aspekte des Verhaltens von Lehrenden handelt, die nicht nur speziell im Kunstunterricht Gültigkeit hätten. Dennoch verweisen die Gesichtspunkte Autonomie, individuelle Interessengebiete, offener zeitlicher Rahmen, Freiraum in den eigenen Handlungen sowie positive Verstärkung auf die Schaffung von Raum für eine potenzielle *Flow*-Erfahrung, in diesem Fall in kunstpädagogischen Settings.

Als eine künstlerische Vorgehensweise nennt er zunächst das Zeichnen. Ansonsten ergänzt er andere, auch in anderen Fächern angewandte Verfahren wie die Internetrecherche nach Bildern sowie die Textrezeption.

Anschließend betont er den bedeutsamen Gesichtspunkt, dass jede*r Mensch sehr individuelle Zugangsweisen zur Wissensaneignung habe und dass somit auch eine Vielfalt in den Erarbeitungstechniken der Schüler*innen ermöglicht werden sollte. Erneut spiegeln sich hier Aspekte wider, die auch die vielfältigen Kanäle für das Erleben von *Flow* umfassen.

Klasse 6: Schülerin 2 schlägt vor, dass die Lehrkraft eine Thematik im gröberen Sinne vorgeben könnte und die Schüler*innen daraufhin eigenständig ihre Einbildungskraft dazu entfalten würden. Dabei sollten sie sich vorstellen, wie bestimmte Dinge beispielsweise aussehen könnten. Sie gibt an, dass im regulären Kunstunterricht meistens ein Thema vorgegeben sowie mit Beispielen technischer Verfahren demonstriert werde und die Schüler*innen sich dazu gewöhnlich (im fachfremden Unterricht) nicht alles frei ausdenken könnten. Dies sei zuweilen problematisch, da die Schüler*innen nicht wüssten, wie sie ihre inneren Erscheinungen umsetzen sollten. Wenn sie ihre eigenen Ideen nutzen dürften, sei der Unterricht interessanter, weil sie sich überlegen könnten, wie Phänomene anders geartet sein könnten. Somit wird ebenfalls ein Bedürfnis nach eigenständigem Arbeiten sowie dem Anderen der Kunst offengelegt.

Klasse 8: Die Kunstlehrkräfte müssten laut dem dritten interviewten Schüler freundlich sein und ihre positive Stimmung auf die Schülerschaft übertragen. In Bezug auf die *Flow*-Erfahrung lässt sich überdies eine vom Schüler erwähnte positive Lernatmosphäre nennen, in der die Individuen frei von Sorge oder gar Angst (z.B. um ihr Ansehen) sind. Zudem spricht er eine weitere erwünschte Vorbildfunktion von Lehrpersonen an: Sie sollten im Kunstunterricht auch fantasievoll sein. Er nimmt an, dass wenig einfallsreiche Lehrkräfte bei den Schüler*innen nicht sonderlich schöpferische Denk- und Arbeitsprozesse anregen würden.

8. Warst du bei der Erarbeitung an einer Stelle oder mehreren Stellen gedanklich sehr vertieft und konzentriert?
   a. Wenn ja, an welcher?
   b. Wie hat sich deine Konzentration und gedankliche Vertiefung gezeigt?

Klasse 4: Schüler 1 hatte, verglichen mit den anderen Schüler*innen seiner Klasse oder auch im Jahrgangsvergleich, im Sinne der quantitativen Differenzierung, weitaus mehr Skizzen ausgearbeitet. Auch aus Beobachtungen geht hervor, dass er besonders zügig gearbeitet hatte und bei seinen Skizzen wie in einem »Schaffensrausch« war, was sich auf eine konzentriert-motivierte *Flow*-Erfahrung im Zuge von autonomen Arbeitsphasen beziehen lässt.

Klasse 6: Die zweite Interviewte habe an einer Stelle nicht gewusst, wie sie bei der Fusion mit dem Themenbereich ihres Partners (Automobile) hätte vorgehen können. Da er zu beschäftigt gewesen sei, habe sie das, was ihr zuerst »in den Kopf« (Transkript: Interview Schülerin 2 [Klassenstufe 6] 2018) kam, aufgezeichnet und aufgeschrieben. Bei jener Zeichnung sei sie sehr konzentriert gewesen. Diese gedankliche Vertiefung habe sich darin gezeigt, dass sie sich vollkommen auf das Blatt Papier fokussiert und ansonsten nichts anderes gemacht habe, als zwischenzeitlich nachzudenken, wieder zu zeichnen, Dinge zu verändern und wieder von Neuem zu überlegen, was noch ergänzt werden könne. Verglichen mit dem Tätigkeitsrausch des Grundschülers vollzogen sich ihre Arbeitsprozesse zwar in gemäßigterem Tempo, jedoch gedanklich fließend, wie in einem Imaginations-*Flow*.

Klasse 8: Schüler 3 gibt an, des Öfteren abgelenkt gewesen zu sein. Wenn er vertieft war, dann sei er es während des Zeichenprozesses gewesen, der in direkter Verbindung mit seinen inneren Vorstellungsbildern stand. Er habe sich daran erinnert, wie es bei ihm zu Hause in etwa aussehe und habe daraufhin versucht, dieses Bild aus seinen Gedanken abzuzeichnen. Im Verlauf jenes Übertragungsversuchs vom Inneren in ein Äußeres sei er sehr vertieft gewesen. Diese Konzentration habe sich auch darin gezeigt, dass er nicht weiter, wie sonst häufig, auf die Gesprächsimpulse seines Sitznachbarn eingegangen war. Zudem hatte er zuvor im Interview angegeben, dass der Perspektivwechsel von 2118 zu 2018 für ihn diffizil gewesen sei, da er wie auch Schüler 1 hin und wieder die Jahrhunderte durcheinander gebracht habe. Dementsprechend habe die Aufgabenbearbeitung für ihn Konzentration erfordert, was ein weiteres Indiz für eine phasenweise *Flow*-Erfahrung ist.

9. Wie war dein Empfinden während der Bearbeitung?
   a. Wie hast du dich bei der Bearbeitung gefühlt?
   b. Wie hast du deine Gedanken dabei wahrgenommen?
   c. Ist dir etwas Besonderes aufgefallen?

Klasse 4: Schüler 1 schätzt seine Zeichnungen als sehr gut gelungen ein. Diese direkten positiv bestätigenden Rückmeldungen, die er sich selbst offenbar innerhalb seiner Arbeitsprozesse gibt, repräsentieren eine der Hauptkomponenten der *Flow*-Erfahrung. Außerdem zeigt der Schüler eine außergewöhnlich hohe intrinsische Motivation für die eigenständige Erforschung der *Arbeitsweisen/Flugobjekte*, was ebenfalls ein Hinweis auf die *Flow*-Erfahrung ist. Über das im Kunstunterricht geforderte Handeln hinausgehend erstellte er bei sich zu Hause in seiner Freizeit, nachdem die Materialsammlungen für den stillen Rundgang bereits abgeschlossen waren, ein plastisches Drohnenmodell aus Knetmasse. Seine Gedankengänge während der Arbeitsprozesse erläutert er mithilfe einer Liedmetapher. Sein Gedankenfluss sei für ihn ein gleichmäßiges Lied gewesen, bei dem alles sehr leicht verlief.

»Da hab' ich einfach nur 'nen Stift in die Hand genommen und dann wurde das Blatt einfach vollgemacht, egal wie, egal was, egal wo« (Transkript: Interview Schüler 1 [Klassenstufe 4] 2018). Die Tatsache, dass er sich mit einem Stift in der Hand von seinen Imaginationen hatte leiten lassen, ist, abgesehen von der zuvor genannten Gleichmäßigkeit und Leichtigkeit, ein mögliches weiteres Anzeichen für ein (phasenweises) *Flow*-Erleben während des Projekts. Es schien alles von alleine, gewissermaßen automatisiert, zu verlaufen. Die Anapher »egal wie, egal was, egal wo« verweist dabei auf eine gewisse Gleichgültigkeit oder vielmehr Leichtigkeit gegenüber dem Resultat, solange der Prozess bloß »fließt«. Somit war dem Befragten die *Flow*-Erfahrung wichtiger als das Ergebnis.

Klasse 6: Schülerin 2 habe sich während des außerplanmäßigen kunstpädagogischen Settings als interessiert und nachdenklich beobachtet. Sie habe ermitteln wollen, wie Objekte und Gegebenheiten in 100 Jahren beschaffen sein könnten und wie die Menschen mit ihnen agieren würden. Ihre Gedanken habe sie dabei bildlich aufgezeichnet, um dann zu prüfen, inwieweit sie mit der zeichnerischen Umsetzung übereinstimmten. Hier ist von Seiten der Schülerin aus ein Wunsch nach einem Vergleich der inneren Erscheinung mit dem äußeren Bild erkennbar (siehe Glas 2014). Jener Situation wurde im Unterrichtsprozess bereits mittels eines Gesprächs begegnet, um zu verhindern, dass die Schülerin zu sehr nach einer vermeintlich unmittelbaren Mimesis streben würde. Der Zuspruch beinhaltete, dass ihre Zeichnung aufgrund der hochkomplexen oszillierenden und transzendentalen Eigenschaften der Imagination ohnehin nicht dem originalen inneren Bild entsprechen könne. Auch wurde hervorgehoben, dass dies nicht als Defizit gewertet, sondern als natürliche Gegebenheit sowie als Anlass für weitere Diskussionen und Auslegungen der Arbeit mittels imaginärer Prozesse anderer betrachtet werden könne.

Zusätzlich zur Umsetzung der inneren Erscheinung in eine äußere schienen die Imaginationen zu den Phänomenen der Zukunft herausfordernd gewesen zu sein, da noch nicht Dagewesenes imaginativ geschaffen werden musste. In diesem Zusammenhang habe die Schülerin, wie auch Schüler 1, den Anspruch gehabt, dass ihr Sujet der Zukunft in sich schlüssig und sinnvoll, wenn auch sehr kontrovers, behandelt werden sollte. Ein *Flow*-Bezug lässt sich dahingehend herstellen, dass die Schülerin zeitweise ein hochkonzentriertes Handeln nach eigens gesetzten, herausfordernden Maßstäben angestrebt hatte.

Klasse 8: Der dritte Befragte hatte den Eindruck, dass seine Klasse ruhiger als gewöhnlich gewesen sei. Einige Schüler*innen, inklusive ihm, hätten Freude an der Projektarbeit im Fach Kunst gehabt. Er ist der Ansicht, dass das Setting im Vergleich zum sonstigen Kunstunterricht etwas Anderes gewesen sei. Bezüglich seiner Gedanken zur Welt in 100 Jahren sei ihm erst bewusst geworden, dass in einer selbst gestalteten Zukunft alles möglich sei. Beispielsweise könnten die Menschen mit Hoverboards umherfliegen, anstatt sich mit Automobilen fortzubewegen, und sie würden sich teleportieren können. Alles wäre kostenlos, aber die Menschen würden trotzdem arbeiten, als Menschheit zusammenwachsen und Armut sowie Kriege würden verschwinden. Hier wird seine idealisierte, optimistische Haltung gegenüber der Zukunft ersichtlich, wobei teilweise auch eine kritisch-distanzierte Einstellung gegenüber Gaming in der Zukunft herauslesbar ist.

Grundsätzlich ist auffällig, dass die Schüler*innen anhand von Beispielen auch innerhalb der Antworten während des Interviews, abgesehen von allen anderen imaginativen Prozessen, welche die Kommunikation im Sinne Sowas (2014) und Krautz' (2014) begleiten, stetig konkret auf ihre Vorstellungen von 2118 zurückgreifen und diese weiter formen. Hinsichtlich der *Flow*-Erfahrung sind Raum für Ruhe, Konzentration, Freude im Sinne der intrinsischen Motivation, ein individuell andersartiges Streben nach Passung von Herausforderung und Fähigkeiten sowie unmittelbare Rückmeldungen nach eigens gesetzten Maßstäben und eine stellenweise Versunkenheit in bestimmte Tätigkeiten zu erwähnen.

10. Würdest du ähnlichen Kunstunterricht noch einmal machen wollen?
    a. Wenn ja, warum?
    b. Wenn nein, warum nicht?

Klasse 4: Schüler 1 würde ähnlichen Kunstunterricht gerne erneut erleben wollen, weil er ihn als sehr interessant empfunden habe. Ihm sagte die Tatsache zu, dass er seiner Vorstellungskraft freien Lauf lassen und ohne Zwänge eigenständig agieren konnte. Er erwähnt, dass diesmal keine Ausrede gegolten hätte, dass er etwas nicht wolle oder könne, weil prinzipiell im groben Rahmen des Aufgabensettings alles möglich gewesen sei. Er erachte es generell als sehr positiv, wenn der Kunstunterricht offen gehalten sei.

Klasse 6: Die zweite Interviewte würde Kunstunterricht nach Art des Projekts ebenfalls wiederholen wollen, da sie ihre Imagination gelöst entfalten konnte. Zudem rege es sie an, von ihren Mitschüler*innen zu erfahren, welche Vorstellungen sie hätten und wie sie die Welt wahrnähmen. Es interessiere sie zu sehen, welche Gedanken die anderen sich machten und wie sie ihre Einbildungskraft zum Ausdruck bringen würden. Durch das kunstpädagogische Setting sei es gut möglich gewesen, dies in Erfahrung zu bringen. Beispielsweise könne die Imagination der Mitschüler*innen gut nachempfunden werden, indem sie Texte dazu schrieben oder zu ihren Bildern o. ä. Künstlerischem die Ideen erläuterten. Im gewöhnlichen Kunstunterricht sei es häufig der Fall, dass die Schüler*innen ein Thema mit Beispielen bekämen und diese anschließend mit lediglich geringen Abweichungen imitieren sollten.

Klasse 8: Auch Schüler 3 würde ähnlichen Kunstunterricht gerne ein weiteres Mal erleben wollen, weil er ihm viel Freude bereitet habe. Für gewöhnlich sei er nicht sonderlich gut im Fach Kunst; bei dem Projekt konnte er sich jedoch auf vielfältige Weise einbringen. Hier wird ein verändertes Selbstbild deutlich, sobald Druck durch Bewertung entfällt. Im Allgemeinen entsteht bei einem Fokus auf der Flow-Erfahrung und/oder imaginativen Strategien im Kunstunterricht und dem schulischen Notensystem ein Spannungsfeld zwischen dem Ermutigen der Schüler*innen zu einer Ausdehnung der eigenen Tätigkeit einerseits und dem Einordnen solcher Arbeitsprozesse in Bewertungs- und Kompetenztests zur Notenfindung andererseits.

11. Wie müssten Kunstlehrer*innen unterrichten, damit solch ein konzentriertes, vertieftes Arbeiten möglich wird?

Klasse 4: Erneut greift Schüler 1 den Aspekt der Zwanglosigkeit auf, damit für alle im Unterricht eine angenehme Lernatmosphäre gegeben sei. Er verwendet dabei die Metapher der Vorstellungskraft als Fluss. Wenn eine Lehrkraft aufgrund von Druck Stress auslöse, die Schüler*innen dränge oder störe, so werde der »Fantasiefluss« unterbrochen, könne nicht mehr frei laufen oder trockne aus. Ein Bedürfnis nach autonomen künstlerischen Prozessen, frei von Unterbrechungen, wird hinsichtlich *Flow* erkennbar.

Klasse 6: Schülerin 2 plädiert für Einzelarbeit, da trotz der Freude an Teamarbeit ein dadurch bedingt erhöhter Geräuschpegel störe. Somit könne für manche ein *Flow*-Erleben zum Teil erschwert werden. Im Sinne der individuellen Freiheit sollten demnach Räumlichkeiten für stille und lautere Phasen der Schüler*innen innerhalb ihres künstlerischen Schaffens gegeben sein.

Klasse 8: Kunstlehrkräfte müssten die Klasse bei erhöhtem Geräuschpegel wieder herunterregeln und währenddessen zwar streng, anschließend allerdings auch wieder freundlich sein, sodass insgesamt eine ruhige und entspannte Lernatmosphäre entstehe. Die Themen im Kunstunterricht sollten nicht langweilig sein oder nach bestimmten Techniken oder Schemata wiederholt ähnlich verlaufen, sondern einen vielfältigen Einsatz der Imagination beinhalten und erfordern.

Wenn auch Teile unter Aspekten der sozialen Erwünschtheit herausgekürzt werden müssen, offenbaren die Antworten[22] der Interviewten Einblicke in ihre lebhaften und vielfältigen Vorstellungswelten, die zwar teils klischeehafte, jedoch auch innovative Ideen hervorbringen. Sie haben, auf freiwilliger Basis, über das Projekt hinaus, auf unterschiedliche Weise ihre Imagination nach außen getragen. Sei es durch weitere Zeichnungen, ein plastisches Modell, Modifikationen im eigenen Schlafzimmer oder das verändert wahrgenommene Durchschreiten von Türschwellen – stets spiegelt sich das Wechselwirkungsverhältnis von Wahrnehmung und Imagination wider. Alle Interviewten schätzen zudem die Bedeutung der Imagination für alltägliche und künstlerische Denk- und Handlungsprozesse als hoch ein.

Aufgrund der Interviewaussagen konnten die bildhermeneutischen Analysen auf Ebene der Motive und Handlungsschritte partiell weiter vertieft werden. Alles in allem verfügen die Schüler*innen, unabhängig von ihrem Alter, über ein starkes Bewusstsein für imaginative Prozesse und das Erleben von *Flow*, sofern sie Impulse zur Reflexion erhalten. Sie beschreiben ihre Einbildungskraft, ihren *Flow* oder auch den Imaginations-*Flow*, teils indirekt, ausführlich und (dem Entwicklungsstand

---

22 Eigene inhaltliche Ergänzungen seitens der Schüler*innen traten in den Klassen 4 und 6 nicht auf. Lediglich Schüler 3 aus Klasse 8 betonte erneut, dass das Projekt ihm viel Freude bereitet hätte. Nachfragen zu einzelnen Interviewfragen wurden mehrfach gestellt. Eine kritische Anmerkung zur Durchführung der Interviews im Nachhinein ist, dass die Sprache der Interviewenden für die Schüler*innen teils noch stärker hätte vereinfacht sein können. Zudem hätten im Rahmen von spontan auftretenden Nachfragen seitens der Verfasserin teilweise weniger Fragen nacheinander gestellt werden sollen.

entsprechend) tiefgründig[23], teilweise mit metaphorischen Bezügen, welche die Eigenschaften von inneren Erscheinungen sprachbildlich stützen.

6.4 Herleitung zentraler Merkmale für die Kunstvermittlung

Wesentliche Eigenschaften für eine Kunstvermittlung hinsichtlich Imaginativer Bildung und dem Erleben von *Flow* werden aus den Erkenntnissen von Projekt I und II abgeleitet, wobei insbesondere Projekt II aufgrund der vertiefenden Untersuchungen berücksichtigt wird.

6.4.1 In Bezug auf Imaginative Bildung

Die Fähigkeit zur Imagination ist eine neurophysiologische Gegebenheit aller Menschen, auf der, je nach individuellen Wahrnehmungen und Erfahrungen, die Bildung neuronaler Vernetzungsebenen im Gehirn beruht.

Die Betrachtung von Wahrnehmung und Imagination bzw. Fantasie in Relation lässt leiblich-sinnliche sowie imaginative Wechselwirkungsstrukturen erkennen, bei denen die Omnipräsenz der Einbildungskraft deutlich wird.

Die Kunstpädagogik schafft mit ihrem ohnehin ausgeprägten Fokus auf der Behandlung von Bildern bisweilen einen geeigneten Raum für die Beschäftigung mit inneren Bildern bzw. Erscheinungen, die allerdings über das rein Bildliche hinausgehen und *alle* künstlerischen Verfahrensweisen unter dem Gesichtspunkt eines verstärkten Bezugs zur (zeitgenössischen) Kunst inkludieren sollte. Da innere Erscheinungen Emotionen und daraufolgende Handlungen initiieren können, ist es von hoher Relevanz, ein Bewusstsein für die intendierte und insbesondere die nicht intendierte Reichweite der Vorstellungskraft zu erlangen. Mittels direkt adressierter Auseinandersetzung mit der Fantasie und deren Reflexion, erleben und verstehen Schüler*innen, wie sie sich bildet. Sie wird innerhalb jener Prozesse weiter gefördert, ausgeschöpft und reflektiert.

Die PKF bietet mit ihrem situativ-variablen, momentbezogenen Wesen beispielhaft ein geeignetes Medium für derartige Ereignisse. Auch das Interpersonale der Imagination kann sich z.B. in performativen Handlungen innerhalb von Kunstvermittlungsprozessen vollziehen.

Anhand der Interviews lassen sich aus Perspektive der Schüler*innen in Verbindung mit themenbezogenen Theorien bedeutsame Gesichtspunkte für die Kunst-

---

23 Hier sei ein Querverweis zu Uhligs und Dunckers Ansätzen zum Philosophieren mit Kindern gegeben. In der 2016 erschienenen Publikation »Fragen – Kritik – Perspektiven: Theoretische Grundlagen des Philosophierens mit Kindern« werden der Entwurf, die Intention sowie die Bedingungen einer Praxis des (Nach-)Denkens mit Kindern differenziert behandelt.

pädagogik hinsichtlich Einbildungskraft und *Flow* sowie eines Imaginations-*Flows* ableiten. Die Befragten plädieren für Offenheit und Freiraum sowie für eigenständiges Arbeiten nach eigenen Interessengebieten.

Ausgehend von einem Imaginationsbegriff, der die Vorstellungskraft als ein oszillierendes, transzendental Zeit und Raum durchdringendes Phänomen begreift (siehe Sowa 2012 e, Uhlig 2012, Fauser 2014 u.a.), das sich bei allen Menschen ereignet, sind auf Grundlage der Theorie und Praxis nachfolgende Merkmale für Kunstvermittlung im Sinne einer imaginativ ausgerichteten Bildung auszumachen:

- Imaginative Bildung basiert auf neurophysiologisch bedingten Grundgegebenheiten der Vorstellungskraft aller Menschen.
- Imaginative Bildung fördert das allen Menschen inhärente schöpferische Imaginationspotenzial.
- Imaginative Bildung verstärkt eine reflektierte Haltung gegenüber inneren Erscheinungen (z.B. hinsichtlich des eigenen soziokulturellen Hintergrunds inklusive der Prägung durch mediensoziologische Einflüsse).
- Imaginative Bildung berücksichtigt (aktuelle Entwicklungen zeitgenössischer) Kunst.
- Imaginative Bildung greift auf die vielfältigen Möglichkeiten künstlerischer Verfahrensweisen, Medien und Materialien zurück.
- Imaginative Bildung stärkt empathische und kooperative Denkprozesse.
- Imaginative Bildung bietet Raum für Unlearning-Prozesse, um Innovationen hervorbringen zu können.
- Imaginative Bildung ermöglicht das Erleben von *Flow*.

Die Kunstvermittlung, ob im schulischen Raum oder auch außerhalb, z.B. im musealen Kontext, bedarf unabdingbar der Imaginativen Bildung. Darüber hinaus benötigt das Bildungssystem im Allgemeinen ebenso die Berücksichtigung der Imaginativen Bildung, nicht »lediglich« im Zusammenhang mit Kunst.

6.4.2 In Bezug auf das Erleben von *Flow*

Das Erfahren von *Flow* beinhaltet vertiefte Konzentration bis hin zu höchster Produktivität. Wie muss Kunstvermittlung beschaffen sein, damit ein *Flow*-Zustand für besonders viele Schüler*innen (leichter) ermöglicht wird und von ihnen reflektiert werden kann? Wie zuvor in Abschnitt 3.3 ausgeführt, sind Körper und Geist auch im *Flow*-Zustand verbunden und somit ganzheitlich. Auf diese Weise sollte auch Imaginative Bildung verstanden und praktiziert werden.

Zentrale Charakteristika einer Kunstvermittlung im Hinblick auf das Erleben von *Flow* sind:

- Rahmenplanung von kunstvermittelnden Projekten oder Kunstunterricht ohne starke zeitliche Einschränkungen für die Möglichkeit der vertiefenden Produktivität innerhalb autonomer Arbeitsprozesse
- offene, individuell angepasste Aufgabenformate bzw. Erfahrungsmöglichkeiten, denen sich die Schüler*innen gewachsen fühlen
- Schaffung eines ruhigen Raums für Konzentrationsfähigkeit, ggf. mit entsprechenden Ritualen
- autonome Bearbeitung von Fragestellungen seitens der Schüler*innen, innerhalb derer sie sich unmittelbar deutliche Rückmeldung hinsichtlich ihrer selbst gesteckten Ziele geben
- Kontrolle über die Tätigkeit durch die Schüler*innen durch Passung von Herausforderung und Fähigkeit[24]
- ein Bezug zur bildenden Kunst (Vielfalt der Kunst in Relation zur Vielzahl der individuellen *Flow*-Zugänge)
- Überwindung möglicher anfänglicher Hemmungen oder Startschwierigkeiten, da im künstlerischen Schaffen keine klaren Ziele im Vorhinein feststehen müssen
- Neuheit und Unvorhersehbarkeit in der künstlerischen Praxis ermöglicht erhöhte Aufmerksamkeit und Konzentration
- Möglichkeiten zur zirkulären Selbstreflexion, auch im Hinblick auf die Imagination bzw. Fantasie
- *Flow*-Erfahrung sowie Fortschreiten per se ist wichtiger als die Resultate

Somit können alltägliche Sorgen um das Selbst verschwinden und ein Handeln mit tiefer, müheloser Hingabe ohne Gedanken an Frustrationen des Alltags ermöglicht werden (vgl. Csíkszentmihályi 2017: 94). Eine Person kann sich, unabhängig von äußeren Umständen, erfüllt fühlen, indem sie die Inhalte ihres Bewusstseins ändert. Dies kann geschehen, indem sie in den *Flow*-Zustand gerät oder imaginiert und somit den Fokus auf das Innen lenkt. Ein dritter möglicher Weg ist der *Imaginations-Flow*, bei dem die Person im Rahmen ihres Imaginierens in einen *Flow* gerät. Die absolute Immersion in eine Aktivität oder eine Vorstellung bzw. die Vorstellungsaktivität lässt die Person in diesem Moment alles andere ausblenden. Je stärker die Herausforderung wächst und sich die entsprechenden Fähigkeiten erarbeitet werden, umso erfüllender der *Flow*-Zustand. Die Kunstvermittlung ist diesbezüglich äußerst geeignet, weil sie in ihrer Komplexität und Vielseitigkeit u.a. nach Fortschritt, kritischem Befragen aktueller Umstände sowie Kreativ-Schöpferischem strebt.

---

24 Die Aspekte 2-5 sind inhaltlich den Hauptkomponenten des Erlebens von *Flow* nach Csíkszentmihályi (vgl. 2017: 87-102) entlehnt.

Was die These der Imaginationsregression und den Zusammenhang mit dem Imaginations-*Flow* untermalt, ist, dass Tätigkeiten, in denen weder Fähigkeiten gefordert werden noch Herausforderungen warten, wie beispielsweise beim Schauen von TV oder dem Durchscrollen bei sozialen Netzwerken, zu Apathie führen können (vgl. Csíkszentmihályi 1995: 324f.). Es ist davon auszugehen, dass eine stark ausgeprägte Techno-Sozialisation, beispielsweise hinsichtlich einer häufigen Rezeption von externen Bilder- und Informationsfluten, innere, aktive Konstruktionen von Vorstellungsbildern hemmt. Dem muss in künftigen Kunstvermittlungs-/Bildungssituationen dringend kritisch-reflexiv begegnet werden, ohne dabei auch die Vorteile von Neuen Medien in der Kunstpädagogik aus dem Blick zu verlieren.

Im Rahmen der vorliegenden Arbeit wurden einige von zahlreichen Möglichkeiten der *Flow*-Erfahrung am Beispiel von Performativität bzw. Performance sowie anhand des Zeichnens dargestellt. Das *Flow*-Erleben konnte sich jeweils während der Handlungsprozesse phasenweise ereignen. Die zuvor ausgeführten Projekte sind allerdings lediglich exemplarische Anregungen dafür, wie die Fantasie in den Mittelpunkt des Unterrichtsgeschehens gesetzt werden kann und wie das *Flow*-Phänomen, beispielsweise durch Reflexion, währenddessen beobachtbar und beschreibbar wird. Absicht ist es, ein grundlegendes Bewusstsein für Imagination und *Flow* sowie ihr reziprok fruchtbares Potenzial zu schaffen. Je nach Persönlichkeit ist das Erleben von *Flow* in allen erdenklichen Situationen möglich. Die Kanäle, in denen es sich ereignen kann, sind so vielfältig wie die Strategien der Kunst. Die Schüler*innen erleben *Flow* und Imaginationsphänomene bereits häufig z. B. beim konzentrierten Lernen und während herausfordernder Freizeitaktivitäten. Im Alltag können sie in diversen Situationen auftreten.

Die PKF bildet eine methodische Grundlage für die praktische Umsetzung der Projekte. Überdies schafft sie für die Verfasserin einen von vielen geeigneten Wegen für das Erleben von *Flow* in verschiedenen Teilschritten: Teilweise trat *Flow* während des Vernetzens und Verfassens der Arbeit sowie während des Agierens mit den Schüler*innen auf.

Auf Basis der Interviews lassen sich bedeutsame Aspekte von Kunstunterricht für *Flow* und umgekehrt herleiten. Die Schüler*innen fordern Zwanglosigkeit im Unterricht, ohne Druck und frei von Unterbrechungen. Sie möchten eigenen Fragestellungen nachgehen können und empfinden zudem konstruktive Kooperationen weitestgehend als produktiv. Da jede*r andere Arten des Lernens bevorzugt, sollten individuelle Zugänge zu Themen geschaffen werden. Die Schüler*innen plädieren für eine ruhige und entspannte Lernatmosphäre, zu der sowohl die Lehrperson als auch sie selbst beitragen können.

Flow fördert durch den Fluss der inneren Erscheinungen das allen innewohnende schöpferische Potenzial der Imagination. Die Reflexion eines *Flow*-Prozesses kann ein Bewusstsein für jenen schöpferischen Tätigkeitsrausch fördern. *Flow* kann sich einzeln, jedoch auch in Gruppendynamiken ereignen und somit, aufgrund des Einsatzes von Vorstellungskraft, empathische und kooperative Denkprozesse fördern.

Betrachtet man die Eigenschaften der beiden Aufzählungen zentraler Merkmale für die Kunstvermittlung, so sind Überschneidungen sowie Zusammenhänge zwischen *Flow* und Imagination nicht zu übersehen, sodass diese gemeinsam gedacht werden können. Im *Flow* werden z.T. Fantasien hervorgerufen, während Imagination *Flow* wiederum begünstigt initiieren und begleiten kann. Im imaginativen *Flow* befinden sich die Betroffenen in einem Fluss ablaufender innerer Erscheinungen.

Dass Schüler*innen und Lehrpersonen zusammen *Flow* erleben, sich gemeinsam darüber austauschen, Vorteile ausmachen und diesen besonderen Zustand somit allen ins Bewusstsein rufen, muss ein Ziel von (Kunst-)Unterricht, auch in Verbindung mit der Vorstellungskraft, sein. Eigene künstlerische Aktivität kann sich durch *Flow* ereignen, während diese Erfahrung wiederum auch erst durch künstlerische Handlungen in die Wege geleitet werden kann.

Die Kunst bietet mit Vielfalt, Offenheit, experimentellem Wesen und Freiheitsdrang einen geeigneten Raum für das Erleben und die Reflexion von Imagination bzw. Fantasie und *Flow*.

7. Schlusswort und Ausblick
Horizontbildung von Imaginativer Bildung und *Flow*

Die schulische Bildungsfunktion ist heutzutage nach wie vor in nicht unerheblichem Maße dem Industrialisierungsmodell entlehnt. Dementsprechend findet weitestgehend bis dato das Wiederholen und Memorieren im Rahmen von Standardisierung Anwendung. Jene Methoden gehen nicht (mehr) mit den aktuellen Lernanforderungen an mündige Bürger*innen von morgen konform. Schüler*innen sollten sich nicht dahingehend bilden, sich bloß leicht in gesellschaftliche Strukturen eingliedern zu lassen, sondern dahin, diese zu verbessern. Zukünftig müssen vermehrt Autonomie, Lösungsorientierung, Vorstellungskraft und soziale Fähigkeiten Raum zur Entfaltung erlangen (vgl. Siemens 2018, Interviewaussage, Die Zeit Nr. 25: 64). Eine zentrale Frage ist, welche Potenziale die Imaginative Bildung und das Erleben von *Flow* in einer (schulischen) kunstpädagogischen Vermittlungssituation aufweisen.

Die in der vorliegenden Arbeit behandelte Selbstwirksamkeit innerhalb von Projektarbeiten, die Möglichkeiten der PKF sowie die Reflexion der eigenen Vorstellungskraft oder des *Flow*-Erlebens in der Schule (und ggf. daran anschließend im Alltag) können das Leben der Schüler*innen insofern bereichern, als sie vermehrt ein kritisch-reflexives Bewusstsein für deren Gebrauch entwickeln.

Das Grundbild von der Vorstellungskraft, das in dieser Dissertation übermittelt wird, ist selbst eine Imagination:

>»Es ist von derselben Stabilität und zugleich Instabilität wie das Phänomenfeld, das es beschreibt und metaphorisch visualisiert. Aber dieses (imaginierte) Bild des imaginativen Geschehens ist ein orientierendes Leitbild, mit dem das Denken weiterkommt in dem Unterfangen, sich selbst zu verstehen.« (Sowa 2012 e: 38)

Ausgehend von den Erkenntnissen, dass Imagination oszillierende Eigenschaften hat, gerichtet sowie ungerichtet sein und Emotionen ebenso wie daraus resultierende Handlungen beeinflussen kann, wird ersichtlich, dass ihre Behandlung, insbesondere in der Schule, wo sie auf neue Generationen trifft, von äußerster Relevanz ist. Auch hinsichtlich des medialen Überangebots mit täglich aufkommenden massiven Bildrezeptionen ist es zentral, sich mit der (un-)gerichteten Produktion der eigenen inneren Erscheinungen auseinanderzusetzen und auf eine Imaginative Bildung inklusive *flow*-orientierter Erfahrungs- und Arbeitsprozesse hinzusteuern. Hiermit ist eine Form der autonomen Bildung gemeint, welche die Imagination als bedeutsames Phänomen berücksichtigt und anstrebt, sie bestmöglich einzusetzen: reflexiv, intentional und schöpferisch. Eine Erweiterung von Kerncurricula und Lehrplänen um diesbezüglich ergänzende Aspekte des Imaginationskonstrukts ist somit in vielen Bundesländern erforderlich.

Basierend auf den theoretischen Ausarbeitungen sowie dem praktischen Forschungsteil ergibt sich, dass die Schüler*innen ihre Imagination und ihr (zeitweise auftretendes) *Flow*-Erleben im Rahmen des jeweiligen kunstpädagogischen Projekts (teils indirekt) dem Alter entsprechend differenziert reflektieren.

Folgende Aussagen lassen sich schlussfolgern: Imaginative Bildung basiert auf neurophysiologisch bedingten Grundgegebenheiten aller Menschen und fördert das den Menschen inhärente schöpferische Imaginationspotenzial. Sie verstärkt eine reflektierte Haltung gegenüber inneren Bildern sowie autonome, empathische und kooperative Denkprozesse. Überdies ermöglicht Imaginative Bildung die potenzielle Schaffung von Innovationen und das Erleben von *Flow*.

Im Zusammenhang mit kunstpädagogischen Prozessen umfasst Letzteres eine vertiefte Konzentration bis hin zum Schaffensrausch, bei dem die Personen sich vor dem Hintergrund einer Passung von Herausforderung und Tätigkeit in der Arbeit verlieren (vgl. Csíkszentmihályi 2017: 322). Es bleibt zu betonen, dass es sich beim *Flow* nicht um eine konkret erlernbare Technik handelt, sondern um eine geistige Verfassung, die sich jedoch ritualisiert initiieren und üben lässt. Es wurde der Forschungsfrage nachgegangen, unter welchen Bedingungen in kunstpädagogischen Prozessen ein *Flow*-Erleben entstehen und gefördert werden kann. Abgesehen von der Verbindung mit imaginativen Prozessen, ist, wie auch bereits Ott (1949) und Selle (1996) zentral herausgestellt hatten, eine Rahmenplanung von Projekten bzw. Unterricht ohne starke zeitliche Einschränkungen für die individuelle Möglichkeit der vertiefenden Produktivität innerhalb autotelischer Arbeitsprozesse förderlich. Auch offene, zieldifferente Aufgabenformate, denen sich die Schüler*innen gewachsen fühlen (siehe Csíkszentmihályi 2017: 87) sowie die Schaffung eines ruhigen Raums für Konzentrationsfähigkeit können einen *Flow*-Zustand begünstigen. Darüber ist auch die eigenständige Bearbeitung von Fragestellungen seitens der Schüler*innen, innerhalb derer sie sich unmittelbar deutliche Rückmeldungen hinsichtlich ihrer selbst festgelegten Ziele geben, hilfreich (vgl. a.a.O.: 95). Wenn Kontrolle über die Tätigkeit durch die Schüler*innen (vgl. a.a.O.: 102) besteht, erhöht sich die Wahrscheinlichkeit, dass sich *Flow* ereignen kann.

Ein Bezug zur bildenden Kunst sollte hinsichtlich ihres Reichtums an Facetten in Relation zur Vielfalt der individuellen *Flow*-Zugänge gegeben sein. Im Vergleich zu anderen Aktivitäten, während derer *Flow* auftreten kann, liegt eine Eigentümlichkeit der Kunst in der Überwindung möglicher anfänglicher Hemmungen oder

7. Schlusswort und Ausblick 243

Startschwierigkeiten, da in der ästhetisch-künstlerischen Praxis keine klaren Ziele im Voraus feststehen müssen. Insbesondere die Neuheit und Unvorhersehbarkeit während des künstlerischen Arbeitens ermöglicht eine erhöhte Aufmerksamkeit und Konzentration. Innerhalb kunstpädagogischer Prozesse, die *Flow*-Zustände ermöglichen möchten, sollten zudem Gegebenheiten zur zirkulären Selbstreflexion geschaffen werden, denn die *Flow*-Erfahrung als solche ist wichtiger als aufkommende Arbeitsresultate.

Eine grundlegende These besagte, dass insbesondere jüngere Schüler*innen vermutlich mit höherer Leichtigkeit einer fantasiegeleiteten, spontanen Bearbeitung von offenen Aufgabenformaten nachgehen können. Grund hierfür kann sein, dass sie nur wenige Jahre durch die normativen Abläufe der Institution Schule geprägt sind und ungehemmt bezüglich Falschaussagen imaginieren können. Tatsächlich kann die These insofern als verifiziert betrachtet werden, als sich die älteren Schüler*innen im Zuge der üblichen Korrektheit einschneidender darin gehindert sahen, etwas abstruses Neues zu kreieren. Sie lenkten den Fokus hingegen auf aktuelle politisch-gesellschaftliche Thematiken, wodurch allerdings die Originalität der Arbeiten im Vergleich zu den jüngeren Schüler*innen weniger stark war. Andererseits ist hier eine ethische Wertigkeit gegeben.

Diese Ergebnisse sind nicht quantitativ-repräsentativ und könnten je nach Lerngruppe unterschiedlich ausfallen. Dennoch zeigen sie Tendenzen abnehmender Imaginationstätigkeit mit zunehmendem Alter auf, die auch durch Langzeitstudien zur Schöpferkraft von Schüler*innen mit ansteigenden Altersstufen bestätigt werden (siehe Land/Jarman 1993, Allen 2019).

Die Verbindung zwischen *Flow* und handlungsorientierter Kunstvermittlung mit dem Fokus auf Imagination wurde untersucht: Im *Flow*-Zustand können Vorstellungen hervorgerufen werden, während diese wiederum *Flow* begünstigt initiieren und begleiten können. Innerhalb des imaginativen *Flow*-Erlebens befinden sich Betroffene in einem Fluss innerer Erscheinungen. Es muss u.a. das Ziel von (Kunst-)Unterricht, auch im Hinblick auf die Imagination, sein, dass Schüler*innen und Lehrkräfte gemeinsam *Flow* erleben und ihr Bewusstsein dafür schärfen, indem sie ihre Erfahrungen diskutieren. Künstlerische Aktivität kann sich durch *Flow* ereignen, während wiederum *Flow* auch durch künstlerische Handlungen erst angeregt werden kann. Die bildende Kunst bietet mit ihrer gesellschaftskritischen und ästhetischen Beschaffenheit, mit ihrem experimentellen Wesen und der Aufforderung zur Freiheit einen geeigneten Raum für das Erleben und die Reflexion von *Flow* und Imagination bzw. Fantasie.

Prinzipiell können Schüler*innen sich vorausgehend, parallel oder nachträglich zu den eigenen künstlerischen Arbeiten einen Bezug zu einem Themenbereich in der Kunst mit beispielhaften Arbeiten von Künstler*innen erarbeiten. Es ist anzustreben, dass die Schüler*innen innerhalb ihrer ästhetisch-künstlerischen Arbeiten das unsichtbare Imaginative behandeln, evtl. materialisieren und somit dem vermeintlich Abwesenden Präsenz verschaffen, um daraufhin die Differenz zwischen Innerem und Veräußertem reflektieren zu können. In diesem Zusammenhang bieten sich diverse künstlerische Arbeitsweisen an, um dem Imaginationsverhalten Ausdruck zu verleihen.

Dabei wurde im Fall der vorliegenden Arbeit PKF betrieben, bei der sich das ansonsten Vergängliche in künstlerisch-wissenschaftliche Formen (Projektprozesse bzw. Dissertation) einschreibt und überdauert. Die vorliegende Arbeit behandelt Künstlerische Kunstvermittlung, die auf Forschungsintentionen beruht. Zugleich wurden im und nach dem Kunstunterricht Forschungsmethoden angewandt (PKF, kamera-ethnografische Dokumentation, Befragung sowie bildhermeneutische Analysen inklusive Interviews). Deren Resultate offenbaren sich in Form der vorliegenden wissenschaftlichen Schrift.

Anhand der Grundlagen zur Hermeneutik ist als kritische Perspektive zu berücksichtigen, dass alle Aussagen auf dem Verständnis und den Auslegungen der Verfasserin beruhen. Im Rahmen weiterer zukünftiger, ggf. kooperativer Forschung, könnten die getätigten Analysen beispielsweise quantitativ näher beleuchtet und generell neue Perspektiven durch Außenstehende generiert werden.

Zudem wäre es ebenso interessant wie potenziell aufschlussreich, die gleichen oder auch andere Projekte mit einem Fokus auf Fantasie und dem *Flow*-Zustand erneut mit anderen Schüler*innen oder Vorschulkindern durchzuführen und Gemeinsamkeiten sowie Differenzen zu untersuchen, die sich im Imaginationsverhalten und dem Erleben von *Flow* ereignen würden.

Außerdem wäre es bereichernd herauszufinden, was mit der Gruppendynamik geschähe, wenn jahrgangsübergreifend jeweils Schüler*innen mehrerer Klassenstufen in einer Gruppe zusammen arbeiten würden. Ließe sich die Imagination der Jüngeren mit der routinierten Organisation der Älteren produktiv verbinden? Würden sich die Schüler*innen gegenseitig eher ergänzen oder hemmen? Erste tendenzielle Antworten auf diese Fragen lieferte die Teilnahme am Programm *Kinderuni* an der Leuphana Universität Lüneburg. Im November und Dezember 2019 gestaltete die Verfasserin dort ein Seminar. Der kindgerechte Titel der Veranstaltung lautete: »Vorstellungskraft und was sie mit uns macht«.

Dort wurden u.a. folgende Fragen behandelt: Was ist Fantasie? Worin liegt die Verbindung zwischen der Vorstellungskraft und dem Lernen? Wie verändert sich Kunstunterricht, wenn die Einbildungskraft zu dessen Mittelpunkt wird? (Wie) Können innere Erscheinungen sichtbar und evtl. für andere verständlich werden?

Ziel des Kinderuni-Seminars war es, das Interesse der Schüler*innen für ihre Imagination zu wecken bzw. weiter anzutreiben, sodass sie diesbezüglich eigene Fragestellungen generierten. Zudem sollten sie im Zuge einer forschenden Haltung Selbstverständlichkeiten infrage stellen. Jene handlungsorientierte Perspektive beinhaltete, dass die Arbeitsprozesse und -resultate möglichst experimentell und *flow*-orientiert erarbeitet wurden.

Zu den spezifischen Themenwünschen der Teilnehmer*innen zählten, viel Neues zu lernen, Fantasiereisen durchzuführen, sich (Traum-)Wesen und dazugehörige Geschichten auszudenken (mehrfache Nennung) sowie Plastisches und Bildhaftes zu gestalten. Außerdem kam die komplexe Frage nach der Entstehung bzw. Entwicklung der Imagination auf, die kindgerecht didaktisch reduziert erarbeitet wurde. Konkret stand die Reflexion der Imagination seitens der Kinder stets im Fokus, sei es beim Verfassen von Kurzgeschichten zu ihren dreidimensionalen Schattenfiguren in Anlehnung an die Plastiken des Duos Noble und Webster, bei imaginativen Spaziergängen durch Kunstwerke mit möglichen Dialogen der Figuren, nach einer Fantasiereise mit plastisch gestalteten Monstern (mit Bezug zu de Pájaro) inklusive Steckbriefen oder performativen Präsentationen auf der Abschlussveranstaltung für andere junge »Forscher*innen« und deren Eltern, die zur imaginativen Partizipation angeregt wurden. Die Teilnehmenden ergänzten sich gegenseitig und konnten trotz oder insbesondere wegen ihres Altersunterschieds durchaus ergiebig zusammen arbeiten (vgl. Abb. 22, ohne Präsentierende):

Abb. 22: Ausstellung von Arbeiten der Schüler*innen mit Vorträgen zum Seminarthema, Kinderuni 2019.

Des Weiteren kann es aufschlussreich sein, soziokulturelle Einflüsse zu vergleichen und neue Sichtweisen zu generieren, indem die Projekte innerhalb verschiedener kultureller Räume durchgeführt werden. Welches grundlegende Verständnis haben die Schüler*innen von Kunst und Wissenschaft? Wie agieren sie in ihren Rollen? Welche bewegenden Themen oder Erfindungen stellen sie sich für die Zukunft vor? Worauf fokussieren sie sich? Wie setzen sie ihre Imagination ein? Unter welchen Umständen ereignet sich wann *Flow*? Ein weiteres Interesse liegt darin, mit Studierenden des Fachs Kunst oder Kunststudierenden die Projekte durchzuführen und zu untersuchen, worin Parallelen und Unterschiede hinsichtlich des Imaginationsverhaltens oder des Erlebens von *Flow* im Vergleich mit Schüler*innen liegen. Wären sie mit ihren Vorstellungsveräußerungen aufgrund des fortgeschrittenen Alters gehemmter? Oder wären sie, dem Fach Kunst entsprechend, besonders offen für imaginativ orientierte Arbeitsweisen?

Insgesamt lässt sich hiermit eine Entwicklung von der ästhetischen Bildung hin zu einer Imaginativen Bildung ausmachen, die erstere allerdings nicht herauskürzt, sondern mit erweitertem Fokus, auch in Bezug auf das Erleben eines (Imaginations-)*Flows*, fortführt.

Literaturverzeichnis

Adorno, Theodor W. (1973): *Ästhetische Theorie*, Gretel Adorno und Rolf Tiedemann (Hg.), Frankfurt a.M.: Suhrkamp.

Adorno, Theodor W. (2003 [1944] b): Über den Fetischcharakter der Musik und die Regression des Hörens, in: Theodor W. Adorno und Max Horkheimer (Hg.), *Dissonanzen. Einleitung in die Musiksoziologie*, Gesammelte Schriften, Bd. 14, 4. Aufl., Frankfurt a.M.: Suhrkamp, 14-50.

Adorno, Theodor W. (2003 [1962] a): *Dissonanzen. Einleitung in die Musiksoziologie*, Gesammelte Schriften, Bd. 14, 4. Aufl., Frankfurt a.M.: Suhrkamp.

Allen, Kim (2019): We are Born Curious, [online] https://allenvisioninc.com/ikigai/ (zuletzt eingesehen: 12.10.2019).

Aristoteles (1999): *Rhetorik*, Gernot Krapinger (Hg.), Stuttgart: Reclam.

Arnheim, Rudolf (1974): *Kunst und Sehen. Eine Psychologie des schöpferischen Auges*, Berlin: de Gruyter.

Aronson, Elliot, Timothy D. Wilson und Robin M. Akert (2004): *Sozialpsychologie*, 4. Aufl., München: Pearson Studium.

Baecker, Dirk (2009): Kunstformate. Kulturrecherche, in: Anton Rey (Hg.), *Künstlerische Forschung. Positionen und Perspektiven*, Zürich: IPF, 79-97.

Bätschmann, Oskar (2009): *Einführung in die kunstgeschichtliche Hermeneutik. Die Auslegung von Bildern*, 6. Aufl., Darmstadt: Wissenschaftliche Buchgesellschaft.

Bauer, Joachim (2016): *Warum ich fühle, was du fühlst. Intuitive Kommunikation und das Geheimnis der Spiegelneurone*, 23. Aufl., München: Wilhelm Heyne Verlag.

Beaty, Roger E., Mathias Benedek, Barry S. Kaufman und Paul J. Silvia (2015): Default and Executive Network Coupling Supports Creative Idea Production, in: *Scientific Reports* 5, 1-14.

Bippus, Elke (2010): Zwischen Systematik und Neugierde. Über die epistemische Praxis künstlerischer Forschung, in: *Gegenworte. Hefte für den Disput über Wissen – Wissenschaft trifft Kunst*, 23. Ausg., Berlin: Akademie Verlag, 21-23.

Bippus, Elke (2019): Narratologie der Dinge, Materialien und Affekte, in: *Lerchenfeld Magazin HFBK*, 49. Ausg., 31-34.

Bippus, Elke (Hg.) (2009): *Kunst des Forschens. Praxis eines ästhetischen Denkens*, Bd. 4, Zürich: Diaphanes.

Bleckmann, Paula und Ralf Lankau (2019): *Digitale Medien und Unterricht. Eine Kontroverse*, Weinheim: Beltz Verlagsgruppe.

Blei, Susanne (2012): Bildhermeneutische Erschließung von Imaginationen. Die inhaltliche und modale Kategorisierung von Zukunftsvorstellungen, in: Hubert Sowa (Hg.), *Bildung der Imagination. Kunstpädagogische Theorie, Praxis und Forschung im Bereich einbildender Wahrnehmung und Darstellung*, Bd. 1, Oberhausen: Athena-Verlag, 198-218.

Blohm, Manfred, Christine Heil, Maria Peters, Andrea Sabisch und Fritz Seydel (Hg.) (2012): *Ästhetische Forschung. Lektüre zu Texten von Helga Kämpf-Jansen*, München: Kopaed.

Boehm, Gottfried (2006): Unbestimmtheit. Zur Logik des Bildes, in: Bernd Hüppauf und Christoph Wulf (Hg.), *Bild und Einbildungskraft*, München: Wilhelm Fink Verlag, 244-253.

Boehm, Gottfried (2007): *Wie Bilder Sinn erzeugen. Die Macht des Zeigens*, Berlin: Berlin University Press.

Böhme, Gernot (1999): *Theorie des Bildes*, München: Wilhelm Fink Verlag.

Böhringer, Hannes (1990): Attention im Clair-obscur. Die Avantgarde, in: Karlheinz Barck (Hg.), *Aisthesis. Wahrnehmung heute oder Perspektiven einer anderen Ästhetik*, Leipzig: Reclam, 14-32.

Borgdorff, Henk (2010): Künstlerische Forschung als Grenzarbeit, in: Corina Caduff, Fiona Siegenthaler und Tan Wälchli (Hg.), *Kunst und künstlerische Forschung*, Zürich: Scheidegger & Spiess, 78-87.

Bourdieu, Pierre (1979): *Entwurf einer Theorie der Praxis auf der ethnologischen Grundlage der kabylischen Gesellschaft*, Cordula Pialoux und Bernd Schwibs (Hg.), Frankfurt a.M.: Suhrkamp.

Boysen-Stern, Hans-Jürgen (2006): Multisensueller Kunstunterricht unter Einbeziehung der Computertechnik, Diss., Leipzig: o. Verl., [online] https://studienart.gko.uni-leipzig.de/wp-content/uploads/2014/03/diss-boysen-stern.pdf (zuletzt eingesehen: 13.9.20).

Brandstätter, Ursula (2013): *Erkenntnis durch Kunst. Theorie und Praxis der ästhetischen Transformation*, Köln: Böhlau Verlag.

Braungart, Georg, Harald Fricke, Klaus Grubmüller, Jan-Dirk Müller, Friedrich Vollhardt und Klaus Weimar (Hg.) (2003): *Reallexikon der deutschen Literaturwissenschaft. Neubearbeitung des Reallexikons der deutschen Literaturgeschichte*, 3. Aufl., Berlin: de Gruyter.

Bredekamp, Horst, Christiane Kruse und Pablo Schneider (Hg.) (2010): *Imagination und Repräsentation. Zwei Bildsphären der frühen Neuzeit*, München: Wilhelm Fink Verlag.

Bühner, Markus (2011): *Einführung in die Test- und Fragebogenkonstruktion*, 3. Aufl., München: Pearson.

Bunge, Mario (1996): *Finding Philosophy in Social Science*, New Haven: Yale University Press.

Burchardt, Matthias (2008): Relationale Anthropologie, in: Gerhard Mertens, Ursula Frost, Winfried Böhm und Volker Ladenthin (Hg.), *Handbuch der Erziehungswissenschaft. Grundlagen Allgemeine Erziehungswissenschaft*, Bd. 1, Paderborn: Ferdinand Schöningh, 517-536.

Busch, Kathrin (2008): Künstlerische Forschung. Potentialität des Unbedingten, in: Gabriele Mackert (Hg.), *Blind Date. Zeitgenossenschaft als Herausforderung*, Nürnberg: Verlag für Moderne Kunst, 88-97.

Busch, Kathrin (2019): Ästhetische Amalgamierung. Zu Kunstformen der Theorie, in: *Lerchenfeld Magazin HFBK*, 49. Ausg., 3-10.

Busch, Kathrin (Hg.) (2016): *Anderes Wissen*, Paderborn: Wilhelm Fink Verlag.

Büsching, Uwe (2019): Hat die Digitalisierung der Lebenswelten unserer Kinder und Jugendlichen so viele Vorteile?, in: Paula Bleckmann und Ralf Lankau (Hg.), *Digitale Medien und Unterricht. Eine Kontroverse*, Weinheim: Beltz Verlagsgruppe, 69-84.

Buschkühle, Carl-Peter (2004): Kunstpädagogen müssen Künstler sein. Zum Konzept künstlerischer Bildung, Karl-Josef Pazzini, Eva Sturm, Wolfgang Legler und Torsten Meyer (Hg.), *Kunstpädagogische Positionen 5*, Hamburg: Hamburg University Press.

Buschkühle, Carl-Peter (2017): Imagination, in: Kunibert Bering, Rolf Niehoff und Karina Pauls (Hg.), *Lexikon der Kunstpädagogik*, Artificium Bd. 60, Oberhausen: Athena-Verlag, 222-225.

Csíkszentmihályi, Mihály (1985): *Das Flow-Erlebnis. Jenseits von Angst und Langeweile im Tun aufgehen*, Stuttgart: Klett-Cotta.

Csíkszentmihályi, Mihály (1997): *Finding Flow. The Psychology of Engagement with Everyday Life*, New York: Basic Books.

Csíkszentmihályi, Mihály (2015): *Flow und Kreativität. Wie Sie Ihre Grenzen überwinden und das Unmögliche schaffen*, 2. Aufl., Stuttgart: Klett-Cotta.

Csíkszentmihályi, Mihály (2017): *Flow. Das Geheimnis des Glücks*, Stuttgart: Klett-Cotta.

Csíkszentmihályi, Mihály und Ulrike Stopfel (Hg.) (2004): *Flow im Beruf. Das Geheimnis des Glücks am Arbeitsplatz*, 2. Aufl., Stuttgart: Klett-Cotta.

Csíkszentmihályi, Mihály, Hans Aebli und Urs Aeschbacher (Hg.) (2005): *Das Flow-Erlebnis. Jenseits von Angst und Langeweile im Tun aufgehen*, 9. Aufl., Stuttgart: Klett-Cotta.

Csíkszentmihályi, Mihály, Isabella S. Csíkszentmihályi, Hans Aebli, Franz E. Weinert, Ulrike Stopfel und Urs Aeschbacher (Hg.) (1995): *Die außergewöhnliche Erfahrung im Alltag. Die Psychologie des Flow-Erlebnisses*, 2. Aufl., Stuttgart: Klett-Cotta.

Damasio, Antonio R. (2014): *Ich fühle, also bin ich. Die Entschlüsselung des Bewusstseins*, o. O.: Ullstein eBooks, [online] https://books.google.de/books?id=ogReAwAAQBAJ. (zuletzt eingesehen: 27.6.2018).

Deitch, Jeffrey, Dan Friedman und Doris Janhsen (Hg.) (1992): *Post Human. Neue Formen der Figuration in der zeitgenössischen Kunst*, Katalogbuch zur Ausstellung Post Human, Feldkirchen: Oktagon-Verlag.

Deleuze, Gilles (1992): *Differenz und Wiederholung*, 3. Aufl., München: Wilhelm Fink Verlag.

Deniau, Guy (2011): Bild und Sprache, in: Günter Figal (Hg.), *Hans-Georg Gadamer. Wahrheit und Methode*, 2. Aufl., Berlin: Akademie Verlag, 59-74.

Denzin, Norman K. (2017): *The Research Act*, London: Routledge.

Dickel, Hans (1998): Künstlermuseen als institutionelle Kritik. Zu den Arbeiten von Ilya Kabakov und Christian Boltanski, in: *Kritische Berichte*, Bd. 26, Nr. 4, 35-52.

Didi-Huberman, Georges (1999): *Ähnlichkeit und Berührung. Archäologie, Anachronismus und Modernität des Abdrucks*, Köln: DuMont.

Dobler, Judith (2014): Spuren der Erkenntnis. Experimente zwischen Zeichnen und Denken, Andrea Sabisch, Torsten Meyer, Eva Sturm (Hg.), *Kunstpädagogische Positionen 32*, Hamburg: Repro Lüdke.

Dotzler, Bernhard J. und Ernst Müller (Hg.) (1995): *Wahrnehmung und Geschichte. Markierungen zur Aisthesis materialis*, Berlin: de Gruyter.

Duden Online (2019 a): Fantasie, [online] https://www.duden.de/rechtschreibung/Fantasie_Einbildung_Traum_Musik (zuletzt eingesehen: 31.7.2019).

Duden Online (2019 b): Imagination, [online] https://www.duden.de/rechtschreibung/Imagination (zuletzt eingesehen: 30.9.2019).

Eberlein, Gerald L. und Everardus J. Ariëns (Hg.) (1991): *Schulwissenschaft, Parawissenschaft, Pseudowissenschaft*, Stuttgart: Hirzel.

Eder, Thomas und Thomas Raab (2015): *Selbstbeobachtung. Oswald Wieners Denkpsychologie*, Berlin: Suhrkamp.

Einstein, Albert (1921): Berliner Journal Menschen, Interviewaussage, [online] https://www.solidaritaet.com/neuesol/2012/5/einstein-box.htm (zuletzt eingesehen: 23.8.2019).

Einstein, Albert (1929): What Life Means to Einstein. An Interview with George Sylvester Viereck, The Saturday Evening Post, 26. Oktober 1929: 110-117, [online] https://www.saturdayeveningpost.com/wp-content/uploads/satevepost/what_life_means_to_einstein.pdf (zuletzt eingesehen: 1.8.2018).

Esche, Benjamin (2020): Das bringt Dopamin-Fasten wirklich, [online] https://www.quarks.de/gesellschaft/wissenschaft/das-bringt-dopamin-fasten-wirklich/ (zuletzt eingesehen: 29.6.2020).

Fauser, Peter (2014): Ohne Vorstellung geht nichts. Über den Zusammenhang von Imagination und Lernen und eine Theorie der Vorstellung, in: Hubert Sowa,

Alexander Glas und Monika Miller (Hg.), *Bildung der Imagination. Bildlichkeit und Vorstellungsbildung in Lernprozessen*, Bd. 2, Oberhausen: ATHENA-Verlag, 61-97.

Fink, Eugen (1978): *Grundfragen der systematischen Pädagogik*, Freiburg: Rombach.

Fischer-Lichte, Erika (2004): *Ästhetik des Performativen*, Frankfurt a.M.: Suhrkamp.

Fischer-Lichte, Erika (2012): *Performativität. Eine Einführung*, Edition Kulturwissenschaft, Bd. 10, Bielefeld: transcript.

Flick, Uwe (2013): *Triangulation. Eine Einführung*, Qualitative Sozialforschung, Bd. 12, 3. Aufl., Wiesbaden: Springer VS.

Flick, Uwe, Udo Kelle, Helmut Kromrey, Jo Reichertz, Jürgen Rost und Margit Schreier (2014): Qualitative und quantitative Methoden in der Sozialforschung. Differenz und/oder Einheit?, in: Günter Mey und Katja Mruck (Hg.), *Qualitative Forschung. Analysen und Diskussionen – 10 Jahre Berliner Methodentreffen*, Wiesbaden: Springer VS, 183-126.

Frey, Karl (2007): *Die Projektmethode. Der Weg zum bildenden Tun*, Sonderausg., Weinheim: Beltz Verlagsgruppe.

Fuchs, Thomas (2008): *Das Gehirn – ein Beziehungsorgan. Eine phänomenologisch-ökologische Konzeption*, Stuttgart: Kohlhammer.

Gadamer, Hans-Georg (1975): *Wahrheit und Methode. Grundzüge einer philosophischen Hermeneutik*, 4. Aufl., Tübingen: Mohr.

Galerie KUB (2019): Forum für zeitbasierte Kunst und politische Kultur. Performance, [online] https://www.galeriekub.de/index.php?Direction=515 (zuletzt eingesehen: 12.8.2019).

Gama, Luis E. (2006): *Erfahrung, Erinnerung und Text*, Diss., Würzburg: Königshausen und Neumann.

Geertz, Clifford J. (1987): *Dichte Beschreibungen. Beiträge zum Verstehen kultureller Systeme*, 13. Aufl., Berlin: Suhrkamp.

Gipe, George, Bob Gale, Robert Zemeckis und Jürgen Langowski (1995): *Zurück in die Zukunft*, 13. Aufl., Bergisch Gladbach: Bastei Lübbe Verlag.

Glaesner, Katja (2012): *Was Führungskräfte antreibt. Innere Bilder und kreative Methoden im Praxistest*, Diss., Marburg: Tectum Verlag.

Glas, Alexander (1999): *Die Bedeutung der Darstellungsformel in der Zeichnung am Beginn des Jugendalters*, Diss., Europäische Hochschulschriften Reihe 11, Pädagogik, Frankfurt a.M.: Peter Lang Verlagsgruppe.

Glas, Alexander (2006): *Anthropogene Voraussetzungen – die Genese der Kinder- und Jugendzeichnung*, Ludwigsburg: PH.

Glas, Alexander (2012): Imagination, Phantasie und Darstellungsformel. Grundriss einer anthropologischen Theorie der Einbildungskraft, in: Hubert Sowa (Hg.), *Bildung der Imagination. Kunstpädagogische Theorie, Praxis und Forschung im Bereich einbildender Wahrnehmung und Darstellung*, Bd. 1, Oberhausen: Athena-Verlag, 98-113.

Goldberg, RoseLee (1998): *Performance. Live Art Since the 60s*, London: Thames and Hudson.

Gölz, Walter (2008): *Kants Kritik der reinen Vernunft im Klartext. Textbezogene Darstellung des Gedankengangs mit Erklärung und Diskussion*, Tübingen: Mohr Siebeck.

Goodman, Nelson (1984): *Of Mind and Other Matters*, Cambridge: Harvard University Press.

Graham, Sarah (2012): Sinnverschiebung als imaginative Handlung. Eine Untersuchung der Strukturen von Humor und Ironie in Bildern von Kindern und Jugendlichen, in: Hubert Sowa (Hg.), *Bildung der Imagination. Kunstpädagogische Theorie, Praxis und Forschung im Bereich einbildender Wahrnehmung und Darstellung*, Bd. 1, Oberhausen: Athena-Verlag, 329-341.

Griebel, Christina (2006): *Kreative Akte. Fallstudien zur ästhetischen Praxis vor der Kunst*, München: Kopaed.

Haarmann, Anke (2011): Künstlerische Praxis als methodische Forschung?, [online] https://www.dgae.de/wp-content/uploads/2011/09/Haarmann.pdf (zuletzt eingesehen: 16.10.2020).

Haarmann, Anke (2019): *Artistic Research. Eine epistemologische Ästhetik*, Bielefeld: transcript.

Haas, Elena (2018): *Künstlerische Forschung in der Kunstpädagogik. Performative Wissenspraxis im Zwischenraum von Kunst, Wissenschaft und Gesellschaft*, Diss., Hannover: Fabrico Verlag.

Hallmann, Kerstin (2016): *Synästhetische Strategien in der Kunstvermittlung. Dimensionen eines grundlegenden Wahrnehmungsphänomens*, Diss., München: Kopaed.

Haraway, Donna J. (1995): *Die Neuerfindung der Natur. Primaten, Cyborgs und Frauen*, Carmen Hammer und Immanuel Stieß (Hg.), Frankfurt a.M.: Campus-Verlag.

Haraway, Donna J. (2016): *Manifestly Haraway*, Minneapolis: University of Minnesota Press.

Hartwig, Helmut (2004): Phantasieren – im Bildungsprozess?, Karl-Josef Pazzini, Eva Sturm, Wolfgang Legler und Torsten Meyer (Hg.), *Kunstpädagogische Positionen 2*, Hamburg: Hamburg University Press.

Haskell, Barbara und John G. Hanhardt (1991): *Yoko Ono. Arias and Objects*, Salt Lake City: Gibbs Smith Publisher.

Hawkins, Bryan (2002): Children's Drawing, Self Expression, Identity and the Imagination, in: *The International Journal of Art and Design Education. Special Drawing Issue*, Ausg. 21.3, Hoboken, New Jersey: Blackwell, 209-219.

Hegel, Georg W. F. (1986 [1796]): *Frühe Schriften*, Bd. 1, Frankfurt a.M.: Suhrkamp.

Heidegger, Martin (1978 [1928]): *Metaphysische Anfangsgründe der Logik im Ausgang von Leibniz. Marburger Vorlesung Sommersemester 1928*, Bd. 27, Frankfurt a.M.: Klostermann.

Heiland, Helmut (1991): *Maria Montessori. Mit Selbstzeugnissen und Bilddokumenten*, Reinbek bei Hamburg: Rowohlt Verlag.

Heimann, Ulrich (2005): Über Ernst Pöppels Vortrag Bilder entstehen im Gehirn (Ist das von Belang?), in: Kunibert Bering und Rolf Niehoff (Hg.), *Bilder. Eine Herausforderung für die Bildung*, Artificium 20, Oberhausen: Athena-Verlag, 9-20.

Held, Klaus (1966): *Lebendige Gegenwart – Die Frage nach der Seinsweise des Transzendentalen Ich bei Edmund Husserl. Entwickelt am Leitfaden der Zeitproblematik*, Phaenomenologica, Bd. 23, Dordrecht: Springer VS.

Henckmann, Wolfhart (1981): Phantasie und Kunst. Aspekte eines vieldeutigen Themas, in: Alfred Schöpf (Hg.), *Phantasie als anthropologisches Problem*, Studien zur Anthropologie 1, Würzburg: Königshausen + Neumann.

Herzka, Heinz Stefan (2003): Vorwort, in: Ruth E. Klemm, *Die Kraft der inneren Bilder. Entstehung, Ausdruck und therapeutisches Potential*, Basel: Schwabe, 4-7.

Hoffmann, Dagmar (2002): *Attraktion und Faszination Medien. Jugendliche Sozialisation im Kontext von Modernisierung und Individualisierung*, Münster: LIT Verlag.

Horx, Matthias, Harry Gatterer und Thomas Huber (Hg.) (2013): *Y-Events. Die positiven Überraschungen unserer Zukunft. Trendreport 2014*, Frankfurt a.M.: Zukunfts-Institut Verlag.

Husserl, Edmund (1928): *Vorlesungen zur Phänomenologie des inneren Zeitbewusstseins*, Martin Heidegger (Hg.), Sonderdruck aus dem Jahrbuch für Philosophie und phänomenologische Forschung, Bd. IX, Halle a. d. S.: Max Niemeyer Verlag.

Husserl, Edmund (1980 [1921]): *Logische Untersuchungen. Elemente einer phänomenologischen Aufklärung der Erkenntnis*, Bd. 2, Teil 2, Tübingen: Max Niemeyer Verlag.

Husserl, Edmund (1984 [1913]): *Logische Untersuchungen. Untersuchungen zur Phänomenologie und Theorie der Erkenntnis*, Ursula Panzer (Hg.), Bd. 2, Teil 1, New York: Springer Science + Business Media.

Husserl, Edmund (2006 [1901]): *Phantasie und Bildbewußtsein*, Eduard Marbach (Hg.), Hamburg: Felix Meiner Verlag.

Husserl, Edmund (2009 [1930]): *Allgemeine Einführung in die reine Phänomenologie*. Nachwort, Elisabeth Ströker (Hg.), text- und seitengleich nach der kritischen Edition in Husserliana III/1, Den Haag 1976 und Husserliana V, Den Haag 1971, Hamburg: Felix Meiner Verlag.

Hüther, Gerald (2015): *Die Macht der inneren Bilder. Wie Visionen das Gehirn, den Menschen und die Welt verändern*, 9. Aufl., Göttingen: Vandenhoeck & Ruprecht.

Hüther, Gerald (2016): *Mit Freude lernen – ein Leben lang. Weshalb wir ein neues Verständnis vom Lernen brauchen – sieben Thesen zu einem erweiterten Lernbegriff und eine Auswahl von Beiträgen zur Untermauerung*, Göttingen: Vandenhoeck & Ruprecht.

Jappe, Elisabeth (1993): *Performance, Ritual, Prozeß. Handbuch der Aktionskunst in Europa*, München: Prestel.

John-Wenndorf, Carolin (2014): *Der öffentliche Autor. Über die Selbstinszenierung von Schriftstellern*, Bielefeld: transcript.

Jussen, Bernhard (2004): *Signal. Christian Boltanski*, Göttingen: Wallstein.

Kamper, Dietmar (1986): *Zur Soziologie der Imagination*, München: Hanser.

Kämpf-Jansen, Helga (2001): *Ästhetische Forschung. Wege durch Alltag, Kunst und Wissenschaft zu einem innovativen Konzept ästhetischer Bildung*, Köln: Salon Verlag.

Kant, Immanuel (1998 [1781/1787]): *Kritik der reinen Vernunft*, Jens Timmermann und Heiner Klemme (Hg.), Hamburg: Meiner.

Keller, Reiner, Andreas Hirseland, Werner Schneider und Willy Viehöver (Hg.) (2004): *Handbuch Sozialwissenschaftliche Diskursanalyse. Forschungspraxis*, Bd. 2, 2. Aufl., Wiesbaden: Springer VS.

Kirchner, Constanze (2008): *Kinder und Kunst. Was Erwachsene wissen sollten*, Seelze: Kallmeyer.

Kirchner, Constanze (2009): *Kunstpädagogik für die Grundschule*, Bad Heilbrunn: Verlag Julius Klinkhardt.

Kirchner, Constanze (2014): Manifeste und latente Bedeutungsfelder bildnerischer und künstlerischer Symbolisierungen, in: Hubert Sowa, Monika Miller und Sarah Fröhlich (Hg.), *Bildlichkeit und Vorstellungsbildung in Lernprozessen*, Oberhausen: Athena, 311-332.

Kirchner, Constanze (Hg.) (2013): *Kunstunterricht in der Grundschule*, 4. Aufl., Berlin: Cornelsen-Scriptor.

Klafki, Wolfgang (2007 [1962]): *Neue Studien zur Bildungstheorie und Didaktik. Zeitgemäße Allgemeinbildung und kritisch-konstruktive Didaktik*, 6. Aufl., Weinheim: Beltz Verlagsgruppe.

Klein, Julian (2011): Was ist künstlerische Forschung? Annette Matthias und Julia H. Schröder (Hg.), Berlin, [online] https://edoc.hu-berlin.de/bitstream/handle/18452/7501/klein.pdf?sequence=1&isAllowed=y (zuletzt eingesehen: 13.7.2018).

Klemm, Ruth E. (2003): *Die Kraft der inneren Bilder. Entstehung, Ausdruck und therapeutisches Potential*, Basel: Schwabe.

Koep, Daniel (2019): Christian Boltanski – Réserve. Les Suisses morts, 1990, [online] https://www.hamburger-kunsthalle.de/sammlung-online/christian-boltanski/reserve-les-suisses-morts (zuletzt eingesehen: 27.8.2019).

Kotler, Steven (2015): *The Rise of Superman. Decoding the Science of Ultimate Human Performance*, London: Quercus.

Krautz, Jochen (2012): Imagination und Personalität in der Kunstpädagogik. Anthropologische und didaktische Aspekte, in: Hubert Sowa (Hg.), *Bildung der Imagination. Kunstpädagogische Theorie, Praxis und Forschung im Bereich einbildender Wahrnehmung und Darstellung*, Bd. 1, Oberhausen: Athena-Verlag, 74-97.

Krautz, Jochen (2014): Imagination als Beziehung. Zu einer relationalen Didaktik der Vorstellungsbildung in der Kunstpädagogik, in: Hubert Sowa, Alexander Glas und Monika Miller (Hg.), *Bildung der Imagination. Bildlichkeit und Vorstellungsbildung in Lernprozessen*, Bd. 2, Oberhausen: ATHENA-Verlag, 121-149.

Krebber, Gesa (2020): *Kollaboration in der Kunstpädagogik. Studien zu neuen Formen gemeinschaftlicher Praktiken unter den Bedingungen digitaler Medienkulturen*, Kunst Medien Bildung, Bd. 4, München: Kopaed.

Kunsthochschule Kassel (2019): Salon Universitas, [online] https://www.kunsthoc hschulekassel.de/willkommen/veranstaltungen/events/?tx_calevents2_pi1%5B uid%5D=516&cHash=fa8786175b329d63eeb11a1909a5346d (zuletzt eingesehen: 29.8.2019).

Ladenthin, Volker (2014): Zur Praxis pädagogischer empirischer Forschung. Eine Studie, in: *Coincidentia, Zeitschrift für europäische Geistesgeschichte*, Beiheft 4, 77-126.

Lamnek, Siegfried (2010): *Qualitative Sozialforschung. Lehrbuch*, 5. Aufl., Weinheim: Beltz Verlagsgruppe.

Land, George T. (2011): The Failure of Success, TED Talk, [Video, online] https://w ww.youtube.com/watch?v=ZfKMq-rYtnc (zuletzt eingesehen: 14.2.2019).

Land, George T. und Beth Jarman (1993): *Breakpoint and Beyond. Mastering the Future-Today*, New York: Harper Business.

Lange, Marie-Luise (2002): *Grenzüberschreitungen. Wege zur Performance. Körper – Handlung – Intermedialität im Kontext ästhetischer Bildung*, Königstein/Taunus: Helmer.

Lange, Marie-Luise (2006): *Performativität erfahren. Aktionskunst lehren – Aktionskunst lernen*, Uckerland: Schibri-Verlag.

Lange, Marie-Luise (2013): I'm here – ästhetische Bildung als Präsenz, Ereignis, Kommunikation, Aufmerksamkeit und Teilhabe, Torsten Meyer, Andrea Sabisch, Eva Sturm (Hg.), *Kunstpädagogische Positionen 28*, Hamburg: Hamburg University Press.

Latimer, Quinn und Adam Szymczyk (2015): Ausstellungskatalog documenta 14. South as a State of Mind, *Ausgabe 6*, Athen: Fotolio & Typicon, 4-6.

Leder, Matthias (1999): *Was heißt es, eine Person zu sein?*, Paderborn: Mentis.

Lenger, Hans-Joachim (2019): Vom Wissen der Kunst, *Lerchenfeld Magazin HFBK*, 49. Ausg., 17-20.

Lesage, Dieter (2009): Who's Afraid of Artistic Research?, in: *Art & Research* Ausg. 2, Nr. 2, 1-10.

Leuschner, Christina und Heike Riesling-Schärfe (2012): Warum brauchen wir Ästhetische Forschung in der Schule?, in: Christina Leuschner und Andreas Knoke (Hg.), *Selbst entdecken ist die Kunst. Ästhetische Forschung in der Schule*, München: Kopaed, 11-12.

Lewin, Rebecca (2018): *Ausstellungskatalog Pierre Huyghe Uumwelt*. London: Serpentine Galleries.

Lippert, Werner und Hans-Peter Feldmann (1989): *Hans-Peter Feldmann. Das Museum im Kopf*, Köln: König.

Loreck, Hanne (2019): KF – Ein Manifest, *Lerchenfeld Magazin HFBK*, 49. Ausg., 15-16.

Lutz-Sterzenbach, Barbara und Johannes Kirschenmann (Hg.) (2014): *Zeichnen als Erkenntnis. Beiträge aus Kunst, Kunstwissenschaft und Kunstpädagogik*, KREAplus, Bd. 2, München: Kopaed.

Malterud, Nina (2010): Gibt es Kunst ohne Forschung?, in: Corina Caduff, Fiona Siegenthaler und Tan Wälchli (Hg.), *Kunst und künstlerische Forschung*, Zürich: Scheidegger & Spiess, 24-31.

Markowitsch, Hans J. (2009): *Das Gedächtnis. Entwicklung, Funktionen, Störungen*, München: Beck.

Maset, Pierangelo (1995): *Ästhetische Bildung der Differenz*, Stuttgart: Radius-Verlag.

Maset, Pierangelo (2002): *Praxis Kunst Pädagogik. Ästhetische Operationen in der Kunstvermittlung*, 2. Aufl., Lüneburg: Ed. Hyde.

Maset, Pierangelo (2005): Ästhetische Operationen und kunstpädagogische Mentalitäten, Karl-Josef Pazzini, Eva Sturm, Wolfgang Legler, Torsten Meyer (Hg.), *Kunstpädagogische Positionen 10*, Hamburg: Hamburg University Press.

Maset, Pierangelo (2010): *Geistessterben. Eine Diagnose*, 2. Aufl., Stuttgart: Radius-Verlag.

Maset, Pierangelo (2012 a): *Ästhetische Bildung der Differenz. Wiederholung 2012*, Norderstedt: Ed. Hyde.

Maset, Pierangelo (2012 b): Kunstvermittlung heute. Zwischen Anpassung und Widerständigkeit, Alexander Henschel, Eva Sturm und Manuel Zahn (Hg.), *Kunstpädagogische Positionen 27*, Hamburg: Repro Lüdke.

Maset, Pierangelo (2013): *Wörterbuch des technokratischen Unmenschen*, Stuttgart: Radius-Verlag.

Mayo, Peter und Uwe Hirschfeld (2006): *Politische Bildung bei Antonio Gramsci und Paulo Freire. Perspektiven einer verändernden Praxis*, Hamburg: Argument-Verlag.

Mayring, Philipp (2010): *Qualitative Inhaltsanalyse. Grundlagen und Techniken*, 11. Aufl., Weinheim: Beltz Verlagsgruppe.

Maysles, Albert (1965): Yoko Ono. Cut Piece, Performerin Yoko Ono, New York, [Kurzfilm, online] https://www.youtube.com/watch?v=pTGSsWVK2Eo (zuletzt eingesehen: 2.10.2020).

Medienpädagogischer Forschungsverbund Südwest (2019): JIM-Studie 2019. Basisuntersuchung zum Medienumgang 12- bis 19-Jähriger, [online] https://www.mpfs.de/fileadmin/files/Studien/JIM/2019/JIM_2019.pdf [zuletzt eingesehen: 9.2.2020].

Meese, Jonathan (2012): Jonathan Meese. Werdet Soldaten der Kunst!, Interview mit Joachim Mischke, [online] https://www.abendblatt.de/kultur-live/article1 07727334/Jonathan-Meese-Werdet-Soldaten-der-Kunst.html (zuletzt eingesehen: 15.6.2020).

Merleau-Ponty, Maurice (1974 [1966]): *Phänomenologie der Wahrnehmung*, Rudolf Böhm (Hg.), Berlin: de Gruyter.

Merleau-Ponty, Maurice (1986): *Das Sichtbare und das Unsichtbare. Gefolgt von Arbeitsnotizen*, Claude Lefort (Hg.), München: Wilhelm Fink Verlag.

Merleau-Ponty, Maurice (1994): *Das Sichtbare und das Unsichtbare*, Claude Leford (Hg.), München: Wilhelm Fink Verlag.

Mersch, Dieter (2002): *Ereignis und Aura. Untersuchungen zu einer Ästhetik des Performativen*, Frankfurt a.M.: Suhrkamp.

Mersch, Dieter und Michaela Ott (Hg.) (2007): *Kunst und Wissenschaft*, München: Wilhelm Fink Verlag.

Messerschmidt, Jasmin (2015): *Das Selbst im Bild. Eine empirische Studie zum Einsatz von Bildmaterialien zur Förderung von Selbstreflexions- und Selbstveränderungsprozessen im Einzelcoaching*, Diss., Frankfurt a.M.: Peter Lang Verlag.

Metken, Günter (1996): *Spurensicherung. Eine Revision – Texte 1977-1995*, Amsterdam: Verlag der Kunst.

Mikos, Lothar (2004): Medien als Sozialisationsinstanz und die Rolle der Medienkompetenz, in: Dagmar Hoffmann und Hans Merkens (Hg.), *Jugendsoziologische Sozialisationstheorie. Impulse für die Jugendforschung*, Weinheim: Juventa, 157-172.

Ministerium für Bildung und Kultur Saarland (2011): Kernlehrplan Bildende Kunst Saarland, Saarbrücken: [online] https://www.saarland.de/SharedDocs/Downl oads/DE/mbk/Lehrplaene/Lehrplaene_Grundschule/GS_Kernlehrplan_Bilden deKunst.pdf?__blob=publicationFile&v=1 (zuletzt eingesehen: 12.9.20).

Ministerium für Bildung, Jugend und Sport (MBJS) Brandenburg (2004): *Rahmenlehrplan Grundschule Kunst Grundschule Berlin Brandenburg und Mecklenburg-Vorpommern*, Berlin: Wissenschaft und Technik Verlag.

Ministerium für Kultus, Jugend und Sport Baden-Württemberg (2016): *Bildungsplan der Grundschule. Kunst/Werken*, Stuttgart: Neckar-Verlag GmbH.

Ministerium für Schule und Bildung des Landes Nordrhein-Westfalen (2008): *Informationen zum Lehrplan Kunst Grundschule*, [online] https://www.schulent wicklung.nrw.de/materialdatenbank/material/view/2086 (zuletzt eingesehen: 29.9.2020).

Mitchell, William J. T. (1990): Was ist ein Bild?, in: Volker Bohn (Hg.), *Bildlichkeit. Internationale Beiträge zur Poetik*, Frankfurt a.M.: Suhrkamp, 17-68.

Mohn, Bina E. (2008): Die Kunst des dichten Zeigens. Aus der Praxis kamera-ethnographischer Blickentwürfe, in: Beate Binder, Dagmar Neuland-Kitzerow und Karoline Noack (Hg.), *In Kunst und Ethnografie. Zum Verhältnis von visueller Kultur und ethnografischem Arbeiten*, Münster: LIT Verlag, 61-72.

Mohn, Bina E. (2016): *Filming Culture. Spielarten des Dokumentierens nach der Repräsentationskrise*, Berlin: de Gruyter.

Montessori, Maria (1962): *Peace and Education*, London: The Theosophical Publishing House.

Morisset, Vanessa (2019 a): Christian Boltanski's Work, Vitrine de référence, [online] http://mediation.centrepompidou.fr/education/ressources/ENSboltanski _en/ENS-Boltanski_en.htm (zuletzt eingesehen: 27.8.2019).

Morisset, Vanessa (2019 b): Christian Boltanski's Work, Les Suisses morts, [online] http://mediation.centrepompidou.fr/education/ressources/ENS-bolta nski_en/ENS-Boltanski_en.htm (zuletzt eingesehen: 27.8.2019).

Museum der bildenden Künste Leipzig (2019): Virtual Normality. Netzwerkkünstlerinnen 2.0., [online] https://mdbk.de/ausstellungen/netzkuenstlerinnen-2.0/ (zuletzt eingesehen: 12.9.2019).

Niedersächsisches Kultusministerium (2006): *Niedersächsisches Kerncurriculum für die Grundschule. Schuljahrgänge 1 – 4 Kunst, Gestaltendes Werken, Textiles Gestalten*, Uni Druck: Hannover.

Niehoff, Rolf (2008): Bildkompetenz. Begriffsklärung, Diskussionsstand und Probleme, in: Kirschenmann, Johannes (Hg.), *Kunstpädagogik im Projekt der allgemeinen Bildung*, 2. Aufl., München: Kopaed, 239-243.

Noe, Raymond A. und Jill E. Ellingson (2017): *Autonomous Learning in the Workplace*, New York: Routledge.

Nolting, Hans-Peter und Peter Paulus (2012): *Psychologie lernen. Eine Einführung und Anleitung*, 10. Aufl., Weinheim: Beltz Verlagsgruppe.

Obert, Mathias (2006): Imagination oder Antwort? Zum Bildverständnis im vormodernen China, in: Bernd Hüppauf und Christoph Wulf (Hg.), *Bild und Einbildungskraft*, München: Wilhelm Fink Verlag, 145-158.

O'Doherty, Brian (1996): Teil I. Die weiße Zelle und ihre Vorgänger, in: Wolfgang Kemp und Markus Brüderlin (Hg.), *In der weißen Zelle. Inside the White Cube*, Berlin: Merve-Verlag, 7-33.

OECD Glossary of Statistical Terms (2008): UNESCO Definition of Research, Statistical Yearbook, Paris, 68 and 65, Chap. 5, [online] https://stats.oecd.org/glossary/detail.asp?ID=2312 (zuletzt eingesehen: 10.9.2020).

Oerter, Rolf und Leo Montada (1998): *Entwicklungspsychologie. Ein Lehrbuch*, 4. Aufl., Weinheim: Beltz Verlagsgruppe.

Ott, Michaela (2019): Nicht dahinter zurück!, *Lerchenfeld Magazin HFBK*, 49. Ausg. 27-30.

Ott, Richard (Hg.) (1949): *Urbild der Seele. Malereien von Kindern*, Köln: Müller & Kiepenheuer.

Otto, Gunter (1964): *Kunst als Prozess im Unterricht*, 2. Aufl., Braunschweig: Westermann Verlag.

Otto, Gunter (1990): Ästhetische Rationalität, in: Hermann J. Kaiser (Hg.), *Ästhetik und Erkenntnis, Berichte aus den Forschungskolloquien*, Hamburg: Fachbereich Erziehungswissenschaft, 37-52.

Otto, Gunter (1999): Ästhetik als Performance – Unterricht als Performance?, in: Hanne Seitz (Hg.), *Schreiben auf Wasser. Performative Verfahren in Kunst, Wissenschaft und Bildung*, Essen: Klartext-Verlag,197-202.

Otto, Gunter und Maria Otto (1987): *Auslegen. Ästhetische Erziehung als Praxis des Auslegens in Bildern und des Auslegens von Bildern*, Velber: Friedrich.

Paseka, Angelika (2001): Gesellschaft und pädagogische Praxis, in: Bettina Fritzsche, Andrea Schmidt, Jutta Hartmann und Anja Tervooren (Hg.), *Dekonstrukti-*

ve Pädagogik. Erziehungswissenschaftliche Debatten unter poststrukturalistischen Perspektiven, Opladen: Leske + Budrich, 187-199.

Peez, Georg (2007): Kunstunterricht heute – und morgen auch. Argumente und Konzepte im Überblick, in: Schulmagazin 5-10. Impulse für kreativen Unterricht, Heft Juli/August, 5-8.

Peters, Maria (2005): Performative Handlungen und biographische Spuren in Kunst und Pädagogik, Karl-Josef Pazzini, Eva Sturm, Wolfgang Legler und Torsten Meyer (Hg.), Kunstpädagogische Positionen 11, Hamburg: Hamburg University Press.

Peters, Maria (2016): Performative Verfahren im Kunstunterricht, in: Manfred Blohm (Hg.), Kunstpädagogische Stichworte, Hannover: Fabrico Verlag, 119-122.

Pfeiffer, Ingrid (2013): Die Welt in Balance bringen – Yoko Onos Beitrag zu einer Kunst der Selbstreflexion, in: Yoko Ono und Ingrid Pfeiffer (Hg.), Yoko Ono. Half-a-Wind Show – eine Retrospektive, München: Prestel, 23-51.

Phelan, Peggy (1996): Unmarked. The Politics of Performance, 2. Aufl., New York: Routledge.

Polanyi, Michael (1974 [1958]): Personal Knowledge. Towards a Post-Critical Philosophy, 2. Aufl., Chicago: University of Chicago Press.

Porst, Rolf (2013): Fragebogen. Ein Arbeitsbuch, 4. Aufl., Wiesbaden: Springer VS.

Precht, Richard D. (2018): Jäger, Hirten, Kritiker. Eine Utopie für die digitale Gesellschaft, München: Goldmann.

Pütt, Heinz (1982): Projektunterricht und Vorhabengestaltung, Essen: Neue Deutsche Schule Verlagsgesellschaft.

Quante, Michael (2019): Philosophische Handlungstheorie, Stuttgart: Wilhelm Fink Verlag.

Rauterberg, Marcus (2014): Kinder bilden Imaginationen zu Natur(phänomenen). Erwachsene bilden Imaginationen zu kindlicher Bildung im Bereich Natur(Wissenschaft), in: Hubert Sowa, Alexander Glas und Monika Miller (Hg.), Bildung der Imagination. Bildlichkeit und Vorstellungsbildung in Lernprozessen, Bd. 2, Oberhausen: ATHENA-Verlag, 465-478.

Reckwitz, Andreas (2012): Die Erfindung der Kreativität. Zum Prozess gesellschaftlicher Ästhetisierung, Berlin: Suhrkamp.

Reuter, Jule und Stella Geppert (Hg.) (2006): Ach so. Objekte, Installationen, Interventionen, Frankfurt a.M.: Revolver Archiv für Aktuelle Kunst.

Rosengren, Mats (2010): Kunst + Forschung ≠ Künstlerische Forschung, in: Corina Caduff, Fiona Siegenthaler und Tan Wälchli (Hg.), Kunst und künstlerische Forschung, Zürich: Scheidegger & Spiess, 118-133.

Roth, Gerhard (1995): Das Gehirn und seine Wirklichkeit. Kognitive Neurobiologie und ihre philosophischen Konsequenzen, 3. Aufl., Frankfurt a.M.: Suhrkamp.

Roth, Gerhard (2013): Persönlichkeit, Entscheidung und Verhalten. Warum es so schwierig ist, sich und andere zu ändern, 8. Aufl., Stuttgart: Klett-Cotta.

Rousseau, Jean-Jacques (2003 [1762]): *Emil oder über die Erziehung*, 13. Aufl., Stuttgart: UTB.

Ryle, Gilbert (1997): *Der Begriff des Geistes*, Stuttgart: Reclam.

Sabisch, Andrea (2007): *Inszenierung der Suche – Vom Sichtbarwerden ästhetischer Erfahrung im Tagebuch. Entwurf einer wissenschaftskritischen Grafieforschung*, Bielefeld: transcript.

Sabisch, Andrea (2009): Aufzeichnung und ästhetische Erfahrung, Karl-Josef Pazzini, Andrea Sabisch, Wolfgang Legler und Torsten Meyer (Hg.), *Kunstpädagogische Positionen 20*, Hamburg: Hamburg University Press.

Sächsisches Staatsministerium für Kultus (2019): Lehrplan Grundschule Kunst Sachsen, Radebeul, [online] https://www.schule.sachsen.de/lpdb/web/downloads/9_lp_gs_kunst_2019_final.pdf?v2 (zuletzt eingesehen: 4.9.2020).

Sadigh, Parvin (2016): Projektarbeit in Schulen – Mit Rückschlägen klarkommen, [online] https://www.zeit.de/gesellschaft/schule/2016-11/projektarbeit-finnland-deutschland (zuletzt eingesehen 29.9.2019).

Sartre, Jean-Paul (1940): *Das Imaginative. Eine phänomenologische Psychologie der Imagination*, Paris: Gallimard.

Schäfer, Gerd E. (2007): *Bildung beginnt mit der Geburt. Ein offener Bildungsplan für Kindertageseinrichtungen in Nordrhein-Westfalen*, 2. Aufl., Berlin: Skriptor.

Scheuerl, Hans (1990): *Das Spiel. Untersuchungen über sein Wesen, seine pädagogischen Möglichkeiten und Grenzen*, Bd. 1, 11. Aufl., Weinheim: Beltz Verlagsgruppe.

Scheuerl, Hans (1997): *Das Spiel. Theorien des Spiels*, Bd. 2, 12. Aufl., Weinheim: Beltz Verlagsgruppe.

Schiller, Friedrich (2000): *Über die ästhetische Erziehung des Menschen in einer Reihe von Briefen. Mit den Augustenburger Briefen*, Klaus L. Berghahn (Hg.), Stuttgart: Reclam.

Schmidt, Christiane (2010): Auswertungstechniken für Leitfadeninterviews in: Barbara Friebertshäuser und Annedore Prengel (Hg.), *Handbuch qualitative Forschungsmethoden in der Erziehungswissenschaft*, Weinheim: Juventa-Verlag, 458-486.

Schmidt, Heinrich und Georgi Schischkoff (1991): *Philosophisches Wörterbuch*, 22. Aufl., Stuttgart: Kröner.

Schmidt-Wetzel, Miriam (2017): *Kollaboratives Handeln im Kunstunterricht. Eine qualitativ-empirische Untersuchung mit Praxisbeispielen*, München: Kopaed.

Schöpf, Alfred (Hg.) (1981): *Phantasie als anthropologisches Problem*, Würzburg: Königshausen + Neumann.

Schröder, Gottfried (1981): *Technische Fotografie. Grundlagen und Anwendungen in Technik und Wissenschaft*, Würzburg: Vogel.

Schulbehörde Hamburg (Behörde für Schule und Berufsbildung) (2011): Bildungsplan Grundschule – Bildende Kunst Hamburg, Hamburg, [online] https://ww

w.hamburg.de/contentblob/2482206/546f518dc0e0b001e4dc807bc51e6e7c/data/bildende-kunst-gs.pdf (zuletzt eingesehen: 29.9.20).

Schulz, Nina (2006): *Das zeichnerische Talent am Ende der Kindheit. Ein empirischer Vergleich zwischen dem Selbstbild und dem Fremdbild von Peers, Eltern, Lehrern und Künstlern*, Diss., Münster: Waxmann.

Schweighart-Wiesner, Veronika (2014): *Kunstpädagogisches Handeln im Zeitalter der Neuen Medien. Eine Untersuchung zu (syn-)ästhetischen Erfahrungen im Kunstunterricht*, Artificium 42, Oberhausen: Athena-Verlag.

Schweppenhäuser, Gerhard (2007): *Ästhetik. Philosophische Grundlagen und Schlüsselbegriffe*, Frankfurt a.M.: Campus-Verlag.

Searle, John R. (1996): *Die Wiederentdeckung des Geistes*, München: Artemis und Winkler.

Seel, Martin (2001): Inszenieren als Erscheinenlassen. Thesen über die Reichweite eines Begriffs, in: Josef Früchtl und Jörg Zimmermann (Hg.), *Ästhetik der Inszenierung*, Berlin: Suhrkamp, 48-63.

Seel, Martin (2009): *Theorien*, Frankfurt a.M.: Fischer.

Selle, Gert (1996): *Gebrauch der Sinne. Eine kunstpädagogische Praxis*, Reinbek bei Hamburg: Rowohlt.

Seumel, Ines (2015): *Performative Kreativität. Anregen – Fördern – Bewerten*, München: Kopaed.

Siemens, Nathalie von (2018): 33 Ideen für die Schule der Zukunft. Interviewaussage, in: *Die Zeit*, Jg. 2018, Nr. 25, 64.

Singer, Wolf (2004): Verschaltungen legen uns fest. Wir sollten aufhören, von Freiheit zu sprechen, in: Christian Geyer (Hg.), *Hirnforschung und Willensfreiheit. Zur Deutung der neuesten Experimente*, Frankfurt a.M.: Suhrkamp, 30-65.

Smit, Peer de (2005): Vorwort, in: Peter Sinapius, *Therapie als Bild – Das Bild als Therapie. Grundlagen einer künstlerischen Therapie*, Frankfurt a.M.: Peter Lang Verlag, 13-27.

Sowa, Hubert (2012 a): Darstellbarkeit und Verständlichkeit innerer Bilder. Theorierahmen für bildhermeneutische Forschungen im Feld imaginativer Bildleistungen, in: Hubert Sowa (Hg.), *Bildung der Imagination. Kunstpädagogische Theorie, Praxis und Forschung im Bereich einbildender Wahrnehmung und Darstellung*, Bd. 1, Oberhausen: Athena-Verlag, 147-175.

Sowa, Hubert (2012 b): Die Konkretion der bildhermeneutischen Methode in der Analyse, Kategorisierung und Beurteilung von imaginativen Bildschöpfungen, in: Hubert Sowa (Hg.), *Bildung der Imagination. Kunstpädagogische Theorie, Praxis und Forschung im Bereich einbildender Wahrnehmung und Darstellung*, Bd. 1, Oberhausen: Athena-Verlag, 176-197.

Sowa, Hubert (2012 c): Einleitung, in: Hubert Sowa (Hg.), *Bildung der Imagination. Kunstpädagogische Theorie, Praxis und Forschung im Bereich einbildender Wahrnehmung und Darstellung*, Bd. 1, Oberhausen: Athena-Verlag, 13-17.

Sowa, Hubert (2012 d): Grundlagen (Einleitung), in: Hubert Sowa (Hg.), *Bildung der Imagination. Kunstpädagogische Theorie, Praxis und Forschung im Bereich einbildender Wahrnehmung und Darstellung*, Bd. 1, Oberhausen: Athena-Verlag, 18-21.

Sowa, Hubert (2012 e): Imagination im Bildungsprozess. Der sensus communis zwischen Aisthesis und Vernunft, in: Hubert Sowa (Hg.), *Bildung der Imagination. Kunstpädagogische Theorie, Praxis und Forschung im Bereich einbildender Wahrnehmung und Darstellung*, Bd. 1, Oberhausen: Athena-Verlag, 22-73.

Sowa, Hubert (2014): Kooperative Vorstellungsbildung als didaktisches Prinzip. Handlungsaufbau, Resonanz und Überzeugungskraft in Imaginationsprozessen, in: Hubert Sowa, Alexander Glas und Monika Miller (Hg.), *Bildung der Imagination. Bildlichkeit und Vorstellungsbildung in Lernprozessen*, Bd. 2, Oberhausen: ATHENA-Verlag, 247-274.

Spivak, Gayatri C. (2013): *An Aesthetic Education in the Era of Globalization*, Cambridge: Harvard University Press.

Steinke, Ines (2007): Qualitätssicherung in der qualitativen Forschung, in: Udo Kuckartz, Heike Grunenberg und Thorsten Dresing (Hg.), *Qualitative Datenanalyse computergestützt. Methodische Hintergründe und Beispiele aus der Forschungspraxis*, 2. Aufl., Wiesbaden: Springer VS, 176-187.

Sternfeld, Nora (2014): Verlernen vermitteln, Andrea Sabisch, Torsten Meyer und Eva Sturm (Hg.), *Kunstpädagogische Positionen 30*, Hamburg: Lüdke.

Stiles, Kristine (1993): Between Water and Stone – Fluxus Performance. A Metamorphosis of Art, in: Simon Anderson (Hg.), *In the Spirit of Fluxus*, Minneapolis: Walker Art Center, 64-99.

Sturm, Eva (2011): Von Kunst aus. Kunstvermittlung mit Gilles Deleuze, Habilitationsschrift, Wien: Turia + Kant.

Sucker, Carina (2012): Vorstellungsbild und Darstellungsbild. Imagination und zeichnerische Transformierung eines Gegenstandes, in: Hubert Sowa (Hg.), Bildung der Imagination. Kunstpädagogische Theorie, Praxis und Forschung im Bereich einbildender Wahrnehmung und Darstellung, Bd. 1, Oberhausen: Athena-Verlag, 252-263.

Tomasello, Michael (2004): Die kulturelle Entwicklung des menschlichen Denkens. Zur Evolution der Kognition, Frankfurt a.M.: Suhrkamp.

Tomasello, Michael (2010): Warum wir kooperieren, Berlin: Suhrkamp.

Tuma, René, Bernt Schnettler und Hubert Knoblauch (2013): Videographie. Einführung in die interpretative Video-Analyse sozialer Situationen, Wiesbaden: Springer VS.

Uhlig, Bettina (2012): Imagination und Imaginationsfähigkeit in der frühen Kindheit, in: Hubert Sowa (Hg.), Bildung der Imagination. Kunstpädagogische Theorie, Praxis und Forschung im Bereich einbildender Wahrnehmung und Darstellung, Bd. 1, Oberhausen: Athena-Verlag, 114-129.

Uhlig, Bettina und Ludwig Duncker (Hg.) (2016): Fragen – Kritik – Perspektiven. Theoretische Grundlagen des Philosophierens mit Kindern, München: Kopaed.

Vogl, Susanne (2015): Interviews mit Kindern führen. Eine praxisorientierte Einführung, Weinheim: Beltz Juventa Verlag.

Völckers, Hortensia und Alexander Fahrenholtz (2013): Vorwort, in: Sigrid Gareis, Georg Schöllhammer und Peter Weibel (Hg.), Moments. Eine Geschichte der Performance in 10 Akten, Köln: Verlag der Buchhandlung Walther König, 5-11.

Vries, Kirsten de (2012): Im Dialog mit dem Material. Dialogisches Gestalten als künstlerische Haltung, Norderstedt: Books on Demand.

Wellenreuther, Martin (2010): Lehren und Lernen – aber wie? Empirisch-experimentelle Forschungen zum Lehren und Lernen im Unterricht, 5. Aufl., Baltmannsweiler: Schneider-Hohengehren Verlag.

Werner, Kathrin (2012): Die Welt als bildhafter Orientierungsrahmen. Weltbilder von Kindern zwischen Imagination und symbolischer Repräsentation, in: Hubert Sowa (Hg.), Bildung der Imagination. Kunstpädagogische Theorie, Praxis und Forschung im Bereich einbildender Wahrnehmung und Darstellung, Bd. 1, Oberhausen: Athena-Verlag, 317-328.

Wetzel, Tanja (2005): Geregelte Grenzüberschreitung. Das Spiel in der ästhetischen Bildung, Diss., München: Kopaed.

Wimmer, Ansgar (2018): 33 Ideen für die Schule der Zukunft. Interviewaussage, in: Die Zeit, Jg. 2018, Nr. 25, 64.

Wittgenstein, Ludwig (1971): Philosophische Untersuchungen, 2. Aufl., Frankfurt a.M.: Suhrkamp.

Wittmann, Barbara (2018): Bedeutungsvolle Kritzeleien, Habilitationsschrift, Zürich: Diaphanes.

Ziegler, Ella (2019 a): Ella Ziegler, Webseite, Geschichte, [online] http://ella-ziegler.de/de/dokumentation_recherche/geschichte (zuletzt eingesehen: 29.8.2019).

Ziegler, Ella (2019 b): Ella Ziegler, Webseite, Übersicht, [online] http://ella-ziegler.de/de/home/ (zuletzt eingesehen: 29.8.2019).

Ziegler, Ella (2020): Ella Ziegler, Webseite, Ernte Linz, [online] http://ella-ziegler.de/en/dokumentation_recherche/ernte_linz (zuletzt eingesehen: 3.10.2020).

Ziegler, Ella und Jol Thomson (2019): Anthropocene Curriculum, [online] https://www.anthropocene-curriculum.org/pages/root/humans/ella-ziegler/ (zuletzt eingesehen: 29.8.2019).

Zülch, Martin (2000): Die Welt der Bilder. Ein konstitutiver Teil der Allgemeinbildung, in: Kunst+Unterricht, Nr. 244.

Pädagogik

Tobias Schmohl, Thorsten Philipp (Hg.)
Handbuch Transdisziplinäre Didaktik

August 2021, 472 S., kart.,
Dispersionsbindung, 7 Farbabbildungen
39,00 € (DE), 978-3-8376-5565-0
E-Book: kostenlos erhältlich als Open-Access-Publikation
PDF: ISBN 978-3-8394-5565-4
EPUB: ISBN 978-3-7328-5565-0

Andreas de Bruin
Mindfulness and Meditation at University
10 Years of the Munich Model

April 2021, 216 p., pb.
25,00 € (DE), 978-3-8376-5696-1
E-Book: available as free open access publication
PDF: ISBN 978-3-8394-5696-5

Andreas Germershausen, Wilfried Kruse
Ausbildung statt Ausgrenzung
Wie interkulturelle Öffnung und Diversity-Orientierung
in Berlins Öffentlichem Dienst und in Landesbetrieben
gelingen können

April 2021, 222 S., kart., Dispersionsbindung, 8 Farbabbildungen
25,00 € (DE), 978-3-8376-5567-4
E-Book: kostenlos erhältlich als Open-Access-Publikation
PDF: ISBN 978-3-8394-5567-8

Leseproben, weitere Informationen und Bestellmöglichkeiten
finden Sie unter www.transcript-verlag.de

Pädagogik

Andreas de Bruin
Achtsamkeit und Meditation im Hochschulkontext
10 Jahre Münchner Modell

Februar 2021, 216 S., kart., durchgängig vierfarbig
20,00 € (DE), 978-3-8376-5638-1
E-Book: kostenlos erhältlich als Open-Access-Publikation
PDF: ISBN 978-3-8394-5638-5

Ivana Pilic, Anne Wiederhold-Daryanavard (eds.)
Art Practices in the Migration Society
Transcultural Strategies in Action at Brunnenpassage in Vienna

March 2021, 244 p., pb.
29,00 € (DE), 978-3-8376-5620-6
E-Book:
PDF: 25,99 € (DE), ISBN 978-3-8394-5620-0

Melanie Groß, Katrin Niedenthal (Hg.)
Geschlecht: divers
Die »Dritte Option« im Personenstandsgesetz – Perspektiven für die Soziale Arbeit

Februar 2021, 264 S., kart.,
Dispersionsbindung, 1 SW-Abbildung
34,00 € (DE), 978-3-8376-5341-0
E-Book:
PDF: 33,99 € (DE), ISBN 978-3-8394-5341-4

**Leseproben, weitere Informationen und Bestellmöglichkeiten
finden Sie unter www.transcript-verlag.de**